Uni-Taschenbücher 723

UTB
FÜR WISSEN
SCHAFT

Eine Arbeitsgemeinschaft der Verlage

Wilhelm Fink Verlag München
Gustav Fischer Verlag Jena und Stuttgart
Francke Verlag Tübingen und Basel
Paul Haupt Verlag Bern · Stuttgart · Wien
Hüthig Fachverlage Heidelberg
Leske Verlag + Budrich GmbH Opladen
J. C. B. Mohr (Paul Siebeck) Tübingen
Quelle & Meyer Heidelberg · Wiesbaden
Ernst Reinhardt Verlag München und Basel
Schäffer-Poeschel Verlag · Stuttgart
Ferdinand Schöningh Verlag Paderborn · München · Wien · Zürich
Eugen Ulmer Verlag Stuttgart
Vandenhoeck & Ruprecht in Göttingen und Zürich

Philosophische Arbeitsbücher

herausgegeben von
Willi Oelmüller und Ruth Dölle-Oelmüller

Erschienen sind:

Band 1, Diskurs: Politik (UTB 723)
Band 2, Diskurs: Sittliche Lebensformen (UTB 778)
Band 3, Diskurs: Religion (UTB 895)
Band 4, Diskurs: Geschichte (UTB 1007)
Band 5, Diskurs: Kunst und Schönes (UTB 1104)
Band 6, Diskurs: Metaphysik (UTB 1277)
Band 7, Diskurs: Mensch (UTB 1379)
Band 8, Diskurs: Sprache (UTB 1615)

Band 1

Willi Oelmüller / Ruth Dölle-Oelmüller /
Rainer Piepmeier

Diskurs: Politik

Ferdinand Schöningh
Paderborn · München · Wien · Zürich

Professor Dr. WILLI OELMÜLLER ist Ordinarius für Philosophie an der Ruhr-Universität Bochum.

RUTH DÖLLE-OELMÜLLER ist Studiendirektorin und Fachleiterin für Philosophie in Münster.

Professor Dr. RAINER PIEPMEIER lehrt Philosophie an der Universität-Gesamthochschule-Paderborn.

Die Deutsche Bibliothek – CIP-Einheitsaufnahme

Philosophische Arbeitsbücher / hrsg. von Willi Oelmüller und Ruth Dölle-Oelmüller. – Paderborn; München; Wien; Zürich: Schöningh.
NE: Oelmüller, Willi [Hrsg.]

Bd. 1. Diskurs: Politik / Willi Oelmüller ... – 5. Aufl., (unveränd. Nachdr. der 3. Aufl. von 1983). – 1996
(UTB für Wissenschaft: Uni-Taschenbücher; 723)
ISBN 3-8252-0723-4 (UTB)
ISBN 3-506-99225-2 (Schöningh)
NE: UTB für Wissenschaft / Uni-Taschenbücher

5. Auflage 1996
(unveränderter Nachdruck der 3. Auflage von 1983)

Gedruckt auf umweltfreundlichem, chlorfrei gebleichtem Papier (mit 50 % Altpapieranteil)

(Verlag Ferdinand Schöningh GmbH, Jühenplatz 1, D-33098 Paderborn)
ISBN 3-506-99225-2

Printed in Germany
Herstellung: Ferdinand Schöningh, Paderborn
Einbandgestaltung: Alfred Krugmann, Freiberg am Neckar

UTB-Bestellnummer: ISBN 3-8252-0723-4

Vorwort

Dieser erste Band philosophischer Arbeitsbücher für Schulen und Hochschulen enthält folgendes: Die Einleitung I: Gibt es überzeugende Orientierungssysteme für unser politisches Handeln? begründet das Gesamtkonzept des Bandes und die Auswahl der Autoren und Texte und macht die historischen und methodischen Voraussetzungen der Theorien deutlich, die durch die Texte dokumentiert werden. Sie stellt damit auch eine eigene These zum Thema des Bandes zur Diskussion, die ebenso wie die anderen Beiträge auf ihre Plausibilität hin geprüft werden muß. Die Einleitung II: Zur Verwendung dieses Bandes als Arbeitsbuch zeigt, wie man in Schulen und Hochschulen, in Akademien und beim Selbststudium mit den ausgewählten Texten von Platon bis Habermas und Lübbe arbeiten kann. Sie nennt und erläutert verschiedene Themen für Kurse und zeigt an einem Beispiel genauer, wie ein Kurs Politik durchgeführt werden könnte. Im Textteil werden unter dem Titel ‚Alteuropäische Gesellschaft' Texte von Platon, Aristoteles, Epikur, Cicero, Seneca, Augustinus und Thomas von Aquin vorgestellt, unter dem Titel ‚Europäische Neuzeit' Texte von Hobbes, Rousseau, Kant, Hegel, Marx, Engels, Tocqueville und Mill, unter dem Titel ‚Ende der Neuzeit' Texte von Weber, Luhmann, Stojanović, Adorno, Habermas und Lübbe. Schwierige Begriffe sind unter dem Text erläutert, Fremdwörter in der Regel nur dann, wenn sie nicht im Duden ‚Rechtschreibung' erklärt sind. Der Bibliographisch-biographische Anhang gibt kurze Charakterisierungen wichtiger Lexika, Textsammlungen und allgemeiner Darstellungen, die bei einem Diskurs: Politik hilfreich sein können. Zu den Autoren des Bandes werden biographische Angaben gemacht, zu denen des ersten und zweiten Teils werden einige wenige, möglichst kontroverse Interpretationen vorgestellt. Das Sachregister beschränkt sich auf diejenigen Begriffe, die es erleichtern, einige Gemeinsamkeiten und Differenzen sowie vergleichbare Problemstellungen und Problemlösungen bei den Autoren zu erkennen.

Alle Texte sind mehrfach im Unterricht und in Seminaren an Schulen und Hochschulen behandelt worden. Die Auswahl der Texte und die Art der Einleitung und Kommentierung wurden ausführlich besprochen mit Schülern, Studenten, Lehrern und Hochschullehrern. Für ihre Mitarbeit und ihre Anregungen gilt besonderer Dank Schülern des Freiherr-vom-Stein-Gymnasiums Münster, Studenten der Gesamthochschule Paderborn und der Universität Münster. Entscheidende Anregungen haben vor allem die Mitglieder eines Kolloquiums an der Universität Münster geliefert, an dem Doktoranden, Assistenten und Lehrer teilnehmen.

Inhaltsverzeichnis

Einleitung I

Willi Oelmüller

Gibt es überzeugende Orientierungssysteme für unser politisches Handeln?

Die Einleitung beginnt mit einer Skizze unserer gegenwärtigen Lebens- und Herrschaftsbedingungen sowie unserer gegenwärtigen philosophisch-wissenschaftlichen Orientierungsverfahren über Politik, weil sie so wohl am besten den systematischen Ansatz deutlich machen kann. Die im dritten Teil der Textauswahl unter dem Titel ‚Ende der Neuzeit' vorgestellten Texte, deren sachliche und methodische Voraussetzungen erläutert werden, repräsentieren beispielhaft Positionen in der gegenwärtigen Diskussion. Was in diesem Band unter Diskurs: Politik verstanden wird, will diese Einleitung systematisch und beispielhaft an der Rekonstruktion gegenwartsrelevanter Orientierungssysteme deutlich machen. Die Einleitung I benennt und erläutert so die Voraussetzungen für das Gesamtkonzept dieses Bandes und Kriterien für die Auswahl der Autoren und Texte. Sie liefert damit auch einen eigenen Beitrag zum Thema dieses Bandes, der wie die anderen Beiträge auf seine Plausibilität hin geprüft werden muß.

Wenn der Band als Arbeitsbuch verwendet wird, empfiehlt es sich aus vielen Gründen, historisch mit der Analyse und Erörterung der Texte des ersten Teils ‚Alteuropäische Gesellschaft' und des zweiten Teils ‚Europäische Neuzeit' zu beginnen. Die Einleitung I gibt in ihrem dritten Teil einige Hinweise zu den sachlichen und methodischen Vorraussetzungen der Theorien, die durch diese Texte vorgestellt werden. Das Verständnis gegenwärtiger Theorien des Politischen ist deshalb schwieriger, weil diese die Kenntnis historischer Zusammenhänge und traditioneller Theorien voraussetzen und weil sie in der Regel in einer Wissenschaftssprache formuliert sind, die sich von der Alltagssprache mehr unterscheidet als die der traditionellen Theorien. Gegenwartstheorien begründen ihre Methoden und Argumente in der Regel im kritischen Rückgriff auf diejenigen historisch gewordenen Zusammenhänge, die vor allem in der alteuropäischen Gesellschaft und in der europäischen Neuzeit entwickelt wurden.

Die Analyse unserer Gegenwartstheorien muß daher schon am Anfang notwendig auf solche historischen Zusammenhänge, auch auf solche der Wissenschafts- und Philosophiegeschichte hinweisen, die erst im zweiten und dritten Teil ausführlicher erläutert werden.

Die Einleitung I beschäftigt sich mit vier Themen:
1. eine Skizze unserer gegenwärtigen Lebens- und Herrschaftsbedingungen sowie unserer gegenwärtigen philosophisch-wissenschaftlichen Orientierungsverfahren über Politik;
2. eine zunächst auf einer recht formalen Ebene formulierte These zu dem, was ein philosophischer Diskurs des Politischen heute leisten bzw. nicht leisten kann;
3. eine historische Rekonstruktion solcher politischen Orientierungssysteme, die trotz aller Diskontinuitäten im einzelnen auch heute zum Verständnis unserer Lebens- und Herrschaftsbedingungen, unserer ungelösten Konflikte sowie unserer Orientierungsmöglichkeiten relevant sind;
4. drei noch ungelöste Fragen des hier vorgestellten philosophischen Diskurses: Politik.

1. Sehr vereinfacht lassen sich die uns heute in Europa und in der westlichen Welt vorgegebenen Lebens- und Herrschaftsbedingungen so charakterisieren: Es gibt für uns zur Zeit keinen Begriff, mit dem allein wir in der Lage sind, das gegenwärtige Ensemble unserer ‚Basis-' und ‚Überbauphänomene', d. h. z. B. unserer technologischen, wirtschaftlichen, sozialen, militärischen, politischen, nationalen, religiösen und kulturellen Lebens- und Herrschaftsbedingungen differenziert genug auf den Begriff zu bringen. Wir sprechen daher zu Recht von entwickelten Industriegesellschaften und postindustriellen Gesellschaften, wenn wir systemübergreifende und empirisch beschreibbare Modernisierungsprozesse und Konvergenzen in Ost und West bzw. Nord und Süd benennen wollen. Wir sprechen zu Recht von Kapitalismus, Spätkapitalismus, Faschismus, Stalinismus, Etatismus, wenn wir gegenwartstypische totalitäre Herrschaftsformen benennen wollen. Wir leben am Ende der bisherigen Phase der bürgerlichen Gesellschaft in politischen Ordnungen und Unordnungen und unter Herrschaftsformen, die im einzelnen sehr verschieden sind von den relativ überschaubaren und geschlossenen griechischen Stadtstaaten sowie den römischen und mittelalterlichen Imperien, sehr verschieden auch von neuzeitlichen Nationalstaaten und ersten Versuchen übernationaler Organisatio-

nen politischer Herrschaft. Wir geraten daher heute auch leicht unter Ideologieverdacht, wenn wir von dem Ethos *der* Gesellschaft und *des* Staates sprechen. Was die Neue Linke lernen mußte, nämlich daß *die* Gesellschaft nicht das Ensemble unserer gegenwärtigen Lebens- und Herrschaftsbedingungen hinreichend differenziert auf den Begriff bringt, dessen sollte sich die Neue Rechte bewußt sein, wenn sie von *dem* Staat spricht. Wir können also die uns geschichtlich vorgegebenen, sehr voraussetzungsreichen Lebens- und Herrschaftsbedingungen, die wir uns nicht selbst gewählt haben und die wir höchstens partiell und nicht auf einmal total ändern können, nicht mit einem einzigen Begriff hinreichend differenziert benennen.

Die Begriffe Industriegesellschaft, Spätkapitalismus und Etatismus werden in interdisziplinären Gesprächen und in der Öffentlichkeit verwendet zur Bezeichnung des Ensembles verschiedener gegenwärtiger technologischer, ökonomischer, sozialer und politischer Phänomene und Erfahrungen, vor allem in Europa und in der westlichen Welt. *Stojanović* und *Adorno* haben nach den Erfahrungen des Stalinismus und Faschismus gezeigt, warum wir nicht nur unsere neuzeitlichen Kategorien, sondern auch unsere neuzeitlichen bürgerlichen und sozialistischen Fortschrittstheorien preisgeben bzw. erheblich differenzieren müssen. Vor allem drei gegenwartsspezifische Erfahrungen zwingen nach Stojanović und Adorno zur Verwendung neuer Begriffe:

– Die bürgerliche Gesellschaft führt nicht quasinaturgeschichtlich zur offenen Gesellschaft, die nachrevolutionären sozialistischen Gesellschaften führen nicht quasinaturgesetzlich zur klassenlosen Gesellschaft.
– Anders als alteuropäische und neuzeitliche Politikbegriffe können die neuen Begriffe Industriegesellschaft, Spätkapitalismus und Etatismus die Abhängigkeiten politischer Ordnungen und Systeme von internationalen, ja interkulturellen Prozessen und Zusammenhängen deutlicher machen. Fragen der Ernährung, der Energieversorgung, des Bevölkerungswachstums, des know how, der Rüstungskontrolle usw. fordern nicht nur neue internationale Institutionen, neue Formen des internationalen Rechts und neue Verhaltensweisen der Völker. Sie fordern auch neue Begriffe, wenn sich die Menschen ihre gegenwärtigen Lebens- und Herrschaftsbedingungen verständlich machen wollen.

– Erst in entwickelteren Industriegesellschaften sind totalitäre Herrschaftssysteme möglich und ausgebildet worden, die mit einem technisch entwickelten Verwaltungs- und Zwangsapparat und mit einer Ideologie als pseudowissenschaftlicher Legitimation wirtschaftliche, soziale, politische und militärische Macht zentral verwalten.

Mit den Begriffen Spätkapitalismus und Etatismus bezeichnet man heute nicht dasselbe. Auch Stojanović und Adorno tun das nicht. Vereinfacht kann man folgendes sagen: Spätkapitalismus nennt man ein Herrschaftssystem, das etwa aus der Sicht von Neomarxisten nach der ursprünglichen marxistischen Geschichtsphilosophie eigentlich schon zerfallen sein müßte. Etatismus nennt man eine Staatsform, in der anders als in frühliberalen bürgerlichen Nationalstaaten die wirtschaftliche und politische Macht von einer herrschenden Klasse verwaltet werden. Beide Begriffe verwendet man im Unterschied zum Begriff Industriegesellschaft zur Kennzeichnung geschlossener, ja totalitärer Herrschaftsformen. Phänomene der Industriegesellschaft kann man ‚wertneutral' beschreiben. Mit Herrschaftsformen, die man spätkapitalistisch oder etatistisch nennt, kann man sich bzw. soll man sich dagegen nicht identifizieren.

Stojanović und Adorno reflektieren die historischen Bedingungen derjenigen Gegenwartsphänomene, die die Bildung der drei neuen Begriffe notwendig machen. Sie deuten an, was diese Begriffe zur Beschreibung oder gar Erklärung gegenwärtiger Wirklichkeit leisten und was sie nicht leisten. Der ungelöste Problemüberhang ihrer Analysen besteht darin, daß sie in der sich realisierenden Weltgesellschaft nicht konsequent und radikal genug die besonderen räumlich, zeitlich und sozial nur begrenzt verallgemeinerungsfähigen Bedingungen dieser neuen Lebens- und Herrschaftsformen deutlich machen. Wir leben in einer Welt, in der sehr Ungleichzeitiges oft im selben Raum und in derselben Zeit unvermittelt nebeneinander besteht. In den sechziger Jahren war man etwa in der Bundesrepublik, in der Öffentlichkeit und in den Wissenschaften, der Meinung, man könne mit dem Begriff der Gesellschaft hinreichend differenziert die entscheidenden Gegenwartsphänomene und Gegenwartserfahrungen benennen. Die Kunst, die Religion, die Kirchen, die Schulen und Hochschulen usw. hielt man für legitimiert, wenn sie ihre ‚gesellschaftliche Relevanz' nachweisen konnten. Sie drohten funktionslos oder illegitim zu werden, wenn sie das nicht konnten. An die Stelle des undifferenzierten Redens von *der* Gesellschaft droht heute ein undifferenziertes Reden von *dem* Staat zu treten. Auch wenn man gute Gründe für die Verteidigung, die Sicherung und die Durchsetzung der Grundrechte der parlamentarischen Demokratie angeben kann, – es gibt zur Zeit auf der Welt kaum zehn Staaten, in denen so viele Freiheitsrechte realisiert sind wie in der Bundesrepublik: Der Staat ist nicht mehr der neuzeitliche liberale Nichtinterventionsstaat, der souveräne Nationalstaat, der sich gegen die ökonomischen Interessen der bürgerlichen Gesellschaft auf der einen und gegen die religiösen und kirchlichen Mächte auf der anderen Seite absetzen muß. Der gegenwärtige Staat ist wesentlich mehr abhängig von nationalen und internationalen wirtschaftlichen und politischen Mächten, und er greift selbst wesentlich mehr interventionistisch in ökonomische Prozesse und in das Leben der Bürger und der gesellschaftlichen Gruppen ein, als man das vom Not- und Verstandesstaat bzw. vom Staat als sittlichem Universum (Hegel) ahnen konnte. Auch die moderne bürgerliche, vor allem ökonomisch bedingte Gesellschaft ist nicht mehr so einfach von der Familie auf der einen Seite und vom Staat auf der anderen Seite abzugrenzen als ein System, das nach systemimmanenten Mechanismen naturwüchsig immer mehr Bedürfnisse erzeugt und befriedigt und immer mehr soziale Sicherheit und Wohlstand fördert. Wenn wir uns also über das Ensemble unserer gegenwärtigen Lebens- und Herrschaftsbedingungen orientieren wollen, brauchen wir hierzu neue Begriffe bzw. neue und differenziertere Interpretationen dessen, was Staat und Gesellschaft sind.

Dies alles hat selbstverständlich Konsequenzen für unsere gegenwärtigen philosophisch-wissenschaftlichen Orientierungsmöglichkeiten über Politik. Natürlich orientieren sich auch nach dem Ende der Neuzeit die meisten Menschen nicht in erster Linie durch das Medium Wissenschaft über Handlungs- und Verhaltensnormen sowie über die Bedingungen des Politischen. Die Mythen des Alltags, die pseudowissenschaftlichen Ideologien, die Kunst, die Religion sowie die Massenmedien informieren uns mehr und nachhaltiger. Trotz der Notwendigkeit, sich auch heute in Orientierungskrisen des Politischen durch die Wissenschaften und die Philosophie über letzte Orientierungssysteme zu informieren, können das nur diejenigen tun, die Muße, d. h. Zeit, Geld und Interesse haben. Selbstverständlich kann ich hier nicht einmal skizzenhaft den Stand der gegenwärtigen Orientierungsverfahren und Normenbegründungsverfahren und ihre Schwierigkeiten erläutern.[1]

Sehr vereinfacht kann man wohl dies sagen: Fast alle gegenwärtigen bürgerlichen und nicht dogmatisch festgelegten sozialistischen Orientierungsverfahren und Normenbegründungsverfahren in Europa und in der westlichen Welt denken und argumentieren mehr oder weniger im theoretischen Bannkreis von *Max Weber* – auch wenn sie diesen zu sprengen versuchen. Mit Weber stimmen sie z. B. darin überein, daß man letzte Wert- und Orientierungssysteme mit folgenden alteuropäischen und neuzeitlichen Verfahren nicht mehr wissenschaftlich zwingend und für jedermann verbindlich begründen und rechtfertigen kann: mit griechisch-römischen Rechtfertigungsverfahren von übergeschichtlichen, immerseienden ontologischen Begründungszusammenhängen bzw. vom immerseienden Kosmos; mit jüdisch-christlichen Rechtfertigungsverfahren im Schöpfungs- und Erlösungsprozeß; mit neuzeitlichen Rechtfertigungsverfahren durch Vertragstheorien rational kalkulierender und auf Selbsterhaltung bedachter Individuen; mit neuzeitlichen Rechtfertigungsverfahren durch *die* Weltgeschichte, wenn man sich diese als einen monokausalen, einlinigen, europazentrierten, irreversiblen Prozeß mit angebbaren Entwicklungsstufen und angebbaren Handlungssubjekten vorstellt.

Wer eine Alternative zu den bürgerlichen und sozialistischen Sozial- und Humanwissenschaften sucht, denkt oft im Denkrahmen der Systemtheorie, in der Bundesrepublik etwa in der von *Luhmann* entwickelten Form der Systemtheorie. Für Max Weber und Luhmann sind selbstverständlich objektiv und subjektiv die wissenschaftsgeschichtlichen und gesamtgeschichtlichen Ausgangslagen sehr verschieden. Luhmann fragt daher, „ob Webers Selbstverständlichkeiten noch unsere Selbstverständlichkeiten sind, ob wir seine Kategorien noch in seinem Sinne verstehen" (S. 208)[2]. Luhmann

---

1 Zu dem ungelösten Problemüberhang der gegenwärtigen Normenbegründungsverfahren, vor allem der Transzendentalphilosophie (Apel, Habermas, Krings), des Kritischen Rationalismus (Albert) sowie des Logischen Konstruktivismus der sogenannten Erlanger Schule s. meinen Beitrag: Zur Rekonstruktion unserer historisch vorgegebenen Handlungsbedingungen, in: W. Oelmüller (Hrsg.), Wozu noch Geschichte? München 1977

2 Zitate aus der folgenden Textauswahl werden in dieser Einleitung durch Angabe der Seitenzahl belegt.

versteht die von ihm entwickelte Systemtheorie als „Skizze einer sich abzeichnenden Alternative zu Webers Gesamtkonzeption rationaler Bürokratie" (S. 220).

Hierbei gibt es für beide am Ende der bisherigen Phase der bürgerlichen Gesellschaft undiskutierte Gemeinsamkeiten. Einige lassen sich thesenhaft so benennen:

– Die industriell entwickelten und bürokratisch verwalteten europäischen und westlichen Gesellschaften erfordern differenziertere politische Organisationsformen als solche der alteuropäischen Gesellschaft (z. B. des griechischen Stadtstaates, der römischen und mittelalterlichen Imperien) und solche der europäischen Neuzeit (z. B. der souveränen Nationalstaaten).
– Sowohl für Weber als auch für Luhmann müssen die gegenwärtigen Wissenschaften im Unterschied zu alteuropäischen und neuzeitlichen Wissenschafts- und Rationalitätskonzepten den Anspruch preisgeben, wissenschaftlich zwingende und für jedermann verbindliche inhaltliche Handlungsziele und Entscheidungskriterien liefern zu können. Letzte inhaltliche Orientierungssysteme des Politischen sind für sie nicht mehr wissenschaftlich begründungsfähig, ja nicht einmal wissenschaftlich begründungsbedürftig.
  Max Weber begründet dies so: „Der Grund, weshalb ich so außerordentlich scharf bei jeder Gelegenheit, mit einer gewissen Pedanterie meinetwegen, mich wende gegen die Verquickung des Seinsollens mit dem Seienden, ist nicht der, daß ich die Frage des Sollens unterschätze, sondern gerade umgekehrt: weil ich es nicht ertragen kann, wenn Probleme von weltbewegender Bedeutung, von größter ideeller Tragweite, im gewissen Sinne höchste Probleme, die eine Menschenbrust bewegen können, hier in eine technisch-ökonomische ‚Produktivitätsfrage' verwandelt und zu einem Gegenstand der Diskussion einer *Fach*disziplin, wie sie die Nationalökonomie ist, gemacht werden."[3] Moderne Wissenschaft und Rationalität müssen daher für ihn wertneutral bleiben.
  Sie stehen damit seiner Meinung nach durchaus nicht vor dem Trümmerhaufen historisch gewordener, jetzt verbrauchter letz-

3 Max Weber, Gesammelte Aufsätze zur Soziologie und Sozialpolitik, Tübingen 1924, S. 419

ter ‚Wertaxiome'; sie können diese nur nicht wissenschaftlich zwingend und für jedermann verbindlich rechtfertigen. Für Luhmann ist die Inkompetenz der gegenwärtigen Wissenschaften bei der Rechtfertigung von Normen und Grundrechten noch evidenter. Sie können für ihn nur noch auf einer abstrakteren Ebene funktionale Systemmechanismen beschreiben.

Die Unterschiede zwischen Weber und Luhmann sind trotz dieser und ähnlicher Gemeinsamkeiten unübersehbar. Drei kann man vereinfacht so benennen:

– Für Webers sozialwissenschaftliche Handlungstheorie sind politische Ordnungen und ihre Rechtfertigung nur denkbar im Rahmen sozial sinnvoll handelnder Individuen. Luhmann dagegen versucht, auch das Thema Politik, Herrschaft und Demokratie auf der abstrakteren Ebene seiner Systemtheorie neu zu formulieren. Nicht die sozialen Handlungen von Individuen, auch nicht die Verhaltensweisen sozialer Institutionen, sondern allein die beiden zugrunde liegenden funktionalen Mechanismen sozialer Systeme sind Gegenstand seiner Theorie.
– Während für Weber die im Verstehen und Erklären erfaßbaren Interessen, Motive, rationalen Werthaltungen, Sinn- und Identitätsvorstellungen sozial handelnder Individuen letzte, nicht hinterfragbare Gegebenheiten sind, sucht Luhmann nach den Mechanismen, die es den sozialen Systemen (im Unterschied zu den mechanischen und biologischen Systemen) ermöglichen, in einer komplexen Welt zu überleben. Er verzichtet dabei bewußt auf den Rückgriff auf die Motivationen der Mitglieder dieser sozialen Systeme, weil dies die laufende Anpassung der Organisation an Umweltanforderungen erschwere, weil das Organisationen „immobil" mache. Für ihn ist daher auch „Rationalität auf der Ebene des Einzelhandelns nicht dasselbe . . . wie Rationalität auf der Ebene des sozialen Systems" (S. 210).
– Weber behandelt das Einzelindividuum und sein sinnhaftes Handeln als „unterste Einheit" einer jeden sozialpolitischen Organisation. Er kann daher im Rahmen seiner Organisations- und Bürokratietheorie noch von Typen reiner Herrschaft, ja von legitimer Herrschaft sprechen. Luhmann dagegen muß diese und andere von ihm so genannte alteuropäische Kategorien (z. B. Demokratie, Vernunft, Subjekt, Freiheit, Politik) als zu eng und zu wertbezogen preisgeben. Die Komplexität der sozialen Systeme läßt sich, wie er meint, mit dem Herrschaftsbegriff Webers,

der das Zweck-Mittel-Schema und Befehl-Gehorsam-Vorstellungen impliziert, prinzipiell nicht mehr zureichend beschreiben. Differenzierte soziale Systeme funktionieren nach Luhmann ohne Rücksicht auf die Motive sinnhaft handelnder Individuen und ohne Befehls- und Gehorsams-Vorstellungen, und sie müssen daher auch ohne diese Kategorien beschrieben werden.

Die wissenschaftstheoretischen Ansätze von Weber und Luhmann können hier nicht im einzelnen, erst recht nicht im Blick auf den gegenwärtigen Stand der Diskussionen dargestellt werden. Über den ungelösten Problemüberhang sei nur dies gesagt: Ihre Wissenschaftstheorien gehen davon aus, daß Wissenschaft heute Phänomene und Prozesse der ‚Basis' und des ‚Überbaus' nur noch wertfrei bzw. auf einer abstrakteren, ahistorischen Ebene denkend ordnen bzw. rekonstruieren kann. Der ungelöste Problemüberhang ihrer Typologien und Konstruktionen läßt sich an denjenigen Untersuchungen von Weber und Luhmann selbst deutlich machen, in denen sie historische Zusammenhänge oder die Gegenwartsrelevanz ihrer Typologien und Konstruktionen aufweisen wollen. So untersucht Weber etwa die historischen Faktoren, die innerhalb des europäischen Rationalisierungsprozesses am Ende den Kapitalismus und die Bürokratie verständlich machen können. Er vergleicht europäische und alteuropäische Formen der Wirtschaft, des Rechts, der Kunst und der Religion und sucht nach Interdependenzen zwischen ihnen. Luhmann hatte zunächst radikaler als Weber alle inhaltlichen alteuropäischen und neuzeitlichen Kategorien und Vorstellungen aus dem Denkrahmen seines Systemfunktionalismus eliminiert. In seinen neueren Arbeiten versucht auch er jedoch, zum Teil durch Einbau fremder Theoriestücke in seine Systemtheorie (z. B. aus der Kommunikationstheorie und der Evolutionstheorie), zu zeigen, was eine erweiterte Systemtheorie zum Verständnis bestimmter historischer Kontexte, von Epochenschwellen, von evolutionären Umbrüchen und Wandlungen beitragen kann. Man kann Gründe dafür angeben, daß eine radikalere Reflexion auf die nur begrenzt verallgemeinerungsfähigen Voraussetzungen unserer Lebens- und Herrschaftsbedingungen, die auch Webers und Luhmanns Untersuchungen zugrunde liegen, uns weiterhilft. Die Orientierungshilfe für politisch Handelnde und Politik Erleidende wäre vermutlich größer, wenn deutlicher würde, unter welchen nicht selbstgewählten, zeitlich, räumlich und sozial nur begrenzt verallgemeinerungsfähigen Lebens- und Herrschaftsbedingungen heute Politik betrieben wird und betrieben werden muß und daß den Menschen bei der Rechtfertigung der Politik und der politischen Ordnungen nur ein begrenzter, nicht beliebig änderbarer Bestand von letzten Orientierungshilfen zur Verfügung steht. Webers und Luhmanns verschiedene Aussagen über Herrschaft, Gewalt, Kapitalismus und Bürokratie unterstellen z. B. in verschiedener Weise Selbstverständlichkeiten, die nach den Erfahrungen des Faschismus, des Stalinismus und der totalitären Herrschaftsformen nicht mehr für alle Selbstverständlichkeiten sind. Es ist z. B. nicht mehr selbstverständlich, daß Individuen und soziale Gruppen enfremdete wirtschaftliche, soziale und politische Lebens- und Herrschaftsbedingungen „motivlos akzeptieren". Es ist auch nicht mehr selbstverständlich, daß die gegenwärtige wissenschaftlich-technische Welt bei aller Rationalität im einzelnen nicht an der Irrationalität des Ganzen zugrunde geht. Dies und anderes zwingt heute zur Kritik des Denkansatzes von Weber und Luhmann.

Gibt es dann aber unter den gegenwärtigen Lebens- und Herrschaftsbedingungen überhaupt noch überzeugende Orientierungssysteme für unser politisches Handeln? Funktioniert Politik nicht inzwischen tatsächlich, wie der Strukturalist Althusser schreibt, nach unbewußten Systemmechanismen? Sind nicht tatsächlich „Subjekte-Agenten" „nur aktiv unter der Determinierung der Produktions- und Reproduktionsverhältnisse und in deren Formen"[4]? Sind politische Ordnungen und politisches Handeln überhaupt noch wissenschaftlich rechtfertigungsfähig und rechtfertigungsbedürftig? Ich möchte die gegenwärtigen Diskussionen und ihre Schwierigkeiten an den Theorieansätzen von *Habermas* und *Lübbe* kurz erläutern: Habermas und Lübbe formulieren und verteidigen heute zwei verschiedene Antworten auf diese Frage. Ihre Antworten sind für die innerwissenschaftlichen Diskussionen, ja auch für die Diskussionen in der Öffentlichkeit bei dem Streit um Orientierungsverfahren in einem gewissen Sinne repräsentativ. Die Antwort von Habermas lautet vereinfacht: Der herrschaftsfreie Diskurs ist ein Orientierungs- und Rechtfertigungsverfahren, mit dem sich heute allein noch wahre, d. h. für jedermann verbindliche sittliche und politische Handlungsziele rechtfertigen lassen. Die Antwort von Lübbe

---

4 L. Althusser, Bemerkungen zu einer Kategorie: ‚Prozeß ohne Subjekt und ohne Ende/Ziel', in: H. Arenz u. a. (Hrsg.), Was ist revolutionärer Marxismus? Berlin 1973, S. 91

läßt sich im Anschluß an Aussagen von Max Weber vereinfacht so formulieren: Wenn in der Politik ein Streit über kollidierende Ziele herrscht, und das ist konstitutiv für Politik, dann gibt es kein wissenschaftliches Verfahren, das weiterhelfen kann. Allein die politische Theorie des Dezisionismus sagt dann, wer und auf welche Weise man politische Ziele durchsetzen kann und durchsetzen darf. Diese sehr verschiedenen Antworten schließen jedoch viele Gemeinsamkeiten zwischen Habermas und Lübbe nicht aus. Zwei seien hier kurz genannt:

– Habermas und Lübbe denken und argumentieren, wenn auch in verschiedener Weise, wie viele andere im theoretischen Bannkreis von Max Weber. Zumindest lehnen beide wie dieser die alteuropäische Ontologie und jüdisch-christliche Religion, aber auch die neuzeitlichen Vertragstheorien und Geschichtsphilosophien zur Rechtfertigung des Politischen ab.

– Beide gehen davon aus, daß in den entwickelteren Industriegesellschaften angesichts des immer schnelleren und radikaleren Wandels von Traditionen für die Weiterführung der Aufklärung und für die Ausbildung der personalen und sozialen Identität bei aller bestimmten Traditionskritik bestimmte Traditionsbewahrung von konstitutiver Bedeutung ist. Nach Habermas „dürfen wir die Möglichkeit einer bedeutungslosen Emanzipation (nicht mehr) ausschließen. . . Könnte eines Tages ein emanzipiertes Menschengeschlecht in den erweiterten Spielräumen diskursiver Willensbildung sich gegenübertreten und doch des Lichtes beraubt sein, in dem es sein Leben als ein gutes zu interpretieren fähig ist? Die Rache einer für die Legitimation von Herrschaft über die Jahrtausende ausgebeuteten Kultur bestünde dann, im Augenblick der Überwindung uralter Repressionen, darin, daß sie keine Gewalt, aber auch keinen Gehalt mehr hätte".[5] Und Lübbe begründet die Bewahrung bestimmter Traditionen so: „Tradition gilt nicht aus der Evidenz ihrer guten Gründe, sondern aus der Evidenz der Unmöglichkeit, ohne sie auszukommen." (S. 290) Die im folgenden von mir zur Diskussion gestellte These knüpft bei aller Kritik an Habermas und Lübbe an diese Überlegungen von ihnen an und greift wie sie in kritischer Weise auf Gewordenes und geschichtlich Vorgegebenes zurück.

---

5 J. Habermas, Kultur und Kritik, Frankfurt 1973, S. 343

Die beiden verschiedenen Auffassungen von der Leistungsfähigkeit von Normenbegründungsverfahren kann man vereinfacht so darstellen:

- Habermas hatte bisher seine Vorstellung von einem herrschaftsfreien Diskurs auf verschiedene, ja zum Teil sich widersprechende Weisen zu begründen versucht.[6] Neuerdings versucht er, den herrschaftsfreien Diskurs von einer Entwicklungslogik der „Gattungskompetenzen"[7] der Menschheit plausibel zu machen. Was Piaget und Kohlberg über die Entwicklungslogik der kognitiven und moralischen Kompetenzen beim Individuum nachgewiesen hätten, lasse sich auch an der Menschheitsentwicklung nachweisen. An der Entwicklung vom Mythos der primitiven Gesellschaften bis zur europäischen Neuzeit lassen sich, wie Habermas meint, in der Entwicklung der Religionen, der Wissenschaften, des Rechts, der Ökonomie und der Moralen bestimmte irreversible kognitive und moralische Stufen von Lernniveaus und Rechtfertigungsverfahren rekonstruieren. Hierbei würden Lernniveaus und Rechtfertigungsverfahren „mit dem Übergang zum nächsthöheren Niveau entwertet". Die Entstehung der Neuzeit sei ein solcher Entwertungsprozeß, in dem bisherige „kosmologische, religiöse und ontologische Denkfiguren" entwertet und Neues verbindlich werde. In der Neuzeit sei „an die Stelle inhaltlicher Prinzipien (wie Natur oder Gott) das formale Prinzip der Vernunft" getreten. Von nun an, so glaubt Habermas, „erhalten die formalen Bedingungen der Rechtfertigung selber legitimierende Kraft" (S. 273). Gerechtfertigt und universal gültig seien von nun an nur noch die Vereinbarungen, die in einem herrschaftsfreien Diskurs unter allen als Freien und Gleichen zustande kommen bzw. zustande kommen würden, wenn diese Diskurse nur lange genug geführt werden könnten.
- Für Lübbe dagegen sind sittliche und politische Handlungsziele weder wissenschaftlich begründungsfähig noch überhaupt begründungsbedürftig. Die letzten Ziele und Grundwerte unseres sittlichen und politischen Handelns: z. B. Frieden, Freiheit, Gerechtigkeit, Menschenrechte, seien ohnehin in aller Munde.

---

6 s. hierzu meinen Beitrag: Zur Rekonstruktion unserer historisch vorgegebenen Handlungsbedingungen a.a.O.

7 J. Habermas, Zur Rekonstruktion des Historischen Materialismus, Frankfurt 1976, S. 217

Sie stünden auch in internationalen Verträgen und in den Grundrechten einiger demokratischer Staaten. Nicht wissenschaftliche Normenbegründungsverfahren, sondern politische Normendurchsetzungsverfahren seien notwendig. Notwendig sei es, Macht zu gewinnen und zu erhalten, bei uns etwa politische Macht durch Parteien und die institutionalisierten Entscheidungsträger, um mit ihrer Hilfe die eigenen Vorstellungen vom Überleben und vom guten Leben durchzusetzen.

Der ungelöste Problemüberhang des hier kurz skizzierten Diskursmodells von Habermas und des Dezisionismus von Lübbe besteht darin, daß beide Verfahren für diejenigen wenig konkrete Orientierungshilfen liefern können, die unter räumlich, zeitlich und sozial bestimmten Bedingungen, z. B. in der Bundesrepublik oder in der Zweiten, Dritten oder Vierten Welt Politik machen und Politik erleiden. Einige Hinweise zu zwei bei Habermas und Lübbe ungelösten Fragen:

– Habermas stützt sein Diskursmodell neuerdings durch die Annahme einer Entwicklungslogik kognitiver und moralischer „Gattungskompetenzen" der Menschheit, die sich fast naturgeschichtlich durchsetzen. Was ist aber angesichts der gegenwärtigen Konjunktur von Logiken genau das Logische an dieser Entwicklungslogik? Habermas rät zu Recht zur Vorsicht bei der Analogisierung von Gesetzen der Individualentwicklung mit solchen der Gattungsentwicklung. Sind seine Analogien jedoch nicht überhaupt illegitim? Früher, als er von dem Entwicklungsmodell des Individuums im Sinne von Freud den Universalitätsanspruch der Hermeneutik neu begründen wollte, jetzt, wo er von der Entwicklungslogik von Piaget und Kohlberg ausgeht? Führt die Annahme einer Entwicklungslogik nicht notwendig zur Verzerrung und zur Vergewaltigung des uns bekannten historischen Materials der Geschichte der Religionen, der Wissenschaften, des Rechts und der Wirtschaftsformen? Seine Annahmen stimmen so nicht einmal für die europäische Geschichte, geschweige für die Weltgeschichte. Sie stimmen nicht einmal für eine einzige Entwicklungsstufe in der europäischen Geschichte. In der alteuropäischen Gesellschaft gab es ja z. B. nicht nur kosmologische, metaphysische und religiöse Rechtfertigungsversuche des Politischen, sondern bei den Epikureern und Stoikern sowie den unterdrückten Minderheiten auch ganz andere. Und schließlich: Wenn es stimmt, daß in der Neuzeit in Europa das höchste Entwicklungsniveau erreicht ist, sind damit alle vorhergehenden Errungenschaften der Menschheit aufgehoben oder erledigt? Sind diese Errungenschaften auch verbindlich für die Entwicklung der nichteuropäischen Kulturen und Gesellschaften, deren Entwicklungsstand ja im Verhältnis zu dem unseren außerordentlich ungleichzeitig ist?

– Die Entwicklungslogik, die Habermas unterstellt, führt zu dem Ergebnis, daß seit und in der europäischen Neuzeit nicht mehr inhaltliche Prinzipien, sondern nur noch formale Bedingungen des Diskurses legitimierende Kraft haben. Stimmt das für unsere sittlichen und politischen Konflikte auf der intersubjektiven Ebene und auf der Ebene der Politik (z. B. § 218, Kernkraftwerke)? Führen die von allen inhaltlichen Begründungszusammenhängen abgekoppelten formalen Diskurse nicht, wie Habermas an anderer Stelle selbst betont, zu „grandiosen Tautologien" und zur Verödung der Diskurse? Wären dann die Grundrechte und die Grundwerte der Verfassungen (z. B. der Verfassung der Bundesrepublik) nicht nur hypothetisch, so wie das etwa Albert behauptet, wenn er schreibt: Man „probiert verschiedene ‚letzte' Positionen hypothetisch durch . . ., um eine akzeptable herauszufinden"[8]. Es gibt also, wie ich meine, gewichtige historische und systematische Gründe, auch gegen den neueren Versuch von Habermas, den herrschaftsfreien Diskurs als heute allein verbindliche Form von Normenbegründungsverfahren zu rechtfertigen.

Auch zu Lübbes Dezisionismus zwei kritische Bemerkungen:

– Lübbe erläutert seinen Dezisionismusbegriff durch Berufung auf Traditionen seit Hobbes. Hier kann nicht erörtert werden, ob man diese Traditionen nicht zum Teil auch anders interpretieren und beurteilen kann. Die mangelnde historische Konkretisierung seines Dezisionismusbegriffs läßt sich etwa so deutlich machen: Konkrete gesellschaftliche und politische Entscheidungen in der Bundesrepublik heute unterscheiden sich sehr von den Bedingungen, die Lübbe bei Descartes und Hobbes zu finden glaubt. Wenn die Bundesrepublik etwa im Streit um die atomare Bewaffnung, die Mitbestimmung, die Notstandsgesetze, die Kernkraftwerke Entscheidungen fällt, entscheidet sie nicht wie der völlig orientierungslos im Wald herumirrende Einzelne bei

8 H. Albert, Konstruktion und Kritik, Hamburg 1972, S. 68

Descartes, auch nicht wie der absolute Souverän des Hobbesschen Staates. Unsere Entscheidungsinstanzen sind demokratisch legitimiert; es gibt im Verfassungsgericht eine juristische Instanz, die Entscheidungen auf ihre Verfassungsgemäßheit überprüft. Dazu kommt folgendes: Auch wenn unser Staat religiös und weltanschaulich neutral ist, so sind die Entscheidungsträger bei ihren Entscheidungen doch von bestimmten benennbaren und kritisierbaren letzten Werten und Wertprämissen abhängig. Wer sich daher über gegenwärtige politische Entscheidungen und Entscheidungsmöglichkeiten orientieren will, braucht mehr als einen formalen Begriff des Dezisionismus. Er muß räumlich, zeitlich und sozial nur begrenzt verallgemeinerungsfähige Bedingungen mitreflektieren.

– Lübbe begründet den Dezisionismus mit den Zielen des modernen Staates: Verhinderung des größten Übels, des Bürgerkriegs, und Sicherung des politischen Friedens. Beide Staatsziele sind in dieser Allgemeinheit vermutlich nicht sehr umstritten. Selbst die radikale Trennung von Moral und Politik ist weithin evident, wenn es in Ausnahmesituationen um das Überleben geht. Aber es herrscht nicht immer und überall der Ausnahmezustand, der latente oder manifeste Klassenkampf bzw. Bürgerkrieg. Dann aber sind inhaltlich sehr verschiedene und voraussetzungsreiche Faktoren entscheidungsrelevant.

2. Wenn man einmal unterstellt, die hier vorgelegte Skizze unserer gegenwärtigen Lebens- und Herrschaftsbedingungen sowie unserer gegenwärtigen philosophisch-wissenschaftlichen Orientierungsverfahren über Politik sei einigermaßen begründet und intersubjektiv akzeptabel, so läßt sich an dieser Stelle noch auf einer relativ abstrakten Ebene, d. h. noch vor der im nächsten Punkt versuchten inhaltlichen Konkretisierung auf der gesellschaftlich-geschichtlichen Ebene, für eine Diskussion über überzeugende Orientierungssysteme für unser politisches Handeln folgende *These* in einer Diskussion verteidigen: Philosophische Diskurse des Politischen können

– gegenwartsrelevante letzte inhaltliche Orientierungssysteme, die heute zumindest für bestimmte Menschen und soziale Gruppen die letzten Motive ihres Lebens und Handelns sind, in ihrer historischen Genese und ihrem inneren Zusammenhang rekonstruieren.
– Sie können denjenigen, die von diesen inhaltlichen Orientierungssystemen aus ihre politischen Ordnungen und ihre Hand-

lungsziele, ihre Vorstellungen vom Überleben und vom guten Leben rechtfertigen, verteidigen bzw. kritisieren wollen, plausible Gründe, d. h. hinreichend viele gute Gründe liefern.

Es ist sicher wünschbar, daß philosophische Diskurse mehr leisten. Wir leben jedoch unter Bedingungen, auch solchen der Wissenschaft und Rationalität, die wir uns nicht selbst gewählt haben und die wir auch nur zum Teil ändern können. Wer behauptet, er könne mit dem gegenwärtig uns allein zur Verfügung stehenden Wissenschafts- und Vernunftbegriff für jedermann inhaltlich Verbindliches wissenschaftlich zwingend nachweisen, der hat daher heute die Beweislast.

Drei bei der Formulierung dieser These verwendete Begriffe möchte ich zunächst, ebenfalls auf der relativ abstrakten Ebene, kurz erläutern:

Was verstehe ich unter *Politik*?

Unter Politik verstehe ich unter den gegenwärtig in Europa und in der westlichen Welt vorgegebenen Lebens- und Herrschaftsbedingungen all das, was handelnde und leidende Menschen und soziale Gruppen (z. B. Völker, Klassen, Schichten, Minderheiten) tun müssen und tun können, wenn sie streiten um die öffentliche Anerkennung sowie um die Durchsetzung ihrer Vorstellungen vom Überleben und vom guten Leben. Menschen und soziale Gruppen handeln politisch und erleiden Politik unter zeitlich, räumlich und sozial außerordentlich verschiedenen Lebens- und Herrschaftsbedingungen. Für Bürger und Sklaven in griechischen Stadtstaaten, für Könige und Leibeigene im Mittelalter und in Ständestaaten, für Bürger vor und nach der Amerikanischen und Französischen Revolution, für Reiche und Arme, für Mehrheiten und Minderheiten in den entwickelten Industriegesellschaften und in der Dritten und Vierten Welt bedeutet Politik machen und Politik erleiden objektiv und subjektiv sehr Verschiedenes.

Wir müssen heute in Europa unter weltgeschichtlich späten, sehr voraussetzungsreichen und durchaus nicht ‚notwendigen' Errungenschaften der Menschheit in und gegen die jeweilige Struktur der Öffentlichkeit um die Anerkennung unserer Vorstellungen vom Überleben und vom guten Leben streiten. Wir müssen mit Hilfe vorgegebener oder neu zu schaffender rechtlicher und politischer Institutionen unsere Vorstellungen durchsetzen.

Dieser Politikbegriff scheint nur auf den ersten Blick selbstverständlich und unbestritten zu sein. Er ist jedoch sehr kontrovers. Er

unterscheidet sich z. B. von dem nationalstaatlichen Politikbegriff des 19. Jahrhunderts in Deutschland, der Politik weithin im Rahmen nationaler Haupt- und Staatsaktionen verstand. Er unterscheidet sich von dem Staats- und Herrschaftsbegriff von Marx, der den Staat unter anderem als Herrschaftsinstrument der bürgerlichen Klasse verstand. Er unterscheidet sich von dem Politik- und Herrschaftsbegriff des Systemfunktionalismus (z. B. dem Luhmanns), der beides auf einer abstrakteren Ebene funktional, ohne alteuropäische und neuzeitliche Inhaltsbestimmungen, neu definiert.
Ausgangspunkt des hier verwendeten Politikbegriffs sind handelnde und leidende Menschen, denen man bestimmte verantwortliche Handlungen zuschreiben kann und zuschreiben muß. Auch das ist sehr voraussetzungsreich und durchaus nicht selbstverständlich. Das impliziert eine fundamentale Differenz zum Behaviorismus (z. B. von Skinner) und zum Strukturalismus (z. B. von Foucault). Das impliziert aber auch Unterscheidungen von ‚idealistischen' und ‚materalistischen' Annahmen, die etwa völlig freie und mündige Handlungssubjekte bzw. Geschichte mit Gesamtwillen und Gesamtbewußtsein machende revolutionäre Klassensubjekte unterstellen.
Was sind *Orientierungssysteme des Politischen*?
Orientierungssysteme, die uns in den sehr ungleichzeitigen Kulturen und Gesellschaften der Vergangenheit und Gegenwart vorgegeben sind, sind z. B. Mythen primitiver oder wenig differenzierter Gesellschaften, philosophische und religiöse Weltbilder der Hochkulturen, Ideologien der neuzeitlichen bürgerlichen und sozialistischen Gesellschaften und Staaten. Orientierungssysteme lieferten bisher in allen uns bekannten Gesellschaften die letzten inhaltlichen Rechtfertigungs- und Kritikgründe politischer Ordnungen bzw. Unordnungen und politischer Verhaltensweisen. Orientierungssysteme einer Gesellschaft und einer politischen Ordnung und Herrschaftsform lassen sich an Phänomenen der ‚Basis' und des ‚Überbaus' sichtbar machen. Sie bestimmen diese, gehen jedoch nicht in diesen auf. Orientierungssysteme bestimmen nicht nur unser Bewußtsein, sondern auch unsere unbewußten Verhaltensweisen und Erwartungen. Sie ermöglichen es, intersubjektive Erfahrungen und Erfahrungen der Natur, auch unerwartete, zu bewältigen. Unsere Denk-, Erfahrungs- und Erwartungsmöglichkeiten sind keine geschichtslosen, immerseienden, anthropologischen ‚Kompetenzen' *des* Menschen bzw. *der* Vernunft. Sie sind sehr voraussetzungsreiche, für uns im letzten kontingente, d. h.

nicht ausreichend erklärbare Errungenschaften der Menschen, die sich geschichtlich in und durch Orientierungssysteme ausgebildet haben. Auch gegenwärtige Gesellschaften und gegenwärtige Staaten funktionieren, auch dann, wenn offene oder latente Konflikte herrschen, weil letzte inhaltliche Orientierungssysteme die Ausbildung und Sicherung der personalen und sozialen Identität ermöglichen.
Was sind *heute überzeugende* Orientierungssysteme?
Überzeugende Orientierungssysteme als letzte Rechtfertigungsgründe sind heute solche, die für Menschen in einem philosophischen Diskurs plausibel sind, d. h. für die sie hinreichend viele gute Gründe angeben können.
Noch vor aller inhaltlichen gesellschaftlich-geschichtlichen Konkretisierung kann man über gute Gründe folgendes sagen:

- Gute Gründe sind mehr als logisch-formale Gründe nach dem Exaktheitsideal der Einheitswissenschaft des frühen logischen Positivismus (Carnap, früher Wittgenstein). Vertreter dieser Positionen haben inzwischen selbst gezeigt, daß dieser strenge Exaktheitsbegriff auch schon für die theoretischen Wissenschaften, erst recht für die praktischen unhaltbar ist.
- Gute Gründe sind nicht ‚universal gültig' nach den überzogenen Universalitätsansprüchen der traditionellen Ontologie, des traditionellen Natur- und Vernunftrechts, der traditionellen idealistischen und materialistischen Geschichtsphilosophie und der Transzendentalphilosophie[9].
- Gute Gründe sind solche, die in einem philosophischen Diskurs über letzte Orientierungssysteme unter zeitlich, räumlich und sozial verschiedenen Bedingungen argumentativ verteidigt werden können, die begrenzt verallgemeinerungsfähig, intersubjektiv plausibel, ja intersubjektiv akzeptabel sind.

Die Verwendung dieses nicht streng exakten Rationalitäts- und Vernunftbegriffs in einem philosophischen Diskurs über Fragen der sittlichen und politischen Orientierungssysteme kann man zumindest mit zwei Gründen rechtfertigen:

- Seit Aristoteles, Thomas von Aquin, Descartes, Kant bis zu Weber unterscheidet, wenn auch in verschiedener Weise, die praktische Philosophie bzw. die praktische Vernunft selbst zwischen der strengen Exaktheit von Verfahren der theoretischen Wissenschaften (Mathematik, Naturwissenschaften) und den von der

---

9 s. Anm. 1

Sache her notwendig weniger exakten Orientierungsverfahren bei sittlichen und politischen Fragen.

- Gegenüber der Alltagssprache und den nichtwissenschaftlichen Medien (Mythen des Alltags, Kunst, Religion, Massenmedien), die etwa narrativ erzählen, verlangt ein philosophischer Diskurs von den Teilnehmern bei der Verteidigung Argumente, nicht bloße Bekenntnisse, argumentatives, nicht narratives Verhalten.

Philosophische Diskurse des Politischen, die heute Orientierungshilfen sein können, sind kein ewiges Problem des Menschen. Sie sind z. B. nur dort möglich und notwendig, wo angesichts radikaler Umbrüche von ‚Basis-' und ‚Überbauphänomenen' und der sie legitimierenden letzten Orientierungssysteme bestimmte Menschen, die, entlastet von harter körperlicher Arbeit und lebensbedrohender Not, Muße, freie Zeit, Geld und Interesse haben, nach letzten Gründen des Politischen zu fragen. Dies impliziert, wie wir sehen werden, eine zirkuläre Argumentation auf sehr voraussetzungsreiche und gerade nicht universell oder metatheoretisch formulierbare immerseiende geschichtslose Bedingungen *des* Menschen und *der* Vernunft.

Praktische Diskurse sind z. B. nicht möglich unter zwei Lebens- und Herrschaftsbedingungen:

- Solange der Mythos als letztes Orientierungssystem eines Stammes oder einer wenig differenzierten Gesellschaft die alleinige und unbestrittene Kompetenz zur Auslegung der menschlichen und göttlichen Dinge hat, solange er die anerkannten und öffentlich sanktionierten Handlungsmuster liefert, solange sind politische Diskurse weder möglich noch notwendig. Der Mensch hat hier seinen Platz in der Natur und Gesellschaft. Er respektiert die vorgegebenen, für ‚natürlich' und gottgeschaffen gehaltenen Ordnungen. Er kann weder ‚Anderes' denken noch für sich und den Stamm bzw. für die Gemeinschaft in der Zukunft Anderes erhoffen.
- Aber auch dann, wenn die Menschen tatsächlich einmal in einer total verwalteten Gesellschaft leben sollten, die uns Theoretiker und Antiutopisten als unsere mögliche Zukunft aus Gegenwartstrends extrapolieren, auch dann wären praktische Diskurse weder möglich noch notwendig. Die Systeme funktionierten dann ohne Rücksicht auf Interessen, Motive, Bedürfnisse und Ideale der Menschen. Die Menschen, ‚jenseits von Freiheit und Würde' (so Skinner), akzeptierten ‚motivlos' (so Luhmann), was

den Systembestand sichert und was in ‚wertneutraler' und funktionaler Weise beschreibbar ist.

Zentrale Konflikte, die zur Zeit in der Bundesrepublik, in Europa und in der westlichen Welt, aber nicht nur hier, auf der intersubjektiven Ebene (z. B. § 218, Freiheit oder Sozialismus) sowie auf der Ebene der sozialen Institutionen und Systeme (z. B. Verteidigungs- und Energieprobleme) ungelöst sind und die mehr oder weniger offen gesellschaftlich-politisch ausgetragen werden, zeigen, daß wir zumindest zur Zeit weder in durch den Mythos integrierten einfachen Gesellschaften noch in total verwalteten Gesellschaften leben. Unter diesen historisch sehr voraussetzungsreichen und durchaus nicht selbstverständlichen Bedingungen können philosophische Diskurse das leisten bzw. nur das leisten, was in der These auf einer relativ abstrakten Ebene formuliert wurde. Traditionelle oder neuere sogenannte metatheoretische Überlegungen auf einer sogenannten kulturinvarianten Ebene können dort, wo es um lebens- und handlungsrelevante Fragen geht, nicht mehr, sondern weniger leisten. Die folgende historische Rekonstruktion unserer gegenwartsrelevanten letzten Orientierungssysteme versucht, dies auf der gesellschaftlich-geschichtlichen Ebene inhaltlich zu konkretisieren.

3. Die folgende Skizze versucht, auf der gesellschaftlich-geschichtlichen Ebene gegenwartsrelevante Orientierungssysteme zu rekonstruieren. Dies wird nur bei Platon und Aristoteles etwas genauer durchgeführt. Bei dieser Skizze mache ich zwei Voraussetzungen, die ich deutlich benennen, in diesem Zusammenhang jedoch nicht ausführlich genug erläutern oder gar erklären kann:

– Unsere gegenwartsrelevanten Orientierungssysteme des politischen Handelns sind das Ergebnis sehr verschiedener Geschichten, deren Genese und Verbindlichkeit man nicht wissenschaftlich zwingend und für jedermann verbindlich beweisen kann, die man trotz mehr oder weniger intersubjektiv akzeptierter Gründe im letzten nur historisch erklären kann. Dies ist so, nicht weil wir ein sogenanntes historisches Bewußtsein noch oder wieder haben, nicht weil wir, von kurzlebigen Tendenzwenden angeregt, wieder ein Interesse an Vergangenheitsgeschichten oder Traditionen haben. Dies ist so, weil evident ist, daß wir uns über unsere personale und soziale Identität und die identitätsbegründenden letzten Orientierungssysteme nur durch die Rekonstruktion ihrer Entstehungsbedingungen und ihres inneren Zusammenhangs orientieren können. Unsere personale und soziale Identität ist das Ergebnis von Geschichten, von bewußten und unbewußten, verdrängten und erinnerten Geschichten, die wir uns im letzten nicht kausal erklären können, weder durch monokausale noch durch multikausale Modelle.

Ich beschränke mich im folgenden auf solche gegenwartsrelevanten letzten Orientierungssysteme, deren Entstehungsbedingungen in drei zeitlich, räumlich und sozial benennbaren Zusammenhängen wir einigermaßen überschauen können. Diese Zusammenhänge nennen wir in Übereinstimmung mit einem interdisziplinär einigermaßen akzeptierten Sprachgebrauch: alteuropäische Gesellschaft, europäische Neuzeit, Ende der Neuzeit. Diese Begriffe sind Konstrukte, mit denen wir eine Vielzahl ähnlicher oder vergleichbarer Phänomene und Erfahrungen denkend ordnen. Mit alteuropäische Gesellschaft bezeichnen wir spezifische Phänomene und Erfahrungen, die sich etwa von 600 v. Chr. bis 1400 n. Chr. zuerst im Mittelmeerraum und dann in Europa, vor allem in den jeweils herrschenden sozialen Schichten, ausbildeten. Das gleiche gilt für spezifische Phänomene und Erfahrungen der europäischen Neuzeit, die sich zwischen 1400 und 1900 zuerst in Europa und dann in der westlichen Welt ausbildeten. Ähnliches gilt für das Ende der Neuzeit seit 1900 in Europa und in der westlichen Welt. Die drei Begriffe sind, wie bei bürgerlichen und nicht dogmatisch festgelegten sozialistischen Theoretikern im theoretischen Bannkreis von Max Weber inzwischen weithin anerkannt ist, keine Widerspiegelungen objektiver Geschichtsprozesse und Geschichtszäsuren. Sie beschreiben und erklären auch keine objektiven Geschichtsbrüche und Entwertungsschübe von Traditionen. Auch heute ist z. B. in Westeuropa nicht für alle Menschen in gleicher Weise Neuzeitliches oder Alteuropäisches einfach erledigt, verbraucht, aufgehoben und überwunden. Die drei Begriffe suchen also Entstehungsbedingungen für einige für uns gegenwartsrelevante Orientierungssysteme auf den Begriff zu bringen. Ob hierbei die älteren geistes- und gesellschaftswissenschaftlichen Annahmen von Epochen und Epochenwandlungen oder neuere systemgeschichtliche und strukturalistische Verfahren eine größere Orientierungshilfe bieten, muß hier unerörtert bleiben.

Die erste Voraussetzung meiner Überlegungen lautet also: Einige gegenwartsrelevante Orientierungssysteme des politischen Handelns haben sich in der alteuropäischen Gesellschaft, der europäischen Neuzeit und seit dem Ende der Neuzeit geschichtlich ausgebildet, und wir können uns diese trotz aller mehr oder weniger sicher begründeten Rekonstruktionen im letzten nur historisch erklären.

– Orientierungssysteme lassen sich an Phänomenen der ‚Basis' sowie des ‚Überbaus' aufzeigen. Wir beschränken uns hier auf solche Dokumente von Philosophen, die in der Regel als philosophierende Politiker ihre guten und schlechten Erfahrungen in der Politik bewußt mitreflektieren. Solche Dokumente informieren uns wohl am prägnantesten über die Selbstreflexionen der Zeitgenossen angesichts der ihnen vorgegebenen Krisen politischer Ordnungen und ihrer letzten Begründungen sowie über neue Rechtfertigungsversuche des Politischen. Die folgenden Analysen beschränken sich damit jedoch nicht auf wissenschafts- und philosophieimmanente Prozesse. Orientierungssysteme gehören nicht in eine von der Gesamtgeschichte isolierbare Ideengeschichte. Sie sind keine von zeitlichen, räumlichen und sozialen Zusammenhängen losgelösten Produkte großer Genies oder kühner Systemdenker.

Die sogenannte Achsenzeit um 600 v. Chr. hat nicht nur in China und Indien, sondern auch im Vorderen Orient und im Mittelmeerraum (etwa in Israel, Griechenland und Rom), auf den wir uns im folgenden zunächst beschränken, eine Reihe ähnlicher oder vergleichbarer Prozesse der ‚Basis' und des ‚Überbaus' in Gang gesetzt. Diese Prozesse waren für die Entstehung der alteuropäischen Gesellschaft, aber auch für die Ausbildung der uns heute möglichen und selbstverständlichen Denk-, Erfahrungs- und Erwartungsmöglichkeiten von entscheidender Bedeutung. Selbstverständlich haben die damaligen Zeitgenossen diese Wandlungen und ihre neuen hochkulturellen Errungenschaften und Erfindungen zum Teil anders erfahren und gedeutet als wir. Das jüdisch-christliche Denken verstand z. B. die Wandlung vom Nationalgott zum allmächtigen Schöpfungs- und Erlösungsgott für alle Völker als einen allmählichen Offenbarungsprozeß des allein wahren Gottes. Das griechisch-römische Denken verstand die Entwicklung der rational konstruierten universal gültigen Kosmologien und metaphysischen Systeme als Sieg der Vernunft und der Wissenschaft über die Mythen und den Aberglauben.

Die Entstehung der neuen hochkulturellen Errungenschaften und Erfindungen nach der Achsenzeit versucht man sich heute zum Teil anders verständlich zu machen: mehr ‚materialistisch' oder mehr ‚idealistisch', mehr sozialgeschichtlich oder mehr strukturgeschichtlich, als Folgen neuer Produktions- und Kriegstechniken sowie neuer Verkehrs- und Handelsmöglichkeiten (Ribeiro, Altheim, Toynbee), als Folge der Entstehung von Klassengesellschaften (Eder, Habermas), als Folge der „Entmythisierung der göttlichen Fabelwelt" (Altheim). Neu war nach der Achsenzeit, und zwar nicht nur in Europa, für alle Phänomene des Politischen ein fundamentaler Wandel der Rechtfertigungsverfahren. Nicht mehr durch die Erzählungen der Mythen, sondern durch argumentierendes Reden sowie durch methodisch lern- und lehrbare Einsichten wollte man sich nun über das orientieren, was gut und gerecht, legitim oder illegitim ist. Statt „üppig wuchernder Mythologie . . . wünscht man jetzt eine Rechtfertigung; und dies Verlangen macht vor dem Göttlichen nicht halt"[10].

Der Streit über die Bedeutung und die Folgen dessen, was sich nach der Achsenzeit in der alteuropäischen Gesellschaft ausgebildet hat, ist bis heute ungelöst. Weber wollte den okzidentalen Rationalisierungsprozeß wertneutral analysieren und von außereuropäischen Entwicklungen unterscheiden. Nietzsche, Heidegger und Adorno deuteten diesen Prozeß als Verfallsprozeß bzw. als Dialektik der Aufklärung, die erneut in den Mythos umschlägt. Andere bürgerliche und sozialistische Theoretiker deuten diesen Prozeß als Fortschritt, als Überwindung primitiver mythischer Institutionen und Denkmöglichkeiten und als Entdämonisierung der Natur.

Die *alteuropäische Gesellschaft* hat vor allem zwei für Europa folgenreiche Typen von Orientierungssystemen zur Rechtfertigung und Kritik politischer Ordnungen entwickelt. Der eine Typ wurde vom griechisch-römischen Denken ausgebildet und sucht letzte Orientierungen in der Natur, die man sich entweder als vernünftig geordneten Kosmos oder als zufällige Atomkomposition vorstellt. Der andere Typ wurde vom jüdisch-christlichen Denken ausgebildet und sucht letzte Orientierungssysteme im Rahmen von Schöpfung, Geburt und Wiederkehr Christi. Die Orientierungssysteme, die im griechisch-römischen bzw. im jüdisch-christlichen Denken ausge-

10 F. Altheim, in: Propyläenweltgeschichte (Ullstein) II, 2, S. 610

bildet wurden, empfand man trotz ihrer Verschiedenheiten in der alteuropäischen Gesellschaft und auch nachher oft nicht als prinzipiell unvereinbar.

Die philosophischen Diskurse der griechisch-römischen Antike entwickeln, sehr vereinfacht ausgedrückt, in der Krise ihrer politischen Ordnungen, vor allem der Polis und der res publica Romana, vier neue Überlebens- und Lebensmodelle: Selbstbehauptung durch Suche nach den Rettern der Polis und Identifikation mit ihr (Platon und Aristoteles), Selbstbehauptung durch ein unpolitisches Leben und mäßiges Glück im ‚Garten' (Epikureer), Selbstbehauptung durch ein Leben gemäß dem Logos des Kosmos (Stoiker). Eine vierte Form der Selbstbehauptung ohne Religion und Metaphysik, aber auch ohne Freunde und ‚Garten' und ohne den Logos des Kosmos praktizierten die Kyniker, die in der Antike nicht unwirksam waren, von deren Selbstverständnis wir jedoch mehr durch Anekdoten als durch ausgebildete philosophische Diskurse Kenntnis haben.

Die Gemeinsamkeiten zwischen *Platon* und *Aristoteles* bei der Diagnose und Therapie des Politischen sind unübersehbar: Beide gehen bei ihrer Diagnose ihrer Gegenwart aus von dem Zerfall, zumindest von den Bedrohungen der ihnen historisch vorgegebenen politischen Ordnung der Polis und ihrer letzten Begründungen. Die Bedrohungen sehen beide vor allem im folgenden:

- Die von den Griechen bis zu ihrer Gegenwart anerkannten Mythen, die Homer für das patriarchalische Königtum und für die Fürsten- und Adelsgeschlechter und die Hesiod für die kleinbäuerliche Welt formuliert hatten, können für die Polisbürger nicht mehr lebens- und handlungsorientierend sein. Für Gesundheit, Kriegsführung und Lebensführung kann man die Allkompetenz der mythischen Dichter nicht mehr anerkennen. Fachwissen und verläßliche Erkenntnisse sind nun für das Überleben und das gute Leben in der Polis gefragt und notwendig.
- Wo das, was Recht und Sitte ist, nicht mehr durch die Mythen und deren Paradigmata festgelegt ist bzw. in dieser Form nicht mehr von den Polisbürgern anerkannt werden kann, sind neue Rechtsdeutungen notwendig. Den Sophisten, die von Platon in seinen Schriften immer wieder als die große Gegenposition kritisiert werden – ob immer zu Recht, das sei hier unerörtert –, werden vor allem folgende poliszerstörende Rechtsvorstellungen zugeschrieben: Recht ‚von Natur' ist das, was dem Stärkeren zu-

träglich ist – und als Gegen- und Schutzthese der Schwächeren: Recht ist bloße Übereinkunft, die im Interesse der Schwächeren die von Natur Stärkeren an der Durchsetzung ihres ‚Naturrechts' hindert. Beide Rechtsvorstellungen sind für Platon, aber auch für Aristoteles poliszerstörend und nicht der ‚wahren Natur' des Menschen und der Polis gemäß.

– Was die damaligen Komödien zeigen, kann auch Platon und Aristoteles nicht verborgen geblieben sein: Die führende Schicht der Polisbürger wendet sich immer mehr von der Politik ab und beschäftigt sich nur noch mit ihren privaten Angelegenheiten. Nach dem Zusammenbruch Athens im Peloponnesischen Krieg beschäftigen sich mit der Politik nur noch die wenigen, die in einer Oligarchie ihre wirtschaftliche Macht sichern und vergrößern wollen bzw. die vielen, die in einer Demokratie ihre egoistischen Interessen am besten gesichert sehen.

– Die Bedrohung der Polis, die in diesen Phänomenen und Erfahrungen überdeutlich ist, wird vor allem für Platon, aber auch für Aristoteles, zu einer Katastrophe, als die Polis Sokrates zum Tode verurteilt. Eine politische Ordnung kann für sie nicht mehr sittlich und politisch intakt sein, in der ein Sokrates wegen Gottlosigkeit und Verderbens der Jugend zum Tode verurteilt wird. Dies wird für Platon, den Angehörigen eines alten und reichen Aristokratengeschlechts und Bürger Athens, aber auch für den Bürgersohn Aristoteles, der freilich als Nichtathener keine unmittelbare Politik treiben darf, zum Anlaß, nach den Rettern der Polis und nach einer neuen Begründung der Polisordnung zu suchen. Die Suche nach einer grundsätzlich anderen politischen Ordnung taucht im Horizont des platonischen und aristotelischen Denkens nicht auf. Eine gesamtgriechische politische Organisation z. B. wird den Griechen ja erst von den Makedoniern und später von den Römern ‚von außen' aufgezwungen. Interessant ist, was beide nicht als polisbedrohend erkennen: z. B. die wachsende Spannung zwischen den Reichen und den Armen, den Bürgern und den recht- und eigentumslosen Sklaven, die zeitweilig die Hälfte der Stadtbevölkerung ausmachen. Im Gegenteil, trotz einiger Differenzierungen ist noch für Aristoteles der Sklave ‚von Natur aus' zum Dienen bestimmt.

Auch bei dem Versuch der Rettung der Polis gibt es fundamentale Gemeinsamkeiten zwischen Platon und Aristoteles. Man kann einige kurz so benennen:

- Ausgangspunkt ihres philosophischen Diskurses ist die von Aristoteles wirkungsgeschichtlich folgenreich formulierte These, der Mensch sei im Unterschied zu den Tieren und zu Gott ‚von Natur aus' ein ‚zoon politikon', d. h. er sei nur dann wahrhaft Mensch, wenn er in einer sittlich-politisch verfaßten Polis lebe, in der der Einzelne und die Polis dasselbe Ziel haben: die Verwirklichung des vollkommenen Lebens. Die Definition des Menschen als ‚zoon politikon' bezieht sich nicht auf die biologische Gattungsnatur des Menschen. Sie benennt auch keinen wertfreien, empirisch verifizierbaren Tatbestand, sondern ist ein Werturteil. Mit seiner Definition über die ‚Natur des Menschen' macht Aristoteles auch nicht etwas Immerseiendes, sondern etwas sehr Voraussetzungsreiches, „den an Leib und Seele am besten gearteten Menschen . . . zum Gegenstand der Betrachtung" (Politik 1254 a 37–38). Weder den Barbaren noch den Sklaven zählt Aristoteles zu den bürgerlichen und staatlichen Wesen. Sklaven sind kein Teil der politischen Gemeinschaft der Polis. Diese Auffassung von der ‚Natur des Menschen' konnten Platon und Aristoteles schwerlich durch ihre unmittelbaren alltäglichen Erfahrungen und Beobachtungen in der athenischen Polis stützen.

- Für Platon und Aristoteles ist zwar die theoria, die Schau des wie auch immer interpretierten letzten und höchsten Seins, das höchste Glück des Menschen, wenn es ein ganzes Leben lang dauert. Beide betonten jedoch immer wieder, daß wir, insofern wir Menschen sind, jetzt noch nicht „auf den Inseln der Seligen" (Platon, Staat 519 c) leben, daß daher die politische Tätigkeit mit allen Unannehmlichkeiten und sogar bedrohenden Folgen zu den sittlichen und politischen Aufgaben des Philosophen gehört.

- Unter einem vollkommenen Staat verstehen beide, und zudem beide in ihren verschiedenen Werken, nicht in jeder Beziehung dasselbe. Für beide ist jedoch die Konstruktion des vollkommenen Staates der Gesamtentwurf eines sittlichen und politischen Zustandes, ja in einem bestimmten Sinne eine Utopie. Dieser Gesamtentwurf zeigt nicht, was tatsächlich und unmittelbar historisch vorgegeben ist, sondern, was nach der Meinung von Platon und Aristoteles sein soll, was (noch) nicht ist, aber prinzipiell nicht unmöglich ist.

– Zur historischen Verwirklichung dessen, was beide aus der ‚Natur des Menschen' entwickelt haben, gehört daher für beide die mehr oder weniger strenge Erziehung des Menschen und die Schaffung neuer Gesetze und Institutionen. Über die Schwierigkeiten, ihre Vorstellungen von einem vollkommenen Staat zu verwirklichen, reflektieren beide ausdrücklich. Und auch ihre eigene Lebenserfahrung zeigt ihnen, daß ihre Entwürfe des vollkommenen politischen Lebens Utopien der Vergangenheit sind. Platon muß nach seinen mißlungenen Versuchen, den idealen Staat zu realisieren, Syrakus fluchtartig verlassen, ja er muß sogar von seinen Freunden aus der Sklaverei freigekauft werden. Aristoteles muß wegen seiner Zusammenarbeit mit der auswärtigen Macht der Makedonier noch kurz vor seinem Tode Athen verlassen.

Die vielen Gemeinsamkeiten zwischen Platon und Aristoteles schließen freilich große Unterschiede nicht aus. Die Platonkritik des Aristoteles richtet sich nicht nur gegen die Methode, sondern auch gegen zentrale Lehrstücke seines Lehrers. Dafür nur vier Beispiele:

– Für Platon bleibt trotz seiner Mythenkritik auch, ja gerade bei der Darstellung seiner politischen Philosophie der Mythos eine sinnvolle Ergänzung der Einsichten, die die Vernunft und die Wissenschaften vermitteln können. Für Aristoteles dagegen muß die Philosophie prinzipiell auf mythisches Reden und mythische Auskünfte, damit freilich auch auf die Beschäftigung mit einigen ‚letzten Fragen' (z. B. Weiterleben nach dem Tode) verzichten.
– Platon kann nach einer Formulierung Hegels das in die griechische Sittlichkeit „einbrechende tiefere Prinzip (die freie unendliche Persönlichkeit) . . . nur als eine noch unbefriedigte Sehnsucht und damit nur als Verderben"[11] auffassen. Er verbannt daher alle Künste, die nicht staatserhaltende Sittlichkeit darstellen, aus dem idealen Staat und verlangt, daß die staatstragenden Stände, die Regenten und die Wächter, um des allgemeinen Wohles willen auf Familie und Privateigentum verzichten. Für Aristoteles dagegen sind die von politischen Funktionen freigesetzten Künste ein nichtwissenschaftliches Medium zur Darstellung menschlicher Möglichkeiten. Statt der Aufhebung des

11 Hegel, Werke in zwanzig Bänden (Theorie-Werk-Ausgabe), Frankfurt 1971, 7, S. 24

Privateigentums und statt der Kinder- und Weibergemeinschaft rät Aristoteles, „es damit so zu halten, wie es tatsächlich unter den Menschen geschieht" (S. 94), und nicht, wie Platon sich das ausgedacht hat.

– Für Platon ist derjenige Staat am besten, der das Ideal der größtmöglichen Einheit verwirklicht hat. Nach Aristoteles dagegen würde dies den Staat aufheben; zum Staat gehört für ihn konstitutiv die Vielheit von Geschlechtern und Häusern.
– Platon begründet im ‚Staat' die Ungleichheit der drei Stände (der Philosophen-Regenten, der Wächter und der Handwerker und Bauern) quasianthropologisch mit den drei verschiedenen Teilen und Funktionen der Seele. Hiernach hat z. B. der unterste Stand für das physische Überleben zu sorgen, und die Philosophen-Regenten sind wegen ihrer Einsicht in die raum- und zeitlosen immerseienden Ideen allein zum Regieren befähigt. Für Aristoteles dagegen ist der Staat die Gemeinschaft politisch gleicher Bürger – was nicht identisch ist mit sozialer Gleichheit –, die „im Wechsel regieren und sich regieren lassen" (Politik 1316 a 40–41).

Neben Platon und Aristoteles sind die *Epikureer* und *Stoiker* in der Antike die einflußreichsten Theoretiker des Politischen. Bei der Rezeption dieser Theorien gab es immer wieder neue Synthesen (z. B. Transformationen des Platonischen und Aristotelischen bei Thomas von Aquin und Hegel) und alternative Konstellationen. Während Platon z. B. den ‚Theisten' und ‚Idealisten' (z. B. Augustinus und Kant) Argumente lieferte, beriefen sich die ‚Atheisten' und ‚Materialisten' (z. B. die französischen Materialisten und Marx) auf Epikur. Selbstverständlich kann man dies im einzelnen nur durch genaue Analysen der jeweiligen gesellschaftlich-geschichtlichen Zusammenhänge verständlich machen und beurteilen.

Die Lebens- und Herrschaftsbedingungen der Epikureer und Stoiker unterscheiden sich radikal von denen von Platon und Aristoteles. Wirtschaftliche, soziale und politische Umbrüche (Sklavenaufstände, soziale Reformbewegungen, neue übernationale makedonische und römische Herrschaftsformen), die hier nicht im einzelnen dargestellt werden können, hatten die alten politischen Organisationsformen der Polis und der res publica Romana zerstört. Eine Rettung dieser politischen Organisationsformen und eine Rechtfertigung von mythischen oder ontologisch immergültigen Beständen aus, die Platon und Aristoteles noch versucht hatten, sind für die

Epikureer und Stoiker unmöglich. Der Weise, der an seiner Selbsterhaltung interessiert ist und in Muße ein gutes und glückliches Leben führen will, kann unter diesen Bedingungen nur auf einer unpolitischen Ebene leben: als Gesprächspartner im ‚Garten' der Epikureer bzw. als Kosmopolit bei der Betrachtung des als vernünftig interpretierten Kosmos. *Cicero* und *Seneca,* die sich eine Zeitlang sehr einflußreich an der politischen Gestaltung und Führung des römischen Staates beteiligt hatten, bezahlten diese praktische Politik am Ende mit ihrem Leben. Die Umbrüche auf der Ebene des ‚Überbaus' lassen sich beispielhaft und vereinfacht an einigen Unterschieden zwischen Platon und Epikur verdeutlichen:

– Für Platon ist Gott das Maß aller Dinge. Der Welthandwerker (Demiurg) hat den sichtbaren Kosmos geschaffen, so gut es ihm möglich ist; die Vorsehung Gottes (pronoia) kümmert sich um die Angelegenheiten des Menschen. Gegen die Mythendichter verteidigt Platon Gott wegen der Leiden und Übel mit verschiedenen Argumentationen: „Gott ist schuldlos" (Staat 617 d). Für Epikur dagegen können sich die Götter, die funktionslos in den Zwischenwelten leben, weder um die Welt noch um die Menschen kümmern. Sie sind für ihn entweder nicht fähig oder nicht willens oder beides zusammen, die Übel und Leiden in der Welt wegzunehmen, was an ihrer Allmacht und Güte zweifeln läßt.
– Für Platon ist, vor allem in den Spätwerken, der Kosmos als letzter Denk- und Bezugsrahmen des Politischen im Grunde vollkommen und gut und von der guten Weltseele beherrscht. Für Epikur dagegen ist der Kosmos gestaltlos, eine zufällige Atomkomposition, die ebenso zufällig vergeht, wie sie entstanden ist.
– Für Platon muß der Mensch trotz des widerstreitenden Interessen seiner Geistnatur und seines Körpers gut leben, um nach dem Tode seine wahre Bestimmung, sein ewiges Glück und seine Vollkommenheit zu erlangen. Für Epikur dagegen ist auch der Mensch und sein Geist wie alles, was ist, nichts anderes als eine zufällige Atomkomposition. Ein mäßiges Glück gibt es nach Epikur nur in diesem Leben, wenn die Menschen frei von der Götter- und Todesfurcht einfach und maßvoll leben.
– Für Platon sind gutes menschliches Recht und gute Gesetze Abbilder bzw. ‚Brüder' der immerseienden göttlichen Gesetze. Für Epikur dagegen gibt es „keine Gerechtigkeit an und für sich" (S. 100). Recht und gerecht ist, was nach Raum und Zeit verschiedene Völker durch jeweils verschiedene Abmachungen und

Verträge für sich als zuträglich erklären. Der Mensch strebt durchaus nicht ‚von Natur aus' nach einem Leben von politisch Gleichen in der Bürgergemeinschaft der Polis, der Philosoph durchaus nicht bei Verzicht auf Eigentum und Familie nach der Philosophenherrschaft, um sich in und durch die Polis gut und gerecht zu machen.

Was ‚von Natur aus' gut und gerecht ist bzw. was vernünftig ist, ist also schon am Beginn des europäischen Rationalisierungsprozesses inhaltlich sehr verschieden.

Die Lebens- und Herrschaftsbedingungen, unter denen *Augustinus* und *Thomas von Aquin* politische Ordnungen und politische Herrschaft zu rechtfertigen und zu kritisieren versuchen, unterscheiden sich im einzelnen. Augustinus entwickelt sein Orientierungssystem des Politischen in kritischer Auseinandersetzung mit Denk- und Lebensvorstellungen vor allem der Epikureer und Stoiker und in anderer Weise mit den damaligen Platonikern in einer Situation, in der er den Vorwurf widerlegen will, das Christentum sei für den Untergang Roms verantwortlich. Thomas entwickelt sein Orientierungssystem in kritischer Auseinandersetzung und Rezeption des damaligen Aristotelismus in einer Situation, in der zumindest für die herrschenden Schichten in Westeuropa das Kaiser- und Papsttum die einflußreichsten und weithin anerkannten Ordnungsmächte sind.

Die Orientierungssysteme des Politischen von Augustinus und Thomas von Aquin gehen trotz aller Unterschiede im einzelnen beide von Denk-, Erfahrungs- und Hoffnungsmöglichkeiten des Menschen aus, die sich von denen der antiken griechisch-römischen Welt einerseits und von denen der europäischen Neuzeit andererseits grundlegend unterscheiden. Auf einer gewissen Abstraktionsebene lassen sich diese nur begrenzt verallgemeinerungsfähigen Denk-, Erfahrungs- und Hoffnungsmöglichkeiten für christlich-mittelalterliche Orientierungssysteme so benennen:

– Augustinus und Thomas gehen von der ‚allein wahren Religion', der jüdisch-christlichen Religion, aus, in der sich Gott im Alten und im Neuen Testament geoffenbart hat und in der er auch ansprechbar ist. Sie lehnen die unwahren Theologien der Heiden: die mythische Theologie der Dichter, die natürliche Theologie der Philosophen und die politische Theologie der Polis bzw. res publica, die letztlich eine Staat und Herrschaft legitimierende Theologie war, ab. Beide stützen sich auf Bibelzitate, die sie freilich nicht einfach weitererzählen, sondern in ihrem sehr zeitbedingten Diskurs verwenden.

– Beide lehnen damit ab die griechisch-römischen – wie auch immer im einzelnen gedeuteten – Orientierungssysteme des Politischen vom immerseienden Kosmos aus und seinen „eitlen und törichten Kreisbewegungen" (Gottesstaat XII,20) und Weltperioden – „an diesem Possenspiel lassen sie auch die unsterbliche Seele teilhaben" (XII,14). Der Mensch als ‚Geschöpf' Gottes und als ‚Erlöster' sei zur ewigen Seligkeit und nicht zur sinnlosen Wiederkehr im Kosmos berufen.

Hobbes und Rousseau und andere haben zu Recht gesehen, daß damit das antike Vertrauen in die im letzten nicht bezweifelbare und hinterfragbare Verläßlichkeit der Welt als Kosmos sowie die antike Verquickung von Politik und staatslegitimierender Religion gesprengt ist. Das zeigen die folgenden Punkte:

– Die Welt wird von Augustinus und Thomas interpretiert als die Schöpfung eines der Welt gegenüber transzendenten, souveränen und freien Schöpfers, der die Welt durch seinen Schöpfungsakt aus dem Nichts ins Sein gerufen hat und sie als Schöpfer auch im Sein erhält bzw. erhalten muß, wenn sie nicht ins Nichts zurückfallen soll. Dies impliziert eine Verwiesenheit auf Gott und die Abhängigkeit der Welt von ihm, wie sie in der antiken griechisch-römischen Welt undenkbar war.

– Der Christ ist nun als Geschöpf und Erlöster in den Schöpfungs- und Erlösungsprozeß, der von der Schöpfung der Welt über die Geburt Christi bis zu seiner Wiederkehr reicht, notwendig Bürger zweier Reiche (Augustinus): Bürger des irdischen und Bürger des himmlischen Reiches, die als metapolitische und metahistorische Reiche für Augustinus nicht identifizierbar sind mit unmittelbar vorgegebenen politischen und historischen Reichen der Geschichte. Der Christ ist ferner Untertan der kaiserlichen und päpstlichen Herrschaft (Thomas), wobei die erste vor allem für das irdische Ziel, die zweite für das himmlische Ziel des Menschen zuständig ist.

– Der Fürst als Inhaber der weltlichen Macht hat damit im Schöpfungs- und Erlösungsplan eine bestimmte Funktion, die ohne das mit dem Schöpfungs- und Erlösungsprozeß gegebene Orientierungssystem ebenfalls undenkbar ist: Wie Gott die Welt geschaffen hat und erhält, so hat der Fürst als sein Stellvertreter auf Erden die politische Ordnung zu schaffen und zu erhalten, damit die Bürger dieser Ordnung ihr irdisches und himmlisches Ziel erreichen.

Ohne die von Augustinus und Thomas von dem christlichen Schöpfungs- und Erlösungsprozeß aus gerechtfertigten ‚natürlichen' und ‚vernünftigen' Rechts- und Politikvorstellungen, die historisch sowohl zur Legitimation als auch zur Kritik politischer Herrschaft und Verhaltensweisen gebraucht und mißbraucht wurden, sind, wie wir sehen werden, weder die Konflikte bei der Entstehung der Neuzeit zwischen Staat und Religion noch die gegenwärtigen gesellschaftlich-politischen Konflikte (z. B. § 218, Grundwertedebatte, Verhältnis Staat – Kirche) zureichend verständlich zu machen.

Die Lebens- und Herrschaftsbedingungen, unter denen die Menschen in der *europäischen Neuzeit* leben und handeln müssen, sind sicher je nach historischen, räumlichen, zeitlichen und sozialen Zusammenhängen im einzelnen verschieden. Der Prozeß der Industrialisierung sowie der Ausbildung neuer wirtschaftlicher, sozialer und politischer Organisationsformen verlief nicht nur ungleichzeitig, er führte auch zu mehr oder weniger radikalen Traditionsbrüchen, zu Evolutionen oder zu Revolutionen. Trotzdem gibt es, wie wir sehen werden, bei der Diagnose und Therapie neuzeitspezifischer Lebens- und Herrschaftsformen von Hobbes bis Mill bei allen Unterschieden Gemeinsamkeiten. Nur zwei seien kurz genannt: Was Hobbes schon auf Grund seiner in den Wissenschaften und in der Gesellschaft und Politik gemachten Erfahrungen der beginnenden Neuzeit sagte, gilt auch für seine Nachfolger: Sowohl die griechisch-römischen als auch die mittelalterlichen Orientierungssysteme des Politischen gingen von „einer allzu oberflächlichen Betrachtung der menschlichen Natur" (S. 122) und des Staates aus. Dies sei zunächst nur an der politischen Philosophie von *Hobbes* und *Rousseau* gezeigt.

– Was alteuropäische Ontologien, Naturrechtstheorien, Kosmologien, Schöpfungstheorien aus der ‚Natur des Menschen' über sein gesellschaftlich-politisches Handeln entwickelt hatten, waren Wertvorstellungen für einige Menschen in bestimmten Schichten, die „an Leib und Seele am besten geartet" waren. Es widersprach jedoch allen Erfahrungen, die Menschen unter neuzeitlichen Lebens- und Herrschaftsbedingungen machen mußten: Die Menschen streben in keiner Weise ‚von Natur aus' nach einer politischen Lebensgemeinschaft, in der sie sittlich gut leben können. Sie streben vielmehr natürlicherweise – getrieben vom desire of power (Hobbes), vom amour propre (Rousseau) – nach Besitz, Ruhm, Macht. Nicht die Gleichheit freier Bürger und die politische Gemeinschaft, sondern der Kampf aller gegen alle, die Ungleichheit an Besitz und Macht, die Unfreiheit und Angst vor dem gewaltsamen Tod durch die Mitmenschen sind das, was Menschen ‚von Natur aus' treibt und bedroht. Von diesen wissenschaftlichen und gesellschaftlich-politischen Erfahrungen über die nichtteleologische und nichtvernünftig strukturierte Natur des Menschen muß man daher nach Hobbes und Rousseau ausgehen, wenn man nicht oberflächlich über den Menschen sprechen will.

– Der Staat muß daher für Hobbes und Rousseau auch anders als in der alteuropäischen Gesellschaft gerechtfertigt werden. Nicht die Verwirklichung des höchsten Gutes, sondern die Verhinderung des größten Unglücks, des Bürgerkriegs und der Unfreiheit, ist für sie das erste Ziel des Staates. Die Begründung des Staates und des Rechts im christlich interpretierten Schöpfungs- und Erlösungsprozeß, die die mittelalterlichen Theoretiker versucht hatten, hat für Hobbes und Rousseau gerade nicht zum Frieden, sondern zum Unfrieden, nicht zur sittlichen Vollendung, sondern zur Entfremdung des Menschen geführt. Hobbes geht nicht nur vom Besitzindividualismus der frühbürgerlichen Gesellschaft aus, sondern vor allem von der zeitgenössischen Erfahrung des konfessionell begründeten Bürgerkriegs, in dem jede Partei den Staat durch ihre Vorstellung von den für sie letzten Heilswahrheiten begründen will. Rousseau geht davon aus, daß nicht nur durch die soziale und politische Ungleichheit, sondern vor allem durch das Christentum mit seiner Trennung von Diesseits und Jenseits die Menschen unaufhebbar entfremdet sind und die ‚christlichen Staaten' in einem für sie unlösbaren Konflikt stehen. Man muß sich daher nach Rousseau entscheiden, ob man ein Mensch oder ein Staatsbürger werden will; beides zusammen sei unmöglich. Der ‚Emile' zeigt, zu welchen Schwierigkeiten der erste Weg führt, der ‚Contrat social', zu welchen der zweite führt. So führt die Diagnose der gegenwärtigen Lebens- und Herrschaftsbedingungen für Hobbes und Rousseau bei allen Unterschieden im einzelnen zu dem gemeinsamen Ergebnis: „Die beiden Worte: Vaterland und Staatsbürger müssen aus den modernen Sprachen gestrichen werden" (S. 196), da beide Begriffe nur zur Kennzeichnung vorchristlicher antiker politischer Staatswesen verwendbar sind.

Die vorgelegten Texte von Hobbes und Rousseau machen die großen Unterschiede zwischen beiden Theoretikern der Neuzeit deutlich. Trotzdem sind auch bei der Rechtfertigung des neuzeitlichen Staates zwei Gemeinsamkeiten unübersehbar:

- Der unterstellte Vertrag aller Bürger ist nach Hobbes und Rousseau dort, wo alle vor- und übermenschlichen inhaltlichen Legitimationsinstanzen (Natur, Gott) unhaltbar sind, das einzige Verfahren zur Rechtfertigung politischer Herrschaft. Vereinfacht sieht das so aus: In der Situation des Bürgerkriegs aller gegen alle müssen nach Hobbes alle aus Furcht vor dem gewaltsamen Tod durch die Mitmenschen in einem gemeinsamen Vertrag einem mächtigen Souverän alle ihre ursprünglichen natürlichen Rechte übertragen, wenn sie vernünftig kalkulierend an ihrer Selbsterhaltung und an der Sicherung minimaler privater Freiheitsrechte (z. B. Eigentum) interessiert sind. Die Autorität des Souveräns, nicht die Wahrheit, ist dann die einzige Instanz, die durch die Setzung und Durchsetzung von Zwangsgesetzen Selbsterhaltung und minimale private Freiheit sichern kann. Die Vertragstheorie von Rousseau unterstellt, daß es trotz aller Korruption des Menschen noch einen gemeinsamen vernünftig-moralischen allgemeinen Willen gibt, der sich freilich nicht empirisch nachweisen und durch Wahlen feststellen läßt, der sich also vom Willen aller unterscheidet. Auf Grund dieses allgemeinen Willens übertragen alle dem Staat die Herrschaft zur Sicherung und Durchsetzung dessen, was für alle sittlich und moralisch verbindlich ist.
- Schon die zeitgenössischen Kritiker (z. B. Hume), ja Hobbes und Rousseau selbst, zeigen, daß die Vertragstheorien weder in der Theorie stringent sind, noch daß sich mit ihnen unter den Bedingungen der Neuzeit eine politische Herrschaft verwirklichen läßt. Beide betonen, daß die Herrschaft der faktisch bestehenden Staaten in der Geschichte und Gegenwart nicht durch solche Verträge legitimiert wurde. Ihre Staatstheorien sind in diesem Sinne Utopien. Ferner verlassen sich beide im letzten nicht auf die nach der Vertragstheorie unterstellte kalkulierende Vernünftigkeit (Hobbes) bzw. Moralität (Rousseau) des Menschen. Der der Konstruktion nach weltanschaulich neutrale Staat muß letztlich quasireligiös neu legitimiert werden. Dem

‚Leviathan' muß – wie schon der Name und das bekannte Titelbild der Originalausgabe zeigen – trotz aller rationalen Konstruktion und Deduktion als „sterblichem Gott" (S. 132) alle weltliche und geistliche Macht unterstellt werden, damit er seine Funktion der Friedenssicherung überhaupt erfüllen kann. Jeder Bürger des Rousseauschen Staates muß die neue Ideologie, die der ‚bürgerlichen Religion', annehmen: „Sobald sich jemand nach öffentlicher Anerkennung dieser bürgerlichen Glaubensartikel als Ungläubiger aufführt, verdient er den Tod; er hat das größte aller Verbrechen begangen" (S. 142). Hobbes spricht am Ende seiner Schrift wie Platon die Hoffnung aus, daß sich einmal ein Herrscher finde, der seine Staatsidee durchsetze; Rousseau hofft, daß seine Staatsutopie vielleicht noch in kleinen und noch nicht verdorbenen Gesellschaften, nicht jedoch im zeitgenössischen Frankreich realisiert werden kann. Die ständige Verfolgung durch die Herrschenden hat Hobbes und Rousseau gezeigt, daß sie bei der Konstruktion des modernen Staates durch Vertragstheorien von Voraussetzungen ausgingen, die weder in der Theorie noch in der Praxis mit allgemeiner Anerkennung rechnen konnten.

Das Problem der Rechtfertigung politischer Herrschaft unter neuzeitlichen Lebens- und Herrschaftsbedingungen treibt so weiter. Die Transformation und Kritik der Staatstheorien von Hobbes und Rousseau gehört dabei bis heute zum philosophischen Diskurs: Politik. Lübbe knüpft z. B. an Hobbes an, Habermas an Rousseau.

Auch für *Kant* und *Hegel,* deren Staatskonzeptionen in zentralen, bis heute immer wieder diskutierten Punkten verschieden sind, ist wie für Hobbes und Rousseau eine Rechtfertigung des modernen Staates durch Orientierungssysteme der Ontologie, des Naturrechts und der Kosmologie, aber auch der jüdisch-christlichen Theologie im Sinne der alteuropäischen Gesellschaft unhaltbar. Der moderne Staat muß auch für sie ein religiös und weltanschaulich neutraler sein, wenngleich er für sie keinesfalls ein wertneutraler Staat ist, für den alle geschichtlich entwickelten Errungenschaften und Moralvorstellungen beliebig sind und zur Disposition gestellt werden können. Anders als Hobbes und Rousseau lehnen Kant und Hegel jedoch nicht nur die alteuropäischen teleologischen Naturkonzepte des Menschen ab, sondern auch die nichtteleologische Deutung des Menschen im Sinne der neuzeitlichen Ethik und Politik.

In drei Punkten unterscheiden sie sich von Hobbes und Rousseau:

- Für beide gibt es einen Bestand von unveräußerlichen, vernünftig begründbaren Vernunftrechten, die der Mensch nicht auf den Staat übertragen darf, wenn er nicht die durch geschichtliche Erfahrungen „gereifte Urteilskraft" und damit auch gewonnene Kritikmöglichkeit von Herrschaftssystemen wieder verlieren will. „Unser Zeitalter ist das eigentliche Zeitalter der Kritik, der sich alles unterwerfen muß. Religion, durch ihre Heiligkeit, und Gesetzgebung, durch ihre Majestät, wollen sich gemeiniglich derselben entziehen. Aber alsdenn erregen sie gerechten Verdacht wider sich, und können auf unverstellte Achtung nicht Anspruch machen, die die Vernunft nur demjenigen bewilligt, was ihre freie und öffentliche Prüfung hat aushalten können."[12] „Was jetzt gelten soll, gilt nicht mehr durch Gewalt, wenig durch Gewohnheit und Sitte, wohl aber durch Einsicht und Gründe."[13]

  Die für Kant und Hegel aus der Vernunft begründbaren unveräußerbaren Rechte müssen für beide formal bleiben, weil dies konstitutiv die Freiheitsrechte des Individuums bzw. der Subjektivität im modernen Staat von den Rechten in vormodernen Staaten unterscheidet. Formale Freiheitsrechte sind für Kant und Hegel geschichtlich sehr voraussetzungsreiche Rechte, die die Vernunft nur darum als vernünftig und allgemein verbindlich und allgemein akzeptabel verteidigen kann, weil sie für beide inhaltliche Errungenschaften implizieren, die erst in der griechisch-römischen Welt und im jüdisch-christlichen Denken sowie in der Französischen Revolution erkannt und als allgemeine Forderungen formuliert worden sind. In diesem Sinne sind für Kant und Hegel z. B. inhaltlich-formale Vernunftrechte, daß man die Menschheit in der Person eines jeden niemals nur als Mittel zum Zweck gebrauchen darf, daß nur noch die Verfassungen zu verteidigen sind, die die Freiheit, Gleichheit und Selbständigkeit der Bürger sichern. In diesem Sinne inhaltlich-formal ist ihre Interpretation des Gewissens und der Satz, daß der Mensch zwar „für die Allgewalt der Natur" „nur eine Kleinigkeit" ist, daß es jedoch keine Kleinigkeit, „sondern Umkehrung des Endzwecks

12 Kant, Werke in sechs Bänden, hrsg. v. W. Weischedel, Darmstadt 1960, 2, S. 13

13 Hegel, Werke a.a.O., 7, S. 483

der Schöpfung“ sei, wenn die Herrscher die Menschen „in ihren Streitigkeiten gegeneinander aufstellen, um sie schlachten zu lassen“ (S. 162).

– Kant und Hegel unterscheiden sich – bei allen Unterschieden – auch durch ihre Deutung des Verhältnisses von Staat und Religion von Hobbes und Rousseau. Im ‚Leviathan‘ vereinigt der Souverän die weltliche und religiöse Macht; im ‚Contrat social‘ muß jeder Bürger bei Todesstrafe bestimmte Dogmen der réligion civile glauben. Kant und Hegel lehnen es ab, daß der weltanschaulich neutrale Staat mit den ihm allein zur Verfügung stehenden staatlichen und rechtlichen Mitteln in Religionsfragen Entscheidungen fällt und von seinen Bürgern einen bestimmten Glauben verlangt. Beide lehnen es jedoch auch ab, wenn die Religion mit Staatsmitteln ihre partikularen letzten Wertvorstellungen für alle Staatsbürger durchsetzen will. Die Unterscheidung von Staat und Religion, die keine absolute Trennung bedeutet, begründen Kant und Hegel mit politisch-rechtlichen und mit theologischen Gründen.

– Auch in der Beurteilung der Geschichte unterscheiden sich Kant und Hegel – bei allen Unterschieden untereinander – von Hobbes und Rousseau. Diese stützten ihre Staatsutopien auf ihre Vertragstheorien, die unterstellen, daß Menschen allein aus kalkulierten Eigeninteressen bzw. aus moralischer Uneigennützigkeit staatsbegründend und staatstragend sind, ohne daß man auf geschichtlich gewordene Institutionen und sittliche Verhaltensnormen zurückgreifen muß. Kant und Hegel lehnen beides als abstrakte Konstruktionen mit möglicherweise totalitären Konsequenzen ab. Sie gehen davon aus, daß z. B. die Anteilnahme der Menschen an der Französischen Revolution, die kein Politiker aus dem bisherigen Verlauf der Geschichte habe „herausvernünfteln“ können, ein „Geschichtszeichen“ dafür sei, daß nun trotz aller ungelösten gesellschaftlich-politischen Spannungen niemals „wiederum alles ins vorige Gleis zurückgebracht würde“ (S. 161). „Alle denkenden Wesen haben die Epoche mitgefeiert. Eine erhabene Rührung hat in jener Zeit geherrscht, ein Enthusiasmus des Geistes hat die Welt durchschauert.“ „Im Gedanken des Rechts ist . . . jetzt eine Verfassung errichtet worden, und auf diesem Grunde sollte nunmehr alles basiert sein. Solange die Sonne am Firmamente steht und die Planeten um sie herumkreisen, war das nicht gesehen worden, daß der

Mensch sich auf den Kopf, d. i. auf den Gedanken stellt und die Wirklichkeit nach diesem erbaut."[14]

Nicht nur der nun erreichte Stand des Bewußtseins der Freiheit, sondern die nun in der Öffentlichkeit geforderte Durchsetzung von konkreten rechtlichen und politischen Freiheiten gebe Hoffnung auf die Verwirklichung von mehr Freiheiten in und zwischen den Staaten. Wenn beide auch Instanzen benennen, von denen aus man sich die Geschichten der Vergangenheit und die wahrscheinliche Zukunft als eine allmähliche Evolution zum Besseren denkend vorstellen könne – Kant spricht von der ‚Naturabsicht', Hegel vom ‚Weltgeist' – so bedeutet das für beide keine Ermächtigung von Geschichte machenden Individuen und sozialen Gruppen, als Handlungssubjekte die Aufgabe der Weltgeschichte durchführen zu können. Die Weltgeschichte ist das Weltgericht; dies ist auch für Hegel keine Handlungsanweisung für Geschichte Machende, sondern eine mögliche Einsicht für Geschichte Betrachtende. Die moderne bürgerliche Gesellschaft, die Hegel anders als Kant vor allem als wirtschaftliches und soziales System von der Familie auf der einen Seite und vom Staat auf der anderen Seite unterscheidet, treibt mit ihren ungelösten und quälenden Fragen über sich hinaus. An der Julirevolution von 1830 wird Hegel deutlich, daß seine Deutung des Staates als eines sittlichen Universums ebenso wie seine Deutung des Verhältnisses von Staat und Religion denjenigen Widerspruch und die unaufgelöste Entzweiung, an der die Gegenwart leidet, unvermittelt außer sich hat. „Wie sich die zeitliche, empirische Gegenwart aus ihrem Zwiespalt herausfinde, wie sie sich gestalte, ist ihr zu überlassen und ist nicht die unmittelbar praktische Sache und Angelegenheit der Philosophie."[15] Genau an diesem Punkt glauben Marx und Engels sowie Tocqueville und Mill unter den Bedingungen des 19. Jahrhunderts andere Wege gehen zu müssen.

Auch *Marx* und *Engels* auf der einen und *Tocqueville* und *Mill* auf der anderen Seite gehen bei der Analyse ihrer Lebens- und Herrschaftsbedingungen und bei der Suche nach neuen Orientierungshilfen für das gesellschaftliche und politische Handeln aus von dem, was ihnen geschichtlich vorgegeben ist. Was Marx schreibt, meinen

---

14 Hegel, Werke a.a.O., 12, S. 529
15 Hegel, Werke a.a.O., 17, S. 344

in ähnlicher Weise sie alle: „Die Menschen machen ihre eigene Geschichte, aber sie machen sie nicht aus freien Stücken, nicht unter selbst gewählten, sondern unter unmittelbar vorgefundenen, gegebenen und überlieferten Umständen.“[16] Das Ensemble der ihnen historisch vorgegebenen Umstände kann man vereinfacht so benennen: der moderne Staat und die moderne, vor allem ökonomisch bedingte bürgerliche Gesellschaft in Europa und in der westlichen Welt zwischen der Französischen Revolution und der Russischen Revolution.

– Der moderne Staat greift – radikaler als Hobbes und Rousseau, Kant und Hegel annahmen und annehmen konnten – auf der einen Seite mit seinem übermächtigen, ja totalitären Zwangs- und Verwaltungsapparat interventionistisch in das Funktionieren der kapitalistischen Wirtschaft und der anderen gesellschaftlichen Systeme (z. B. des Verkehrs, der Schulen und Hochschulen), ja in das Leben der Individuen ein. Er ist auf der anderen Seite radikaler abhängig von der kapitalistischen Wirtschaft und den anderen gesellschaftlichen Systemen. Marx definiert den Staat daher unter anderem geradezu als das Herrschaftsmittel der ökonomisch und politisch herrschenden bürgerlichen Klasse: „Die moderne Staatsgewalt ist nur ein Ausschuß, die die gemeinschaftlichen Geschäfte der ganzen Bourgeoisieklasse verwaltet“ (a.a.O. 2,820). Auf jeden Fall ist dieser Interventionsstaat für Marxisten und Nichtmarxisten immer weniger in der Lage, die neuzeitlichen Freiheitsrechte, die in den Menschenrechten und in den Grundrechten moderner Demokratien formuliert sind, mit den ihm zur Verfügung stehenden politischen und rechtlichen Mitteln zu sichern und durchzusetzen. Zumindest der frühe Marx kritisiert daher den Anspruch neuzeitlicher Philosophen, mit ihren „Aufklärungen welthistorische Entdeckungen geliefert zu haben“, vor allem deshalb, weil es „keinem von diesen Philosophen . . . eingefallen“ ist, „nach dem Zusammenhange der deutschen Philosophie mit der deutschen Wirklichkeit, nach dem Zusammenhange ihrer Kritik mit ihrer eigenen materiellen Umgebung zu fragen“ (a.a.O. 2,15). Der frühe Marx beendet seine Kritik der Ökonomie, der Politik, des Rechts, der Religion und der Philosophie

---

16 Marx, Werke-Schriften, hrsg. v. H.-J. Lieber, Darmstadt 1962 ff., 3, 1, S. 271

mit dem neu formulierten „kategorischen Imperativ, alle Verhältnisse umzuwerfen, in denen der Mensch ein erniedrigtes, ein geknechtetes, ein verlassenes, ein verächtliches Wesen ist" (a. a. O. 1,497). Auch Tocqueville und Mill gehen bei ihren Bemühungen um die Sicherung von neuzeitlichen Freiheitsrechten davon aus, daß nach den gegenwärtigen Erfahrungen „in den demokratischen Zeitaltern", anders als die frühe Neuzeit erwartete, „der Despotismus besonders zu fürchten" (S. 185) sei.
Aber nicht nur der Staat, sondern auch die moderne Gesellschaft bedroht die konkreten Freiheiten, deren Verwirklichung Fortschrittstheorien von den neuzeitlichen technologischen, wirtschaftlichen, rechtlichen und sozialen Wandlungen erhofft hatten. Hegel hatte bereits darauf hingewiesen, daß die moderne, ökonomisch verstandene bürgerliche Gesellschaft, die nach immanenten Mechanismen immer mehr und immer neue Bedürfnisse erzeuge und befriedige, ein den Menschen und seine Freiheit bedrohendes System sei: „Die bürgerliche Gesellschaft ist ... die ungeheure Macht, die den Menschen an sich reißt, von ihm fordert, daß er für sie arbeite und daß er *alles* (W. O.) durch sie sei und vermittels ihrer tue" (S. 165). In dieser Analyse der totalitären Tendenzen der zeitgenössischen bürgerlich-kapitalistischen Gesellschaft stimmen bei allen Differenzen Marx und Engels sowie Tocqueville und Mill überein. Die Bourgeoisie hat nach Marx alle die Menschen bisher tragenden Lebensordnungen zerstört und alle Bande „unbarmherzig zerrissen und kein anderes Band zwischen Mensch und Mensch übergelassen, als das nackte Interesse, als die gefühllose ‚bare Zahlung' " (a.a.O. 2,820). Auch nach Tocqueville wird der Einzelne in der modernen Massengesellschaft immer mehr vereinzelt und manipuliert. „In den Zeitaltern der Gleichheit ist jeder naturgemäß vereinzelt; er besitzt keine erblich angestammten Freunde, deren Hilfe er beanspruchen kann, keine Klasse, deren Zuneigung ihm gewiß wäre; man stellt ihn abseits und tritt ihn ungestraft mit Füßen" (S. 187). Ebenso ist nach Mill der „Despotismus der Gesellschaft über das Individuum" (S. 187) größer als in allen vorneuzeitlichen Gesellschaften. Die „Tyrannei der Mehrheit" (S. 191), z. B. Comtes religiös-ideologisch legitimierte Gesellschaft, zerstöre die Freiheit. Dieser Strukturwandel der Öffentlichkeit habe dazu geführt, daß auch die Öffentlichkeit die Einzelnen nicht nur schütze, sondern auch unterdrücke.

Trotz dieser und anderer Übereinstimmungen in der Diagnose der zeitgenössischen Lebens- und Herrschaftsbedingungen sind ihre Vorschläge zur Überwindung der unmenschlichen Verhältnisse sehr verschieden. Sehr vereinfacht kann man sie so beschreiben:

Der frühe Marx und Engels hoffen, daß die proletarische Revolution mit quasinaturgeschichtlicher Gesetzmäßigkeit über die Diktatur des Proletariats zur klassenlosen Gesellschaft führe, daß der „Staat abstirbt“ (S. 183) und daß nach dem Ende der gesamten bisherigen „Vorgeschichte der menschlichen Gesellschaft“ (S. 178) nicht mehr Herrschaft über Menschen, sondern nur noch über Sachen notwendig sei. Der späte Marx kann auf Grund seiner Strukturanalysen des Kapitalismus und seiner immanenten Mechanismen im ‚Kapital‘ zumindest nicht mehr sagen, wer das Befreiungssubjekt der Menschheit sei, wann und wie der Übergang vom Reich der Notwendigkeit zum Reich der Freiheit stattfinden wird.

Tocqueville und Mill dagegen erwarten, daß trotz aller faktischen und tendentiellen Bedrohungen auf evolutionären Wegen, z. B. durch die weitere Entwicklung der liberal-kapitalistischen Wirtschaftsordnung, durch Schutz von Freiheitsrechten durch die Öffentlichkeit sowie durch Förderung von Toleranz und Fairneß die offene Gesellschaft realisierbar sei.

Die Marx, Engels, Tocqueville und Mill vorgegebenen Lebens- und Herrschaftsbedingungen sind nicht mehr die unseren – darin sind sich inzwischen Marxisten und Nichtmarxisten, Sozialisten und Nichtsozialisten einig. Auch die Gegenwartsanalysen der genannten Autoren und ihre Vorschläge zur Überwindung der von ihnen diagnostizierten Gegenwartskrisen können uns ohne sehr erhebliche Transformationen und Differenzierungen nicht weiterhelfen. Auch darin besteht inzwischen bei Marxisten und Nichtmarxisten, Sozialisten und Nichtsozialisten Übereinstimmung.

Die unter dem Titel ‚Ende der Neuzeit‘ veröffentlichten Texte und die Darstellung der durch diese Texte dokumentierten Theorien zeigen dies.

4. Die neuzeitlichen Geschichtsphilosophien verlieren ihre Überzeugungskraft immer mehr. Zumindest sind sie nicht mehr für so viele Menschen wie bisher und für diese nicht mehr in der gleichen Weise Orientierungshilfen über ihre gegenwärtigen Lebens- und

Herrschaftsbedingungen. Dies ist unabhängig davon, ob man die Genealogie der neuzeitlichen Geschichtsphilosophie aus der jüdisch-christlichen Heilsgeschichte für legitim (Löwith[17]) oder illegitim (Blumenberg[18]) hält, ob man Geschichtsphilosophie für den Motor neuzeitlicher wirtschaftlicher, sozialer, rechtlicher und politischer Prozesse (bürgerliche und sozialistische Aufklärer) oder als Sympton der Krise dieser Aufklärungsprozesse (Koselleck[19]) deutet. Wer heute in den Wissenschaften, aber auch in der Öffentlichkeit von *der* Geschichte, *der* Menschheitsgeschichte als einem einlinigen, monokausalen, europazentrierten, irreversiblen Prozeß mit angebbaren Entwicklungsstufen und benennbaren Handlungssubjekten spricht, hat die Beweislast. Wer politisches Handeln (Revolution oder Restauration) aus *der* Geschichte legitimiert, setzt sich zu Recht dem Ideologieverdacht aus. Die Orientierungshilfe bürgerlicher und sozialistischer Fortschrittstheorien (von Bacon bis Bloch) und Verfallstheorien (von Rousseau bis Gehlen und Adorno) für die Diagnose und Therapie unserer gegenwärtigen Lebens- und Herrschaftsbedingungen ist offensichtlich wesentlich geringer, als man noch in den vergangenen Jahren und Jahrzehnten annahm.

Und doch sind auch heute Geschichten in der doppelten Bedeutung von Darstellungs- und Ereignisgeschichten für die Orientierung über unsere gegenwärtigen Lebens- und Herrschaftsbedingungen und für die Bewältigung von Gegenwarts- und Zukunftsaufgaben von konstitutiver Bedeutung. Dafür einige Beispiele aus den Wissenschaften und der gesellschaftlich-politischen Pragmatik:

– Die historisch arbeitenden Wissenschaften rekonstruieren zur Zeit mit sehr differenzierten Methoden gegenwartsrelevante Geschichten und Zusammenhänge. Begriffsgeschichtliche Untersuchungen z. B., vor allem solche zum Wandel gesellschaftlich-geschichtlicher Grundbegriffe, dokumentieren überzeugend, daß bei der Entstehung der alteuropäischen Gesellschaft und bei Beginn der Neuzeit die zentralen Begriffe der bisherigen Gesellschaften funktionslos wurden und neu definiert bzw. neue Begriffe gebildet werden müssen. Wissenschaftsgeschichtliche

17 K. Löwith, Weltgeschichte und Heilsgeschehen, [6]Stuttgart-Berlin-Köln-Mainz 1973

18 H. Blumenberg, Die Legitimität der Neuzeit, Frankfurt 1966

19 R. Koselleck, Kritik und Krise, Frankfurt 1973

Untersuchungen machen den Paradigmawechsel, Ereignisgeschichten den Epochenwandel, Strukturgeschichten mittel- oder langfristige Prozesse an ‚Basis-' und ‚Überbauphänomenen' bei solchen Epochenwandlungen bzw. Epistemewechseln überdeutlich.
‚Wertneutrale' Methoden, z. B. Modernisierungstheorien, beschreiben von lokalen, nationalen und kulturspezifischen Traditionen ablösbare allgemeine Phänomene und Prozesse, etwa solche der sozialen Mobilität, der Industrialisierung, Bürokratisierung. Quantitative Methoden liefern statistisches Material, etwa zur Demoskopie und zu Wirtschaftsformen; kybernetische und systemfunktionalistische Methoden zeigen, wie überschaubare Zukunft prognostizierbar, planbar und steuerbar gemacht werden kann.

– Auch in den angeblich geschichtslosen Gegenwartsgesellschaften – erst recht in den anderen – steuert die von Interessen und letzten Wertentscheidungen bedingte gesellschaftlich-politische Pragmatik mit Hilfe von Geschichten und Traditionen die Ausbildung und Sicherung sozialer Identitäten. Wer die Bürger zu demokratischen Traditionen und zur Achtung von Menschen- und Grundrechten erziehen will, beruft sich hierbei zur Legitimation auf andere identitätsstiftende Traditionen als derjenige, der autoritäre oder totalitäre Herrschaftsformen legitimieren will. Verteidiger und Kritiker des atomaren Verteidigungskriegs, des § 218, der Bürgerrechte berufen sich beim Streit um die politische Anerkennung und Durchsetzung ihrer Vorstellungen vom Überleben und vom guten Leben, wenn sie folgenreich argumentieren und handeln wollen, nicht auf Leerformeln wie ‚Vernunft', ‚Logik', ‚Freiheit', sondern auf sehr voraussetzungsreiche geschichtlich gewordene Traditionen. Hierbei sind die hier rekonstruierten inhaltlichen Orientierungssysteme von entscheidender Bedeutung.

Der hier vorgeschlagene Diskurs: Politik kann im Blick auf die gegenwärtige Vielzahl wissenschaftlicher Methoden sowie auf die gesellschaftlich-politische Pragmatik der Verwendung von Geschichten und Traditionen zur Legitimation von Lebens- und Herrschaftsformen für eine entideologisierende aufgeklärte Orientierungshilfe zweierlei leisten:

– eine begründete Rekonstruktion der Genese und der inneren Zusammenhänge derjenigen gegenwartsrelevanten inhaltlichen

Orientierungssysteme, die bewußt oder unbewußt unseren gesellschaftlich-politischen Ordnungen und Konflikten zugrunde liegen;
- eine Rechtfertigung von intersubjektiv plausiblen oder akzeptierbaren Handlungs- und Entscheidungszielen für diejenigen, die von solchen inhaltlichen Orientierungen aus handeln und entscheiden.

Drei offene Fragen, die auch für mich zumindest bisher nicht befriedigend geklärt sind, möchte ich wenigstens nennen:
- Wer in einem philosophischen Diskurs letzte gegenwartsrelevante inhaltliche Orientierungssysteme in ihrer historischen Genese und in ihrem inneren Zusammenhang zu rekonstruieren versucht, verfährt argumentativ und nicht narrativ. Von den Diskurspartnern wird hierbei die Angabe von guten Gründen verlangt, die auch für die Mitglieder der Gruppe plausibel, wenn möglich intersubjektiv akzeptabel sind. Es genügt also nicht, auf einer sogenannten kulturinvarianten Ebene in ersten Schritten Begriffe und formale Diskursregeln einzuführen. Offen ist hierbei jedoch folgendes: Wie verhält sich dieser philosophische Diskurs, der von inhaltlichen Orientierungssystemen ausgeht, zu dem Pluralismus von Verfahrensweisen und Methoden gegenwärtiger Wissenschaften (Fachwissenschaften und Philosophien)? Hat man mehr gesagt, wenn man mit den Leerformeln Vernunft und Logik verlangt, ein Diskurs soll vernünftig oder logisch geführt werden? Wenn man diese Begriffe nicht als Leerformeln gebrauchen will, ist man – bewußt oder unbewußt, gewollt oder ungewollt – von inhaltlichen, voraussetzungsreichen Orientierungssystemen abhängig.
- Wer Gründe angibt, lehnt einen unbegründeten Deszisionismus, die Beliebigkeit bei Wertentscheidungen, den Relativismus, Historismus und Skeptizismus ab. Sind sittliche und politische Orientierungssysteme und von daher gerechtfertigte Handlungsziele jedoch schon dann verbindlich, wenn man für sie intersubjektiv plausible und eventuell anerkannte Gründe angeben kann? Gegen diejenigen stilisierten Universalitätsansprüche, die z. B. traditionell von der Ontologie, dem Naturrecht, der Transzendentalphilosophie und dem Logischen Konstruktivismus erhoben werden, kann man gewichtige Gründe angeben. Gibt es dann aber überhaupt noch legitime, für das Leben und Handeln aller Menschen und aller sozialen Gruppen in allen Zeiten und

Räumen folgenreiche Universalitätsansprüche, die mehr sind als „grandiose Tautologien"?

– Philosophische Diskurse sind Orientierungsverfahren, keine Durchsetzungsverfahren von dem, was man für das Überleben oder das gute Leben für notwendig und wünschenswert hält. Wer in einem philosophischen Diskurs Gründe angibt, lehnt damit sowohl kurzschlüssige Theorie-Praxis-Vermittlungen (etwa im Sinne der sechziger Jahre) als auch radikale Trennungen von Wissenschaft und Politik ab. Diskurse sind Orientierungshilfen für Einzelne und soziale Gruppen. Sie können jedoch nicht, unabhängig von zeitlich, räumlich und sozial nur begrenzt verallgemeinerungsfähigen Handlungs- und Entscheidungssituationen, *unmittelbare* Handlungsanweisungen formulieren. Wir können jetzt in einem Diskurs z. B. nicht konkret sagen, was wir heute oder morgen in unserer Familie, an unserem Arbeitsplatz tun müssen und tun können. Und doch sind Diskurse über die letzten Gründen unseres sittlichen und politischen Handelns nicht einfach folgenlos für unser Handeln. Allerdings ist auch in dieser Vorstellung eines philosophischen Diskurses – einem leider nicht herrschaftsfreien Diskurs – das Theorie-Praxis-Problem eine ungelöste Frage. Auch dieser Diskurs geht davon aus, daß nur die „gereifte Urteilskraft" der Handelnden, Planenden und Entscheidenden konkret entscheiden kann, was man tun soll und tun kann.

Einleitung II

Ruth Dölle-Oelmüller

Zur Verwendung dieses Bandes als Arbeitsbuch

Dieser Band ist gedacht als Arbeitsbuch in Kursen der Sekundarstufe II und in Seminaren an Hochschulen und Universitäten, ferner als Arbeitsbuch für Akademien und zum Selbststudium. Es kann Verwendung finden in den Fächern Philosophie und auch in den Human- und Sozialwissenschaften. Für die Verwendung als Arbeitsbuch will die Einleitung II einige Anregungen geben. Sie behandelt dabei vier Themen:

1. einige didaktische und methodische Konsequenzen, die sich aus dem in Einleitung I dargestellten systematischen Ansatz ergeben;
2. einige wenige Anmerkungen über den Stellenwert des hier vorgelegten Konzeptes im Rahmen der erziehungswissenschaftlichen Diskussion;
3. einige Anregungen für die unterschiedliche Verwendung des Bandes;
4. einige Möglichkeiten, wie im Rahmen des Diskurses: Politik verschiedene Themen artikuliert werden können bzw. welche problemorientierten Kurse etwa auf Grund dieses Bandes zusammengestellt werden können und welche Texte hierfür eine Diskussionsgrundlage geben.

1. Jedes didaktische Konzept setzt explizit oder implizit ein wissenschaftliches Konzept voraus. Aus dem in Einleitung I dargestellten Konzept dieses Bandes ergeben sich einige methodische und didaktische Konsequenzen: Philosophieren im Unterricht oder in Seminaren bedeutet, daß alle Beteiligten einer Gesprächsrunde wirklich einen Diskurs führen, in dem sie zumindest für ihre Meinungen gute Gründe angeben. Wie in Einleitung I dargestellt ist, ist ein philosophischer Diskurs über Politik ein Versuch, sich in einer historischen Situation, in der politische Ordnungen nicht mehr selbstverständlich sind, möglichst viele und gute Gründe für politische Ordnungen und Handlungsziele zu suchen.

Um in begründeter Weise über Sachprobleme diskutieren zu können, braucht man zunächst Kenntnisse. Nur dann ist man in der Lage, mit Argumenten über eine Sache zu sprechen. Die Auswahl der Texte von Platon bis zur Gegenwart zeigt, daß sich politische Philosophie selbst im Diskurs bildet. Wer also politische Philosophie lehren und lernen will, muß die Argumente und Methoden, mit denen dies geschieht, lernen. Ohne die Konsequenzen Hegels mitzuvollziehen, der im Grunde eine Einführung in sein System zum Inhalt des Philosophieunterrichts am Gymnasium machen wollte, wird an seiner These festgehalten, daß man Philosophieren nur lernt, indem man „in dem Inhalt der Philosophie unterrichtet" wird, so wie man reisen nur lernt, „indem man eine Stadt kennenlernt und dann zu einem Flusse, anderen Stadt usf. kommt". Anders formuliert: „Die Philosophie muß gelehrt und gelernt werden, so gut als jede andere Wissenschaft" (Hegel). Erst dann ist es möglich, in begründeter Weise auch über Gegenwärtiges diskutieren zu können, erst dann unterscheidet sich ein philosophischer Diskurs vom Räsonieren über bloß unmittelbare Tagesprobleme. Das schließt nicht aus, daß – zumindest im Philosophieunterricht der Sekundarstufe II – die Einbeziehung des unmittelbaren Erfahrungshorizontes von Schülern und die Aktualisierung der angesprochenen Probleme etwa durch Berücksichtigung der Medien Presse, Fernsehen, Kunst, Dichtung und Literatur usw. durchaus notwendig und wichtig ist. Auch dies gehört zweifellos in den Unterricht, muß aber natürlich von jedem Lehrer der jeweiligen Situation gemäß geleistet werden.

In den in den Texten dargestellten Positionen wird zugleich deutlich, daß es keine ewigen, anthropologisch begründeten Themen des Politischen gibt. Von der Sache her verbietet sich daher sowohl eine rein historische Betrachtung der Positionen wie eine kurzschlüssige Aktualisierung. Die Sache Platons wird beispielsweise verfälscht, wenn man sie nur historisch als eine alteuropäische, gegenwartsirrelevante betrachtet und nicht sieht, daß auch heute von einigen in platonischer Weise Politik begründet wird. Andererseits bedarf es auch keiner künstlichen Aktualisierung der platonischen Philosophie. Ein richtig angelegter Unterricht wird sowohl die historischen Bedingtheiten als auch die Aktualität deutlich machen. Dies kann z. B. deutlich werden, wenn man sieht, daß die Kritik an Platons Philosophie nicht nur bei Aristoteles und Epikur, bei Augustinus, Hobbes, Rousseau, Kant und Hegel, sondern bis zu Lübbes Kritik an der platonischen Akademie geführt wird, daß der Streit, ob Philosophen Könige sein sollen, über Aristoteles und Kant bis zu Habermas reicht.

Wenngleich es gute Gründe geben kann, sich bei der Benutzung des Bandes auf Texte etwa aus der alteuropäischen Gesellschaft oder der europäischen Neuzeit bzw. auf Gegenwartspositionen zu beschränken – hierüber wird noch zu sprechen sein –, so ist doch die eigentliche Intention, daß auf Grund der Kenntnis unserer geschichtlich gewordenen, heute problematisch gewordenen letzten Orientierungssysteme des Politischen durch einen Diskurs Orientierungshilfen für gegenwärtige Problemlösungen gewonnen werden sollen.

Philosophische Diskurse über Politik unterscheiden sich dadurch von den in den Einzelwissenschaften geführten Diskursen über Fragen der Politik, daß sie die letzten Begründungs- und Rechtfertigungszusammenhänge zum Gegenstand haben. Das heißt aber auch, daß überall dort, wo etwa in der Historie, in der Politologie, in der Soziologie oder in den Rechtswissenschaften solche letzte Rechtfertigungs- und Begründungsmöglichkeiten des Politischen thematisiert werden, dieser Band als Arbeitsgrundlage verwendet werden kann.

2. Vom gegenwärtigen Stand der erziehungswissenschaftlichen Diskussion aus gibt es kein allgemein anerkanntes Konzept eines Curriculum, von dem aus Begründungen für Inhalte, Ziele und Methoden schlüssig gewonnen werden könnten. Zumindest ist es unmöglich, von einem direkten und eindeutig aufschließbaren Zusammenhang von Situationen, Qualifikationen und Inhalten zu sprechen. Die Kritik an den Bemühungen um ein Gesamtcurriculum ist sehr groß. Wenn man jedoch über eine bisher weit verbreitete Konzeptlosigkeit hinwegkommen will, kann man sich nur auf folgendes stützen, um für einen Diskurs: Politik ein strukturiertes Konzept zu entwickeln: auf das, worüber in der wissenschaftlichen Diskussion weitgehend Konsens besteht, auf die institutionellen Vorgaben und auf das, was sich in der Erfahrung bewährt hat.

Konsens besteht in den Erziehungswissenschaften darin, daß sowohl die rationalen Entscheidungen der Wissenschaften wie auch Lebenssituationen und Qualifikationen für die Zukunft wesentliche Entscheidungs- und Strukturierungskriterien für den Unterricht sind. Aus Einleitung I wird deutlich, daß der Diskurs: Politik bei unseren problematisch gewordenen Lebensbedingungen und Orientierungssystemen des Politischen ansetzt und Orientierungshilfen zu geben versucht. Das dort vorgelegte Konzept ist sicher nicht voraussetzungslos und wird sicher nicht von allen ausnahmslos

akzeptiert. Dennoch kann es – nach ausführlichen Diskussionen mit Theoretikern und Praktikern – auf breiten Konsens rechnen, wenn auch vielleicht nicht in allen Punkten. Zumindest ist es im Blick auf den Pluralismus der Philosophien und Methoden in Wissenschaft und Unterricht, bei den verschiedenen Vorstellungen über Begründungen der Philosophie, wie sie sich beispielsweise in den verschiedenen Richtlinien oder Richtlinienentwürfen der Länder spiegeln, bei den verschiedenen Vorstellungen über mögliche und notwendige Reformen ein nicht dogmatisches, offenes und wohl plausibles Konzept. Es beruht weder auf nur einer für alle verbindlich erklärten wissenschaftstheoretischen Position noch impliziert es in der Auswahl der Texte letzte Wertentscheidungen bzw. Entscheidungen im Sinne einer bestimmten Weltanschauung.
Die ausgewählten Texte berücksichtigen nicht nur den gegenwärtigen Stand der wissenschaftlichen, auch der erziehungswissenschaftlichen Diskussionen, der institutionellen Vorgaben in Reform der Sekundarstufe II und Richtlinien, sondern sie sind alle in Kursen der Sekundarstufe II und in Seminaren der Hochschule erprobt.
3. Wer sich als Lehrender oder Lernender bisher noch nicht oder noch nicht ausführlicher mit dem Thema Politik beschäftigt hat, findet durch die ausführliche Einleitung I und durch den bibliographisch-biographischen Anhang Hilfen, die es ihm ermöglichen, sich auch diesen Bereich selbständig zu erarbeiten.
Für Fortgeschrittenere, etwa für die Arbeit in Seminaren, auf Fortbildungsveranstaltungen oder Tagungen, bietet die Textauswahl die Möglichkeit zu einem Vergleich der Positionen oder zu einem Vergleich der Methoden; die Literaturhinweise enthalten einige Anregungen zur Information über zum Teil kontroverse Interpretationen, eine knappe Information über den gegenwärtigen Stand der Diskussion sowie Anregungen für Referate. So informiert etwa ein Vergleich der Begriffe Politik, Herrschaft, Herrschaftsform, Staat in den genannten Lexika nicht nur über den gegenwärtigen Stand der internationalen Forschung, sondern auch über die verschiedenen letzten Wertentscheidungen bei diesen Diskussionen. Ein Vergleich dieser Lexikonartikel unter diesen und anderen Gesichtspunkten würde also für Einzelne und Arbeitsgruppen sinnvoll sein.
Bei der Arbeit in Seminaren kann gerade bei Berücksichtigung selbständigerer Arbeitsweisen unter Hinzuziehung von Literatur, durch Anfertigung von Referaten und ähnlichem eine speziellere Fragestellung sinnvoller sein als bei der Arbeit in der Sekundarstufe II.

Interesse an bestimmten Traditionssträngen könnte beispielsweise leitend sein für speziellere Fragestellungen. Insgesamt ist jedoch die Textauswahl des Bandes so angelegt, daß die Auswahl selbst die Kontinuitäten und Diskontinuitäten innerhalb der letzten Begründungs- und Rechtfertigungsverfahren des Politischen von Platon bis zur Gegenwart deutlich macht.

Auch bei der Arbeit in der Sekundarstufe II wird die Auswahl der zu diskutierenden Texte selbstverständlich mitbedingt sein vom Interesse und der Vorbildung der Lehrenden und Lernenden. Im letzten Teil dieser Einleitung werden einige Möglichkeiten vorgestellt, mit den Texten dieses Bandes thematisch orientierte Kursangebote zu entwickeln. Die Textauswahl beschränkt sich bewußt auf nicht zu viele Autoren, und sie enthält nicht zu kurze Texte, auch ungekürzte Aufsätze. Eine Aneinanderreihung zu kurzer Textabschnitte verschiedenster Autoren oder eines Autors verhindert eine fundierte und hinreichend differenzierte Kenntnis verschiedener Positionen und das Kennenlernen und Nachvollziehen längerer Argumentationsketten. Es wird hier auch bewußt darauf verzichtet, wie es in verschiedenen Büchern für den Philosophieunterricht üblich ist, einen Kommentarband zu erstellen, der bis ins letzte Detail Sachanalysen (Interpretationen) und Methoden (bis zu ausgeführten Tafelskizzen) vorgibt. Die in den beiden Einleitungen gegebenen sachlichen und didaktischen Hinweise sind in gleicher Weise für alle Beteiligten am Diskurs gedacht. Es wird ferner bewußt darauf verzichtet, Arbeitsaufgaben bzw. sogenannte lernzielorientierte Fragen zu formulieren. Auf Grund von Erfahrungen fühlen sich auch Schüler durch solch enge Fragestellungen eingeengt, ja man kann sagen, das Einüben in selbständiges Arbeiten, zumindest der spontane selbständige Zugriff wird auf diese Weise verhindert. Es wird vorausgesetzt, daß nach den ausführlichen Informationen über die Sache und nach einigen didaktisch-methodischen Anregungen und Hilfen Lehrende und Lernende in der Lage sind, mit den Texten selbständig umzugehen.

Wer heute in der Sekundarstufe II im Philosophieunterricht einen Kurs: Politische Philosophie anbietet, muß (zumindest sollte er) den Schülern die allgemeinen Lernziele des Kurses genau angeben. Die Textauswahl ist so zusammengestellt, daß man mit diesem Band mehrere thematisch verschiedene Kurse durchführen kann. Nach allen Erfahrungen zeigt sich, daß klar formulierte Kursthemen, die die Komplexität des Gesamtthemas einschränken, mit mehr und anhaltenderem Interesse der Schüler rechnen können als zu breit angelegte Kurse. Selbstverständlich kann man auch im Unterricht der Sekundarstufe II verschiedene Schwerpunkte setzten. Der Schwerpunkt des Kurses kann legitimerweise in der gegenwärtigen Diskussion liegen oder in der alteuropäischen.

Der Einstieg kann verschieden gewählt werden: von der alteuropäischen, der neuzeitlichen oder Gegenwartsdiskussion aus. Zu bedenken ist hierbei nur, daß in der Regel die alteuropäischen und neuzeitlichen Texte leichter sind als die Gegenwartstexte, die die in der alteuropäischen Gesellschaft und in der Neuzeit geführte Diskussion explizit oder implizit voraussetzen. Die Methoden der Erarbeitung werden je nach Gegenstand, Interesse, Voraussetzungen und anderem jeweils verschieden sein. Die Einführung in die Lektüre mit bestimmter Themenstellung, zusammenfassende Besprechung von Aufsätzen, genaue Interpretation und Diskussion bestimmter Kernstellen, Herausarbeiten von Argumentationsketten in selbständiger Einzelarbeit (auch in Referaten), in Gruppenarbeit, in sachgemäßer geordneter Diskussion sind verschiedene Möglichkeiten. Da die Arbeit in der Sekundarstufe II wissenschaftspropädeutisch sein soll, sollten die Schüler auch die Verfahren selbständigen Arbeitens lernen. Sie sollten auch wissen, wie man wissenschaftliche Hilfsmittel, z. B. Lexika und Literatur, gebraucht; hierfür können die Hinweise im bibliographisch-biographischen Anhang nützlich sein.

Einige allgemeine, noch sehr abstrakte Lernziele ergeben sich aus dem, was im ersten Teil dieser Einleitung gesagt ist: Durch einen Diskurs: Politik sollen die theoretischen Grundlagen vermittelt werden, die zur Reflexion gesellschaftlicher und politischer Probleme befähigen. Dies geschieht durch die Kenntnis wichtiger – auch historischer – Positionen, Problemlösungen und Problemlösungsverfahren. Dies geschieht durch die Diskussion dieser Positionen, in der sowohl ihre theoretischen Prämissen, ihre Bestimmung durch geschichtliche Bedingungen als auch ihre expliziten oder impliziten Konsequenzen und ihre Tragfähigkeit für gegenwärtige Problemlösungen zu erörtern sind. Hierdurch können Orientierungshilfen für eine Durchdringung gesellschaftlich-politischer Fragen, insbesondere der Begründung und Rechtfertigung des Politischen gewonnen werden, die eine kritische Einstellung gegenüber Dogmatismus und Ideologisierungen fördern. Im philosophischen Diskurs: Politik können zudem gute Argumente für gesellschaftlich-politische Entscheidungen gewonnen werden. Eine Präzisierung dieser hier sehr abstrakt formulierten Lernziele kann selbstverständlich nur bei einer inhaltlichen Konkretisierung erfolgen.

4. Die folgenden Vorschläge dazu, wie im Rahmen des Diskurses: Politik mit der Textauswahl dieses Bandes verschiedene Themen artikuliert bzw. thematisch verschiedene problemorientierte Kurskonzepte entwickelt werden können, sind als Anregung gedacht, sich bei der Einarbeitung in den Themenkomplex und in verschiedenen problemorientierten Kursen von spezielleren Fragestellungen leiten zu lassen. Für alle am Diskurs Beteiligten soll hierdurch auch eine bessere Diskussion, Begründung und Entscheidung über Kursinhalte ermöglicht werden.

Ein Konzept wird etwas ausführlicher vorgestellt, bei den anderen sollen einige Stichworte nur den thematischen Rahmen andeuten. Die ersten fünf Vorschläge benennen Themen, die schon in der alteuropäischen Gesellschaft, in der europäischen Neuzeit und bis heute diskutiert werden. Die vier folgenden benennen Themen, die jeweils nur für zwei Epochen symptomatisch sind, für die alteuropäische Gesellschaft und die europäische Neuzeit oder für die europäische Neuzeit und die Gegenwart. Der letzte Vorschlag thematisiert den Diskurs selbst.

4.1. Das wohl zentralste Problem eines philosophischen Diskurses für alle, die in Schulen und Hochschulen das Thema Politik behandeln, ist heute die Frage nach der *Rechtfertigung von Herrschaft.* Hier bieten die ausgewählten Texte von Platon bis Lübbe verschiedene Möglichkeiten der Akzentuierung. Das umfangreichste Konzept, das alle Autoren und Texte dieses Bandes berücksichtigt, wird inhaltlich in der Einleitung I erläutert. Berücksichtigt man, daß eine Auswahl getroffen werden soll (oder muß), so hat sich eine Beschränkung auf folgende Texte und Positionen in der Praxis als möglich und sinnvoll erwiesen: *Platon* rechtfertigt Herrschaft zwar argumentativ-vernünftig durch Rückgriff auf die vernünftige Kosmosordnung, greift dabei jedoch in spezifischer Weise auf den Mythos zurück. Die Gesetze im Hades bieten eine Legitimationsbasis (1), der Mythos von der Naturgegebenheit der Stände (5) und der vom Zeitalter des Kronos (9) eine weitere, während die Begründung für die Herrschaft der Philosophenkönige aus der Idee des Guten abgeleitet wird (6,7) und die für den Einheitsstaat aus der Kosmosordnung (10). *Augustinus* begründet Herrschaft in den verschiedenen Formen der Liebe (1), aus dem Glauben (2) und – vor allem – von Gott selbst und seiner Heilsordnung aus (3), so daß Herrschaft letztlich im Verlauf der zwischen Schöpfung, Geburt und Wiederkehr Christi gedeuteten Heilsgeschichte zum Ewigen Sabbath des Reiches Gottes führen muß (5). *Thomas von Aquins* Versuch, aus der Vernunft die von Natur bestehende Herrschaftsordnung aus der Schöpfungsordnung abzuleiten (2), macht eine dritte, bis in gegenwärtige Diskussionen relevante Begründung und Rechtfertigung von Herrschaft in der alteuropäischen Gesellschaft deutlich. Auch für die europäische Neuzeit kann man sich erfahrungsgemäß auf drei Positionen beschränken, ohne daß die gegenwärtigen Rechtfertigungsversuche von Herrschaft unverständlich werden. *Hobbes'* Abgrenzung seines Ansatzes von dem von Platon und Aristoteles (1) macht den Neuansatz der europäischen Neuzeit deutlich, in der Herrschaft nicht mehr im Modell der Kosmos- oder Heilsordnung als von Natur aus gegeben gedeutet wird. Seine Theorie des Naturzustandes, der letztlich ein Bürgerkriegszustand ist (4), bietet die Begründung und Rechtfertigung der Herrschaft, die durch Vertrag zustande kommt (5). Aus *Kants* Deutung der ungeselligen Geselligkeit der menschlichen Natur wird deutlich, warum das Problem der Herrschaft für ihn „das schwerste und das, welches von der Menschengattung am spätesten aufgelöst wird", ist (1). Aus Vernunftprinzipien wird Herrschaft begründet, die Freiheit, Gleichheit und Selbständigkeit der Bürger zu sichern hat (3). Da nicht Moralität, sondern eine gute Ordnung unter Zwangsgesetzen zu begründen ist, ist dieses Problem von der Vernunft auflösbar (4). Herrschaft ist nur dann gerechtfertigt, wenn die unverlierbaren Rechte des Einzelnen garantiert sind (6). Die einzige Verfassung, die dies garantiert, ist die republikanische Verfassung, und seit der Französischen Revolution gibt es für Kant die durch „Geschichtszeichen" gestützte Hoffnung, daß nicht mehr alles „ins alte Gleis" zurückfallen wird (7). Wenn jedoch der Staat ausschließlich als Instrument einer Klasse zur Ausbeutung einer anderen gesehen wird, dann ist *Engels* These vom notwendigen Absterben des Staates konsequent (5), dann kann politische Herrschaft schlechthin nicht mehr gerechtfertigt werden. Wie sich nach dem Ende der Neuzeit das Problem der Rechtfertigung und Begründung von Herrschaft stellt, läßt sich an drei (bzw. vier) der in diesem Band vorgestellten Positionen verdeutlichen: *Webers* wertfreie Konstruktion der drei Typen legitimer Herrschaft bildet den Ausgangspunkt der gegenwärtigen Diskussion. Wegen der Klarheit des Aufbaus und der

Thesen eignet sich der Aufsatz hervorragend, um in die gegenwärtige Diskussion einzuführen. Wer weiter zeigen will, warum und wie der Herrschaftsbegriff in gegenwärtigen Theorien verschwindet, sollte auf den Aufsatz von *Luhmann* nicht verzichten, obwohl die Behandlung inhaltlich und methodisch anspruchsvoll ist, Vorkenntnisse voraussetzt und sicher nicht von Anfängern zu leisten ist. Die Aufsätze von *Habermas* und *Lübbe* können zeigen, auf wie kontroverse Weise heute über eine mögliche Legitimation von Herrschaft diskutiert wird. Diese beiden Aufsätze eignen sich auch darum vorzüglich für einen Abschluß eines Kurses über Rechtfertigung und Begründung von Herrschaft, weil bei beiden verschiedene Positionen der alteuropäischen Gesellschaft und der europäischen Neuzeit aufgenommen werden (Platon, Hobbes, Rousseau, Kant, Marx, Weber) und unter bestimmten (verschiedenen) Voraussetzungen neu interpretiert werden.

Individuum – Institutionen

1. Die politische Ordnung und das gute Leben des Bürgers
1.1. Das Glück für den Einzelnen und den Staat sind dasselbe: Platon 1,5,6,10; Aristoteles 1,2,4; Cicero 1,2; Augustinus 2,5
1.2 Nur im unpolitischen Leben
1.2.1. mit Freunden im Garten: Epikur 2
1.2.2. als ‚Kosmopolit': Seneca 1,2 kann der Weise überleben bzw. gut leben, da die politischen Ordnungen nicht mehr gute Ordnungen sind.
2. Freiheit und Glück des Einzelnen und des Staates sind verschieden.
2.1. Der Staat schützt nur das Überleben des Einzelnen: Hobbes 2,5
2.2. Man kann nicht Mensch und Bürger zugleich sein; der Staat muß die Freiheitsrechte des Einzelnen sichern: Rousseau 1,3,4,5; Kant 1,3,4; Hegel §§ 182, 185, 190, 258, 260, 261, Vernunft in der Geschichte S. 76, 94
2.3. Die Trennung von egoistischem Individuum und Staatsbürger sind Erscheinungsformen der Entfremdung; in der kommunistischen Gesellschaft sind Interessen und Glück des Individuums und der Gesellschaft identisch: Marx 1,3
2.4. Gefahren für das Individuum entstehen durch seine Isolierung und durch die Macht der Mehrheit: Tocqueville 2,3,4; Mill 1,2

3. Freiheit und Rechte des Individuums sind in der gegenwärtigen Gesellschaft bedroht: Luhmann, Stojanović, Adorno, Habermas, Lübbe

Utopie (Idealstaat – ideale Gesellschaft). Ihre Realisierung – ihre Kritik

1.1. Die Utopie von der Wiederherstellung der vollkommenen politischen Ordnung: Platon 6,7,8,9,10

1.2. Kritik bzw. Unmöglichkeit, einen vollkommenen Staat zu realisieren: Aristoteles 3, Cicero 4, Seneca 2

2. Der Gottesstaat und der Staat nach dem Abbild der Schöpfungsordnung: Augustinus 5, Thomas von Aquin 2 (2. Teil)

Ergänzung möglicherweise: Die klassischen Sozialutopien:

– Utopie der sozialen Freiheit: Thomas Morus
– Utopie der sozialen Ordnung: Campanella

3. Realisierungsmöglichkeiten

3.1. für den Frieden und Selbsterhaltung sichernden Zwangsstaat: Hobbes 5,7

3.2. für den Staat, in dem der Gemeinwille herrscht: Rousseau 4,6

4. Die vollkommen gerechte bürgerliche Gesellschaft, die weltbürgerliche Gesellschaft und der ewige Frieden – regulative Idee oder realisierbar: Kant 1 (6.–8. Satz), 2,4,5,7

5. Der Staat als sittliches Universum und die Wirklichkeit der bürgerlichen Gesellschaft und der Staaten: Hegel §§ 261, 333, 345, 243, 244, 245, 246

6. Die kommunistische Gesellschaft als „das aufgelöste Rätsel der Geschichte“: Marx 3,4,5

7. Kritik und Funktion von Utopien in der Gegenwart

7.1. der Marxschen Utopie: Stojanović, Adorno

7.2. von Utopien überhaupt: Habermas

Recht und Gerechtigkeit

1. Begründung aus der Kosmosordnung: Platon 1,5,9; Aristoteles 1; Cicero 3

2. Recht ist, was dem Staat nützt: Platon 2 (Position der Sophisten),
was durch Vertrag beschlossen wird: Epikur 2

3. Begründung aus dem (göttlichen) Naturrecht: Augustinus 2,4,5; Thomas von Aquin 2

4. Begründung aus der ‚menschlichen Natur',
4.1. aus der anarchischen Natur: Hobbes 4
4.2. aus dem Vernunftrecht: Kant 1,3,4,7
5. Trennung des Rechts des Besonderen und des Allgemeinen: Hegel §§ 260, 261, 340, 345, Vernunft in der Geschichte S. 76, 94
6. Die ‚Rechte' in der bürgerlichen Gesellschaft und die Gerechtigkeit in der kommunistischen Gesellschaft: Marx 1,3,4
7. Politische und soziale Gerechtigkeit in der gegenwärtigen Gesellschaft: Stojanović, Habermas, Lübbe

Staat und Herrschaft in Geschichte oder Natur (Unveränderlichem)

1. in der unveränderlichen Kosmosordnung: Platon 5,9,10; Aristoteles 1; Epikur 1; Cicero 3; Seneca 1;
2. in der heilsgeschichtlichen Schöpfungsordnung: Augustinus 5; Thomas von Aquin 2
3. im Zusammenhang der ungeschichtlichen ‚menschlichen Natur': Hobbes 4
4. in der Geschichte angesichts des Antagonismus der ungeselligen Geselligkeit des Menschen: Kant 1
5. in Weltgeschichte und Weltgericht: Hegel §§ 340, 344, 345, Vernunft in der Geschichte S. 76
6. im Prozeß der Veränderung von Basis und Überbau: Marx 2,3,4
7. in der Entwicklung von charismatischer zu legaler Herrschaft: Weber
8. im ungeschichtlichen System: Luhmann
9. in der Entwicklung zu Etatismus oder Sozialismus: Stojanović
10. im Prozeß des Verschwindens des Subjektes der Geschichte: Adorno
11. auf verschiedenen Rechtfertigungsniveaus: Habermas
12. in der Tradition des modernen Staates: Lübbe

Eigentum

Platon 10, Aristoteles 3; Hobbes 4; Kant 3; Hegel §§ 185, 243, 244, 245, 246; Marx 1,2,3,4,5; Stojanović, Habermas

4.2. Die beiden ersten Themen benennen politische Probleme der europäischen Neuzeit und des Endes der Neuzeit, die beiden folgenden spezifische Probleme der alteuropäischen Gesellschaft und der europäischen Neuzeit.

Verschiedene Beurteilung der modernen bürgerlichen Gesellschaft: Staat und Gesellschaft

Dies Thema gibt es selbstverständlich noch nicht in der alteuropäischen Gesellschaft. Der Begriff der bürgerlichen Gesellschaft, im Unterschied zum modernen Staat wurde vor allem von Hegel, Marx und Lorenz von Stein formuliert. Heute ist der Begriff der bürgerlichen Gesellschaft nicht mehr so aktuell. Da der Staat immer mehr interventionistisch in den Bereich der Gesellschaft eingreift, ist die Trennung von Staat und Gesellschaft nicht mehr so klar durchzuführen. Dies wird auch in den Texten von Stojanović, Adorno und Habermas deutlich.

Kant 7; Hegel §§ 182, 183, 238, 243, 244, 245, 246, 258, 260, 261; Marx 1,2,5; Tocqueville; Mill; Stojanović, Adorno; Habermas.

Öffentlichkeit

Das Problem stellt sich bei Rousseau (4,5) als Problem der Unterscheidung von allgemeinem Willen und Willen aller, bei Kant (5,6,7) und Tocqueville (4) vor allem als Problem der Pressefreiheit, bei Mill (1) in der Diskussion der öffentlichen Meinung als Gefahr und als positives Korrektiv der Gesetze. Eine zentrale Bedeutung hat es in der gegenwärtigen Diskussion: Stojanović, Adorno, Habermas, Lübbe.

Der vollkommene Staat – die vollkommene Gesellschaft

Platon 6,7,9,10; Aristoteles 2,4; Augustinus 5; Thomas von Aquin 2; Rousseau 4; Kant 1; Hegel § 260; Marx 3,4,5; Tocqueville 3

Staat und Religion

Platon (Auseinandersetzung mit dem Mythos) 1,5,9,10; Augustinus 2,5; Thomas von Aquin 1,2; Hobbes 6; Rousseau 2,5; Hegel § 185; Marx 1; Mill 2 (Lübbe: Diskussion der Position von Hobbes)

4.3. *Diskurs*

Hier sind solche Texte aufgeführt, an denen deutlich wird, wie sich die Theorie des Politischen in einem dauernden Diskurs bildet. Angegeben ist jeweils, auf wen sich der Autor zustimmend oder kritisch bezieht.

Daß ein solches Thema sicher nicht für Anfänger geeignet ist, versteht sich von selbst. Es setzt Vorkenntnisse über die angesprochenen Autoren und deren Theorien voraus.

Platon 5,9,10 (Rückgriff auf Mythos), 2,3 (Sophisten)
Aristoteles 1,3 (Platon)
Epikur 1 (Platon, Stoiker)
Seneca 1,2 (Sokrates, Platon, Aristoteles, Epikureer)

Augustinus 1,5 (Bibel)
Thomas von Aquin 1,2 (Bibel, Philosophen)
Hobbes 1,2,7 (Platon, Aristoteles, Cicero)
Rousseau 1,2,5 (Cicero, Christentum, Platon, Hobbes)
Kant 3,4,5,6 (Platon, Antike, Hobbes, Rousseau)
Hegel §§ 182, 185, 194, 258, 260, 261, 333 (Platon, Rom, Naturzustandstheorien, Rousseau, moderne Staatstheorien, Kant)
Marx 1,2 (Rousseau, Hegel)
Mill 1,2 (Griechenland, Rom, England)
Weber (verschiedene Formen der legitimen Herrschaft in der Geschichte)
Luhmann (Weber)
Stojanović (Marx, Weber, Kritische Theorie)
Adorno (Hegel, Marx, gegenwärtige Soziologie)
Habermas (Mythos, Kosmologie, Sokrates, Aristoteles, Rom, Bibel, Naturrecht, Hobbes, Rousseau, Kant, Locke, Hegel, Marx, Weber, Adorno, Luhmann, Dezisionismus)
Lübbe (Platon, Descartes, Hobbes, Kant, Marx, Weber, Habermas)

I. ALTEUROPÄISCHE GESELLSCHAFT

Platon[1]

1.

Sokrates[2]: So überlege es dir auf folgende Weise. Stelle dir vor, wir wären eben im Begriffe, von hier wegzulaufen, oder wie man dies nennen soll, und da kämen uns die Gesetze und das Gemeinwesen des Staates entgegen, träten auf uns zu und fragten: „Sage mir, Sokrates, was hast du im Sinn zu tun? Hat dein Vorhaben noch ein anderes Ziel, oder willst du damit, so viel in deiner Macht liegt, uns Gesetze und auch den ganzen Staat verderben? Oder hältst du es etwa für möglich, daß der Staat noch weiterbestehen und dem Umsturz entgehen kann, in dem gefällte Urteile keine Kraft mehr besitzen, sondern von Privatleuten einfach ungültig gemacht und umgestoßen werden?"
Was sollen wir auf diese oder ähnliche Fragen antworten, mein Kriton? Denn dazu könnte einer vieles sagen, besonders ein Redner: über die Verletzung des Gesetzes, das vorschreibt, daß erlassene richterliche Entscheide zu Recht bestehen müssen. Oder werden wir ihnen erwidern: „Der Staat tut uns ja Unrecht und hat ein falsches Urteil gefällt?" Wollen wir ihnen das zur Antwort geben, oder was sonst?

Kriton: Das, bei Zeus, wollen wir antworten, Sokrates.

Sokrates: Wenn nun aber die Gesetze sagten: „Haben wir beide wirklich das zugegeben, Sokrates, oder vielmehr, daß es bei den Entscheiden bleiben soll, wie der Staat sie trifft?" Und wenn wir

---

1 Jubiläumsausgabe sämtlicher Werke, 8 Bde., eingeleitet von Olof Gigon, übertragen von Rudolf Rufener, Zürich–München 1974, Stellenangaben unter dem Text: Stephanus-Paginierung

2 Sokrates wartet im Gefängnis auf die Vollstreckung des Todesurteils. Freunde geben ihm die Möglichkeit zur Flucht. Kriton versucht, Sokrates mit plausiblen Gründen zur Flucht zu überreden. Das entscheidende Argument dagegen legt Sokrates im folgenden dar.

uns nun über ihre Worte wunderten, dann würden sie uns vielleicht erwidern:

„Wundere dich nicht über unsere Worte, Sokrates, sondern gib uns Antwort. Pflegtest du doch selbst die Methode des Fragens und Antwortens anzuwenden. Wohlan denn! Was wirfst du uns und dem Staate vor, daß du versuchst, uns zu vernichten? Waren nicht wir es, die dir überhaupt erst das Leben gaben? Hast du es nicht uns zu danken, daß dein Vater deine Mutter zur Frau nahm und dich zeugte? Sage uns nun: hast du den Ehegesetzen unter uns irgend etwas vorzuwerfen?"

„Nein", müßte ich antworten.

„Aber vielleicht denen, welche die Auferziehung und die Ausbildung des Kindes regeln, nach welchen du selber erzogen wurdest: Ist es etwa nicht gut, daß die über diese Dinge erlassenen Gesetze deinem Vater vorschrieben, für deine leibliche und geistige Bildung zu sorgen?"

„Doch, das ist gut", würde ich sagen.

„Nachdem du aber geboren, großgezogen und unterrichtet worden bist, kannst du da noch leugnen, daß du unser Sprößling, ja unser Diener bist, wie es auch deine Vorfahren waren? Und wenn dem so ist, glaubst du dann, daß du gegen uns das gleiche Recht hast wie wir gegen dich und daß du das, was wir gegen dich unternehmen wollen, auch deinerseits uns gegenüber tun darfst? Oder warst du etwa deinem Vater oder deinem Herrn gegenüber, falls du je einen solchen hattest, gleichberechtigt, und durftest du alles, was sie dir gegenüber taten, ihnen auch wieder tun: ihnen also jedes böse Wort zurückgeben oder empfangene Schläge erwidern und noch vieles derartiges mehr? Dem Vaterland aber und uns Gesetzen gegenüber soll das erlaubt sein? Wenn wir dich vernichten wollen, weil wir das für richtig erachten, willst du also den Versuch machen, soviel in deiner Macht liegt, auch uns, die Gesetze und das Vaterland, zugrunde zu richten, und dabei noch behaupten, daß du damit etwas Gerechtes tust, du, der du dich doch in Wirklichkeit um Tugend bemühst? Oder ist es dir trotz deiner Weisheit entgangen, daß man das Vaterland höher achten muß als Mutter und Vater und alle anderen Vorfahren, daß es in den Augen der Götter und der verständigen Menschen ehrwürdiger, heiliger und wertvoller ist und daß man es ehren und sich ihm mehr fügen und dienen muß – auch wenn es uns zürnt – als seinem Vater? Man muß es entweder von seinem Unrecht überzeugen oder tun, was es verlangt, und die

Leiden, die es auferlegt, ruhig ertragen, selbst wenn man geschlagen oder gefesselt wird. Es ist Pflicht, ihm zu folgen, wenn es uns in den Krieg führt, wo wir verwundet und getötet werden können, weder zu weichen noch zurückzugehen noch die Schlachtordnung zu verlassen, sondern im Kriege wie vor Gericht und überall entweder das zu tun, was der Staat und das Vaterland befehlen, oder es in gehöriger Weise eines Besseren zu belehren. Es ist aber nicht erlaubt, weder der Mutter noch dem Vater und noch viel weniger dem Vaterland Gewalt anzutun."
Was sollen wir darauf sagen, Kriton? Daß, was die Gesetze sagen, wahr ist oder nicht?

Kriton: Ich glaube, es ist wahr.

Sokrates: „So überlege dir denn, Sokrates", würden dann die Gesetze wahrscheinlich fortfahren, „ob wir recht haben, wenn wir behaupten, daß das, was du gegen uns im Schilde führst, etwas Unrechtes ist. Denn wir haben dich nicht nur erzeugt, auferzogen und ausgebildet und dir wie allen anderen Bürgern Anteil an allem Schönen gegeben, soviel wir nur konnten. Wir haben auch jedem Athener, der davon Gebrauch machen will, ausdrücklich freigestellt, wenn er in die Bürgerliste aufgenommen ist und die Verhältnisse in der Stadt und uns Gesetze kennengelernt hat, seine Habe zu nehmen, fortzuziehen, wohin er will, falls wir ihm etwa nicht gefallen. Und wenn jemand von euch in eine Kolonie gehen will, falls wir und der Staat ihm nicht behagen, oder wenn er sonst irgendwohin übersiedeln möchte, dann steht ihm keines von uns Gesetzen im Wege oder verbietet ihm, mit seiner Habe dorthin zu gehen, wohin er will. Wenn aber einer von euch dableibt, nachdem er gesehen hat, wie wir Recht sprechen und die übrigen Angelegenheiten der Stadt regeln, dann behaupten wir von ihm, er habe sich durch die Tat damit einverstanden erklärt, alles zu tun, was wir befehlen. Den aber, der uns dann nicht gehorcht, beschuldigen wir eines dreifachen Unrechts: daß er uns, seinen Erzeugern und seinen Ernährern, nicht folgt und daß er sich wohl damit einverstanden erklärt hat, uns zu gehorchen, jetzt uns aber weder gehorcht, wenn wir etwas tun, was nicht gut ist, noch uns davon überzeugt. Und doch stellen wir es ihm anheim und befehlen es ihm nicht etwa in schroffer Art, unseren Weisungen nachzukommen, sondern wir überlassen es ihm, die eine von beiden Möglichkeiten zu wählen: entweder uns zu überzeugen oder dann zu gehorchen. Er aber tut keines von beiden.

Von diesen Beschuldigungen, behaupten wir, wirst nun auch du betroffen, Sokrates, falls du dein Vorhaben ausführst, und zwar du nicht am wenigsten unter den Athenern, sondern mit am meisten.“ Wenn ich nun fragte: „Warum denn das?“, dann würden sie mich wahrscheinlich schelten, und zwar mit Recht, und würden sagen, daß gerade ich mehr als alle übrigen Athener ihnen gegenüber diese Verpflichtung eingegangen sei.
„Sokrates“, würden sie sagen, „wir haben starke Beweise dafür, daß wir und die Stadt dir gefielen; denn du hättest nicht so gerne hier gewohnt, lieber als alle übrigen Athener, wenn dir die Stadt nicht ausnehmend gut gefallen hätte. Du bist weder je zu einem Festspiel aus der Stadt gegangen, außer einmal auf den Isthmos, noch sonst irgendwohin, ausgenommen, wenn du in den Krieg zogst. Auch sonst hast du nie eine Reise unternommen, wie es die anderen Leute tun, noch hat dich je das Verlangen nach einer anderen Stadt oder danach ergriffen, andere Gesetze kennenzulernen, sondern wir und unsere Stadt genügten dir vollständig. So eifrig entschiedest du dich für uns und gelobtest, im Gehorsam gegen uns als Bürger in der Stadt zu leben. Außerdem hast du hier auch Kinder gezeugt, weil dir diese Stadt so gut gefiel. Und jetzt, während dieses Prozesses selbst, konntest du ja Verbannung gegen dich beantragen, wenn du gewollt hättest. Was du jetzt gegen den Willen der Stadt unternehmen willst, das hättest du damals also mit ihrer Zustimmung tun können. Du aber brüstetest dich, du seiest nicht darüber unwillig, daß du sterben müssest, sondern zogst, wie du sagtest, den Tod der Verbannung vor. Jetzt aber schämst du dich nicht jener Worte, noch kehrst du dich an uns Gesetze, sondern versuchst, uns zugrunde zu richten, und tust das, was sonst etwa der geringste Sklave tun würde: du willst davonlaufen, unbekümmert um die Vereinbarungen und um die Verpflichtungen, durch die du mit uns übereingekommen bist, als Bürger zu leben. Antworte uns nun vor allem auf folgende Frage: Stimmt es, wenn wir behaupten, daß du dich durch dein Verhalten, nicht nur mit Worten, dazu verpflichtet hast, im Gehorsam gegen uns als Bürger zu leben, oder stimmt es nicht?“
Was sollen wir da antworten, Kriton? Können wir anders, als das zugeben?

Kriton: Wir müssen es, Sokrates.

Sokrates: „Verletzest du nun aber nicht unsere Vereinbarungen“, werden sie sagen, „und die Verpflichtungen, die du uns gegenüber eingegangen bist, und zwar ohne daß man dich dazu gezwungen hat, ohne daß du das Opfer eines Betrugs warst, noch dich genötigt sahst, deinen Entschluß in kurzer Frist zu fassen? Du konntest das im Verlaufe der siebzig Jahre tun, in denen du hättest auswandern können, wenn wir dir nicht gefielen oder wenn dir unsere Vereinbarungen ungerecht schienen. Du aber zogest weder Lakedaimon noch Kreta vor, deren gute Verwaltung du doch immer wieder rühmst, noch irgendeine andere Griechen- oder Barbarenstadt, sondern du gingst sogar seltener von hier fort als die Lahmen und Blinden und die anderen Krüppel. So viel mehr als den übrigen Athenern gefiel dir die Stadt und offenbar auch wir, die Gesetze. Denn wem könnte eine Stadt gefallen, nicht aber ihre Gesetze?

Und jetzt willst du deinen Verpflichtungen untreu werden? Nein, das wirst du nicht, sondern du wirst auf uns hören, Sokrates, und dich nicht durch deine Flucht aus der Stadt der Lächerlichkeit preisgeben.

Denn überlege dir doch einmal, was du dir selber und was du deinen Freunden nützest, wenn du die Vereinbarung mit uns verletztest und dich gegen eine von ihnen verfehltest. Daß deine Freunde Gefahr laufen, selbst fliehen zu müssen, aus der Stadt verbannt zu werden oder ihre Habe zu verlieren, das ist so gut wie sicher. Du selbst aber, wenn du zunächst in eine der benachbarten Städte kommst, nach Theben etwa oder nach Megara – beide erfreuen sich einer guten Verwaltung –, dann wirst du dort als ein Feind ihrer Verfassung aufgenommen, Sokrates; und allen denen, die um das Wohl ihrer Vaterstadt besorgt sind, mußt du verdächtig scheinen, weil sie dich für einen Verderber der Gesetze halten. Und du selbst wirst in deinen Richtern die Meinung bestärken, daß sie dich offenbar mit Recht verurteilt haben. Denn von einem, der die Gesetze zugrunde richtet, glaubt man natürlich leicht, daß er auch die jungen und unverständigen Menschen verdirbt. Wirst du also die gut verwalteten Städte und die ehrenhaftesten Männer meiden? Wird sich dann aber das Leben noch für dich lohnen? Oder du näherst dich ihnen und scheust dich nicht, mit ihnen zu reden – aber worüber denn, Sokrates? Wirst du etwa das gleiche zu ihnen sagen, was du hier gesagt hast: daß der Mensch die Tugend und die Gerechtigkeit, das Recht und die Gesetze höher achten müsse als alles andere? Glaubst du nicht, daß Sokrates dann eine schlechte Figur machen werde? Das muß man doch gewiß glauben.

Du wirst diese Orte also verlassen und kommst dann nach Thessalien zu den Gastfreunden des Kriton. Dort herrscht ja die größte Unordnung und Zügellosigkeit, und wahrscheinlich würden dir dort die Leute mit Vergnügen zuhören, wenn du ihnen erzähltest, auf wie komische Weise du aus dem Gefängnis entflohen bist, in irgendeiner Verkleidung, entweder mit einem Tierfell oder sonst etwas, womit sich die Flüchtlinge zu verkleiden pflegen und womit du deine Gestalt unkenntlich gemacht hast. Daß du dich aber, als alter Mann, dem doch allem Anschein nach nur noch eine kurze Lebenszeit beschieden ist, nicht gescheut hast, so gierig am Leben zu hängen und dafür die heiligsten Gesetze zu übertreten, wird das wohl niemand fragen? Ja, vielleicht, solange du keinen beleidigst; sonst aber, Sokrates, wirst du manches zu hören bekommen, was deiner unwürdig ist. So mußt du denn dein weiteres Leben in knechtischer Unterwürfigkeit gegen alle Leute verbringen, einzig um es dir in Thessalien recht schmecken zu lassen, als wärest du des Essens wegen dorthin ausgewandert. Und all deine Reden über die Gerechtigkeit und über die sonstigen Tugenden – wo werden die dann bleiben?

Aber du willst ja deiner Kinder wegen am Leben bleiben, um sie aufzuziehen und auszubilden: Wie aber? Willst du sie nach Thessalien mitnehmen und dort groß werden und unterrichten lassen, also sie zu Heimatlosen machen, damit sie dir auch diese Wohltat verdanken? Oder ist das nicht deine Absicht und sollen sie hier besser erzogen und ausgebildet werden, wenn du zwar noch lebst, aber doch nicht bei ihnen bist? Denn deine Freunde werden ja für sie sorgen; aber werden sie das nur tun, wenn du nach Thessalien, nicht aber, wenn du in die Unterwelt gehst? Wenn wenigstens diejenigen, die deine Freunde sein wollen, nur irgend etwas wert sind, kann man das doch nicht annehmen.

So folge uns, Sokrates, die wir dich aufgezogen haben. Nicht deine Kinder, nicht dein Leben, nichts sonst sollst du höher stellen als das, was recht ist, damit du, wenn du in den Hades kommst, vor denen, die dort herrschen, all das zu deiner Verteidigung vorbringen kannst. Denn wenn du jetzt fliehst, dann machst du damit offenbar hier in dieser Welt deine Sache weder für dich noch die Deinigen besser, gerechter oder ehrwürdiger. Du wirst aber auch keinen Vorteil davon haben, wenn du in jene andere Welt kommst. Im Gegenteil: wenn du jetzt aus dem Leben scheidest, dann gehst du als ein Mann, dem Unrecht geschehen ist – nicht von uns

Gesetzen, aber von den Menschen. Wenn du aber auf so schmähliche Weise aus der Stadt entfliehst und damit Unrecht mit Unrecht, Übles mit Üblem vergiltst und dich über deine eigenen Zusicherungen und Verpflichtungen uns gegenüber hinwegsetzest und dich gegen die vergehst, die es am wenigsten verdienen, nämlich gegen dich selber, gegen deine Freunde, gegen das Vaterland und gegen uns Gesetze, dann sind wir schon jetzt, solange du noch lebst, deine Feinde; und auch dort werden dich unsere Brüder, die Gesetze im Hades[3], nicht gnädig aufnehmen, weil sie wissen, daß du uns, was an dir lag, zugrunde richten wolltest. So folge denn nicht dem Rat des Kriton, sondern dem unsrigen."

Diese Worte, mein lieber Kriton, glaube ich zu vernehmen, so wie die korybantisch Verzückten[4] Flötenklänge zu hören glauben; und ihr Schall ertönt in meinem Innern und macht mich unempfindlich gegen alle anderen Reden. Was du gegen diese meine jetzige Überzeugung auch sagen magst, wird vergeblich sein. Wenn du indes glaubst, gleichwohl noch etwas ausrichten zu können, dann sprich!

Kriton: Nein, Sokrates, ich habe nichts zu sagen.

Sokrates: So laß es denn sein, Kriton. Gehen wir den Weg, den der Gott uns führt.

(Kriton 50 a – 54 e)

2.

Kallikles[5]: Ich bin gerade deshalb mit Polos[6] unzufrieden, weil er dir zugegeben hat, daß das Unrechttun häßlicher sei als das Unrechtleiden. Denn durch dieses Zugeständnis wurde er in eurem Gespräch von dir in der Schlinge gefangen und von dir gelenkt, wohin du wolltest; er scheute sich, zu sagen, was er dachte . . .

Doch die Gesetze, glaube ich, sind von den Schwachen und von der großen Masse gemacht. Zu ihren Gunsten und zu ihrem eigenen Nutzen stellen diese die Gesetze auf, sprechen sie Lob und Tadel

---

3 Gott der Unterwelt, meist Bezeichnung der Unterwelt

4 Korybanten: Begleiter der Kybele, einer Mutter- und Vegetationsgöttin. Wie Kybele erfüllten sie die Gläubigen mit der göttlichen Kraft der Besessenheit (Enthusiasmus).

5 Vertritt im Dialog 'Gorgias' die Position der Sophisten gegenüber Sokrates

6 Ein den Sophisten Kallikles und Gorgias nahestehender Gesprächspartner

aus. Die Stärkeren unter den Menschen und diejenigen, die imstande sind, ein Übergewicht zu erlangen, wollen sie einschüchtern, damit sie nicht mächtiger als sie werden können, und behaupten deshalb, es sei häßlich und ungerecht, einen Vorteil zu suchen, und darin bestehe eben das Unrechttun: daß man mehr haben will als die anderen. Denn da sie weniger wert sind, sind sie, glaube ich, zufrieden, wenn sie nur den gleichen Anteil haben.

Demzufolge wird eben dies vom Gesetz als ungerecht und häßlich erklärt: mehr haben zu wollen als die Menge, und das nennt man Unrecht tun. Die Natur dagegen, glaube ich, beweist selbst, daß es gerecht ist, wenn der Bessere mehr hat als der Geringere, der Stärkere mehr als der Schwächere. Vielerorts zeigt sie uns, daß das so ist, bei den Tieren und bei den Menschen, in ganzen Städten und Geschlechtern, daß es das erklärte Recht ist, daß der Stärkere über den Schwächeren herrscht und mehr hat als dieser. Mit welchem anderen Recht als dem der Natur ist Xerxes gegen Griechenland gezogen oder sein Vater gegen die Skythen? Und man könnte noch unzählige solche Beispiele aufzählen. Ich glaube aber, diese Männer handeln der Natur des Gerechten gemäß und, bei Zeus, fürwahr auch gemäß dem Gesetz der Natur, wenn auch vielleicht nicht nach jenem, das wir willkürlich aufstellen. Wir nehmen ja die Besten und Stärksten unter uns von Jugend an heraus und wollen sie, wie junge Löwen, durch Beschwörung und Zaubermittel untertänig machen, indem wir ihnen sagen, es müsse Gleichheit herrschen, und das eben sei das Schöne und das Gerechte.

Wenn aber einmal ein Mann ersteht mit einer genügend starken Natur, dann wird er, glaube ich, all das abschütteln und zerreißen und zu Boden treten, unsere Fangnetze, Gaukeleien und Zaubersprüche und all die widernatürlichen Gesetze. Und er tritt auf und zeigt sich als unser Herr, er, der unser Knecht war, und da erweist sich das Recht der Natur in seinem Glanze . . .

Und doch, mein lieber Sokrates (werde mir aber nicht böse, denn ich sage das aus Wohlwollen zu dir): schämst du dich nicht ein wenig, daß es so um dich steht, wie ich es von dir annehme, und von den anderen, die immer weiter philosophieren?

Denn wenn jetzt jemand dich oder einen anderen deiner Art ergriffe und ins Gefängnis abführte mit der Behauptung, du habest ein Unrecht begangen, trotzdem du keines begangen hast – weißt du, daß du dann nicht wüßtest, wie du dich verhalten solltest? Dir würde schwindlig und du ständest mit offenem Munde da und

brächtest kein Wort hervor. Und wenn du dann vor Gericht aufträtest und träfest gerade auf einen gemeinen und bösen Ankläger, dann müßtest du wohl sterben, wenn er die Todesstrafe gegen dich beantragen würde.
Aber wie ist das weise, Sokrates, *wenn die Kunst einen begabten Mann übernimmt und ihn dann schlechter macht,* so daß er sich nicht selbst helfen und sich auch aus den größten Gefahren nicht retten kann, weder sich noch einen anderen, so daß die Feinde alle seine Habe plündern können und er in der Stadt geradezu ehrlos leben muß? Einen solchen Menschen kann man ja – mag auch der Ausdruck ein wenig derb sein – ungestraft an die Ohren schlagen. Nein, mein Guter, folge mir, *höre auf mit deinen Beweisreden, übe dich im Wohlklang schöner Taten* und in dem, wodurch du klug erscheinen kannst; *überlasse den anderen dieses scharfsinnige Geschwätz* und, wenn ich es so nennen soll, diese Possen, *mit denen du nur leere Häuser bewohnen wirst;* eifere nicht den Männern nach, die sich um solche Kleinigkeiten streiten, sondern denen, die Reichtum und Ehre besitzen und viele andere Güter.

(Gorgias 482 d – 486 d)

3.

Wenn du uns also genauer nachzuweisen vermagst, daß die Tüchtigkeit lehrbar ist, so enthalte uns das nicht vor, sondern teile es uns mit.
„Nein, Sokrates, ich[7] will es euch nicht vorenthalten. Soll ich es euch in einem Mythos darstellen, so wie ein Älterer zu einem Jüngeren spricht, oder soll ich es euch im Vortrag erläutern?"
Da entgegneten viele aus dem Kreise, er möge so vorgehen, wie er wolle.
„Nun, ich finde es hübscher, euch einen Mythos zu erzählen", sagte er.
„Es war also einmal eine Zeit, da gab es schon Götter, aber noch keine sterblichen Wesen. Als nun auch für diese die Zeit gekommen war, die das Schicksal für ihre Entstehung bestimmt hatte, formten die Götter sie im Schoß der Erde aus einem Gemisch von Erde und Feuer und allem, was sich mit Feuer und Erde verbinden läßt. Als

---

7 Protagoras, einer der führenden Sophisten. Überliefert ist sein Ausspruch: „Der Mensch ist das Maß aller Dinge."

sie aber im Begriffe waren, sie ans Licht zu bringen, gaben sie Prometheus und Epimetheus den Auftrag, diese Wesen auszustatten und einem jeglichen die Fähigkeiten zu verleihen, die ihm zukommen. Epimetheus erbat sich von Prometheus, diese Zuteilung selbst vorzunehmen. „Wenn ich damit fertig bin", sagte er, „so prüfe mein Werk". So überredete er ihn und begann mit der Verteilung. Dabei verlieh er den einen Stärke, aber keine Schnelligkeit, und die Schwächeren stattete er dafür mit Schnelligkeit aus. Den einen schenkte er Waffen, den anderen gab er eine wehrlose Natur und dachte für sie eine andere Fähigkeit aus, mit der sie sich erhalten konnten. Denjenigen Wesen, die er in Kleinheit gehüllt hatte, gab er Flügel, mit denen sie fliehen konnten, oder eine unterirdische Behausung; den anderen, die er zur Größe ausdehnte, gab er gerade darin die Möglichkeit zur Rettung, und mit allen Gaben schaffte er so einen Ausgleich. Das aber richtete er ein aus Vorsorge, damit keine ihrer Gattungen vertilgt werde. Nachdem er sie aber hinreichend vor der gegenseitigen Ausrottung geschützt hatte, dachte er auch einen Schutz für sie aus gegen die Jahreszeiten, die Zeus uns sendet; er umkleidete sie mit dichten Haaren und einer festen Haut, die ausreichten, um die Kälte abzuhalten, die aber auch die Hitze abwehren und, wenn sie zur Ruhe gingen, einem jeden Lebewesen als eigene und selbstgewachsene Decke dienen konnten. Unten an den Füßen versah er die einen mit Hufen, die anderen mit harter und undurchbluteter Haut. Ferner verschaffte er jedem seine besondere Nahrung, den einen Gras aus der Erde, den anderen Baumfrüchte, wieder anderen Wurzeln; es gibt auch solche, denen er zur Nahrung andere Tiere zu fressen gab. Diesen verlieh er nur eine geringe Nachkommenschaft, ihren Opfern dagegen eine sehr zahlreiche, um so ihre Art zu erhalten.

Weil nun aber Epimetheus nicht eben sehr gescheit war, hatte er, ohne es zu merken, alle Fähigkeiten für die vernunftlosen Wesen aufgebraucht; so blieb ihm als einziges das Menschengeschlecht, das noch nicht ausgestattet war, und er wußte keinen Rat, was er damit anfangen sollte.

Wie er noch in Verlegenheit ist, kommt Prometheus und will die Verteilung in Augenschein nehmen; er sieht, daß die übrigen Lebewesen mit allem angemessen ausgestattet sind, daß aber der Mensch nackt, ohne Schuhe, ohne Decken und ohne Waffen geblieben ist. Und schon war der schicksalhafte Tag da, an dem auch der Mensch aus der Erde ans Licht treten sollte. In seiner Verlegenheit, welches

Mittel zur Rettung und Erhaltung er für den Menschen finden könnte, stiehlt er dem Hephaistos[8] und der Athena[9] ihr kunstreiches Handwerk samt dem Feuer – denn es war unmöglich, es ohne Feuer zu erwerben oder nutzbar zu machen – und schenkt beides dem Menschen. Die Kunst, sein Leben zu führen, erhielt also der Mensch auf diese Weise; die Staatskunst dagegen besaß er noch nicht. Denn diese lag bei Zeus. Prometheus wiederum hatte keine Möglichkeit mehr, in die Hochburg, die Behausung des Zeus hineinzukommen; abgesehen davon, daß Zeus furchterregende Wachen davor aufgestellt hatte. Doch in die gemeinsame Werkstatt der Athena und des Hephaistos, wo sie ihren kunstvollen Liebhabereien nachgingen, schleicht er sich ein, stiehlt die Handwerkskunst des Hephaistos, die sich des Feuers bedient, und die andere der Athena und schenkt sie dem Menschen. Von da an besitzt der Mensch die nötigen Hilfsmittel zum Leben; den Prometheus aber traf später, so erzählt man sich, die Strafe für seinen Diebstahl.

Nachdem nun der Mensch am göttlichen Los Anteil hatte, begann er erstens wegen dieser Verwandtschaft mit dem Gott als einziges Lebewesen an Götter zu glauben und machte sich daran, Altäre und Götterbilder zu errichten; sodann fing er bald auch an, Laute und Wörter auf kunstmäßige Art zu artikulieren und erfand den Bau von Wohnungen und die Herstellung von Kleidern, Schuhen und Decken und den Gebrauch der Lebensmittel, die die Erde hervorbringt. So versehen, wohnten die Menschen anfangs zerstreut, und es gab noch keine Städte; so kamen sie denn durch die wilden Tiere um, weil sie in jeder Hinsicht schwächer waren als sie und weil das handwerkliche Können, das ihnen für die Gewinnung der Nahrung genügend Hilfe bot, für die Bekämpfung der Tiere nicht ausreichte. Sie besaßen ja die Staatskunst noch nicht, von der die Kriegskunst ein Teil ist. Sie schlossen sich also zusammen und versuchten so ihre Rettung, indem sie Städte gründeten. Doch als sie nun beisammen waren, taten sie einander unrecht, weil sie ja die Staatskunst noch nicht besaßen; die Folge war, daß sie sich wieder zerstreuten und weiter umkamen.

Nun befürchtete Zeus, unser ganzes Geschlecht könnte zugrunde gehen; er schickt deshalb den Hermes, den Menschen sittliche

---

8 Gott des Feuers, der Schmiede und der Handwerker

9 Schützerin der Städte, besonders Athens, des Handwerks, der Künste und Wissenschaften

Scheu und Rechtsgefühl zu bringen, damit diese den Städten Ordnung und Eintracht stiftende Bande geben möchten. Hermes fragt nun Zeus, auf welche Weise er den Menschen Recht und Scheu geben solle: „Muß ich sie auch so verteilen, wie die Künste verteilt sind? Bei diesen ist die Verteilung folgendermaßen: ein einziger, der die ärztliche Kunst besitzt, genügt für viele Laien, und ebenso bei den anderen Berufen. Soll ich also auch Recht und sittliche Scheu auf diese Weise den Menschen verleihen, oder soll ich sie an alle verteilen? " – „An alle", erwiderte Zeus, „und alle sollen daran teilhaben; denn es könnten keine Städte entstehen, wenn nur wenige daran teilhätten wie an den anderen Künsten. Und stelle in meinem Namen das Gesetz auf, daß man den, der an Scheu und Recht keinen Anteil haben kann, umbringen soll als eine Krankheit am Leibe der Stadt."

Damit und aus diesem Grunde, Sokrates, glauben also die Athener und alle anderen Völker, daß, wenn es sich um die Tüchtigkeit im Bauen oder sonst um ein Handwerk handelt, nur wenige an der Beratung teilnehmen sollen. Und wenn außer diesen wenigen jemand trotzdem seinen Rat geben will, so lassen sie das nicht zu, wie du sagst, und zwar durchaus mit Recht, wie ich beifüge. Schreiten sie aber zur Beratung über eine Frage, bei der es auf die bürgerliche Tüchtigkeit ankommt, die ganz nur mit Gerechtigkeit und Besonnenheit gelöst werden kann, so anerkennen sie gebührend jedes Mannes Rat, in der Meinung, daß jeder an dieser Tüchtigkeit teilhaben müsse, wenn Städte überhaupt Bestand haben sollen. Das, Sokrates, ist der Grund davon.

(Protagoras 320 b – 323 a)

4.

Von Anfang an, als wir unsere Stadt gründeten, haben wir doch eine Regel festgesetzt, nach der man auf jeden Fall handeln müsse, und das, oder etwas Ähnliches, ist, wie mir scheint, die Gerechtigkeit. Wir haben ja doch festgesetzt und es immer wieder gesagt, wenn du dich erinnerst, daß jeder einzelne nur *einen* öffentlichen Beruf in der Stadt ausüben soll, nämlich den, zu welchem seine Natur am besten geeignet ist.

„Ja, das sagten wir."

Und daß es Gerechtigkeit ist, wenn man das Seine tut und nicht mancherlei Dinge treibt, auch das haben wir wahrlich schon von

vielen anderen gehört und selbst immer wieder gesagt.
„Ja, das haben wir gesagt."
Das, mein Freund, sagte ich, wird also wahrscheinlich auf irgendeine Weise die Gerechtigkeit sein: daß man das Seine tut. Weißt du, woraus ich das schließe?
„Nein, doch sag es mir!" erwiderte er.
Ich glaube, sagte ich, was in unserer Stadt noch übrig bleibt außer dem, was wir schon erörtert haben, nämlich der Besonnenheit, der Tapferkeit und der Klugheit, das ist das, was diesen allen die Kraft verliehen hat, sich zu bilden, und was ihnen nach ihrem Entstehen Bestand verleiht, solange es da ist. Nun haben wir aber auch gesagt, Gerechtigkeit müsse das sein, was außer jenen noch fehle, wenn wir die drei anderen gefunden hätten.
„Ja, das ist notwendig", sagte er.
Wenn wir nun aber entscheiden müßten, fuhr ich fort, welche von diesen Eigenschaften durch ihr Vorhandensein unsere Stadt vor allem gut machen wird, dann wäre wohl schwer zu sagen, ob es die Einmütigkeit der Regenten und der Regierten ist, oder daß die gesetzmäßige Auffassung darüber, was gefährlich ist und was nicht, im Kriegerstande erhalten bleibt, oder die Klugheit und Wachsamkeit der Regenten, oder ob sie nicht in erster Linie jene Eigenschaft gut macht, wenn sie sich im Kinde und im Weibe findet, im Sklaven und im Freien und im Handwerker, im Regenten und im Regierten: daß nämlich ein jeder, weil er eine Einheit ist, nur das Seine tut und nicht vielerlei Dinge treibt.
„Das ist freilich schwer zu entscheiden", erwiderte er.
Die Fähigkeit, daß ein jeder das Seine tut, wetteifert also offenbar mit der Weisheit, der Besonnenheit und der Tapferkeit darin, die Stadt vollkommen zu machen.
„Ganz gewiß", erwiderte er.
So ist es also die Gerechtigkeit, von der du sagst, daß sie mit diesen in der Vervollkommnung des Staates wetteifert?
„Allerdings."
So erwäge denn auch auf folgende Weise, ob du einverstanden bist: du wirst doch den Regenten in der Stadt die Rechtsprechung übertragen?
„Selbstverständlich."
Werden sie aber als Richter auf irgend etwas anderes abzielen, als daß sich niemand fremdes Eigentum aneignet und daß ihm das eigene nicht genommen wird?

„Nein, nur darauf.“
Weil das gerecht ist?
„Ja.“
Auch so würde man also zugeben, daß das Gerechtigkeit ist, wenn man das Eigene besitzt und das Seine tut.
„So ist es.“
Sieh nun, ob du auch im folgenden derselben Ansicht bist wie ich: Wenn ein Zimmermann die Arbeit eines Schusters verrichten wollte oder der Schuster die des Zimmermanns, oder wenn sie gegenseitig ihre Werkzeuge oder ihre Stellung vertauschten, oder wenn ein und derselbe beide Berufe ausüben wollte, und wenn man so auch alle anderen Berufe vertauschte – glaubst du, daß dies in der Stadt großen Schaden anrichten wird?
„Nicht gerade“, sagte er.
Wenn aber jemand seiner Veranlagung nach ein Handwerker ist oder sonst ein Geschäftsmann, jedoch durch seinen Reichtum oder durch Verbindungen oder Körperkraft oder durch ähnliche Vorzüge hochmütig gemacht wird und danach strebt, in den Kriegerstand einzutreten, oder wenn ein Krieger in den Stand des Ratgebers und Wächters aufsteigen möchte, ohne dazu befugt zu sein, und wenn dann diese ihre Werkzeuge und ihre Stellung miteinander vertauschten, oder wenn ein und derselbe versuchte, das alles gleichzeitig zu verrichten, dann, glaube ich, bist auch du der Meinung, daß das Vertauschen und die Vielgeschäftigkeit dieser Leute das Verderben der Stadt bedeuten.
„Allerdings.“
Die Vielgeschäftigkeit und das Vertauschen dieser drei Stände wird also für die Stadt der größte Schaden sein, und man könnte sie wohl mit vollem Recht ein Hauptverbrechen nennen.
„Ganz gewiß.“
Das größte Verbrechen an der eigenen Stadt wirst du aber doch als Ungerechtigkeit bezeichnen.
„Ohne Zweifel.“
Das also ist die Ungerechtigkeit. Umgekehrt aber wollen wir so sagen: wenn der Stand des Geschäftsmannes, des Gehilfen und des Wächters das Seine tut und jeder von ihnen seine Aufgabe in der Stadt erfüllt, so wäre das das Gegenteil davon; das wäre Gerechtigkeit und würde die Stadt gerecht machen.
„Genau so verhält es sich, nach meiner Meinung“, erwiderte er.

(Der Staat 433 a – 434 d)

5.

Nichts Neues (berichte ich), sondern eine phönizische Geschichte[10], die sich zwar früher schon an manchem Ort abgespielt hat, wie die Dichter auf glaubhafte Weise erzählen, die sich aber nicht zu unserer Zeit zugetragen hat und sich auch schwerlich zutragen könnte – die glaubhaft zu machen aber einer großen Überredungskunst bedarf.

„Man sieht, wie du zögerst, davon zu reden", sagte er.

Du wirst zugeben, daß mein Zögern berechtigt ist, erwiderte ich, wenn ich es erzählt habe.

„Sprich nur ohne Bedenken", sagte er.

So will ich's denn erzählen. Und doch weiß ich nicht, woher ich den Mut nehme und mit welchen Worten ich mich ausdrücken soll, um zu versuchen, zuerst die Regenten selbst und die Krieger und dann auch das übrige Volk glauben zu machen, daß ihnen diese ganze Bildung und Erziehung, die wir ihnen angedeihen ließen, offenbar nur wie ein Traum geschehen und widerfahren ist. In Wirklichkeit aber hätten sie sich damals unter der Erde befunden und seien dort gestaltet und gebildet worden, sie selbst und auch ihre Waffen und ihre ganze übrige Ausrüstung. Als sie aber fertig geformt waren, habe sie ihre Mutter, die Erde emporgesandt, und nun müßten sie dem Lande, wo sie wohnen, als ihrer Mutter und Ernährerin mit ihrem Rat beistehen und es schützen, wenn es angegriffen wird; und den anderen Bürgern gegenüber sollten sie wie Brüder und wie Kinder der gleichen Erde gesinnt sein.

„Mit gutem Grund", sagte er, „hast du dich so lange gescheut, diese Lüge vorzubringen."

Mit sehr gutem Grund, gab ich zu. Höre aber doch noch den Schluß der Geschichte. Ihr alle, die ihr in der Stadt lebt, seid nun also Brüder – so werden wir als Mythenerzähler zu ihnen sagen: doch als der Gott euch formte, hat er denen, die zum Regieren fähig sind, bei ihrer Erschaffung Gold beigemischt, und das macht sie besonders wertvoll, allen Gehilfen aber Silber, und den Bauern und sonstigen Handarbeitern Eisen und Erze. Weil ihr nun alle miteinander verwandt seid, werdet ihr in der Regel Kinder zeugen, die euch selber ähnlich sind, doch kommt es auch vor, daß aus Gold ein silberner Nachkomme oder aus Silber ein goldener hervorgeht, und

10 Geschichte des Phöniziers Kadmos, der dem Mythos nach Drachenzähne säte, aus denen Krieger wuchsen

so wechselweise aus allen übrigen Metallen. Den Regenten gebietet nun der Gott zuerst und vor allem, über nichts anderes so gut zu wachen wie über ihre Kinder und sorgfältig darauf zu achten, was für eines von diesen Metallen ihren Seelen beigemischt ist. Und wenn einer von ihren Nachkommen Erz oder Eisen in sich hat, dann sollen sie keinerlei Bedauern mit ihm haben, sondern ihm den Stand zuweisen, den er seiner Natur nach verdient und ihn zu den Handwerkern oder Bauern verstoßen; wächst aber umgekehrt unter diesen einer auf, der Gold oder Silber aufweist, dann sollen sie ihn ehren und in den Stand der Wächter oder in den der Gehilfen emporheben; soll es doch einen Götterspruch geben, daß die Stadt dann zugrunde gehen müsse, wenn ein eiserner oder eherner Wächter über ihr wache. Kannst du nun auf irgendeine Art bewirken, daß die Leute an diesen Mythos glauben?
„Auf keine Art", erwiderte er, „wenigstens nicht diese Generation da; doch vielleicht deren Söhne und Enkel und die Menschen späterer Zeiten."
Auch das wäre schon gut, sagte ich. Sie würden dann zur Stadt und zueinander besser Sorge tragen. Ich verstehe ungefähr, was du meinst.

(Der Staat 414 c – 415 d)

6.

Da komme ich denn eben auf das, sagte ich, was wir mit der größten Woge verglichen haben. Sei es denn ausgesprochen, wenn es uns auch wie eine berstende Welle mit Gelächter und Schmach überschwemmen wird. Gib also acht, was ich sagen will.
„Sag es nur", verlangte er.
Wenn nicht entweder die Philosophen Könige werden in den Städten, sagte ich, oder die, die man heute Könige und Machthaber nennt, echte und gründliche Philosophen werden, und wenn dies nicht in eines zusammenfällt: die Macht in der Stadt und die Philosophie, und all die vielen Naturen, die heute ausschließlich nach dem einen oder dem anderen streben, gewaltsam davon ausgeschlossen werden, so wird es, mein lieber Glaukon, mit dem Elend kein Ende haben, nicht für die Städte und auch nicht, meine ich, für das menschliche Geschlecht. Und eher wird auch die Staatsverfassung, die wir vorhin beschrieben haben, nicht – soweit das überhaupt möglich ist – verwirklicht werden noch das Licht der Sonne

erblicken. Doch das ist es eben, was ich schon lange nicht zu sagen wage, weil ich nämlich sehe, wie sehr meine Worte der allgemeinen Meinung zuwiderlaufen. Denn es ist schwer einzusehen, daß nur in einer solchen Stadt das Glück für den einzelnen und für die Gesamtheit zu finden sein sollte.

(Der Staat 473 c – 473 e)

7.

Wer seine Gedanken wirklich auf das Seiende richtet, Adeimantos, der hat ja auch gar keine Zeit, hinabzublicken auf das Treiben der Menschen und sich im Streit mit ihnen mit Neid und Bitterkeit zu erfüllen. Sondern er schaut und betrachtet Geordnetes, sich immer gleich Bleibendes, bei dem es kein gegenseitiges Unrechttun und kein Unrechtleiden gibt, das sich vielmehr insgesamt wohlgeordnet und vernünftig verhält. Das ahmt er nach und gleicht sich ihm so weit als möglich an. Oder meinst du, man könne bewundernd mit etwas umgehen, ohne es nachzuahmen?
„Das ist nicht möglich", erwiderte er.
Indem also der Philosoph mit dem Göttlichen und Wohlgeordneten verkehrt, wird er selbst wohlgeordnet und göttlich, so weit das einem Menschen möglich ist. Verleumdung gibt es freilich überall viel.
„Ja, allerdings."
Wenn er nun in die Notwendigkeit versetzt wird, fuhr ich fort, sich zu bemühen, um das, was er dort sieht, in die Sitten der Menschen im privaten wie im öffentlichen Leben hineinzutragen, statt nur sich selbst zu bilden – wird er dann wohl ein schlechter Bildner zur Besonnenheit und Gerechtigkeit und zu jeder Bürgertüchtigkeit werden?
„Sicher nicht", sagte er.
Und wenn die Menge spürt, daß wir die Wahrheit über ihn sagen, dann werden sie doch die Philosophen nicht mehr entrüstet ablehnen und nicht mehr ungläubig gegen unsere Behauptung sein, daß eine Stadt anders wohl nie glücklich werden könnte, als wenn sie von den Malern entworfen wird, die das Göttliche zum Vorbild nehmen.
„Nein, sie werden sie nicht ablehnen", erwiderte er, „sofern sie das merken. Doch was meinst du denn für einen Entwurf?"
Sie nehmen eine Stadt und die Charaktere der Menschen wie eine Tafel zur Hand, begann ich, und wischen sie zuerst sauber ab, was

nicht ganz leicht sein dürfte. Doch wie du ja nun weißt, unterscheiden sie sich gleich schon dadurch von den anderen Staatsmännern, daß sie sich weder mit dem Einzelnen noch mit der Stadt befassen und ihr auch keine Gesetze geben wollen, wenn sie sie nicht in reinem Zustand übernommen oder sie selbst gereinigt haben.
„Und das mit Recht", sagte er.
Daraufhin, denkst du, werden sie wohl den Grundriß der Staatsverfassung entwerfen?
„Ohne Zweifel."
Und dann, glaube ich, gehen sie an die Ausführung, indem sie immer wieder ihren Blick nach beiden Seiten wenden, bald auf das von Natur Gerechte und Schöne und Besonnene und so fort, bald wieder auf das, was sie in die Menschen hineinlegen, indem sie aus den verschiedenen menschlichen Bestrebungen durch Mengen und Mischen das echte Menschenbild herstellen. Dabei halten sie sich eben an das, was schon Homer, wenn es sich bei den Menschen findet, gottförmig und gottähnlich genannt hat . . .
Kann aber jemand bestreiten, daß nicht auch Söhne von Königen oder Machthabern mit der Natur eines Philosophen geboren werden können?
„Wohl niemand", versetzte er.
Darf man aber behaupten, daß diese, wenn sie so geboren sind, unbedingt verdorben werden müssen? Daß es freilich schwer ist, sich unversehrt zu erhalten, das geben ja auch wir zu. Doch daß im gesamten Verlaufe der Zeit auch nicht ein einziger von allen sich habe retten können – dürfte das jemand behaupten?
„Wie könnte er das?"
Es genügt aber, fuhr ich fort, wenn nur ein einziger da ist und eine Stadt findet, die ihm folgt, um alles das zu verwirklichen, was man jetzt für unglaublich hält.
„Ja, das genügt", sagte er.
Denn, fuhr ich fort, wenn ein Regent die Gesetze und die Einrichtungen einführt, die wir beschrieben haben, dann ist es doch nicht ausgeschlossen, daß die Bürger bereit sind, danach zu leben.
„Durchaus nicht."
Und daß, was wir für richtig halten, auch den anderen richtig erscheint – ist denn das ein Wunder und etwas Unmögliches?
„Ich glaube nicht", erwiderte er.
Daß es aber, wenn es durchführbar ist, das allerbeste wäre, das haben wir im vorigen, meine ich, zur Genüge dargetan.

„Ja, zur Genüge."
Daraus ergibt sich nun offenbar, daß unsere Vorschläge für die Gesetzgebung die besten sind, sofern sie verwirklicht werden, daß aber die Verwirklichung zwar schwierig, aber doch nicht unmöglich ist.
„Ja, das ist das Ergebnis."

(Der Staat 500 b – 502 c)

8.

Und gebt ihr nun zu, fuhr ich fort, daß ich euch über die Stadt und die Verfassung nicht nur Wunschgebilde vorgetragen habe, sondern Dinge, die zwar schwer, aber doch irgendwie möglich sind, und zwar nur auf beschriebene Weise: wenn nämlich wahre Philosophen, mehrere oder einer, in einer Stadt Herrscher werden und wenn sie die heutigen Ehren geringschätzen, weil sie sie für gemein und wertlos halten, dagegen das Richtige und die von ihm ausgehenden Ehren über alles stellen, vor allem und als Notwendigstes aber das Gerechte; indem sie diesem dienen und es fördern, richten sie ihre Stadt ein.
„Wie das? ", fragte er.
Alle Bürger, die das zehnte Altersjahr überschritten haben, erwiderte ich, schicken sie aufs Land hinaus. Ihre Kinder aber übernehmen sie und erziehen sie, fern von den heutigen Anschauungen, die auch ihre Eltern teilen, nach ihren eigenen Gebräuchen und Gesetzen, eben nach jenen, die wir vorhin besprochen haben. So wird am schnellsten und am leichtesten die Stadt und die Verfassung, wie wir sie beschrieben haben, verwirklicht, und so wird sie selbst glücklich sein und dem Volk, bei dem sie zustandekommt, den größten Segen bringen.
„Ja, bei weitem", sagte er, „und ich glaube, Sokrates, daß du ihre Entstehung, wenn sie überhaupt je möglich ist, richtig dargestellt hast."

(Der Staat 540 d – 541 b)

9.

Der Athener[11]: Ja, ihr Besten, ihr seid eben einer wirklichen Staatsverfassung teilhaft; was wir aber jetzt aufgezählt haben, das

---

11 Ein Athener, ein Kreter (Kleinias) und ein Spartaner (Megillos) diskutieren die Fragen der zweckmäßigsten und der dem allgemeinen Besten dienenden Organisation des Staates.

sind keine wirklichen Verfassungen, sondern bloß städtische Gemeinschaftsgebilde, die von einzelnen ihrer Teile beherrscht werden und ihnen untertan sind und deren jedes seinen Namen nach der Macht bekommt, die in ihm regiert. Wenn aber eine Stadt nach einer Herrschaft solcher Art heißen soll, so wäre es am Platz, den Namen des Gottes zu nennen, der in Wahrheit die vernunftbegabten Wesen beherrscht.

Kleinias: Wer aber ist der Gott?

Der Athener: Müssen wir da nicht noch ein wenig den Mythos zu Hilfe nehmen, wenn wir über diese Frage einigermaßen Klarheit schaffen wollen?

Kleinias: Freilich müssen wir das tun.

Der Athener: Ja, gewiß. Denn noch vor den Städten, deren Gründung wir vorhin behandelt haben, soll es unter Kronos[12] eine viel frühere Herrschaft und eine Lebensform glücklichster Art gegeben haben; diejenige, die heute am besten organisiert ist, stellt von jener nur eine Nachahmung dar.

Kleinias: Offenbar wäre es sehr wünschbar, etwas über sie zu vernehmen.

Der Athener: Ja, wenigstens scheint mir das so; darum brachte ich sie auch in diesem Zusammenhang zur Sprache.

Kleinias: Da tatest du sehr recht daran; und du hättest auch recht, wenn du die Geschichte in ihrem weiteren Verlauf darstelltest, sofern sie zu der Sache etwas beiträgt.

Der Athener: Eurem Wunsch soll entsprochen werden. Es ist uns also die Kunde vom glückseligen Leben der damaligen Menschen überliefert worden, wie es alle Dinge reichlich und ganz von selber darbot. Dafür gibt man folgendes als Grund an. Kronos erkannte nämlich, daß – wie wir oben gezeigt haben – keine menschliche Natur imstande ist, alle irdischen Angelegenheiten aus eigener Kraft zu verwalten, ohne von Überheblichkeit und Ungerechtigkeit erfüllt zu werden; dies also bedachte er und setzte darauf als Könige und Machthaber in unseren Städten nicht Menschen ein, sondern Wesen von göttlicher und höherer Abkunft, Daimonen[13] nämlich, etwa

---

12 Sohn des Urgottes Uranos, den er entmachtet. Er selbst wird von seinem Sohn Zeus besiegt. In den Kronos-Erzählungen lebt eine ältere Religion fort, die von der Zeusreligion der griechischen Einwanderer verdrängt wurde. Die Zeit des Kronos galt als das goldene Zeitalter.

13 Halbgötter, Mittler zwischen Menschen und Göttern

so, wie wir es heute mit den Kleinviehherden und mit allen Tieren halten, die ans Haus gewöhnt sind: nicht Rinder über Rinder und nicht Ziegen über Ziegen setzen wir als Hüter ein, sondern wir selbst, ein besseres Geschlecht als sie, sind ihre Herren. Und so hat nun auch der Gott in seiner Menschenfreundlichkeit ein besseres Geschlecht über uns gesetzt, das der Daimonen; ohne daß es ihnen Beschwerlichkeit bereitete, doch zu unserer großen Erleichterung bemühten sie sich um uns, schenkten uns Frieden und das Gefühl der Ehrfurcht und gute Gesetzgebung und Fülle des Rechts und befreiten damit die menschlichen Geschlechter von Streitigkeiten und machten sie glücklich. Wahrheitsgetreu behauptet diese Sage auch heute noch, daß es für keine Stadt, in der nicht ein Gott, sondern ein Sterblicher regiert, ein Entrinnen aus Elend und Nöten geben kann: mit allen Mitteln, das will sie uns zeigen, müssen wir das Leben nachahmen, wie es zur Zeit des Kronos gewesen sein soll; und so viel uns an Unsterblichem innewohnt, dem sollen wir folgen und im öffentlichen wie im privaten Leben unser Hauswesen und unsere Stadt so verwalten, daß wir das, was sich uns aus unserer Einsicht ergibt, als Gesetz betrachten. Wenn aber ein einzelner Mensch oder eine Oligarchie oder auch eine Demokratie, deren Seele auf Lüste und Begierden ausgeht und nach Erfüllung solcher Wünsche verlangt, aber dann doch nicht befriedigt wird, sondern mit dem Übel einer endlosen und unersättlichen Krankheit behaftet bleibt – wo also über eine Stadt oder über einen einzelnen Menschen ein solcher Machthaber gebietet, der die Gesetze mit Füßen tritt, da gibt es, wie wir eben gesagt haben, keine Möglichkeit einer Rettung.

(Die Gesetze 712 e – 714 a)

10.

Der nächste Zug nun bei der Aufstellung der Gesetze mag wohl . . . ungewohnt sein und zur Folge haben, daß man sich beim ersten Hören darüber wundert; wenn man sich das indes genau überlegt und die Probe darauf macht, so wird sich herausstellen, daß sich so eine Stadt auf eine Weise einrichten läßt, die nach der besten Lösung immerhin an zweiter Stelle steht. Mag sein, daß sie jemandem nicht genehm ist, weil es ihm ungewohnt vorkommt, daß der Gesetzgeber nicht auch Tyrann ist. Es ist aber ganz in der Ordnung, wenn man zuerst die beste Staatsverfassung darstellt und darauf die

zweite und die dritte[14] und dann jedem, der für die Ansiedlung verantwortlich ist, die freie Wahl läßt. So wollen wir es also auch jetzt halten und zuerst die Verfassung nennen, die nach ihren Vorzügen die erste ist, und dann die zweite und die dritte . . .
Die Stadt nun und die Verfassung, die an erster Stelle stehen, und die besten Gesetze sind dort, wo nach Möglichkeit in der ganzen Stadt das alte Wort verwirklicht wird; es lautet: „Was Freunde besitzen, ist in Wirklichkeit gemeinsames Gut.“ Ob das nun schon jetzt so ist oder ob es je sein wird – daß nämlich die Frauen gemeinsam und die Kinder gemeinsam sind und auch alles Geld gemeinsam ist –: wenn alles, was man als eigen bezeichnet, auf jede Weise und überall aus dem Leben ausgeschaltet ist und man es, soweit das möglich ist, dazu gebracht hat, daß auch das, was uns von Natur zu eigen ist, irgendwie gemeinsam wird, zum Beispiel Augen und Ohren und Hände gemeinsam zu sehen und zu hören und zu handeln scheinen, ja, wenn sogar alle miteinander möglichst einstimmig loben und tadeln, weil sie sich über dasselbe freuen oder betrübt sind, und wenn alle Gesetze nach Kräften die Stadt möglichst als eine Einheit schaffen: so wird keiner jemals diese Gesetze in ihrer Vorzüglichkeit überbieten und eine Regelung treffen können, die richtiger und besser ist. Mögen dann Götter oder Göttersöhne – und zwar mehr als einer – eine solche Stadt besiedeln: so werden sie ihr ganzes Leben hindurch in Freuden dort wohnen. Wir brauchen deshalb nirgends sonst nach einem Beispiel für einen Staat auszuschauen, sondern können uns an diesen halten und müssen nur nach Kräften eine Stadt suchen, die möglichst so beschaffen ist. Diejenige aber, deren Gründung wir nun an die Hand genommen haben, mag nach ihrer Verwirklichung der Unsterblichkeit wohl am nächsten kommen und an Wert die zweite Stelle einnehmen; die dritte werden wir dann, so Gott will, später behandeln.

(Die Gesetze 739 a – 739 e)

---

14 Es wird besprochen, wie gemäß der ersten Verfassung (verwirklicht im Zeitalter des Kronos) der zweitbeste Staat (unter Berücksichtigung empirischer Bedingungen, wie z. B. der geographischen Lage) und der drittbeste Staat (an einem bestimmten Ort unter dann bekannten Bedingungen) gedacht werden können.

Aristoteles[1]

1.

Da jeder Staat uns als eine Gemeinschaft entgegentritt und jede Gemeinschaft als eine menschliche Einrichtung, die ein bestimmtes Gut verfolgt – denn um dessentwillen, was ihnen ein Gut zu sein scheint, tun alle alles –, so erhellt, daß zwar alle Gemeinschaften nach irgendeinem Gute streben, vorzugsweise aber und nach dem allervornehmsten Gute diejenige, die die vornehmste von allen ist und alle anderen in sich schließt. Das ist aber der sogenannte Staat und die staatliche Gemeinschaft.

Die nun meinen, daß zwischen dem Leiter eines Freistaats oder eines Königreichs, einem Hausvater und einem Herrn kein wesentlicher Unterschied bestehe, haben unrecht. Sie glauben nämlich, diese verschiedenen Inhaber bestimmter Gewalten unterschieden sich je nach der großen oder kleinen Zahl, aber nicht der Art nach, so nämlich, daß wer nur wenige unter sich habe, ein Herr sei, wer ihrer mehr ein Hausvater, und wer ihrer noch mehr, Leiter eines Freistaats oder eines Königreichs, da ja zwischen einem großen Hause und einem kleinen Staate kein Unterschied sei; was aber den Leiter eines Freistaats und den eines Königreichs betreffe, so sei einer, wenn er allein und selbstherrlich vorstehe, Leiter eines Königreichs, wenn er es aber nach staatsrechtlichen Normen tue, so daß er abwechselnd befehle und gehorche, sei er Leiter eines Freistaats. Aber diese Behauptungen sind nicht richtig, und daß wir das mit Recht erklären, wird einleuchtend werden, wenn wir die Sache auf dem hier gebotenen Wege betrachten. Wie man nämlich auch bei anderen Objekten das Zusammengesetzte bis in seine nicht mehr zugesammengesetzten Teile zerlegen muß – was die Teile des Ganzen sind –, so müssen wir auch den Staat in seine Bestandteile verfolgen und werden dann auch bezüglich jener Gewalten besser einsehen, wie sie sich voneinander unterscheiden und was sich wissenschaftlich über jede einzelne von ihnen ausmachen läßt.

Die beste Anwendung dieses Verfahrens ist, wie bei anderen Gegenständen so auch hier, daß man die Dinge betrachtet, so wie sie ursprünglich entstehen und sich entwickeln.

---

1 Politik, übersetzt von Eugen Rolfes, ³Hamburg 1958. Stellenangaben unter dem Text: Buch, Kapitel und Akademie-Paginierung

Es ist also notwendig, daß sich zuerst diejenigen Individuen verbinden, die ohne einander nicht sein können, also einmal Weibliches und Männliches der Fortpflanzung wegen – und zwar nicht aus Willkür, sondern nach dem auch den anderen Sinnenwesen und den Pflanzen innewohnenden Triebe, ein anderes, ihnen gleiches Wesen zu hinterlassen –, dann zweitens von Natur Herrschendes und Beherrschtes der Erhaltung wegen. Denn was von Natur dank seinem Verstande vorzusehen vermag, ist ein von Natur Herrschendes und von Natur Gebietendes, was dagegen mit den Kräften seines Leibes das so Vorgesehene auszuführen imstande ist, das ist ein Beherrschtes und von Natur Sklavisches, weshalb sich denn die Interessen des Herrn und des Sklaven begegnen.
Weib und Sklave sind von Natur geschieden. Denn die Natur macht nichts in jener sparsamen Weise wie die Schmiede das delphische Messer[2], sondern immer je eines für eines, erhält doch jedes Werkzeug seine größte Vollendung dann, wenn es nicht zu vielen Verrichtungen dient, sondern nur zu einer. Aber bei den Barbaren stehen Weib und Sklave auf einer Stufe, was daher kommt, daß ihnen das von Natur Herrschende abgeht und sie es nur zu einer Gemeinschaft von Sklave und Sklavin bringen. Darum sagen die Dichter:
„Billig ist, daß über die Barbaren der Hellene herrscht", um damit auszudrücken, daß ein Barbar von Natur und ein Sklave dasselbe ist.
Aus diesen beiden Gemeinschaften nun entsteht zuerst das Haus, und Hesiod[3] hat mit Recht in seinem Gedichte gesagt:

„Allererst nun ein Haus und das Weib
und den pflügenden Ochsen";

denn der Ochse ersetzt dem kleinen Mann den Knecht. So ist denn die für das tägliche Zusammenleben bestehende natürliche Gemeinschaft das Haus oder die Familie; Charondas[4] nennt ihre Glieder Tischgenossen, und der Kreter Epimenides[5] nennt sie Herdgenossen.
Dagegen ist die erste Gemeinschaft, die aus mehreren Familien um eines über den Tag hinausreichenden Bedürfnisses willen entsteht,

---

2 Offenbar Messer, das vielseitig verwendbar war

3 Hesiod, um 700 v. Chr. (Werke: 'Theologie' und 'Werke und Tage'), und vor allem Homer waren, wie Xenophanes und Platon sagen, diejenigen, von denen von Anfang an die Griechen gelernt haben.

4 Gesetzgeber aus Katane (Sizilien), 6. Jahrhundert v. Chr.

5 Sühnepriester, Prophet und Wunderarzt aus Kreta, 6. Jahrhundert v. Chr.

die Dorfgemeinde. Sie wird am natürlichsten als eine Kolonie, eine Pflanzung der Familie betrachtet, und ihre Glieder werden hin und wieder Milchvettern und Kindeskinder genannt. Daher standen auch zuerst die Staaten und stehen jetzt noch die ausländischen Völker unter Königen, weil sie sich gleichsam aus Untergebenen von Königen gebildet haben, indem jede Familie von dem Ältesten wie von einem Könige beherrscht wird und so dann wegen der gemeinsamen Abstammung die gleiche Einrichtung für die ganze Sippe bestehen mußte. Diese patriarchalische Gewalt meint Homer, wenn er sagt:

„Jeder gibt das Gesetz für seine Kinder und Weiber."

Denn die Zyklopen, von denen er da redet, lebten zerstreut, und so hausten die Menschen in der Urzeit überhaupt. Ebendarum ist es auch die allgemeine Sage, daß die Götter einen König haben, weil die Menschen teils noch gegenwärtig von Königen regiert werden, teils im Altertum es wurden. Wie nämlich der Mensch die Gestalt der Götter der seinigen ähnlich denkt, so urteilt er auch über ihre Lebenseinrichtungen.

Endlich ist die aus mehreren Dorfgemeinden gebildete vollkommene Gesellschaft der Staat, eine Gemeinschaft, die gleichsam das Ziel vollendeter Selbstgenügsamkeit erreicht hat, die um des Lebens willen entstanden ist und um des vollkommenen Lebens willen besteht. Darum ist alles staatliche Gemeinwesen von Natur, wenn anders das gleiche von den ersten und ursprünglichen menschlichen Vereinen gilt. Denn der Staat verhält sich zu ihnen wie das Ziel, nach dem sie streben; das ist aber eben die Natur. Denn die Beschaffenheit, die ein jedes Ding beim Abschluß seiner Entstehung hat, nennen wir die Natur des betreffenden Dinges, sei es nun ein Mensch oder ein Pferd oder ein Haus oder was sonst immer. Auch ist der Zweck und das Ziel das Beste; nun ist aber das Selbstgenügen Ziel und Bestes.

Hieraus erhellt also, daß der Staat zu den von Natur bestehenden Dingen gehört und der Mensch von Natur ein staatliches Wesen ist, und daß jemand, der von Natur und nicht bloß zufällig außerhalb des Staates lebt, entweder schlecht ist oder besser als ein Mensch, wie auch der von Homer als ein Mann „ohne Geschlecht und Gesetz und Herd" gebrandmarkte. Denn er ist gleichzeitig von Natur ein solcher (staatsloser Mensch) und „nach dem Kriege begierig", indem er isoliert dasteht wie ein Stein im Brett.

Daß aber der Mensch mehr noch als jede Biene und jedes schwarm- oder herdenweise lebende Tier ein Vereinswesen ist, liegt amtage. Die Natur macht, wie wir sagen, nichts vergeblich. Nun ist aber einzig der Mensch unter allen animalischen Wesen mit der Sprache begabt. Die Stimme ist das Zeichen für Schmerz und Lust und darum auch den anderen Sinneswesen verliehen, indem ihre Natur so weit gelangt ist, daß sie Schmerz und Lust empfinden und beides einander zu erkennen geben. Das Wort aber oder die Sprache ist dafür da, das Nützliche und das Schädliche und so denn auch das Gerechte und das Ungerechte anzuzeigen. Denn das ist den Menschen vor den anderen Lebewesen eigen, daß sie Sinn haben für Gut und Böse, für Gerecht und Ungerecht und was dem ähnlich ist. Die Gemeinschaftlichkeit dieser Ideen aber begründet die Familie und den Staat.

Darum ist denn auch der Staat der Natur nach früher als die Familie und als der einzelne Mensch, weil das Ganze früher sein muß als der Teil. Hebt man das ganze menschliche Kompositum auf, so kann es keinen Fuß und keine Hand mehr geben, außer nur dem Namen nach, wie man etwa auch eine steinerne Hand Hand nennt; denn nach dem Tode ist sie nur mehr eine solche. Ein jedes Ding dankt nämlich die eigentümliche Bestimmtheit seiner Art den besonderen Verrichtungen und Vermögen, die es hat, und kann darum, wenn es nicht mehr die betreffende Beschaffenheit hat, auch nicht mehr als dasselbe Ding bezeichnet werden, es sei denn im Sinne bloßer Namensgleichheit.

Man sieht also, daß der Staat sowohl von Natur besteht, wie auch früher ist als der Einzelne. Denn wenn sich der Einzelne in seiner Isolierung nicht selber genügt, so muß er sich zum Staate ebenso verhalten, wie andere Teile zu dem Ganzen, dem sie angehören.

Wer aber nicht in Gemeinschaft leben kann, oder ihrer, weil er sich selbst genug ist, gar nicht bedarf, ist kein Glied des Staates und demnach entweder ein Tier oder ein Gott. Darum haben denn alle Menschen von Natur in sich den Trieb zu dieser Gemeinschaft, und der Mann, der sie zuerst errichtet hat, ist der Urheber der größten Güter. Denn wie der Mensch in seiner Vollendung das vornehmste Geschöpf ist, so ist er auch, des Gesetzes und Rechtes ledig, das schlechteste von allen. Die bewaffnete Ungerechtigkeit ist am ärgsten, und der Mensch tritt ausgestattet mit den Waffen seiner intellektuellen und moralischen Fähigkeiten ins Dasein, Waffen, die, wie sonst keine, so ganz entgegengesetzt gebraucht werden können.

Deshalb ist er ohne Moralität das ruchloseste und roheste und in bezug auf Geschlechts- und Gaumenlust das allergemeinste Geschöpf. Die Gerechtigkeit aber, der Inbegriff aller Moralität, ist ein staatliches Ding. Denn das Recht ist nichts anderes als die in der staatlichen Gemeinschaft herrschende Ordnung, und eben dieses Recht ist es auch, das über das Gerechte entscheidet.

(Politik I 1–2; 1252 a – 1253 a)

2.

Man sieht also, daß der Staat keine Gemeinschaft bloß dem Orte nach oder nur zum Schutze wider gegenseitige Beeinträchtigungen und zur Pflege des Tauschverkehrs ist, sondern daß dies zwar da sein muß, wenn ein Staat vorhanden sein soll, daß aber, auch wenn es alles da ist, noch kein Staat vorhanden ist, sondern als solcher erst zu gelten hat: die Gemeinschaft in einem guten Leben unter Häusern und Geschlechtern zum Zwecke eines vollkommenen und sich selbst genügenden Daseins. Freilich wird dieses sich da nicht finden können, wo man nicht einen und denselben Ort bewohnt und Ehebündnisse miteinander schließt, und daher entstanden in den Staaten Schwägerschaften, Kultusvereine (Phratrien), Opfergenossenschaften und gesellige Verbände. Die sind das Werk der Freundschaft; denn es ist Freundschaft, wenn man sich entschließt, zusammen zu leben.

Zweck des Staates ist also, daß man gut lebe, und jenes sind Mittel zum Zwecke. Staat aber ist die Gemeinschaft von Geschlechtern und Ortschaften in einem vollkommenen und sich selbst genügenden Dasein. Dieses aber besteht, wie wir erklären, in einem glücklichen und tugendhaften Leben. Und mithin muß man behaupten, daß die staatliche Gemeinschaft der tugendhaften Handlungen wegen besteht, und nicht des Zusammenlebens wegen. Darum haben die, die am meisten zu einer solchen Gemeinschaft beitragen, mehr Teil am Staate als die, die zwar an freier Geburt und an Geschlecht ihnen gleich oder überlegen sind, an bürgerlicher Tugend aber ungleich, oder als die, die sie zwar an Reichtum übertreffen, aber in der Tugend von ihnen übertroffen werden.

So sieht man denn aus dem Gesagten, daß alle, die über die Verfassungen nicht ins reine kommen können, nur einen Teil des Rechtes getroffen haben.

(Politik III 9; 1280 b – 1281 a)

3.

Da wir vorhaben, jene staatliche Gemeinschaft zu betrachten, die für Menschen, die möglichst nach Wunsch leben können, von allen die beste ist, so müssen wir auch auf die anderen Staatsverfassungen unser Augenmerk richten, die entweder in manchen vorgeblich gut eingerichteten Gemeinwesen tatsächlich bestehen, oder sonst etwa von einzelnen Theoretikern vorgeschlagen worden sind und gut scheinen, einmal, damit das Richtige und Brauchbare an ihnen sich zeige, dann aber auch, damit nicht, wenn wir, über sie hinausgehend, noch etwas Neues suchen, der Schein entstehe, als wollten wir damit nur unsere Weisheit zeigen, vielmehr zutage trete, daß wir lediglich wegen der mangelhaften Beschaffenheit aller dieser Verfassungen uns zu dieser Untersuchung bewogen gefunden haben.

Wir müssen mit dem beginnen, was der natürliche Anfang dieser Untersuchung ist. Notwendig haben alle Bürger entweder alles gemeinsam, oder nichts, oder einiges wohl, anderes nicht. Daß sie nichts gemeinsam haben, ist offenbar unmöglich. Der Staat ist ja eine Gemeinschaft, und man muß zuerst den Ort gemeinsam haben. Denn der Ort je eines Staates ist einer, und die Bürger sind Genossen je eines Staates. Aber ist es für einen Staat, der wohl eingerichtet sein soll, besser, daß alles gemeinsam sei, was gemeinsam sein kann, oder ist es besser, daß einiges es sei und anderes nicht? Die Bürger können ja, wie in Platos Staat, Kinder, Weiber und Besitz miteinander gemeinsam haben. Denn dort sagt Sokrates, daß Kinder, Weiber und Güter allen gemeinsam gehören müßten. Ist es nun besser, es damit so zu halten, wie es tatsächlich unter den Menschen geschieht, oder so, wie es das in der genannten Schrift aufgestellte Gesetz bestimmt?

Die allgemeine Weibergemeinschaft bringt nun nicht bloß viele Übelstände mit sich, es tritt auch offenbar das, was für Sokrates der Grund ist, diese Satzung für notwendig zu erklären, auf seinem Standpunkte nicht ein. Auch ergibt sich in bezug auf das Ziel, das ihm zufolge im Staate verwirklicht sein muß, so wie es wirklich von ihm angegeben wird, Unmögliches; welche Unterscheidung aber hier am Platze wäre, davon sagt er nichts.

Ich meine damit, daß es nach Sokrates am besten sein soll, wenn der ganze Staat möglichst einer ist, denn das nimmt er zur Voraussetzung. Es ist aber doch klar, daß der Staat je mit dem Fortschritt zu größerer Einheit mehr und mehr aufhören muß, noch ein Staat

zu sein. Er ist seiner Natur nach eine Vielheit, sowie er aber mehr und mehr zur Einheit wird, muß er statt eines Staates ein Haus und statt eines Hauses ein Individuum werden . . .
Dagegen dürfte die gegenwärtige Einrichtung, durch gute Sitten und Gesetzesverordnungen verbessert und verschönert, sehr erhebliche Vorteile bieten. Sie würde das Gute von beiden haben, vom gemeinschaftlichen Güterbesitz meine ich und vom Privatbesitz. In einem gewissen Sinne nämlich müssen die Güter wirklich gemeinsam sein, im ganzen aber Privateigentum bleiben. Wenn jeder für das Seine sorgt, werden die gegenseitigen Beschwerden wegfallen, und man wird auch mehr vor sich bringen, da jeder für seinen eigenen Vorteil arbeitet. Um der Tugend willen aber muß es mit dem Gebrauche des Eigenbesitzes nach dem Sprichworte gehen: „Freunden ist alles gemein“[6]. Schon jetzt ist hiermit an der Gesetzgebung einzelner Staaten ein Anfang gemacht, so daß man sieht, die Sache ist nicht unmöglich; und zumeist in wohleingerichteten Staaten ist in diesem Sinne manches teils schon verwirklicht, teils in der Vorbereitung begriffen. Ein jeder hat da seinen Eigenbesitz, aber manches überläßt er seinen Freunden zur Mitbenutzung, anderes benutzt er selbst als Gemeingut mit, wie z. B. in Lazedämon sich einer der Sklaven des anderen gleichsam wie seiner eigenen bedient, und ebenso seiner Pferde und Hunde, wie auch der Früchte, wenn man ihrer auf den Feldern im Lande als Wegzehrung bedarf. Man sieht also, es ist besser, daß der Besitz Privateigentum bleibt, aber durch die Benutzung gemeinsam wird. Daß aber die Bürger ihrer Gesinnung nach dahin gebracht werden, das ist die eigenste Aufgabe des Gesetzgebers.
Es ist auch mit Worten nicht zu sagen, welche eigenartige Befriedigung es gewährt, wenn man etwas sein eigen nennen kann. Sicherlich nicht umsonst hat jeder die Liebe zu sich selbst, sondern es ist uns von der Natur so eingepflanzt, und nur die Eigenliebe erfährt gerechten Tadel; sie ist aber auch nicht dasselbe mit der Selbstliebe, sondern ist übertriebene Liebe zu sich selbst, wie man auch den Habsüchtigen tadelt, obgleich doch im einzelnen jeder an seiner Habe Freude hat. Aber auch das bereitet hohe Lust, den Freunden oder Gästen oder Gefährten Gunst und Hilfe zu erweisen, was nur geschehen kann, wenn es ein Eigentum gibt. Dessen gehen nun alle die verlustig, die den Staat zu sehr zu *einem* machen, und außer-

6 Vgl. Platon, Der Staat 424a und oben S. 88

dem heben sie ganz offensichtlich die Übung zweier Tugenden auf, die Übung der Enthaltsamkeit gegen die Weiber – denn es ist wohlgetan, wenn man sich aus Selbstbeherrschung eines fremden Weibes enthält – und die Übung der Freigebigkeit in bezug auf das Vermögen. Denn eine freigebige Gesinnung kann dann nicht offenbar werden und eine Tat der Freigebigkeit es nicht geben, da die Werke dieser Tugend gerade in der Verwendung des Privateigentums bestehen.

Es ist wahr, die Gesetzgebung des Sokrates hat ein einnehmendes Gesicht und macht den Eindruck der Menschenfreundlichkeit, und wer von ihr hört, läßt sie sich gern gefallen und denkt, sie werde eine wunderbare Freundschaft aller mit allen zur Folge haben, besonders wenn man die jetzt in den Staaten bestehenden Übel der Einrichtung schuld gibt, daß der Besitz kein gemeinsamer ist, die Rechtshändel über Verträge meine ich, die gerichtlichen Erhebungen wegen falschen Zeugnisses, die Umschmeichelung der Reichen. Allein alle diese Dinge kommen nicht von der fehlenden Gütergemeinschaft, sondern von der menschlichen Schlechtigkeit, da ja doch erfahrungsgemäß solche, die etwas gemeinsam haben und nutzen, viel mehr Streit miteinander bekommen als die Inhaber von Privateigentum. Aber wir sehen diejenigen, die wegen der Gütergemeinschaft Streit bekommen, für wenige an, weil wir sie mit den vielen vergleichen, die nur Privatbesitz haben. Es wäre aber auch gerecht, nicht bloß der vielen Nachteile zu gedenken, vor denen man bei der Gemeinschaftlichkeit der Güter behütet bleibt, sondern auch der Vorteile, deren man durch sie beraubt wird und deren so viele sind, daß es ganz unmöglich erscheint, unter solchen Einrichtungen zu leben.

An dem Fehlgriff des Sokrates war, wie man annehmen muß, die falsche Voraussetzung schuld, die er machte. Freilich muß das Haus und muß der Staat in einem gewissen Sinne eins sein, aber sie dürfen es nicht ganz und gar sein. Es gibt einen Grad der Einheit, bei dem der Staat nicht mehr bestehen würde, und es gibt einen Grad, bei dem er zwar noch Staat bliebe, aber nahe daran wäre, es nicht mehr zu sein, wo er dann ein schlechter Staat würde, ähnlich wie wenn man die Symphonie zur Monotonie oder Rhythmus zum Einzeltakt machte. Nein, man muß, wie schon früher bemerkt worden, den Staat, da er eine Vielheit ist, durch die Erziehung zu einer Gemeinschaft und Einheit machen, und es ist ungereimt, daß ein Mann, der doch der Erziehung das Wort redet und durch sie den

Staat tugendhaft zu machen hofft, sich einbildet, er müsse ihm durch solche Mittel aushelfen und nicht vielmehr durch die Gewöhnung, die Philosophie und die Gesetze, wie z. B. nur durch die Gesetze, welche die gemeinsamen öffentlichen Mahlzeiten verordneten, in Lazedämon und auf Kreta eine gewisse Gütergemeinschaft zustande kam.

(Politik II 1–2, 5; 1260 b – 1261 a, 1263 a – 1263 b)

4.

Wer die beste Verfassung nach Gebühr in Betracht nehmen will, muß zuerst bestimmen, welches das begehrenswerteste Leben ist. Solange man das nicht weiß, kann man auch nicht wissen, welches die beste Verfassung ist. Denn es läßt sich annehmen, daß diejenigen, die sich der nach Umständen besten Staatseinrichtung erfreuen, auch am besten daran sind, vorausgesetzt, daß nichts Unvorhergesehenes eintritt. Man muß deshalb zuerst darüber ins reine kommen, welches sozusagen für alle das begehrenswerteste Leben ist, und dann darüber, ob es für die Gesamtheit und den einzelnen dasselbe oder ein anderes ist . . .

Jetzt stehe uns nur soviel fest, daß das beste und vollkommenste Leben, so für den Einzelnen für sich wie für die Staaten als Gemeinschaften, das Leben nach der Tugend ist, die der äußeren Mittel genug besitzt, um sich in tugendgemäßen Handlungen betätigen zu können. Mit den Vertretern anderer Meinungen aber wollen wir uns bei der gegenwärtigen Untersuchung nicht einlassen, sondern falls jemand durch das Gesagte noch nicht überzeugt sein sollte, uns später darüber auseinandersetzen . . .

Aber wenn diese Ansicht richtig und die Glückseligkeit als rechte und vollkommene Tätigkeit zu bestimmen ist, so folgt, daß das tätige Leben wie für die staatliche Gesamtheit so für den Einzelnen das Beste sein muß. Indessen braucht der Tätige sich nicht, wie manche meinen, mit anderen zu beschäftigen, und es ist nicht gesagt, daß bloß dasjenige Denken praktisch ist, bei dem man den Erfolg einer Handlung überlegt, sondern diejenigen Betrachtungen und Überlegungen beanspruchen in viel höherem Maße praktische Bedeutung und Wert, die sich selber Zweck sind und ihrer selbst wegen angestellt werden. Denn des Daseins Zweck ist Wohlbefinden und so denn auch eine gewisse in sich selbst bleibende Tätigkeit. Auch gelten uns vorzüglich diejenigen als eigentlich tätig, die

durch ihr Denken, gleichwie Baumeister, auch die äußeren Handlungen maßgebend beeinflussen und bestimmen. Und gewiß auch ganze Staaten, die bloß für sich gegründet sind und entsprechend leben wollen, brauchen darum nicht untätig zu sein. Gibt es ja doch auch eine Tätigkeit, die von Teil zu Teil geht. Denn unter den verschiedenen Gliedern eines Gemeinwesens bestehen Zusammenhänge in großer Zahl. Das gilt aber ebensogut für eine beliebige Einzelperson. Sonst wäre es kaum um Gott und Weltall wohlbestellt, die neben ihren eigenen, in sich bleibenden Tätigkeiten keine, die nach außen gingen, haben.
Daß also für den einzelnen Menschen wie für die Staaten und die Menschen im Verein dasselbe Leben das beste sein muß, liegt amtage.

(Politik VII 1, 3; 1323 a – 1323 b, 1325 b)

Epikur[1]

1.

Ich frage Platon und die Stoiker[2], weshalb die Erbauer der Welt sich plötzlich erhoben haben sollen, nachdem sie während unzähliger Äonen geschlafen haben. Denn auch wenn die Welt nicht existierte, so hat es doch Äonen gegeben; und zwar verstehe ich unter Äonen nicht jene Zeiten, die durch die Reihe der Tage und Nächte und durch die Jahresabläufe gebildet werden; denn diese konnte es in der Tat nicht geben, so lange es die Bewegung der Welt nicht gab. Aber es gab doch vom Unbegrenzten her eine Ewigkeit, die sich nicht nach bestimmten Zeiten abmaß; welchen Raum sie umfaßte, läßt sich daraus entnehmen, daß man nicht einmal ausdenken kann, es habe bestimmte Zeiten gegeben, während es überhaupt noch keine Zeit gab. Ich frage nun, weshalb in jenem unge-

1 Von der Überwindung der Furcht, eingeleitet und übertragen von Olof Gigon, Zürich 1949

2 Philosophenschule des Zenon von Kition, gegründet um 310 v. Chr. in Athen. Zenons Nachfolger waren Kleanthes und Chrysippos. Die Stoiker lehrten in ihrer Kosmologie, daß die Welt von der alles durchdringenden Vernunft erfüllt sei und daß die Welt und die Gottheit als das Vollkommene die vollkommenste Gestalt, die Kugelgestalt, besäßen.

heuren Raume eure Vorsehung geruht habe. Scheute sie die Arbeit? Aber das ist Gottes unwürdig, und es gab auch gar keine Arbeit, da doch alle Naturen: Himmel, Feuer, Erde, Meer dem göttlichen Walten gehorchen.

Andererseits, aus welchem Grunde hätte Gott plötzlich das Verlangen haben sollen, wie ein Ädil [3] die Welt mit Bildern und Lichtern auszuschmücken? Wenn sich Gott damit selbst eine schönere Wohnung schaffen wollte, dann hatte er offenbar vorher während einer unbegrenzten Zeit in der Finsternis wie in einem Keller gewohnt. Ferner: Sollen wir glauben, er erfreue sich an der bunten Vielfalt, mit der wir Himmel und Erde geschmückt sehen? Was soll das für ein Vergnügen für einen Gott sein? Wenn es wirklich eines wäre, dann hätte er nicht so lange darauf verzichten können.

Oder ist etwa das Alles, wie ihr nahezu sagt, von Gott um der Menschen willen eingerichtet worden? Um der Weisen willen? Für ganz wenige also ist dieser ungeheure Aufwand veranstaltet worden. Oder um der Toren willen? Aber erstens bestand für Gott kein Anlaß, sich um die Toren verdient zu machen. Zweitens, was hat er dabei erreicht, da alle Toren ohne jeden Zweifel unglückselig sind, vor allem weil sie Toren sind (denn etwas Unglückseligeres als die Torheit können wir uns nicht vorstellen) und sodann, weil es so viele Mühsale im Leben gibt, daß die Weisen sie zwar durch den Ausgleich mit den Annehmlichkeiten mildern können, die Toren aber sie weder vermeiden können, wenn sie herankommen, noch sie tragen können, wenn sie da sind.

Jene endlich, die gelehrt haben, die Welt selbst sei beseelt und vernuftbegabt, haben niemals beachtet, was für eine Gestalt die Natur der vernüftigen Seele annehmen kann. Darüber hier nur dies: Ich staune über die Einfältigkeit jener, die ein unsterbliches und glückseliges Lebewesen für kugelförmig halten, da Platon dies für die schönste Gestalt erklärt. Aber mir scheint die Gestalt des Zylinders, des Würfels, des Konus oder der Pyramide schöner. Und was soll dieser kugelförmige Gott für ein Leben haben? Offenbar dieses, daß er sich mit einer unvorstellbaren Geschwindigkeit dreht. Ich sehe nicht, wie dabei ein beharrender Geist und ein glückseliges Leben möglich sein soll. Ferner: muß nicht das, was für unseren

3 Hoher römischer Beamter, auf dessen Aufgabe als Ausrichter der öffentlichen Spiele hier angespielt wird; er war ebenfalls für die Lebensmittelversorgung und die öffentliche Ordnung zuständig.

Körper lästig ist, wenn es sich auch nur an einem winzigen Gliede zeigt, bei der Gottheit ebenso lästig sein? Wenn die Erde ein Teil der Welt ist, so ist sie auch ein Teil Gottes. Wir sehen aber, daß die größten Teile der Erde unbewohnbar und unbebaubar sind, die einen, weil sie durch die Nähe der Sonne verbrennen, die anderen weil sie infolge des Abstandes der Sonne in Schnee und Frost erstarren. Wenn nun die Welt Gott ist und es sich um Teile der Welt handelt, so sind offenbar die Teile der Gottheit teils am Verbrennen teils am Erfrieren.

(Fragment 47, S. 71–72)

2.

Die natürliche Gerechtigkeit ist eine Abmachung über das Zuträgliche, um einander gegenseitig weder zu schädigen noch sich schädigen zu lassen.

Für alle jene Lebewesen, die keine Verträge darüber schließen konnten, einander gegenseitig weder zu schädigen noch sich schädigen zu lassen, gibt es keine Gerechtigkeit und Ungerechtigkeit. Ebenso auch bei den Völkern, die Verträge, einander gegenseitig weder zu schädigen noch sich schädigen zu lassen, entweder nicht schließen konnten oder nicht wollten.

Es gibt keine Gerechtigkeit an und für sich, sondern sie ist ein im gegenseitigen Verkehr an den beliebigsten Orten und Zeiten geschlossener Vertrag, einander gegenseitig weder zu schädigen noch sich schädigen zu lassen.

Die Ungerechtigkeit ist nicht ein Übel an sich, sondern nur durch die mißtrauische Angst, es möchte nicht gelingen, den dazu bestellten Richtern verborgen zu bleiben.

Im Bezug auf das Gemeinwesen ist die Gerechtigkeit für alle dasselbe; denn sie ist ja das Zuträgliche in der gegenseitigen Gemeinschaft. Dagegen ergibt sich je nach den Verschiedenheiten des Landes und der sonstigen Bedingungen nicht für alle dasselbe als gerecht.

(Katechismus 31–34, 36, S. 7–8)

Befreien muß man sich aus dem Gefängnis der Geschäfte und der Politik.

(Spruchsammlung S. 55)

Der Weise wird sich nicht an der Politik beteiligen und nicht Herrscher sein wollen.

(Fragment 1, S. 58)

Marcus Tullius Cicero[1]

1.

„Es ist also", sagte Africanus[2], „das Gemeinwesen die Sache des Volkes, ein Volk aber nicht jede irgendwie zusammengescharte Ansammlung von Menschen, sondern die Ansammlung einer Menge, die in der Anerkennung des Rechtes und der Gemeinsamkeit des Nutzens vereinigt ist. Ihr erster Beweggrund aber zusammenzukommen, ist nicht so sehr die Schwäche als eine sozusagen natürliche Geselligkeit der Menschen; ist doch diese Gattung nicht einzellebend und einzelgängerisch.

Denn gäbe es im Menschen nicht zur Gerechtigkeit bestimmte Samen sozusagen, würde man weder irgendeine Entwicklung der übrigen Tugenden noch des Gemeinwesens selbst finden. Diese Versammlungen also, aus dem dargelegten Grunde gebildet, setzten zum ersten an einem bestimmten Ort ihren Wohnsitz fest, ihrer Behausungen wegen. Hatten sie diesen durch günstige Lage und der Hände Werk geschützt, nannten sie eine solche Vereinigung von Wohnstätten eine Burg oder eine Stadt, wenn sie mit Heiligtümern und öffentlichen Plätzen geschmückt war.

Jedes Volk also, das eine Ansammlung einer solchen Menge ist, wie ich sie darlegte, jede Bürgerschaft, die eine Ordnung des Volkes darstellt, jedes Gemeinwesen, das, wie ich sagte, die Sache des Volkes ist, muß durch vernüftiges Planen gelenkt werden, damit es dauernd ist. Dieses vernüftige Planen ist zum ersten immer auf die Ursachen zu beziehen, die den Staat hervorgebracht haben. Dann ist es entweder einem zu übertragen oder einigen Auserwählten, oder die Menge oder alle müssen es übernehmen."

(I 39, 41–42)

---

1 Vom Gemeinwesen, lateinisch und deutsch, eingeleitet und übertragen von Karl Büchner, ² Zürich 1960

2 In dem Dialog 'Vom Gemeinwesen' diskutieren führende römische Politiker und Juristen während der römischen Staatsfeiertage über den Staat. Hauptgesprächsführer (ähnlich dem Sokrates bei Platon) ist Publius Cornelius Scipio der Jüngere, hier als 'Africanus' bezeichnet. Diesen Ehrennamen erhielten er wie schon der ältere Scipio wegen ihrer Siege im 2. und 3. Punischen Krieg. Der Scipionenkreis führte griechische Wissenschaft und Kunst in Rom ein.

2.

Aber nicht nach *dem* Gesetz hat uns die Heimat gezeugt oder aufgezogen, daß sie kein Ziehgeld gleichsam von uns erwartete und nur selber unserem Vorteil dienend eine sichere Zuflucht für unsere Ruhe zur Verfügung stellt und einen ungestörten Platz zum Ausruhen, sondern daß sie die meisten und größten Teile unseres Geistes, unserer Anlage, unserer Einsicht selbst sich zu ihrem Nutzen ausbedang und uns nur soviel zu unserem eigenen Gebrauch überließ, wie ihr selber entbehrlich sein könnte.

(I 8)

3.

„Es ist aber das wahre Gesetz die richtige Vernunft, die mit der Natur in Einklang steht, sich in alle ergießt, in sich konsequent, ewig ist, die durch Befehle zur Pflicht ruft, durch Verbieten von Täuschung abschreckt, die indessen den Rechtschaffenen nicht vergebens befiehlt oder verbietet, Ruchlose aber durch Geheiß und Verbot nicht bewegt. Diesem Gesetz etwas von seiner Gültigkeit zu nehmen, ist Frevel, ihm irgend etwas abzudingen, unmöglich, und es kann ebensowenig als Ganzes außer Kraft gesetzt werden. Wir können aber auch nicht durch den Senat oder das Volk von diesem Gesetz gelöst werden, es braucht als Erklärer und Deuter nicht Sextus Aelius[3] geholt werden, noch wird in Rom ein anderes Gesetz sein, ein anderes in Athen, ein anderes jetzt, ein anderes später, sondern alle Völker und zu aller Zeit wird ein einziges, ewiges und unveränderliches Gesetz beherrschen und einer wird der gemeinsame Meister gleichsam und Herrscher aller sein: Gott! Er ist der Erfinder dieses Gesetzes, sein Schiedsrichter, sein Antragsteller, wer ihm nicht gehorcht, wird sich selber fliehen und das Wesen des Menschen verleugnend wird er gerade dadurch die schwersten Strafen büßen, auch wenn er den übrigen Strafen, die man dafür hält, entgeht.“

(III 33)

---

3 Konsul 198 v. Chr., berühmter Rechtsgelehrter

4.

„Sitte und Männer von alter Art bauen römische Macht auf", diesen Vers scheint mir jener[4] sowohl der Kürze nach als wegen seiner Wahrheit wie aus einem Orakel verkündet zu haben. Denn weder die Männer, wenn nicht der Staat diese Gesittung besessen hätte, noch die Gesittung, wenn diese Männer nicht an der Spitze gestanden hätten, hätten ein so gewaltiges und so weit und breit herrschendes Gemeinwesen zu gründen oder so lange zu halten vermocht. Daher hat vor unserer Zeit die ererbte Sitte selber überragende Männer herangezogen, und die hervorragenden Männer haben die alte Sitte und die Einrichtungen der Vorfahren festgehalten. Unsere Zeit aber hat, als sie das Gemeinwesen wie ein kostbares, aber infolge des Alters verblassendes Gemälde empfangen hatte, nicht nur versäumt, es in den Farben, wie es gewesen, zu erneuern, sondern hat sich nicht einmal darum gekümmert, wenigstens seine Form und die Linien der Umrisse sozusagen zu erhalten. Was bleibt denn noch von den alten Sitten, auf denen, wie jener sagte, die römische Sache stehe? Wir sehen, daß sie so durch Vergessen abgekommen sind, daß sie nicht nur nicht mehr in Ehren gehalten, sondern überhaupt nicht mehr gewußt werden. Denn was soll ich von den Männern sagen? Sind doch die Sitten selbst aus Mangel an Männern zugrunde gegangen. Für dieses so schlimme Übel müssen wir nicht nur Rechenschaft ablegen, sondern uns auch wie auf Tod und Leben Angeklagte in gewisser Weise verteidigen. Durch unsere Fehler nämlich, nicht durch irgendein Unglück halten wir das Gemeinwesen zwar dem Worte nach fest, haben es in Wirklichkeit aber längst verloren.

(V 1–2)

---

4 Quintus Ennius, frühester römischer Dichter, Verfasser der 'Annales' (Jahrbücher), aus denen der zitierte Vers stammt. In den 'Annales' behandelt er die römische Geschichte von den Ursprüngen bis zu seiner Gegenwart.

Lucius Annaeus Seneca[1]

1.

In dieser Sache[2] sind zwei Hauptschulen miteinander uneins, die der Epikureer und der Stoiker[3]; aber jede weist uns, nur auf einem andern Weg, zur Muße. – Epikur sagt: ,,der Weise läßt sich mit dem Staatswesen nicht ein, wenn nicht besondere Umstände vorwalten.“ Zeno sagt: ,,er wird sich in Staatsgeschäfte einlassen, wenn nicht Hindernisse eintreten.“ Der eine will Muße aus Grundsatz, der andere nach Umständen. Diese Umstände aber haben ein sehr weites Feld. Ist der Staat zu verdorben, als daß ihm aufgeholfen werden könnte, haben sich die Schlechten darin hervorgedrängt, so wird der Weise sich nicht in vergeblichen Bemühungen anstrengen; er wird sich nicht aufopfern, wo er nichts nützen kann, wenn er nicht genug Ansehen oder Kraft hat. Er ist auch für die Wirksamkeit im Staatswesen nicht geeignet, hindern ihn seine Gesundheitsverhältnisse. Gleichwie er ein leckes Schiff nicht über den Stapel laufen und als ein gebrechlicher Mann sich nicht in die Kriegerliste einschreiben ließe, so wird er sich auf eine Lebenstätigkeit nicht einlassen, von der er überzeugt ist, daß sie sich für ihn nicht eignet. Und so kann er sich denn auch, wenn ihm noch alles unversehrt ist und bevor er irgendeinen Sturm bestanden, aufs Sichere stellen und alsbald sich neuen Bestrebungen widmen und sich jene beglückende Muße zu eigen machen, ein Verehrer der Tugenden, die auch beim ruhigsten Leben geübt werden können. Das nämlich ist die Forderung, die an den Menschen ergeht, daß er, womöglich, vielen Menschen nütze; geht es nicht an, wenigen; geht es nicht an, seinen Nächsten; ist es auch nicht möglich, sich selbst. Wenn er sich nämlich den andern nützlich macht, so betreibt er die Angelegenheiten des Ganzen. Wer sich verschlechtert, schadet nicht nur sich selbst, sondern auch allen, denen er, wäre er besser geworden, hätte nützlich sein können: so wenn einer sich um sich selbst wohl verdient macht, ist er gerade dadurch andern nützlich, daß er sich geschickt macht, ihnen nützen zu können.

---

1 Von der Muße, hrsg. von Alexander von Gleichen-Rußwurm, (Deutsche Bibliothek) Berlin o. J.

2 In der Frage, ob man sich politisch betätigen oder zurückgezogen von der Politik in Muße leben solle

3 Vgl. oben S. 98

Denken wir uns zwei Republiken[4]: eine, groß und in Wahrheit allgemein, Götter und Menschen umfassend, bei der wir nicht auf diese oder jene Hufe Landes schauen, sondern unsers Staates Grenzen ausdehnen, soweit die Sonne leuchtet; die andere, in die uns das Schicksal der Geburt als Bürger aufgenommen, sei diese nun die Republik von Athen oder von Karthago oder von irgendeiner anderen Stadt, der nicht alle Menschen angehören, sondern nur bestimmte. Einige widmen sich zu derselben Zeit beiden Republiken, der großen und der kleinen; einige nur der kleinen, einige nur der großen. Dieser großen Republik können wir auch in der Zurückgezogenheit von Geschäften dienen, ja ich denke wohl, in diesem Falle besser, um inne zu werden, was Tugend sei und ob es nur eine gebe oder mehrere? ob Natur oder Wissenschaft die Menschen tugendhaft mache? ob es eines sei, das den Inbegriff von Meeren und Ländern und was in den Meeren und Ländern ist, ausmache, oder ob die Gottheit viele solcher Weltkörper umhergestreut habe? ob die Materie, aus der sich alles erzeugt, durchaus zusammenhängend und ausgefüllt sei, oder ob sie Unterbrechungen habe und mit den festen Bestandteilen leerer Raum abwechsle? ob die Gottheit dasitze und ihr Werk anschaue, oder ob sie es in Bewegung setze? ob sie von außen um dasselbe herschwebe oder ob sie im Ganzen inwendig verbreitet sei? ob die Welt unvergänglich, oder ob sie unter das Hinfällige und Zeitliche zu rechnen sei? Wer solche Betrachtungen anstellt, was leistet er der Gottheit? daß ihre gewaltigen Werke nicht ohne Zeugen sind. Wir pflegen zu sagen, das höchste Gut sei naturgemäß zu leben; die Natur hat uns fürs eine wie fürs andere geboren, sowohl fürs Betrachten als fürs Handeln.

(III 2 – IV 2)

2.

Hierzu nimm noch, daß man dem Grundsatze des Chrysippus zufolge in Muße leben kann, nicht nur, daß er sich die Muße gefallen läßt, sondern daß er sie erwählt. Die Behauptung der Unsrigen lautet nicht, der Weise werde sich auf jedes Staatswesen einlassen. Was liegt nun aber daran, auf welche Art der Weise zur Muße kommt: ob darum, weil kein Staatswesen für ihn, oder weil er für das Staatswesen nicht da ist? Wenn aber das Staatswesen in jeder

4 Republik im Sinne von res publica – Gemeinwesen

Hinsicht nicht für ihn da ist, – es wird aber immer nicht da sein, da wir in unsern Forderungen schwer zu befriedigen sind, – so frage ich, mit welchem Staate sich der Weise einlassen werde? Mit dem der Athener, wo Sokrates verurteilt wird, und Aristoteles, um nicht verurteilt zu werden, die Flucht ergreift? wo Eifersucht die Tugenden nicht aufkommen läßt? Du wirst mir nicht behaupten wollen, daß sich der Weise mit diesem Staat einlassen werde. – Er wird also wohl sich an den karthagischen Staat wenden, wo ewiger Aufruhr herrscht, wo den Trefflichsten ihr Freiheitssinn gefährlich wird, wo Billigkeit und Recht nichts gilt, wo unmenschliche Grausamkeit gegen Feinde, und gegen die eigenen Bürger Feindseligkeit waltet? – Auch diesen Staat wird er meiden. Wollte ich auch einen nach dem andern herzählen, ich würde keinen finden, dem der Weise, oder der dem Weisen recht wäre. Läßt sich nun aber der Staat, den wir uns denken, nicht finden: so tritt der Fall ein, daß die Zurückziehung von Staatsgeschäften durchaus notwendig ist, weil das, was einzig der Muße vorgezogen werden könnte, nirgendwo vorhanden ist.

(VIII 1–3)

Aurelius Augustinus[1]

1.

Zwei Lieben sind es, die die beiden Staaten schufen: die Selbstliebe bis zur Gottesverachtung schuf den irdischen, die Gottesliebe bis zur Selbstverachtung schuf den himmlischen Staat. Demnach rühmt sich der eine in sich selbst, der andre im Herrn. Jener sucht den Ruhm bei den Menschen, diesem ist Gott als Zeuge des Gewissens höchster Ruhm. Jener erhebt sein Haupt im eigenen Ruhm, dieser sagt zu seinem Gott: „Du bist mein Ruhm, der du mein Haupt erhebst“ (Ps 3, 4). Jenen beherrscht in seinen Fürsten und in den Völkern, die er unterjocht, die Herrschbegierde, in diesem dienen sich in gegenseitiger Liebe die Vorgesetzten durch sorgsamen Rat,

1 Der Gottesstaat, Werke in deutscher Sprache, hrsg. von Carl Johann Perl, München – Paderborn – Wien 1979. Stellenangaben unter dem Text: Buch und Kapitel

die Untergebenen durch Gehorsam. Jener liebt in seinen Machthabern seine Stärke, dieser spricht zu seinem Gott: „Ich liebe dich, o Herr, du meine Stärke“ (Ps 17, 2). Und deshalb haben in jenem seine Weisen, die nach dem Menschen leben, immer nur nach den Gütern des Leibes oder des Geistes oder nach beiden gestrebt, und wenn sie Gott erkennen konnten, „haben sie ihn doch nicht als Gott geehrt, noch ihm gedankt, sondern sind töricht geworden“, sie überhoben sich in ihrer Weisheit, die vom Stolz beherrscht war, „und sind Toren geworden. Und sie vertauschten die Herrlichkeit des unvergänglichen Gottes mit den Bildern von vergänglichen Menschen, Vögeln, Vierfüßern und Kriechtieren“ und leiteten die Völker zur Anbetung solcher Art von Götzenbildern an oder folgten ihnen darin nach „und verehrten und dienten dem Geschöpf mehr als dem Schöpfer, der der Gepriesene ist in Ewigkeit“ (Röm 1, 21–25). Im andern Staat jedoch gibt es keine Weisheit des Menschen als die Frömmigkeit, mit der auf rechte Weise der wahre Gott verehrt wird; und sie erwartet in der Gemeinschaft der Heiligen, der Menschen sowohl als auch der Engel, „daß Gott sei alles in allem“ (I Kor 15, 28).

(XIV 28)

2.

Ein Haus mit Menschen, die nicht aus dem Glauben leben, sucht den irdischen Frieden aus den Dingen und Vorteilen dieses zeitlichen Lebens zu gewinnen. Ein Haus hingegen, dessen Menschen aus dem Glauben leben, erwartet die Güter, die in der Zukunft als ewige verheißen sind, und gebraucht die irdischen und zeitlichen Dinge wie ein vorübergehender Fremdling, läßt sich nicht von ihnen fesseln, nicht vom Streben nach Gott abbringen, sondern läßt sich durch sie unterstützen, um die Lasten des vergänglichen Leibes, „der die Seele beschwert“ (Weish 9, 15), leichter zu ertragen und sie möglichst zu vermindern. Deshalb ist der Gebrauch der für dieses sterbliche Leben nötigen Dinge beiden Arten von Menschen, beiden Häusern oder Familien gemeinsam, aber der Zweck des Gebrauches ist bei beiden ein eigener und sehr verschieden. Ebenso strebt der irdische Staat, der nicht aus dem Glauben lebt, nach irdischem Frieden und festigt in ihm die Eintracht der Bürger in bezug auf Befehlen und Gehorchen, damit unter ihnen eine gewisse Willensübereinstimmung über die zum sterblichen Leben gehören-

den Dinge sei. Der himmlische Staat aber, oder genauer der Teil von ihm, der in der sterblichen Welt als Pilger wandelt und aus dem Glauben lebt, muß sich ebenfalls dieses Friedens bedienen, solange er nicht über diese Sterblichkeit hinauswächst, die diese Art von Frieden nötig hat. Während er neben dem irdischen Staat sozusagen das Gefangenenleben seiner Pilgerschaft verbringt und bereits die Verheißung der Erlösung und die Gabe des Geistes als Unterpfand empfangen hat, zögert er dennoch nicht, den Gesetzen des Weltstaates zu gehorchen, durch die all das geregelt wird, was für die Erhaltung des sterblichen Lebens von Vorteil ist. Da die Sterblichkeit selbst beiden Staaten gemeinsam ist, wird auch die Eintracht unter beiden in bezug auf die Dinge, die zu dieser Sterblichkeit gehören, auf gleiche Art beobachtet werden . . .
Während also dieser himmlische Staat auf Erden als Fremdling weilt, beruft er Bürger aus allen Völkern und sammelt seine Pilgerschar aus allen Sprachen, unbekümmert um den Unterschied in Sitten, Gesetzen und Einrichtungen, wodurch der irdische Friede zusammengebracht oder aufrechterhalten wird; nichts von alledem hebt er auf oder zerstört es, im Gegenteil, er erhält und befolgt es, mag es auch noch so verschieden bei den verschiedenen Nationen sein, wenn es nur zum gleichen Ziel des irdischen Friedens hinstrebt und nicht die Religion behindert, die da lehrt, daß nur der eine höchste wahre Gott zu verehren ist. Es bedient sich also auch der himmlische Staat auf seiner Pilgerschaft des irdischen Friedens und erstrebt und schützt die menschliche Willensübereinstimmung in den zur sterblichen Natur des Menschen gehörenden Dingen, so weit es der Schutz der Frömmigkeit und Religion zuläßt, und bringt so den irdischen Frieden in Beziehung zum himmlischen. Der ist ja erst der wirkliche Friede, zumindest kann nur er als der alleinige Friede des vernunftbegabten Geschöpfes gelten und genannt werden, weil sich in ihm die geordnete und einträchtigste Gemeinschaft des Gottgenießens und des Genießens untereinander in Gott vereinigt. Wenn es erst so weit ist, gibt es kein sterbliches Leben mehr, sondern ein gänzlich sicheres lebendes Leben, nicht mehr den animalischen Leib, der, während er der Verderbnis entgegengeht, die Seele beschwert, sondern den geistigen, der keine Notdurft kennt und sich aus jedem seiner Teile ganz dem Willen unterwirft. Diesen Frieden hat unser Staat, während er im Glauben pilgert, und aus diesem Glauben lebt er rechtschaffen, wenn er alles, was er an guten Handlungen Gott und dem Nächsten gegen-

über unternimmt, in Beziehung zu diesem zu erlangenden Frieden setzt, da ja das Leben eines Staates in jedem Fall auf Gemeinschaft beruht.

(XIX 17)

3.

So wollen wir die Gewalt zur Verleihung von Macht und Herrschaft einzig und allein dem wahren Gotte zuschreiben, der die Glückseligkeit im Himmelreich nur den Frommen schenkt, die irdische Herrschaft aber Frommen und Unfrommen, so wie es ihm gefällt, dem nichts mit Unrecht gefällt. Obwohl wir damit etwas sagen, was Gott uns deutlich machen wollte, ist es trotzdem zu hoch für uns, denn das Verborgene in den Menschen zu enthüllen und Verdienste von Regierungen zuverlässig zu prüfen und zu beurteilen, übersteigt bei weitem unsere Kräfte. Jener eine wahre Gott also, der weder mit seinem Gericht noch mit seinem Beistand das Menschengeschlecht außer acht läßt, verlieh den Römern just zu dem Zeitpunkt und in dem Umfang, wie es sein Wille bestimmte, die Herrschaft. Er hat sie einst den Assyrern verliehen, so wie auch den Persern, die, wie ihre Bücher offenbaren, nur zwei Götter anbeten, einen guten und einen bösen; zu schweigen vom Volke der Hebräer, über das ich bereits das Nötigste gesagt zu haben glaube, das neben dem einen Gott keinen verehrt hat und auch einst eine Herrschaft besaß. Und er hat den Persern ihre Saaten gegeben ohne den Kult einer Göttin Segetia, und andere Erdengüter ohne Verehrung der vielen Gottheiten, wie sie bei den Römern einzeln für jedes Ding und manchmal auch mehrere für ein einzelnes Ding zur Auswahl standen. Und er war es auch, der die Herrschaft verliehen hat ohne den Kult all der Götter, durch den die Römer geherrscht zu haben glaubten. Und ebenso gab er Herrschgewalt einzelnen Menschen: dem Marius wie auch dem Gaius Cäsar, dem Augustus wie auch dem Nero, den überaus milden Kaisern Vespasian Vater und Sohn, wie auch dem ungeheuer grausamen Domitian; und um sie nicht alle der Reihe nach aufzählen zu müssen: dem Christen Konstantin wie auch dem Abtrünnigen Julian, der seine auserlesene Begabung aus Herrschsucht durch seine gotteslästerliche und fluchwürdige Neugier vergessen machte. Sie hat ihn so den eitlen Orakelsprüchen unterworfen, daß er im Vertrauen auf den in Aussicht gestellten Sieg die Schiffe mit dem nötigsten Proviant in Brand steckte; mit hitzigem Eifer stürzte er sich hierauf in ein Wagnis nach dem andern und fand bald darauf als gerechten Lohn für seine Unbesonnenheit den Tod. Das darbende Heer ließ er im Feindesland zurück; es konnte nur dadurch entkommen, weil gegen das Vorzeichen des Gottes Terminus[2], über das wir im vorigen Buch gesprochen haben, die Grenzen Roms verlegt wurden. Damals mußte derselbe Gott dem Notstand weichen, der dem Jupiter nicht gewichen war. Das alles lenkt und leitet ganz der eine wahre Gott, so wie es ihm gefällt. Und wenn uns seine Gründe verborgen bleiben, sind sie dann etwa ungerecht?

(V 21)

4.

Was sind schließlich Reiche ohne Gerechtigkeit andres als große Räuberbanden, da doch Räuberbanden auch nichts andres sind als kleine Reiche? Sie sind eben eine Schar von Menschen, geleitet vom Willen eines Führers, die durch einen Gesellschaftsvertrag zusammengehalten werden und die Beute nach einem Gesetz der Übereinkunft verteilen. Wächst solch eine üble Bande durch den Beitritt verworfener Menschen derart an, daß sie Gebiete besetzt, Niederlassungen gründet, Staaten erobert und Völker unterwirft, dann legt sie sich ganz unverhüllt den Namen „Reich" bei, den ihr die Öffentlichkeit deshalb um so lieber zugesteht, weil ihr auf solche Weise ihre Habgier nicht verwehrt wird, sondern sich nur die Straflosigkeit erhöht. Darum war auch die Antwort fein und wahr, die ein ertappter Seeräuber jenem großen Alexander gab: Der König fragte, wie er denn dazu käme, das Meer unsicher zu machen. Da sagte der Mann in seinem freimütigen Stolz: „Machst du es mit dem Erdkreis anders? Ich freilich mit meinem winzigen Schiff werde Räuber genannt, aber dich mit der großen Flotte nennen sie den siegreichen Feldherrn."

(IV 4)

5.

Wie groß wird diese Seligkeit sein, in der es kein Übel mehr geben, kein Gut verborgen bleiben wird und jeder sich dem Lobpreis Gottes widmen wird, der alles in allem sein wird! Denn was sonst noch andres dort geschehen soll, wo wir nicht in Trägheit ruhen und nicht aus irgendeiner Not zu arbeiten haben werden, weiß ich nicht. Daran gemahnt mich auch das heilige Lied, in dem ich lese

---

2 Gott der Grenzen

oder das ich höre: „Selig, die in deinem Hause wohnen Herr, sie preisen dich in alle Ewigkeiten“ (Ps 83, 5). Alle Glieder des unvergänglichen Leibes und ebenso alle seine inneren Organe, die hier auf Erden ihren bestimmten Zwecken und Bedürfnissen zu dienen haben, werden einzig den Lobpreisungen Gottes dienen, denn dort wird keinerlei Bedürfnis mehr bestehen, sondern volle, gewisse, sichere und immerwährende Seligkeit. Alle jetzt noch verborgenen harmonischen Maßverhältnisse, von denen ich schon gesprochen habe, werden, ob innerlich oder äußerlich über den ganzen Körper verteilt, nicht mehr verborgen sein. Und mit all den übrigen Dingen, die in ihrer wundervollen Größe zur Erscheinung gelangen werden, werden die vernünftigen Geister, aus Entzücken über diese vernunftmäßige Schönheit entflammt, in das Lob des großen Künstlers einstimmen. Ich wage nicht anzugeben, welche Bewegungen diesen Körpern dereinst möglich sein werden, weil ich es mir nicht ausdenken kann. Doch werden Bewegung und Haltung so wie die Erscheinung selbst in jeder Weise wohlgestaltet sein, da es nichts Unangemessenes geben wird. Sicher ist, daß der Leib, sobald der Geist es will, sofort zur Stelle sein wird, und der Geist wird nichts wollen, was dem Geiste oder dem Leibe nicht angemessen sein könnte. Dort wird denn auch der wahre Ruhm sein, wo keiner aus Irrtum oder aus Schmeichelei gepriesen sein wird. Dort wird die wahre Ehre sein, die keinem Würdigen versagt, keinem Unwürdigen dargebracht wird; und es wird sich auch kein Unwürdiger um sie bemühen, weil keiner zugelassen wird, der nicht würdig ist. Und schließlich wird dort auch der wahre Friede sein, weil keiner von sich selbst oder von einem andern wird Widriges zu erdulden haben. Gott wird der Lohn der Tugend sein, er, der die Tugend verliehen und sich selbst als Lohn ihr verheißen hat, das Beste und Größte, was er geben kann. Denn was ist es andres, was er durch den Propheten gesagt hat: „Ich werde ihr Gott sein und sie sollen mein Volk sein“ (Lev 26,12), wenn nicht: Ich werde das sein, woran sie sich sättigen, ich werde alles das sein, was die Menschen rechtmäßig verlangen können: Leben, Gesundheit, Nahrung, Reichtum, Ruhm, Ehre, Friede und jegliches Gut? So nämlich wird auch das richtig verstanden, was der Apostel sagt: „Auf daß Gott alles in allem sei“ (I Kor 15,28). Er wird das Endziel unsres Sehnens sein, er, der ohne Ende geschaut, ohne Überdruß geliebt und ohne Ermüden gepriesen werden wird. Dieses Geschenk, diese Regung und diese Tätigkeit werden zusammen mit dem ewigen Leben in der Tat allen gemeinsam sein.

Wie sich im übrigen die Grade von Ehre und Ruhm dereinst auf die verdienten Belohnungen verteilen werden, ist wohl kaum jemand imstande sich auszudenken, geschweige denn, darüber zu sprechen. Und trotzdem ist nicht daran zu zweifeln, daß es Abstufungen geben wird. Und auch das wird dieser selige Staat als großes Gut erleben, daß in ihm kein Geringerer einen Höheren beneiden wird, so wie auch jetzt die Erzengel nicht von den übrigen Engeln beneidet werden. Keiner wird sein wollen, was ihm nicht gegeben ist, er wird vielmehr in friedlichster Eintracht mit dem, dem es gegeben ist, verbunden sein, gleichwie auch am Leibe das Auge nicht sein will, was der Finger ist, da beide ja als Glieder zu der befriedeten Gesamtheit des ganzen Leibes gehören. Und wenn der eine auch ein geringeres Geschenk hat als der andre, wird ihm doch das Geschenk zuteil werden, daß er nicht mehr bekommen will . . .

Selbst auch die Zahl der Weltalter, gewissermaßen der Welttage, erscheint ganz deutlich, wenn wir die Zeitabschnitte nach dem Bericht der Schrift verfolgen, in dieser Sabbatfeier, die den siebenten Tag darstellt. So wie das erste Weltalter von Adam bis zur Sündflut den ersten Tag darstellt, so reicht das zweite von da bis Abraham, zwar nicht an Zeitdauer, aber nach der Zahl der Geschlechter, die bei beiden zehn betragen soll. Von da an folgen die vom Apostel Matthäus begrenzten drei Weltalter bis zur Ankunft Christi, und jedes entfaltet sich in vierzehn Generationen: das eine von Abraham bis David, das zweite von da bis zum Auszug nach Babylonien, das dritte bis zur Geburt Christi im Fleische. Das macht zusammen fünf. Das sechste läuft jetzt ohne Messung einer Zahl von Generationen, weil geschrieben steht: „Es steht euch nicht zu, die Zeiten zu wissen, die der Vater in seiner Macht festgesetzt hat“ (Apg 1, 7). Danach wird Gott, gleichsam am siebenten Tage, ruhen, indem er diesen siebenten Tag, der wir sein werden, in sich, in Gott selbst wird zur Ruhe bringen. Von diesen Zeitaltern jetzt im einzelnen sorgfältig zu reden, würde zu weit führen: dieses siebente jedenfalls wird unser Sabbat sein. Sein Ende wird kein Abend sein, sondern der Herrentag als achter ewiger Tag, der durch Christi Auferstehung geheiligt ist, die nicht nur die ewige Ruhe des Geistes, sondern auch des Leibes vorausgebildet hat. Da werden wir feiern und schauen, schauen und lieben, lieben und preisen. Siehe, das wird das Endziel ohne Ende sein. Denn was ist andres unser Ziel, als zu dem Reiche hinzugelangen, das kein Ende hat?

(XXII 30)

Thomas von Aquin[1]

1.

Als ich darüber nachdachte, was ich etwa darbringen könnte, damit es Eurer Königlichen Majestät[2] würdig, aber auch meinem Stande und der Pflicht meines Berufes angemessen sei, erschien es mir als das beste, einem König – über die Herrschaft der Könige zu schreiben. Ich möchte darin den Ursprung königlicher Herrschaft und alles, was mit dem Beruf eines Königs verbunden ist, geleitet vom Gebot der Heiligen Schrift, der Erkenntnis der Philosophen und dem Beispiel gepriesener Fürsten, mit aller Sorgfalt entwickeln, soweit mein eigenes Können mich diese Aufgabe erfüllen läßt. Daß ich mein Werk beginnen, weiterführen und vollenden kann, erwarte ich von der Hilfe dessen, der da der König aller Könige und der Herr aller Herrscher ist und durch den allein alle Fürsten ihre Herrschaft üben: von Gott, dem größten Gebieter und Herrn über alle Kräfte, die jenseits des Irdischen sind.

(Gegenstand der Erörterung S. 3)

2.

Wir müssen nun überlegen, was eigentlich die Pflicht eines Königs einschließt und wie der König sein muß. Weil nämlich alles, was nach bewußter Überlegung geschieht, die natürlichen Vorgänge nachahmt, durch die wir erst den Weg erkennen und unser Handeln vernunftmäßig einrichten, scheint es am besten, das Wesen des königlichen Amtes an den die Natur lenkenden Kräften abzulesen. Nun finden wir, daß eine doppelte Leitung die Natur bestimmt: eine allgemeine und eine besondere. Die allgemeine ist die, der zufolge alles unter der Herrschaft Gottes zusammengehalten wird, der das All in seiner Vorsehung lenkt. Die besondere aber, die der göttlichen am ähnlichsten ist, findet sich im Menschen, der darum

---

1 Über die Herrschaft der Fürsten, übersetzt von Friedrich Schreyvogl, Stuttgart 1975

2 König Hugo II. (oder III.) des Kreuzfahrerstaates auf Zypern. Die Schrift steht in der Tradition der von der Antike bis in die Neuzeit reichenden 'Fürstenspiegel' (Xenophon 'Kyropädie' bis Friedrich der Große 'Antimacchiavell'). Dieser 'Fürstenspiegel' enthält darüber hinaus Thomas von Aquins Staatsphilosophie in Kurzfassung.

eine 'kleine Welt' genannt wird. Denn in ihm findet sich das Wesen jener Leitung des Alls wieder. Wie alle körperhafte Natur und alle geistigen Kräfte unter der Herrschaft Gottes stehen, so werden alle Glieder des Körpers und alle übrigen Kräfte der Seele von der Vernunft geleitet, und so nimmt die Vernunft im Menschen denselben Platz ein wie Gott in der Welt.

Weil aber, wie wir früher aufgezeigt haben, der Mensch ein Wesen ist, das von Natur aus für ein geselliges Leben bestimmt ist und in Gemeinschaft mit vielen lebt, so zeigt sich die Ähnlichkeit mit der Herrschaft Gottes im Menschen nicht nur, soweit der einzelne Mensch durch die Vernunft geleitet wird, sondern auch, soweit eine Gemeinschaft durch den Verstand eines einzigen gelenkt wird. Und gerade das macht vorzüglich das Amt des Königs aus.

Auch bei einigen Tieren, die gesellig leben, findet sich eine große Ähnlichkeit mit dieser Art der Führung. So bei den Bienen, unter denen es in der Tat Könige geben soll, freilich nicht in dem Sinne, als ob diese Herrschaft durch Verstand geübt wird, sondern nur durch einen natürlichen Instinkt, der ihnen von dem höchsten Gebieter, dem Schöpfer aller Natur, gegeben worden ist.

Dessen muß sich also ein König bewußt werden: daß er das Amt auf sich genommen hat, seinem Königreiche das zu sein, was die Seele für den Leib und Gott für die Welt bedeutet. Wenn er dies mit Fleiß bedenkt, wird in ihm wohl der Eifer der Gerechtigkeit entbrennen, da er erwägt, daß er nur deshalb auf seinen Platz gestellt ist, um an Gottes Statt in seinem Reiche Urteil zu sprechen. Aber auch die sanfte Gesinnung der Milde und Güte wird er daraus schöpfen können, wenn er einmal die einzelnen, die unter seiner Herrschaft stehen, wie Glieder seines eigenen Körpers betrachtet. Man muß also erwägen, was Gott in der Welt wirkt. Daraus wird sich klar ergeben, was dem König zu tun bestimmt ist. Im allgemeinen sind zwei Wirksamkeiten Gottes in der Welt zu betrachten, die eine, durch die er die Ordnung der Welt schafft, und die andere, durch die er die so geordnete Welt regiert. Diese zweifache Wirksamkeit hat auch die Seele im Körper des Menschen: denn zuerst wird durch die Kraft der Seele der Körper gebildet, dann aber wird der Leib durch die Seele gelenkt und bewegt. Die zweite dieser Wirksamkeiten gehört im engeren Sinne zum Amt des Königs; von der Führung einer Regierung haben ja auch die Könige ihren Namen. Die erste Art der Wirksamkeit aber kommt nicht allen Königen zu, denn nicht alle gründen ein Reich oder eine Stadt, über

die sie dann gebieten, sondern wenden nur die Sorgfalt ihrer Regierung auf ein Reich oder eine Stadt, deren Gründung schon lange zurückliegt. . . .
Wie aber die Gründung einer Stadt oder eines Reiches in angemessener Weise nach der Erschaffung der Welt bestimmt werden kann, so ist auch der Grundsatz ihrer Regierung von der Art, in der die Welt regiert wird, abzuleiten.
Wir müssen uns zuerst vor Augen halten, daß das Wesen der Regierung eben darin besteht, das, was sie führt, in entsprechender Weise zu dem geforderten Ziele zu bringen. So sagt man, ein Schiff wird gelenkt, wenn es durch den Fleiß des Steuermanns auf dem richtigen Wege unversehrt in den Hafen geführt wird. Wenn also etwas einem Ziel, das außer ihm liegt, zugelenkt wird, wie das Schiff dem Hafen, so wird es zur Pflicht des Steuermanns gehören, nicht nur die Sache in sich selbst unversehrt zu bewahren, sondern sie darüber hinaus auch zu ihrem Ziele zu führen. Handelte es sich freilich um solche Dinge, deren Zweck nicht außer ihnen selbst liegt, so hätte sich die Aufmerksamkeit des Lenkers allein darauf zu richten, jenes Ding in seiner Vollkommenheit ohne Schaden zu erhalten. Und obwohl nach Gott, der das letzte Ziel aller Dinge ist, nichts derartiges zu finden ist, so wird doch von vielen in verschiedener Art auf das Mühe verwendet, was einem außenliegenden Zweck zugeordnet wird. Da wird etwa einer sein, der dafür Sorge trägt, daß eine Sache in ihrem Wesen erhalten bleibt, und ein anderer wieder, der darauf sieht, daß sie zu erhöhter Vollkommenheit gelangt, wie es ja auch bei dem Schiff, von dem der Grundsatz des Regierens abgeleitet wird, klar zutage tritt. Der Zimmermann hat die Sorge der Wiederherstellung, wenn etwas an dem Schiffe beschädigt worden ist. Der Schiffer aber hat seine Aufmerksamkeit darauf zu richten, daß er das Schiff in den Hafen führt. So ist es auch beim Menschen. Der Arzt sorgt, daß das Leben des Menschen gesund bleibe, der Wirtschafter, daß aller Lebensbedarf ausreichend gedeckt wird, der Gelehrte, daß er die Wahrheit erkennt, der sittliche Führer des Volkes aber, daß es nach den richtigen Grundsätzen lebt. Wäre der Mensch nun nicht zu einem Gut bestimmt, das jenseits dieser Dinge liegt, so würden sie für ihn voll genügen. Nun gibt es aber ein Gut, das außer dem Menschen liegt, solange er als Sterblicher lebt: die höchste Seligkeit, die er sich in der Schau Gottes nach seinem Tode erhofft. Denn wie der Apostel (2. Kor. 5, 6) sagt: „Solange unsere Seele im Körper gefangen ist, wandern

wir ferne vom Herrn in der Fremde." Daher bedarf der Christ, dem jene Glückseligkeit durch das Blut Christi erworben wurde und der für ihre Erlangung die Bürgschaft des Heiligen Geistes empfangen hat, einer geistlichen Fürsorge, durch die er in den Hafen des ewigen Heils geführt wird. Diese Fürsorge wird den Gläubigen durch die Diener der Kirche Christi erwiesen.

Nun muß aber das Urteil über das letzte Ziel der ganzen Gesellschaft dasselbe wie über das Endziel des einzelnen sein. Wenn also das Endziel des Menschen ein Gut wäre, das in ihm selbst liegt, so wäre es gleicherweise das Endziel für die Regierung der Gesellschaft, dieses Gut zu erlangen und zu bewahren. Wäre so bei dem einzelnen oder der Gesellschaft das körperliche Dasein und die Gesundheit des Leibes der letzte Zweck, so fiele das Amt dem Arzt zu. Wäre es aber Überfluß an anderen Gütern, so wäre ein Kenner der Wirtschaft der Führer der Gesellschaft. Wäre schließlich das Gut eine Erkenntnis der Wahrheit von solcher Art, daß es die vielen zu erlangen vermöchten, wäre das Amt des Königs das eines Gelehrten. Nun ist es aber nach allem Anschein das Endziel der zu gemeinsamem Leben vereinigten Gesellschaft, nach der Tugend zu leben. Denn dazu begründen die Menschen eine Gemeinschaft, daß sie nun vereint gut leben, was jeder im Leben als einzelner nicht erreichen kann. Gut leben aber heißt leben, wie es die Tugend verlangt.

So ist das Leben nach der Tugend das Endziel menschlicher Gemeinschaft. Ein Zeichen dafür ist es, daß nur diejenigen Glieder einer in Gemeinschaft verbundenen Gesellschaft sind, die einander wechselseitig zu dem guten Leben die Hilfe der Gemeinschaft leisten. Denn wenn sich die Menschen allein des bloßen Lebens willen zusammenschließen wollten, so wären auch Tiere und Sklaven ein Teil der staatlichen Gemeinschaft. Wenn sie sich wieder nur, um Reichtümer zu erwerben, vereinigen würden, so müßten alle, die in gleicher Weise am wirtschaftlichen Verkehr interessiert sind, zu einem Staate gehören, denn wir sehen es ja, daß immer nur die als eine staatliche Gemeinschaft angesprochen werden, die unter denselben Gesetzen und von derselben Führung zur guten Lebensführung geleitet werden. Wenn aber der Mensch durch ein Leben nach der Tugend zu einem höheren Ziel gelenkt wird, das im Anschauen Gottes beschlossen liegt, wie wir es schon dargelegt haben, so muß das Ziel der menschlichen Gesellschaft dasselbe wie das eines einzelnen sein. Nun ist es aber nicht das letzte Endziel einer in Gemeinschaft verbundenen Gesellschaft, bloß nach der

Tugend zu leben, sondern vielmehr durch dieses tugendvolle Leben in den Genuß der göttlichen Verheißungen zu gelangen. Wenn man nun durch die Kraft der menschlichen Natur zu diesem Ziel gelangen könnte, so wäre es notwendigerweise Aufgabe des Königs, die Menschen dahin zu führen. Denn wir nehmen an, daß als König eben der bezeichnet wird, dem die höchste Leitung in den menschlichen Dingen anvertraut wird. Um so höher ist aber eine Regierung, je höher das Ziel ist, auf das hin sie sich einstellt. Denn es zeigt sich immer, daß derjenige, dem die Erfüllung des höchsten Zieles bestimmt ist, über alle anderen die Führung hat, die bei dem, was dazu hinführt, am Werke sind. So schreibt der Seefahrer, der die Fahrt des Schiffes bestimmt, dem Erbauer des Schiffes vor, wie er das Schiff herstellen muß, damit es für die Fahrt geeignet ist, und der Bürger, der die Waffen verwendet, dem Schmied, wie er sie herzustellen hat. Da aber der Mensch das Ziel, in den Genuß der göttlichen Verheißungen zu gelangen, nicht durch menschliche Tugend, sondern durch eine von Gott verliehene Kraft erreicht, wie es das Wort des Apostels (Röm. 6, 23): „Die Gnade Gottes ist das ewige Leben", verkündet, so wird es göttlicher und nicht menschlicher Führung zukommen, uns zu diesem Ziele zu bringen. Also gehört eine Führung dieser Art zu dem Amt eines Königs, der nicht nur Mensch, sondern auch Gott ist, also zum Amt unseres Herrn Jesu Christi, der alle Menschen zu Kindern Gottes erhoben und sie so in die himmliche Herrlichkeit geführt hat. Denn das ist die ihm übertragene Herrschaft, die nicht zugrunde gehen wird und um deretwillen der Heiland von der Heiligen Schrift nicht nur Priester, sondern auch König genannt wird, wie Jeremia (23, 5) sagt: „Es wird ein König herrschen, und er wird voll Weisheit sein." Von ihm leitet sich nun das königliche Priestertum ab, und, was weit mehr bedeutet, alle Gläubigen, soweit sie Glieder Christi sind, werden darum Könige und Priester genannt. Das Amt dieses Königtums ist, damit das Reich des Geistes vom Irdischen geschieden sei, nicht den Königen der Erde, sondern den Priestern überantwortet worden und vor allem dem höchsten Priester, dem Nachfolger Petri, dem irdischen Stellvertreter Christi, dem Papst zu Rom, dem alle Könige des christlichen Volkes untergeben sein müssen wie Jesus Christus dem Herrn. . . .

Wie das richtige Leben, das die Menschen auf Erden führen, auf jenes Leben, das wir im Himmel voll Seligkeit erhoffen, gleichsam als dem Endziel hingeordnet ist, so sind alle die Teilgüter, die von den Menschen besorgt werden, wie Reichtum, Gewinn, Gesundheit, Beredsamkeit oder Bildung, auf das allgemeine Wohl hingeordnet. Wenn nun, wie gesagt, der, der für das letzte Ziel Sorge zu tragen hat, denen, die alles auf dieses Ziel Hingeordnete besorgen, übergeordnet sein und sie mit seinem Befehl lenken muß, geht daraus klar hervor, daß der König, ebenso wie er sich in den Dingen jener Herrschaft und Führung, die durch das Amt der Priester erfolgt, unterwerfen, so anderseits allen Ämtern menschlicher Herrschaft vorstehen und sie durch seine Anordnung leiten muß.

Wem immer aber es obliegt, etwas, das auf etwas anderes als sein Ziel hingeordnet ist, einer Vollendung näherzubringen, der hat darauf zu achten, daß sein Werk diesem Ziele entspricht. So macht der Schmied ein Schwert, damit es in der Schlacht seine Aufgabe erfüllt, und der Baumeister muß den Bau eines Hauses so anordnen, daß es zur Bewohnung geeignet ist.

Da also der letzte Zweck eines guten Lebens, das wir jetzt führen, die himmlische Seligkeit ist, so gehört es zu dem Amt eines Königs, für ein gutes Leben des Volkes nach der Erwägung zu sorgen, inwieweit ihm zur Erreichung der himmlischen Seligkeit Bedeutung zukommt, damit er, was dazu förderlich ist, anordnet und das Gegenteil, soweit das eben möglich ist, verbietet. Was aber der Weg zur wahren Glückseligkeit ist und was die Hindernisse sind, die sich vor ihr auftürmen, das kann er aus der Heiligen Schrift erkennen, die zu lehren in die Aufgabe des Priesters fällt, wie es aus Maleachi (2, 7) hervorgeht: „Die Lippen des Priesters sollen Hüter des Wissens sein, und aus seinem Munde sollen sie das Gesetz erfragen.“ Und so gebietet auch der Herr (5. Mose 17, 18): „Sobald der König auf dem Thron seines Reiches sitzt, soll er sich die zwölf Gebote des Gesetzes, das er von einem Priester des Stammes der Leviten erhält in eine Rolle abschreiben. Und er soll sie mit sich tragen und alle Tage seines Lebens darin lesen, damit er lernt, den Herrn, seinen Gott, zu fürchten und seine Worte und Gebräuche, wie sie im Gesetz vorgeschrieben sind, hütend zu bewahren.“ Der König muß so, im göttlichen Gesetz wohlbewandert, seinen Eifer vor allem darauf richten, in welcher Weise das ihm untergebene Volk ein gutes Leben führt. Dieses Bestreben zerfällt in dreierlei: Erstens geht es darauf, in dem geführten Volk die Grundlagen für ein gutes Leben zu schaffen, zweitens das so Gegründete zu bewahren und drittens das Bewahrte zu immer Besserem zu heben.

Damit ein einzelner ein gutes Leben führt, wird zweierlei gefordert: Das eine, Hauptsächliche, ist das Handeln nach der Tugend (denn die Tugend ist es, die das Wesen des „guten Lebens" ausmacht) und das zweite, mehr Nebensächliche und gleichsam als Hilfsmittel Anzusehende, das genügende Vorhandensein materieller Güter, deren Gebrauch zu einem Akt der Tugend notwendig ist. Im Menschen wird die Einheit durch die Natur bewirkt, die Einheit der Gesellschaft aber, die Friede heißt, muß erst durch die Bemühung des Führers bewirkt werden.

Mithin ist dreierlei erforderlich, um ein gutes Leben der Gesellschaft zu begründen. Erstens, daß die Gesellschaft zu der Einheit des Friedens gebracht, und zweitens, daß die so durch das Band des Friedens verknüpfte Gesellschaft dazu gelenkt werde, ein gutes Leben zu führen. Wie nämlich der Mensch das nicht tun könnte, dürfte er nicht die Einheit aller seiner Teile voraussetzen, so ist sich auch die menschliche Gesellschaft, die der Einheit des Friedens entbehrt und mit sich selbst im Streit liegt, selbst im Wege, um ein gutes Leben zu führen. Drittens aber tut es not, daß durch die Bemühung des Herrschers eine genügende Menge der anderen Güter, die zu einem guten Leben notwendig sind, vorhanden ist. Sind nun also durch die Tätigkeit des Königs in der Gesellschaft die Grundlagen für ein gutes Leben geschaffen, so ist es das nächste, daß er seine Bemühungen darauf richtet, sie jetzt auch zu erhalten.

(I 12–15; S. 47–50, 52–55; 57–59)

II. EUROPÄISCHE NEUZEIT

Thomas Hobbes[1]

1.

Die meisten, welche über den Staat geschrieben haben, setzen voraus oder erbitten oder fordern von uns den Glauben, daß der Mensch von Natur ein zur Gesellschaft geeignetes Wesen sei*, also

---

* Da, wie wir sehen, die Gesellschaft unter Menschen schon wirklich besteht, da niemand außerhalb der Gesellschaft lebt und jeder Umgang und Unterhaltung sucht, so kann es als erstaunliche Torheit erscheinen, wenn ein Schriftsteller gleich am Anfang seiner Staatslehre den Lesern den anstoßerregenden Satz entgegenstellt, daß der Mensch keineswegs von Natur zur Gesellschaft geeignet sei. Ich sage daher deutlicher, daß allerdings dem Menschen von Natur oder soweit er Mensch ist, d. h. von seiner Geburt an fortdauernde Einsamkeit unerträglich ist; denn die Kinder bedürfen zum bloßen Leben und die Erwachsenen zum angenehmen Leben der Hilfe anderer. Ich bestreite daher nicht, daß die Menschen unter dem Zwang ihrer Natur einander aufsuchen; aber die bürgerlichen Gesellschaften sind nicht bloße Zusammenkünfte, sondern Bündnisse, zu deren Abschluß Treue und Verträge notwendig sind. Die Bedeutung dieser wird von Kindern und Unwissenden, ihr Nutzen aber von denen, welche die Nachteile der fehlenden Gesellschaft noch nicht selbst erfahren haben, nicht gekannt. Deshalb können jene diese Gesellschaft nicht eingehen, weil sie nicht wissen, was sie bedeutet, und diese kümmern sich nicht darum, weil sie ihren Nutzen nicht kennen. Also sind offenbar alle Menschen (da alle als Kinder geboren werden) zur Gesellschaft von Natur unfähig, und sehr viele (vielleicht die meisten) bleiben entweder aus Schwachsinnigkeit oder aus Mangel an Erziehung ihr ganzes Leben lang dazu unfähig. Dennoch haben sowohl jene Kinder wie diese Erwachsenen die Menschennatur, und deshalb wird der Mensch nicht von Natur, sondern durch Zucht zur Gesellschaft geeignet. Ja selbst wenn der Mensch von Natur bestimmt wäre, nach der Gesellschaft zu verlangen, so folgte doch nicht, daß er von Natur zur Eingehung der Gesellschaft auch geeignet sei; denn das Verlangen und die Fähigkeit sind verschiedene Dinge. Auch diejenigen verlangen nämlich nach der Gesellschaft, die ihres Stolzes wegen sich dennoch gleichen Bedingungen nicht unterwerfen mögen, ohne welche eine Gesellschaft nicht bestehen kann.

---

1 Vom Menschen – Vom Bürger, hrsg. von Günter Gawlick, Hamburg 1959
Leviathan, hrsg. von Iring Fetscher, Neuwied–Berlin 1966

das, was die Griechen ζῷον πολιτικόν nennen. Auf dieser Grundlage errichten sie ihre Lehre von der bürgerlichen Gesellschaft, als ob zur Erhaltung des Friedens und zur Regierung des menschlichen Geschlechts nichts weiter nötig wäre, als daß die Menschen sich auf gewisse Verträge und Bedingungen einigten, die sie selbst dann Gesetze nennen. Dieses Axiom ist jedoch trotz seiner weitverbreiteten Geltung falsch; es ist ein Irrtum, der aus einer allzu oberflächlichen Betrachtung der menschlichen Natur herrührt. Denn untersucht man genauer die Gründe, warum die Menschen zusammenkommen und sich gegenseitig an ihrer Gesellschaft erfreuen, so findet man leicht, daß dies nicht naturnotwendig, sondern nur zufälligerweise geschieht. Denn wenn die Menschen einander von Natur, d. h. bloß weil sie Menschen sind, liebten, wäre es unerklärlich, weshalb nicht jeder einen jeden in gleichem Maße liebte, da sie ja alle in gleichem Maße Menschen sind; oder weshalb der Mensch lieber die Gesellschaft derer aufsucht, die ihm mehr als den übrigen Ehre und Vorteil erweisen. Der Mensch sucht also von Natur keine Gesellschaft um der Gesellschaft willen, sondern um von ihr Ehre und Vorteil zu erlangen; dies begehrt er zuerst, das andere nur an zweiter Stelle.

(Vom Bürger, 1. Kap., S. 75–77)

2.

Die Freiheit, die so häufig in der Geschichtsschreibung und Philosophie der alten Griechen und Römer sowie in den Schriften und Reden derer gepriesen wird, die aus diesen Quellen ihr ganzes politisches Wissen geschöpft haben, ist nicht die Freiheit von Einzelmenschen, sondern die Freiheit von Staaten. Sie ist dieselbe wie die, welche jeder Mensch dann hätte, wenn es überhaupt keine bürgerlichen Gesetze und Staaten gäbe. Und ihre Auswirkungen wären ebenfalls die gleichen. Denn wie unter herrenlosen Menschen ständig Krieg zwischen jedem und seinem Nachbarn herrscht, wie der Sohn nichts erbt noch ein Erbe vom Vater erwarten kann, wie es kein Eigentum an Fahrnis[2] und Boden und keine Sicherheit gibt, sondern nur die volle und uneingeschränkte Freiheit jedes einzel-

---

Leviathan im Alten Testament mächtige Gewalt unter Gott (vgl. Hiob, Kap. 40 ff.). Bei Hobbes Symbol für die weltliche und geistliche Macht in sich vereinigende Staatsautorität.

2 Bewegliches Vermögen

nen Menschen, so besitzen voneinander unabhängige Staaten und Gemeinwesen – nicht jeder einzelne – das Recht, das zu tun, was nach ihrem Urteil, das heißt, nach dem Urteil der sie vertretenden Person oder Versammlung, am meisten zu ihrem Vorteil führt. Aber sie leben zugleich im Zustand eines ständigen Kriegs, am Rande einer Schlacht, mit bewaffneten Grenzen und auf die anliegenden Nachbarn gerichteten Kanonen. Die *Athener* und *Römer* waren frei, das heißt, ihre Staaten waren frei. Das heißt aber nicht, daß jeder einzelne die Freiheit besessen hätte, seiner Vertretung Widerstand zu leisten, sondern daß seine Vertretung die Freiheit hatte, einem anderen Volk Widerstand zu leisten oder es anzugreifen. Bis auf den heutigen Tag steht an den Türmen der Stadt *Lucca* in großen Lettern das Wort *Libertas* geschrieben. Doch daraus kann niemand den Schluß ziehen, ein einzelner besitze dort mehr Freiheit oder könne weniger zum Staatsdienst herangezogen werden als in Konstantinopel. Ob ein Staat monarchisch oder demokratisch ist – die Freiheit bleibt dieselbe.

Aber die Menschen lassen sich von dem bestechenden Wort 'Freiheit' leicht täuschen, und da ihnen die Urteilskraft zur Unterscheidung fehlt, halten sie fälschlich das für ihr ureigenes Erbe und Geburtsrecht, was allein das Recht der Öffentlichkeit ist. Und wird dieser Irrtum noch durch die Autorität von Leuten, die wegen ihrer Schriften über diesen Gegenstand berühmt sind, bestärkt, so ist es kein Wunder, wenn daraus Aufruhr und Staatsumwälzungen entstehen. In unserer westlichen Welt entnehmen wir gewöhnlich unsere Ansichten über die Einsetzung und Rechte von Staaten aus *Aristoteles, Cicero* und anderen Griechen und Römern, die in Demokratien lebten und deshalb diese Rechte nicht aus den natürlichen Prinzipien ableiteten, sondern aus der Praxis ihrer eigenen demokratischen Staaten in ihre Bücher übertrugen.

(21. Kap., S. 166–167)

3.

Was meine Methode anlangt, so habe ich mich nicht mit bloßer Deutlichkeit im Vortrage begnügt, sondern geglaubt, mit der Materie des Staates beginnen, dann zu dessen Entstehung und Gestaltung und dem ersten Ursprung der Gerechtigkeit übergehen zu müssen. Denn aus den Elementen, aus denen eine Sache sich bildet, wird sie auch am besten erkannt. Schon bei einer Uhr, die sich selbst bewegt, und bei jeder etwas verwickelten Maschine kann man die Wirksamkeit der einzelnen Teile und Räder nicht verstehen, wenn sie nicht auseinandergenommen werden und die Materie, die Gestalt und die Bewegung jedes Teiles für sich betrachtet wird. Ebenso muß bei der Ermittlung des Rechtes des Staates und der Pflichten der Bürger der Staat zwar nicht aufgelöst, aber doch gleichsam als aufgelöst betrachtet werden, d. h. es muß richtig erkannt werden, wie die menschliche Natur geartet ist, wieweit sie zur Bildung des Staates geeignet ist oder nicht, und wie die Menschen sich zusammentun müssen, wenn sie eine Einheit werden wollen. Nach dieser Methode bin ich verfahren.

(Vom Bürger, Vorwort, S. 67–68)

4.

Die Natur hat die Menschen hinsichtlich ihrer körperlichen und geistigen Fähigkeiten so gleich geschaffen, daß trotz der Tatsache, daß bisweilen der eine einen offensichtlich stärkeren Körper oder gewandteren Geist als der andere besitzt, der Unterschied zwischen den Menschen alles in allem doch nicht so beträchtlich ist, als daß der eine auf Grund dessen einen Vorteil beanspruchen könnte, den ein anderer nicht ebensogut für sich verlangen dürfte . . .

Aus dieser Gleichheit der Fähigkeiten entsteht eine Gleichheit der Hoffnung, unsere Absichten erreichen zu können. Und wenn daher zwei Menschen nach demselben Gegenstand streben, den sie jedoch nicht zusammen genießen können, so werden sie Feinde und sind in Verfolgung ihrer Absicht, die grundsätzlich Selbsterhaltung und bisweilen nur Genuß ist, bestrebt, sich gegenseitig zu vernichten oder zu unterwerfen. Daher kommt es auch, daß, wenn jemand ein geeignetes Stück Land anpflanzt, einsät, bebaut oder besitzt und ein Angreifer nur die Macht eines einzelnen zu fürchten hat, mit Wahrscheinlichkeit zu erwarten ist, daß andere mit vereinten Kräften anrücken, um ihn von seinem Besitz zu vertreiben und ihn nicht nur der Früchte seiner Arbeit, sondern auch seines Lebens und seiner Freiheit zu berauben. Und dem Angreifer wiederum droht die gleiche Gefahr von einem anderen.

Und wegen dieses gegenseitigen Mißtrauens gibt es für niemand einen anderen Weg, sich selbst zu sichern, der so vernünftig wäre wie Vorbeugung, d. h. mit Gewalt oder List nach Kräften jedermann zu unterwerfen, und zwar so lange, bis er keine andere Macht mehr sieht, die groß genug wäre, ihn zu gefährden. Und dies ist nicht mehr, als seine Selbsterhaltung erfordert, und ist allgemein erlaubt. Auch weil es einige gibt, denen es Vergnügen bereitet, sich an ihrer Macht zu weiden, indem sie auf Eroberungen ausgehen, die sie über das zu ihrer Sicherheit erforderliche Maß hinaustreiben, könnten andere, die an sich gerne innerhalb bescheidener Grenzen ein behagliches Leben führen würden, sich durch bloße Verteidigung unmöglich lange halten, wenn sie nicht durch Angriff ihre Macht vermehrten. Und da folglich eine solche Vermehrung der Herrschaft über Menschen zur Selbsterhaltung eines Menschen notwendig ist, muß sie ihm erlaubt werden.

Ferner empfinden die Menschen am Zusammenleben kein Vergnügen, sondern im Gegenteil großen Verdruß, wenn es keine Macht gibt, die dazu in der Lage ist, sie alle einzuschüchtern. Denn jedermann sieht darauf, daß ihn sein Nebenmann ebenso schätzt, wie er sich selbst einschätzt, und auf alle Zeichen von Verachtung oder Unterschätzung hin ist er von Natur aus bestrebt, soweit er es sich getraut (was bei weitem genügt, Menschen, über denen keine allgemeine, sie zum Stillhalten zwingende Macht steht, dazu zu bewegen, daß sie sich gegenseitig vernichten), seinen Verächtern durch Schädigung und den anderen Menschen durch das Exempel größere Wertschätzung abzunötigen.

So liegen also in der menschlichen Natur drei hauptsächliche Konfliktsursachen: Erstens Konkurrenz, zweitens Mißtrauen, drittens Ruhmsucht.

Die erste führt zu Übergriffen der Menschen des Gewinnes, die zweite der Sicherheit und die dritte des Ansehens wegen. Die ersten wenden Gewalt an, um sich zum Herrn über andere Männer und deren Frauen, Kinder und Vieh zu machen, die zweiten, um dies zu verteidigen und die dritten wegen Kleinigkeiten wie ein Wort, ein Lächeln, eine verschiedene Meinung oder jedes andere Zeichen von Geringschätzung, das entweder direkt gegen sie selbst gerichtet ist oder in einem Tadel ihrer Verwandtschaft, ihrer Freunde, ihres Volks, ihres Berufs oder ihres Namens besteht.

Daraus ergibt sich klar, daß die Menschen während der Zeit, in der sie ohne eine allgemeine, sie alle im Zaum haltende Macht leben, sich in einem Zustand befinden, der Krieg genannt wird, und zwar in einem Krieg eines jeden gegen jeden. Denn *Krieg* besteht nicht nur in Schlachten oder Kampfhandlungen, sondern in einem Zeitraum, in dem der Wille zum Kampf genügend bekannt ist. Und deshalb gehört zum Wesen des Krieges der Begriff *Zeit,* wie zum Wesen des Wetters. Denn wie das Wesen des schlechten Wetters nicht in ein oder zwei Regenschauern liegt, sondern in einer Neigung hierzu während mehrerer Tage, so besteht das Wesen des Kriegs nicht in tatsächlichen Kampfhandlungen, sondern in der bekannten Bereitschaft dazu während der ganzen Zeit, in der man sich des Gegenteils nicht sicher sein kann. Jede andere Zeit ist *Frieden.*

Deshalb trifft alles, was Kriegszeiten mit sich bringen, in denen jeder eines jeden Feind ist, auch für die Zeit zu, während der die Menschen keine andere Sicherheit als diejenige haben, die ihnen ihre eigene Stärke und Erfindungskraft bieten. In einer solchen Lage ist für Fleiß kein Raum, da man sich seiner Früchte nicht sicher sein kann; und folglich gibt es keinen Ackerbau, keine Schiffahrt, keine Waren, die auf dem Seeweg eingeführt werden können, keine bequemen Gebäude, keine Geräte, um Dinge, deren Fortbewegung viel Kraft erfordert, hin- und herzubewegen, keine Kenntnis von der Erdoberfläche, keine Zeitrechnung, keine Künste, keine Literatur, keine gesellschaftlichen Beziehungen, und es herrscht, was das Schlimmste von allem ist, beständige Furcht und Gefahr eines gewaltsamen Todes – das menschliche Leben ist einsam, armselig, ekelhaft, tierisch und kurz.

Manchem, der sich diese Dinge nicht gründlich überlegt hat, mag es seltsam vorkommen, daß die Natur die Menschen so sehr entzweien und zu gegenseitigem Angriff und gegenseitiger Vernichtung treiben sollte, und vielleicht wünscht er deshalb, da er dieser Schlußfolgerung aus den Leidenschaften nicht traut, dies durch die Erfahrung bestätigt zu haben. Er möge deshalb bedenken, daß er sich bei Antritt einer Reise bewaffnet und darauf bedacht ist, in guter Begleitung zu reisen, daß er beim Schlafengehen seine Türen und sogar in seinem Hause seine Kästen verschließt – und dies in Kenntnis dessen, daß es Gesetze und bewaffnete Beamte gibt, um alles Unrecht zu verfolgen, das ihm angetan wird. Welche Meinung hat er also von seinen Mit-Untertanen, wenn er bewaffnet reist, welche von seinen Mitbürgern, wenn er seine Türen verschließt, und welche von seinen Kindern und Bediensteten, wenn er seine Kästen verschließt? Klagt er da die Menschen durch seine Handlungen nicht ebensosehr an wie ich durch meine Worte? Aber keiner von uns klagt damit die menschliche Natur an. Die Begierden und anderen menschlichen Leidenschaften sind an sich keine Sünde. Die aus diesen Leidenschaften entspringenden Handlungen sind es ebenfalls so lange nicht, bis die Menschen ein Gesetz kennen, das sie verbietet: solange keine Gesetze erlassen werden, können sie dieses Gesetz nicht kennen, und es kann kein Gesetz erlassen werden, solange sie sich nicht auf die Person geeinigt haben, die es erlassen soll.

Vielleicht kann man die Ansicht vertreten, daß es eine solche Zeit und einen Kriegszustand wie den beschriebenen niemals gab, und ich glaube, daß er so niemals allgemein auf der ganzen Welt bestand. Aber es gibt viele Gebiete, wo man jetzt noch so lebt. Denn die wilden Völker verschiedener Gebiete Amerikas besitzen überhaupt keine Regierung, ausgenommen die Regierung über kleine Familien, deren Eintracht von der natürlichen Lust abhängt und die bis zum heutigen Tag auf jene tierische Weise leben, die ich oben beschrieben habe. Wie dem auch sei – man kann die Lebensweise, die dort, wo keine allgemeine Gewalt zu fürchten ist, herrschen würde, aus der Lebensweise ersehen, in die solche Menschen, die früher unter einer friedlichen Regierung gelebt hatten, in einem Bürgerkrieg abzusinken pflegen.

Aber obwohl es niemals eine Zeit gegeben hat, in der sich einzelne Menschen im Zustand des gegenseitigen Krieges befanden, so befinden sich doch zu allen Zeiten Könige und souveräne Machthaber auf Grund ihrer Unabhängigkeit in ständigen Eifersüchteleien und verhalten sich wie Gladiatoren: sie richten ihre Waffen gegeneinander und lassen sich nicht aus den Augen – d. h. sie haben ihre Festungen, Garnisonen und Geschütze an den Grenzen ihrer Reiche und ihre ständigen Spione bei ihren Nachbarn. Das ist eine kriegerische Haltung. Weil sie aber dadurch den Fleiß ihrer Untertanen fördern, so folgt daraus nicht dieses Elend, das die Freiheit von Einzelmenschen begleitet.

Eine weitere Folge dieses Krieges eines jeden gegen jeden ist, daß nichts ungerecht sein kann. Die Begriffe von Recht und Unrecht, Gerechtigkeit und Ungerechtigkeit haben hier keinen Platz. Wo keine allgemeine Gewalt ist, ist kein Gesetz, und wo kein Gesetz, keine Ungerechtigkeit. Gewalt und Betrug sind im Krieg die beiden Kardinaltugenden. Gerechtigkeit und Ungerechtigkeit gehören weder zu den körperlichen noch zu den geistigen Tugenden. Gehörten sie dazu, so müßten sie in einem Menschen, der sich allein auf der Welt befände, ebenso vorkommen wie seine Sinne und Leidenschaften. Sie sind Eigenschaften, die sich auf den in der

Gesellschaft, nicht in der Einsamkeit befindlichen Menschen beziehen. Eine weitere Folge dieses Zustandes ist, daß es weder Eigentum noch Herrschaft, noch ein bestimmtes *Mein* und *Dein* gibt, sondern daß jedem nur das gehört, was er erlangen kann, und zwar so lange, wie er es zu behaupten vermag. Und soviel über den elenden Zustand, in den der Mensch durch die reine Natur tatsächlich versetzt wird, wenn auch mit einer Möglichkeit, herauszukommen, die teils in den Leidenschaften, teils in seiner Vernunft liegt.
Die Leidenschaften, die die Menschen friedfertig machen, sind Todesfurcht, das Verlangen nach Dingen, die zu einem angenehmen Leben notwendig sind und die Hoffnung, sie durch Fleiß erlangen zu können. Und die Vernunft legt die geeigneten Grundsätze des Friedens nahe, auf Grund derer die Menschen zur Übereinstimmung gebracht werden können. Diese Gebote sind das, was sonst auch Gesetze der Natur genannt wird.

(Leviathan, 13. Kap., S. 94–98)

5.

Die Menschen, die von Natur aus Freiheit und Herrschaft über andere lieben, führten die Selbstbeschränkung, unter der sie, wie wir wissen, in Staaten leben, letztlich allein mit dem Ziel und der Absicht ein, dadurch für ihre Selbsterhaltung zu sorgen und ein zufriedeneres Leben zu führen – das heißt, dem elenden Kriegszustand zu entkommen, der, wie im 13. Kapitel gezeigt wurde, aus den natürlichen Leidenschaften der Menschen notwendig folgt, dann nämlich, wenn es keine sichtbare Gewalt gibt, die sie im Zaume zu halten und durch Furcht vor Strafe an die Erfüllung ihrer Verträge und an die Beachtung der natürlichen Gesetze zu binden vermag, die im vierzehnten und fünfzehnten Kapitel aufgestellt wurden.
Denn die natürlichen Gesetze wie *Gerechtigkeit, Billigkeit, Bescheidenheit, Dankbarkeit,* kurz, das Gesetz, *andere so zu behandeln wie wir selbst behandelt werden wollen,* sind an sich, ohne die Furcht vor einer Macht, die ihre Befolgung veranlaßt, unseren natürlichen Leidenschaften entgegengesetzt, die uns zu Parteilichkeit, Hochmut, Rachsucht und Ähnlichem verleiten. Und Verträge ohne das Schwert sind bloße Worte und besitzen nicht die Kraft, einem Menschen auch nur die geringste Sicherheit zu bieten. Falls keine Zwangsgewalt errichtet worden oder diese für unsere Sicherheit nicht stark genug ist, wird und darf deshalb jedermann sich recht-

mäßig zur Sicherung gegen alle anderen Menschen auf seine eigene Kraft und Geschicklichkeit verlassen – ungeachtet der natürlichen Gesetze (die jedermann dann eingehalten hat, wenn er willens ist, sie in den Fällen einzuhalten, wo er dies ungefährdet tun kann). Und überall dort, wo die Menschen in kleinen Familien zusammenlebten, war gegenseitiges Rauben und Plündern ein Gewerbe und weit davon entfernt, als naturrechtswidrig angesehen zu werden: je größer die Beute, die sie machten, desto größer die Ehre. Und die Menschen beachteten hierbei keine anderen Gesetze als die der Ehre, daß heißt, Grausamkeiten waren dadurch zu vermeiden, daß man den Leuten das Leben und die Wirtschaftsgeräte ließ. Und wie damals kleine Familien, so vergrößern jetzt Städte und Königreiche, die nichts anderes als größere Familien sind, aus Gründen der eigenen Sicherheit ihren Herrschaftsbereich bei jeder angeblichen Gefahr und aus Furcht vor einem Angriff oder der Unterstützung, die den Angreifern zuteil werden könnte, und bemühen sich nach Kräften, ihre Nachbarn mit offener Gewalt und Hinterlist zu unterwerfen oder zu schwächen – mit Recht, da es keine andere Sicherheitsgarantie gibt. Und in späteren Zeiten gedenkt man ihrer deswegen in Verehrung.

Auch der Zusammenschluß einer kleinen Anzahl von Menschen gibt ihnen diese Sicherheit nicht, denn bei kleinen Zahlen verleihen kleine Zunahmen auf der einen oder der anderen Seite eine so große Übermacht, daß sie genügt, zum Sieg zu führen und deshalb zu einem Angriff ermutigt. Die Menge, die zu einer verläßlichen Sicherheit ausreicht, ergibt sich nicht aus einer bestimmten Zahl, sondern aus einem Vergleich mit dem gefürchteten Feind, und sie reicht dann aus, wenn die Überzahl des Feindes nicht so offensichtlich und ausschlaggebend ist, daß von vornherein der Ausgang des Krieges feststeht und ihn deshalb zu einem Versuch ermuntert.

Und eine Menge mag noch so groß sein: Wenn die Handlungen der einzelnen von ihren besonderen Urteilen und Neigungen geleitet werden, so können sie von ihnen weder Verteidigung noch Schutz gegen einen gemeinsamen Feind, noch gegen Übergriffe, die sie sich gegenseitig zufügen, erwarten. Denn da ihre Meinungen über die beste Ausnützung und Anwendung ihrer Stärke auseinandergehen, helfen sie sich nicht, sondern hindern sich gegenseitig und reduzieren ihre Stärke, indem sie sich gegenseitig bekämpfen, auf ein Nichts. Dadurch werden sie nicht nur leicht durch eine sehr kleine Zahl von Menschen, die sich einig sind, unterworfen, sondern sie führen auch ohne gemeinsamen Feind wegen ihrer Einzelinteressen gegeneinander Krieg.

Denn könnten wir annehmen, eine große Menge von Menschen stimmte ohne eine allgemeine, sie alle im Zaum haltende Macht miteinander in der Beachtung von Gerechtigkeit und allen anderen natürlichen Gesetzen überein, so könnten wir ebensogut annehmen, die ganze Menschheit verhielte sich so, und dann gäbe es überhaupt keine bürgerliche Regierung oder einen Staat, noch wären sie nötig, denn es herrschte Frieden ohne Unterwerfung.

Die Sicherheit, von der die Menschen wünschen, sie möge ihr Leben lang andauern, ist auch nicht gewährleistet, wenn diese nach dem Ermessen eines einzelnen für eine begrenzte Zeit, z. B. in einer Schlacht oder in einem Krieg, regiert oder gelenkt werden. Denn selbst wenn sie durch ihre einmütige Anstrengung einen Sieg über einen auswärtigen Feind erringen, so müssen sie danach doch notwendig sich wegen ihrer unterschiedlichen Interessen entzweien und wieder in einen Krieg untereinander zurückfallen, wenn sie nämlich entweder keinen gemeinsamen Feind haben oder aber jemand von der einen Partei als Feind und von der anderen als Freund angesehen wird.

Es ist richtig, daß gewisse Lebewesen wie Bienen und Ameisen gesellig zusammenleben, weshalb sie von *Aristoteles* zu den politischen Lebewesen gerechnet werden, und daß sie doch keine andere Führung haben als ihre eigenen Urteile und Neigungen, auch keine Sprache, wodurch der eine dem anderen zu erkennen geben könnte, was seiner Meinung nach dem Gemeinwohl zuträglich ist. Und deshalb möchten manche vielleicht wissen, weshalb sich die Menschheit nicht ebenso verhalten kann. Darauf gebe ich zur Antwort:

Erstens. Die Menschen liegen in einem ständigen Wettkampf um Ehre und Würde, diese Lebewesen aber nicht; folglich entsteht zwischen den Menschen aus diesem Grund Neid und Haß und letztlich Krieg, zwischen diesen Lebewesen aber nicht.

Zweitens. Bei diesen Lebewesen unterscheidet sich das Gemeinwohl nicht vom Privatwohl, und da sie von Natur aus ihr privates Wohl anstreben, fördern sie dadurch das Gemeinwohl. Der Mensch dagegen, der es liebt, sich mit anderen Menschen zu vergleichen, kann nur an Außerordentlichem Geschmack finden.

Drittens. Da diese Lebewesen nicht wie die Menschen über Vernunft verfügen, sehen sie keine Mängel in der Verwaltung ihrer allgemeinen Angelegenheiten und meinen auch nicht, solche zu sehen, während es bei den Menschen sehr viele gibt, die sich für klüger und zur Regierung der Öffentlichkeit fähiger halten als der Rest. Und diese Leute streben nach Reformen und Neuerungen, die einen auf diesem, die anderen auf jenem Weg und stürzen die Öffentlichkeit dadurch in Wirren und Bürgerkrieg.

Viertens. Obwohl diese Tiere in gewissem Maße die Stimme benützen können, um sich gegenseitig ihre Wünsche und andere Gemütsbewegungen zu erkennen zu geben, so fehlt ihnen doch diese Wortkunst, durch die es einige Menschen verstehen, anderen gut als böse und böse als gut hinzustellen und die offensichtliche Größe eines Guts oder Übels zu vergrößern oder zu verringern. Dadurch machen sie die Menschen unzufrieden und stören ihren Frieden, wie es ihnen paßt.

Fünftens. Unvernünftige Lebewesen können nicht zwischen *Beleidigung* und *Verletzung* unterscheiden. Deshalb sind sie mit ihren Artgenossen nicht verfeindet, solange sie ungestört sind, während der Mensch dann am unleidlichsten ist, wenn er am meisten Muße hat. Denn dann liebt er es, seine Weisheit zu zeigen und die Handlungen derer, die den Staat regieren, zu kritisieren.

Letztlich. Die Übereinstimmung dieser Lebewesen ist natürlich, die der Menschen beruht nur auf Vertrag, der künstlich ist. Und deshalb ist es kein Wunder, daß außer dem Vertrag noch etwas erforderlich ist, um ihre Übereinstimmung beständig und dauerhaft zu machen, nämlich eine allgemeine Gewalt, die sie im Zaum halten und ihre Handlungen auf das Gemeinwohl hinlenken soll.

Der alleinige Weg zur Errichtung einer solchen allgemeinen Gewalt, die in der Lage ist, die Menschen vor dem Angriff Fremder und vor gegenseitigen Übergriffen zu schützen und ihnen dadurch eine solche Sicherheit zu verschaffen, daß sie sich durch eigenen Fleiß und von den Früchten der Erde ernähren und zufrieden leben können, liegt in der Übertragung ihrer gesamten Macht und Stärke auf einen Menschen oder eine Versammlung von Menschen, die ihre Einzelwillen durch Stimmenmehrheit auf einen Willen reduzieren können. Das heißt soviel wie einen Menschen oder eine Versammlung von Menschen bestimmen, die deren Person verkörpern sollen, und bedeutet, daß jedermann alles als eigen anerkennt, was derjenige, der auf diese Weise seine Person verkörpert, in Dingen des allgemeinen Friedens und der allgemeinen Sicherheit tun oder veranlassen wird, und sich selbst als Autor alles dessen bekennt und dabei den eigenen Willen und das eigene Urteil seinem Willen und Urteil unterwirft. Dies ist mehr als Zustimmung oder Übereinstimmung: Es ist eine wirkliche Einheit aller in ein und derselben Person, die durch Vertrag eines jeden mit jedem zustande kam, als hätte jeder zu jedem gesagt: *Ich autorisiere diesen Menschen oder diese Versammlung von Menschen und übertrage ihnen mein Recht, mich zu regieren, unter der Bedingung, daß du ihnen ebenso dein Recht überträgst und alle ihre Handlungen autorisierst.* Ist dies geschehen, so nennt man diese zu einer Person vereinte Menge *Staat,* auf lateinisch *civitas.* Dies ist die Erzeugung jenes großen *Leviathan* oder besser, um es ehrerbietiger auszudrücken, jenes *sterblichen Gottes,* dem wir unter dem *unsterblichen Gott* unseren Frieden und Schutz verdanken. Denn durch diese ihm von jedem einzelnen im Staate verliehene Autorität steht ihm so viel Macht und Stärke zur Verfügung, die auf ihn übertragen worden sind, daß er durch den dadurch erzeugten Schrecken in die Lage versetzt wird, den Willen aller auf den innerstaatlichen Frieden und auf gegenseitige Hilfe gegen auswärtige Feinde hinzulenken. Hierin liegt das Wesen des Staates, der, um eine Definition zu geben, *eine Person* ist, *bei der sich jeder einzelne einer großen Menge durch gegenseitigen Vertrag eines jeden mit jedem zum Autor ihrer Handlungen gemacht hat, zu dem Zweck, daß sie die Stärke und Hilfsmittel aller so, wie sie es für zweckmäßig hält, für den Frieden und die gemeinsame Verteidigung einsetzt.*

Wer diese Person verkörpert, wird *Souverän* genannt und besitzt, wie man sagt, *höchste Gewalt,* und jeder andere daneben ist sein *Untertan.*

Diese höchste Gewalt wird auf zwei Wegen erlangt: Der eine besteht in der natürlichen Kraft, wenn z. B. jemand seine Kinder dazu bringt, sich zusammen mit ihren Kindern seiner Regierung zu unterwerfen, da er sie vernichten kann, wenn sie es ablehnen, oder wenn jemand seine Feinde seinem Willen dadurch unterwirft, daß er ihnen unter dieser Bedingung das Leben schenkt. Der andere ist gegeben, wenn Menschen miteinander übereinkommen, sich willentlich einem Menschen oder einer Versammlung von Menschen zu unterwerfen, im Vertrauen darauf, von ihnen gegen alle anderen geschützt zu werden. Der letzte Fall kann „politischer Staat" oder „Staat durch *Einsetzung*" genannt werden, und der erste „Staat durch *Aneignung*".

(Leviathan, 17. Kap., S. 131–135)

6.

Da ein Staat nur *eine* Person darstellt, darf er auch Gott nur auf *eine* Art verehren. Dies geschieht dann, wenn er befiehlt, daß sie von Privatpersonen öffentlich auszuüben ist. Und dies ist öffentlicher Gottesdienst, dessen Eigenart seine *Einheitlichkeit* ist. Denn Handlungen, die von verschiedenen Leuten auf verschiedene Art ausgeführt werden, können nicht als öffentlicher Gottesdienst bezeichnet werden. Wo deshalb viele Arten von Gottesdienst zugelassen sind, die sich aus den verschiedenen privaten Religionen ergeben, kann weder von öffentlichem Gottesdienst gesprochen werden, noch von einer staatlichen Religion überhaupt.
Und da Worte und folglich die göttlichen Eigenschaften ihre Bedeutung auf Grund menschlicher Übereinkunft und Einsetzung haben, sind diejenigen Eigenschaften, die die Menschen dafür vorsehen, als Ausdruck von Verehrung anzusehen. Und was dort, wo es kein Gesetz außer der Vernunft gibt, nach dem Willen einzelner Menschen getan werden kann, kann kraft staatlichen Willens durch die bürgerlichen Gesetze getan werden. Und da ein Staat nur den Willen besitzt und nur die Gesetze erläßt, die auf Grund des Willens dessen oder derer erlassen werden, die die souveräne Gewalt innehaben, so folgt daraus, daß diejenigen Eigenschaften, die der Souverän zu Ehrenzeichen für den Gottesdienst bestimmt, als solche von den Privatpersonen im öffentlichen Gottesdienst übernommen und angewandt werden müssen.

(Leviathan, 31. Kap., S. 279–280)

7.

Soviel über Einsetzung, Natur und Recht der Souveräne und über die Pflicht der Untertanen, abgeleitet aus den Grundsätzen der natürlichen Vernunft. Und wenn ich nun bedenke, wie sehr sich diese Lehre von der Praxis des größten Teiles der Welt, besonders dieser westlichen Teile, die ihre Moral von *Rom* und *Athen* gelernt haben, unterscheidet, und welch tiefe Einsichten in die Moralphilosophie von den Verwaltern der souveränen Gewalt verlangt werden, so bin ich drauf und dran zu glauben, daß meine vorliegende Arbeit so nutzlos ist wie die Politeia *Platos*[3]. Denn auch er ist der Mei-

3 In der lateinischen Fassung (Amsterdam 1668 und 1670) nennt Hobbes außerdem die Utopia des Thomas Morus und die Nova Atlantis von Francis Bacon.

nung, die Unordnungen des Staates und die Regierungswechsel durch Bürgerkriege könnten so lange nicht abgeschafft werden, bis die Souveräne Philosophen wären. Wenn ich aber wiederum bedenke, daß die Wissenschaft von der natürlichen Gerechtigkeit die einzige Wissenschaft ist. die für die Souveräne und ihre obersten Diener notwendig ist, und daß im Gegensatz zu *Plato* ihre einzige Belastung mit den mathematischen Wissenschaften darin besteht, daß die Menschen durch gute Gesetze zu deren Studium angeregt werden sollen, und wenn ich weiter bedenke, daß weder *Plato*, noch ein anderer Philosoph bisher alle Lehrsätze der Morallehre systematisch entwickelt und ausreichend bewiesen oder wahrscheinlich gemacht hat, so daß die Menschen daraus lernen können, wie man regiert und gehorcht, dann schöpfe ich wieder einige Hoffnung, es möge früher oder später meine vorliegende Schrift in die Hände eines Souveräns fallen, der sie ohne Hilfe eines interessierten oder mißgünstigen Interpreten selbst überdenken wird – denn sie ist kurz und, wie ich meine, klar –, und der durch Ausübung der vollen Souveränität, indem er die öffentliche Verbreitung dieser Lehre schützt, diese spekulative Wahrheit in praktischen Nutzen verwandelt.

(Leviathan, 31. Kap., S. 281)

Jean-Jacques Rousseau[1]

1.

Gezwungen, gegen die Natur oder die gesellschaftlichen Institutionen zu kämpfen, muß man sich für den Menschen oder den Staatsbürger[2] entscheiden, denn beide in einer Person kann man nicht schaffen.

Jegliche gesellschaftliche Gruppe, ist sie eng begrenzt und einig mit sich selbst, entfremdet sich dem Ganzen. Der Patriot ist hart gegen

---

1 Emile, hrsg. von Martin Rang, Stuttgart 1968
Der Gesellschaftsvertrag, hrsg. von Heinrich Weinstock, Stuttgart 1968

2 citoyen (alteuropäisch), nicht bourgeois (neuzeitlich)

den Fremden – er ist nur ein Mensch, er ist nichts in seinen Augen. Obgleich unvermeidlich, ist dies ein geringer Übelstand. Das Wesentliche ist, gut zu den Menschen zu sein, mit denen man lebt. Nach außen hin war der Spartaner ehrgeizig, geizig, ungerecht. Aber Uneigennutz, Rechtlichkeit und Eintracht herrschten innerhalb seiner Mauern. Hütet euch vor diesen Kosmopoliten, die mit großen Worten in ihren Büchern von Pflichten reden, zu denen sie sich im Alltag nicht herablassen. Solch ein Philosoph liebt die Tataren, damit es ihm erlassen bleibe, seine Nachbarn zu lieben.

Der natürliche Mensch ist sich selbst alles. Er ist die ungebrochene Einheit, das absolute Ganze, das nur zu sich selbst oder seinesgleichen eine Beziehung hat. Der bürgerliche Mensch ist nur eine Bruchzahl, die von ihrem Nenner abhängig ist und deren Wert in ihrer Beziehung zum Ganzen besteht, d. h. dem gesellschaftlichen Ganzen. Die guten gesellschaftlichen Einrichtungen sind diejenigen, die es am besten verstehen, dem Menschen seine Natur zu nehmen, ihm seine absolute Existenz zu entziehen und ihm dafür eine relative zu geben und das *Ich* auf die Einheit der Gemeinschaft zu übertragen, so daß jeder einzelne sich nicht mehr als Eines, sondern als Teil der Einheit fühlt, der nur noch im Ganzen empfindungsfähig ist. Ein Bürger von Rom war weder ein Cajus noch ein Lucius – er war Römer, sogar in seiner Vaterlandsliebe schloß er sich selbst aus . . .

Eine Spartanerin hatte fünf Söhne beim Heer und wartete auf Nachrichten über die Schlacht. Es kommt ein Helot. Zitternd fragt sie ihn aus. – Eure fünf Söhne wurden getötet. – Gemeiner Sklave, habe ich dich das gefragt? Wir haben den Sieg errungen. – Die Mutter eilt zum Tempel, um den Göttern zu danken – so zeigt sich die wahre Bürgerin.

Wer in der bürgerlichen Ordnung die Ursprünglichkeit der natürlichen Gefühle bewahren will, der weiß nicht, was er will. In fortwährendem Widerspruch zu sich selbst, immer schwankend zwischen Neigung und Pflicht, wird er niemals weder Mensch noch Staatsbürger sein; weder für sich selbst noch für die Umwelt wird er je etwas taugen. Er wird ein Mensch von heute sein – ein Franzose, ein Engländer, ein Bourgeois – und das ist gar nichts.

Um etwas zu sein, um sich selbst getreu und immer eine vollkommene Einheit zu sein, muß man so handeln, wie man redet. Man muß mit klarer Entschiedenheit seine Entscheidungen treffen, man muß sie aus weiter Sicht treffen und konsequent verfolgen. Ich

warte darauf, daß man mir dieses Wunder vorführe, um zu sehen, ob er ein Mensch oder ein Staatsbürger ist, und wie er es fertigbringt, sowohl das eine wie das andere zu sein.
Aus diesen notwendigerweise gegensätzlichen Dingen entstehen zwei Bildungsformen; eine öffentliche, allgemeine und eine private, häusliche.
Wollt ihr euch eine Vorstellung von der öffentlichen Erziehung machen? Lest Platos 'Staat'. Das ist keineswegs eine politische Arbeit, so wie jene denken, die die Bücher nach ihren Titeln beurteilen. Es ist die schönste Abhandlung über die Erziehung, die je geschrieben wurde. – Will man auf Hirngespinste hinweisen, zitiert man Platos Verfassung. Hätte Lykurg die seine niedergeschrieben, fände ich sie noch viel absurder. Plato hat nichts anderes getan als das Menschenherz zu läutern. Lykurg hat es denaturiert.
Eine öffentliche Erziehung existiert nicht mehr und kann auch nicht mehr existieren. Denn wo kein Vaterland mehr ist, kann es auch keine Staatsbürger mehr geben. Diese beiden Worte: Vaterland und Staatsbürger müssen aus den modernen Sprachen gestrichen werden. Ich kenne sehr wohl den Grund, will ihn aber nicht nennen. Er hat mit meinem Thema nichts zu tun . . .
Bleibt endlich die häusliche oder natürliche Erziehung. Aber was könnte ein Mensch, der einzig für sich selbst erzogen worden wäre, seiner Umwelt bedeuten? Wäre es möglich, die beiden Erziehungsziele, die uns vorschweben, in einem einzigen zu vereinigen, dann würde man die menschlichen Widersprüche tilgen und ein großes Hindernis zu seiner Glückseligkeit beiseite räumen. Um das beurteilen zu können, müßte man ihn als fertigen Menschen sehen, man müßte seine Neigungen beobachtet, seine Fortschritte verfolgt haben und seinem Weg gefolgt sein – mit einem Wort, man müßte den natürlichen Menschen kennen.

(Emile, 1. Buch, S. 111–115)

2.

Jesus gründete ein geistiges Reich auf Erden, das durch die Trennung des theologischen Systems vom politischen die Einheit des Staates aufhob und jene inneren Spaltungen hervorrief, die nie aufgehört haben, die christlichen Völker zu beunruhigen. Da der neue Gedanke von einem überirdischen Reich niemals in die Köpfe von Heiden eingehen konnte, so sahen sie die Christen immer als echte Empörer an, die unter einer erheuchelten Unterwürfigkeit nur auf

den Augenblick warteten, sich unabhängig und zu Gebietern zu machen und die Gewalt, die sie in ihrer Schwäche scheinbar achteten, auf geschickte Weise an sich zu reißen. Dies war die Ursache der Christenverfolgungen.
Was die Heiden befürchtet hatten, geschah. Alles bekam damals ein anderes Gesicht; die demütigen Christen führten plötzlich eine andere Sprache, und das vorgeblich überirdische Reich sah man sich in kurzer Zeit unter einem sichtbaren Oberhaupte in das despotischste Reich dieser Welt verwandeln.
Da es jedoch noch immer ein Staatsoberhaupt und bürgerliche Gesetze gab, so ging aus dieser zwiefachen Gewalt ein unaufhörlicher Konflikt hervor, der in den christlichen Staaten jede gesunde Staatsverfassung unmöglich machte; und nie hat man letzten Endes darüber klar werden können, ob man dem Herrn oder dem Priester zu gehorchen verpflichtet war . . .
Unter allen christlichen Schriftstellern ist der Philosoph Hobbes der einzige, der sowohl das Übel wie das Heilmittel richtig erkannte und sich den Vorschlag zu machen getraute, die beiden Köpfe des Adlers wieder zu vereinigen und alles zur politischen Einheit zurückzuführen, ohne die es dem Staate wie der Regierung immer an einer guten Verfassung fehlen wird. Er hat aber einsehen müssen, daß sich der herrschsüchtige Geist des Christentums mit seinem Systeme nicht in Einklang bringen ließ und der Vorteil des Priesters stets den des Staates überwiegen würde. Nicht sowohl das Abscheuliche und Verkehrte in Hobbes' Politik, sondern das Gute und Wahre in ihr hat sie verhaßt gemacht.

(Der Gesellschaftsvertrag, 4.8, S. 184, 186)

3.

Ich nehme an, daß sich die Menschen bis zu der Stufe emporgeschwungen haben, wo die Hindernisse, die ihrer Erhaltung in dem Naturzustand schädlich sind, durch ihren Widerstand die Oberhand über die Kräfte gewinnen, die jeder einzelne aufbieten muß, um sich in diesem Zustand zu behaupten. Dann kann dieser ursprüngliche Zustand nicht länger fortbestehen, und das menschliche Geschlecht müßte zugrunde gehen, wenn es die Art seines Daseins nicht änderte.
Da nun die Menschen unfähig sind, neue Kräfte hervorzubringen, sondern lediglich die einmal vorhandenen zu vereinigen und zu

lenken vermögen, so haben sie zu ihrer Erhaltung kein anderes Mittel, als durch Vereinigung eine Summe von Kräften zu bilden, die den Widerstand überwinden kann, und alle diese Kräfte durch eine einzige Triebkraft in Bewegung zu setzen und sie in Einklang wirken zu lassen.

Eine solche Summe von Kräften kann nur durch das Zusammenwirken mehrerer entstehen. Da jedoch die Stärke und die Freiheit jedes Menschen die Hauptwerkzeuge seiner Erhaltung sind, wie kann er sie hergeben, ohne sich Schaden zu tun und die Sorgfalt zu versäumen, die er sich schuldig ist? Diese Schwierigkeit läßt sich, wenn man sie auf den Gegenstand meiner Betrachtung anwendet, in die Worte zusammenfassen:

„Wie findet man eine Gesellschaftsform, die mit der ganzen gemeinsamen Kraft die Person und das Vermögen jedes Gesellschaftsgliedes verteidigt und schützt und kraft dessen jeder einzelne, obgleich er sich mit allen vereint, gleichwohl nur sich selbst gehorcht und so frei bleibt wie vorher?" Dies ist die Hauptfrage, deren Lösung der Gesellschaftsvertrag gibt . . .

Scheidet man also vom Gesellschaftsvertrage alles aus, was nicht zu seinem Wesen gehört, so wird man sich überzeugen, daß er sich in folgende Worte zusammenfassen läßt: „Jeder von uns stellt gemeinschaftlich seine Person und seine ganze Kraft unter die oberste Leitung des allgemeinen Willens, und wir nehmen jedes Mitglied als untrennbaren Teil des Ganzen auf."

(1.6, S. 42–44)

4.

Es ergibt sich, daß der allgemeine Wille beständig der richtige ist und immer auf das allgemeine Beste abzielt; daraus folgt jedoch nicht, daß Volksbeschlüsse immer gleich richtig sind. Man will stets sein Bestes, sieht jedoch nicht immer ein, worin es besteht. Das Volk läßt sich nie bestechen, wohl aber oft hinter das Licht führen, und nur dann scheint es Böses zu wollen.

Oft ist ein großer Unterschied zwischen dem Willen aller und dem allgemeinen Willen; letzterer geht nur auf das allgemeine Beste aus, ersterer auf das Privatinteresse und ist nur eine Summe einzelner Willensmeinungen. Zieht man nun von diesen Willensmeinungen das Mehr und Minder, das sich gegenseitig aufhebt, ab, so bleibt als Differenzsumme der allgemeine Wille übrig.

Hätten bei der Beschlußfassung eines hinlänglich unterrichteten Volkes die Staatsbürger keine feste Verbindung untereinander, so würde aus der großen Anzahl kleiner Differenzen stets der allgemeine Wille hervorgehen, und der Beschluß wäre immer gut. Wenn sich indessen Parteien, wenn sich kleine Genossenschaften zum Nachteil der großen bilden, so wird der Wille jeder dieser Gesellschaften in Beziehung auf ihre Mitglieder ein allgemeiner und dem Staate gegenüber ein einzelner; man kann dann sagen, daß nicht mehr soviel Stimmberechtigte wie Menschen vorhanden sind, sondern nur so viele, wie es Vereinigungen gibt. Die Differenzen werden weniger zahlreich und führen zu einem weniger allgemeinen Ergebnis. Wenn endlich eine dieser Vereinigungen so groß ist, daß sie über alle anderen das Übergewicht davonträgt, so ist das Ergebnis nicht mehr eine Summe kleiner Differenzen, sondern eine einzige Differenz; dann gibt es keinen allgemeinen Willen mehr, und die Ansicht, die den Sieg davonträgt, ist trotzdem nur eine Privatansicht.

Um eine klare Darlegung des allgemeinen Willens zu erhalten, ist es deshalb von Wichtigkeit, daß es im Staate möglichst keine besonderen Gesellschaften geben und jeder Staatsbürger nur für seine eigene Überzeugung eintreten soll. (2.3, S. 58–59)

Solange mehrere vereinigte Menschen sich als einen einzigen Körper betrachten, haben sie nur einen einzigen Willen, der die gemeinsame Erhaltung und die allgemeine Wohlfahrt zum Gegenstande hat. Dann sind alle Triebfedern des Staates kräftig und einfach, und seine Grundsätze klar und deutlich; er hat keine verwickelten, einander widersprechenden Interessen; das Gemeinwohl tritt überall sichtlich hervor, und es bedarf nur gesunder Vernunft, um es wahrzunehmen. Friede, Einigkeit und Gleichheit sind Feindinnen politischer Spitzfindigkeiten. Aufrichtige und einfache Menschen sind gerade ihrer Einfachheit wegen schwer hinter das Licht zu führen; für Betrügereien und bestechende Vorspiegelungen sind sie nicht empfänglich; sie sind nicht einmal fein genug, um sich überlisten zu lassen. Wenn man sieht, wie bei dem glücklichsten Volke auf Erden Scharen von Landleuten die Staatsangelegenheiten unter einer Eiche entscheiden und dabei stets mit großer Weisheit zu Werke gehen, kann man sich dann wohl erwehren, die Spitzfindigkeiten anderer Völker zu verachten, die sich mit einer solchen Fülle von Kunst und Geheimnistuerei berühmt und elend machen?

Ein auf solche Weise regierter Staat hat nur wenige Gesetze nötig, und je notwendiger sich der Erlaß neuer macht, desto allgemeiner wird auch diese Notwendigkeit anerkannt. Wer sie zuerst vorschlägt, spricht nur aus, was schon alle längst gefühlt, und es ist nicht erst von Kabalen und Beredsamkeitsergüssen die Rede, um etwas zum Gesetz zu erheben, was jeder schon selbst zu tun beschlossen hat, sobald er nur sicher wäre, daß die anderen seinem Beispiele folgen würden . . .

Sobald aber das gesellschaftliche Band zu erschlaffen und der Staat schwach zu werden beginnt; sobald die Privatinteressen sich immer mehr geltend zu machen und die kleinen Gesellschaften auf die große einzuwirken anfangen: dann leidet das gemeinsame Interesse und findet Gegner; es herrscht keine Einstimmigkeit mehr; der allgemeine Wille ist nicht mehr der Wille aller; es erheben sich Widersprüche und Streitigkeiten, und die beste Ansicht wird nicht ohne lebhafte Wortgefechte angenommen.

Kurz, besteht der seinem Untergange nahe Staat nur noch durch eine illusorische und leere Form; ist das gesellschaftliche Band in allen Herzen zerrissen; trägt der schnödeste Eigennutz schamlos den heiligen Namen des öffentlichen Wohles zur Schau: dann verstummt der allgemeine Wille; von geheimen Beweggründen geleitet stimmen alle dann so wenig staatsbürgerlich, als hätte es nie einen Staat gegeben, und unter dem Namen von Gesetzen bringt man fälschlicherweise unbillige Verordnungen zur Geltung, die nur das Privatinteresse bezwecken.

Folgt etwa daraus, daß der allgemeine Wille vernichtet oder verfälscht sei? Nein, er ist immer beständig, unwandelbar und lauter; aber er ist anderen untergeordnet, die ihn überwiegen. Jeder, der sein Interesse von dem allgemeinen loslöst, sieht sehr wohl ein, daß er nicht imstande ist, es völlig davon zu trennen; aber sein Anteil an dem öffentlichen Elende scheint ihm im Hinblick auf das besondere Wohl, das er sich anzueignen gedenkt, gering und nichtig. Von diesem privaten Wohl abgesehen, will er schon um seines eigenen Vorteils willen das allgemeine Beste ebenso eifrig wie irgendein anderer. Sogar wenn er seine Stimme für Geld verkauft, vernichtet er den allgemeinen Willen nicht in sich; er umgeht ihn nur. Der Fehler, den er begeht, besteht in der Änderung der Fragestellung; er antwortet auf etwas ganz anderes, als er gefragt ist. Anstatt durch Abgabe seine Stimme zu sagen: „Es ist dem Staate vorteilhaft", sagt er: „Es ist diesem oder jenem Manne, dieser oder jener

Partei vorteilhaft, daß dieser oder jener Antrag durchgeht.“ Auf diese Weise erfordert das Gesetz der öffentlichen Ordnung in den allgemeinen Versammlungen nicht so sehr, daß der allgemeine Wille erhalten bleibe, als daß er stets befragt wird und auch stets antwortet.

(4.1, S. 149–151)

5.

Das Recht, das der Gesellschaftsvertrag dem Staatsoberhaupte über die Untertanen gibt, erstreckt sich, wie gesagt, nicht über die Grenzen des Gemeinwohles hinaus. Die Untertanen sind dem Staatsoberhaupte mithin nur insoweit Rechenschaft über ihre Ansichten schuldig, als sich dieselben auf das Gemeinwesen beziehen. Für den Staat ist es allerdings von großer Wichtigkeit, daß sich ein jeder Bürger zu einer Religion bekennt, die ihn seine Pflichten liebgewinnen läßt. Die Glaubenssätze dieser Religion gehen dagegen den Staat und dessen Glieder nur insofern etwas an, als sie die Moral und die Pflichten betreffen, die der Gläubige gegen andere zu erfüllen hat. Sonst kann jeder glauben, was er will, ohne daß dem Staatsoberhaupte das Recht zusteht, sich danach zu erkundigen, denn da er in der andern Welt keine Befugnis hat, so braucht er sich um das Los seiner Untertanen in dem zukünftigen Leben nicht zu kümmern, wenn sie nur in dem irdischen gute Bürger sind.

Es gibt demnach ein rein bürgerliches Glaubensbekenntnis, und die Festsetzung seiner Artikel ist lediglich Sache des Staatsoberhauptes. Es handelt sich hierbei also nicht eigentlich um Religionslehren, sondern um allgemeine Ansichten, ohne deren Befolgung man weder ein guter Bürger noch ein treuer Untertan sein kann*.

---

* Als Cäsar bei der Verteidigung des Catilina[3] den Satz von der Sterblichkeit der Seele aufzustellen suchte, verloren Cato und Cicero zu seiner Widerlegung die Zeit nicht mit philosophischen Erörterungen, sondern begnügten sich, den Nachweis zu liefern, daß Cäsar als schlechter Bürger spreche und eine dem Staate verderbliche Lehre aufstelle. In der Tat hatte der römische Senat auch nur hierüber und nicht über eine theologische Streitfrage zu entscheiden.

---

3 Catilina zettelte 63 v. Chr. eine Verschwörung gegen den Consul Cicero an. Sie wurde niedergeschlagen. In der Senatsverhandlung über die Bestrafung sprach sich Caesar gegen, Cato für die Todesstrafe aus.

Ohne jemand zwingen zu können, sie zu glauben, darf der Staat jeden, der sie nicht glaubt, verbannen, zwar nicht als einen Gottlosen, wohl aber als einen, der den Gesellschaftsvertrag verletzt, der unfähig ist, Gesetze und Gerechtigkeit aufrichtig zu lieben und im Notfalle sein Leben seiner Pflicht zu opfern. Sobald sich jemand nach öffentlicher Anerkennung dieser bürgerlichen Glaubensartikel doch als Ungläubiger aufführt, verdient er den Tod; er hat das größte aller Verbrechen begangen, er hat vor den Gesetzen falsch geschworen.

Die Dogmen der bürgerlichen Religion müssen einfach, gering an Zahl und bestimmt ausgedrückt sein und keiner Auslegungen und Erklärungen bedürfen. Das Dasein einer allmächtigen, weisen, wohltätigen Gottheit, einer alles umfassenden Vorsehung; ein zukünftiges Leben, die Belohnung der Gerechten und Bestrafung der Gottlosen, die Heiligkeit des Gesellschaftsvertrages und der Gesetze, das sind die positiven Glaubenssätze. Was die negativen anlangt, so beschränke ich sie auf einen einzigen, die Unduldsamkeit. Sie ist eine Eigentümlichkeit der von uns verworfenen Religionsformen.

(4.8, S. 192–194)

6.

Tausende von Nationen, die nie gute Gesetze hätten ertragen können, haben auf Erden geglänzt, und selbst solche, die dazu imstande gewesen wären, haben es während ihres ganzen Bestandes nur eine sehr kurze Zeit vermocht. Gleich den Menschen sind die meisten Völker nur in ihrer Jugend gelehrig; im Alter werden sie unverbesserlich. Wenn sich erst Gewohnheiten eingestellt haben und Vorurteile eingewurzelt sind, so ist der Versuch zu ihrer Umgestaltung ebenso gefährlich wie vergeblich; das Volk kann es einmal nicht leiden, daß man seine Gebrechen berührt, um sie aus der Welt zu schaffen; es gleicht darin den einfältigen und furchtsamen Kranken, die bei dem Anblicke des Arztes mit den Zähnen klappern.

Wie gewisse Krankheiten den Kopf der Menschen verwirren und ihnen das Gedächtnis rauben, so kommen im Verlauf der Staaten bisweilen leidenschaftlich erregte Zeitabschnitte vor, in denen Revolutionen auf die Völker eine gleiche Wirkung ausüben wie gewisse Krisen auf einzelne Menschen und der Abscheu vor der Vergangenheit die Stelle der Vergessenheit ersetzt, Zeitabschnitte, in denen der durch Bürgerkriege in Brand gesetzte Staat wie aus der

Asche wiedergeboren wird und die Kraft der Jugend wiedergewinnt, nachdem er sich erst mühsam aus den Armen des Todes freigemacht hat. Dies zeigt Sparta zur Zeit Lykurgs und Rom nach der Vertreibung der Tarquinier, dies haben zu unserer Zeit Holland und die Schweiz nach der Vertreibung ihrer Tyrannen bewiesen. Aber solche Entwicklungen sind selten; es sind Ausnahmen, deren Grund stets in der besonderen Verfassung des sich ausnahmsweise entwickelnden Staates liegt.

(2.8, S. 78–79)

Immanuel Kant[1]

1.

VIERTER SATZ

Das Mittel, dessen sich die Natur bedient, die Entwickelung aller ihrer Anlagen zu Stande zu bringen, ist der Antagonism derselben in der Gesellschaft, so fern dieser doch am Ende die Ursache einer gesetzmäßigen Ordnung derselben wird. Ich verstehe hier unter dem Antagonism die *ungesellige Geselligkeit* der Menschen; d. i. den Hang derselben, in Gesellschaft zu treten, der doch mit einem durchgängigen Widerstande, welcher diese Gesellschaft beständig zu trennen droht, verbunden ist. Hiezu liegt die Anlage offenbar in der menschlichen Natur. Der Mensch hat eine Neigung, sich zu *vergesellschaften;* weil er in einem solchen Zustande sich mehr als Mensch, d. i. die Entwickelung seiner Naturanlagen, fühlt. Er hat aber auch einen großen Hang, sich zu *vereinzelnen* (isolieren); weil er in sich zugleich die ungesellige Eigenschaft antrifft, alles bloß nach seinem Sinne richten zu wollen, und daher allerwärts Widerstand erwartet, so wie er von sich selbst weiß, daß er seiner Seits zum Widerstande gegen andere geneigt ist. Dieser Widerstand ist es nun, welcher alle Kräfte des Menschen erweckt, ihn dahin bringt, seinen Hang zur Faulheit zu überwinden, und, getrieben durch Ehrsucht, Herrschsucht oder Habsucht, sich einen Rang unter seinen Mitgenossen zu verschaffen, die er nicht wohl *leiden,* von

---

1 Werke in sechs Bänden, hrsg. von Wilhelm Weischedel, Darmstadt 1966

denen er aber auch nicht *lassen* kann. Da geschehen nun die ersten wahren Schritte aus der Rohigkeit zur Kultur, die eigentlich in dem gesellschaftlichen Wert des Menschen besteht; da werden alle Talente nach und nach entwickelt, der Geschmack gebildet, und selbst durch fortgesetzte Aufklärung der Anfang zur Gründung einer Denkungsart gemacht, welche die grobe Naturanlage zur sittlichen Unterscheidung mit der Zeit in bestimmte praktische Prinzipien, und so eine *pathologisch*-abgedrungene Zusammenstimmung zu einer Gesellschaft endlich in ein *moralisches* Ganze verwandeln kann. Ohne jene, an sich zwar eben nicht liebenswürdige, Eigenschaften der Ungeselligkeit, woraus der Widerstand entspringt, den jeder bei seinen selbstsüchtigen Anmaßungen notwendig antreffen muß, würden in einem arkadischen Schäferleben, bei vollkommener Eintracht, Genügsamkeit und Wechselliebe, alle Talente auf ewig in ihren Keimen verborgen bleiben: die Menschen, gutartig wie die Schafe die sie weiden, würden ihrem Dasein kaum einen größeren Wert verschaffen, als dieses ihr Hausvieh hat; sie würden das Leere der Schöpfung in Ansehung ihres Zwecks, als vernünftige Natur, nicht ausfüllen. Dank sei also der Natur für die Unvertragsamkeit, für die mißgünstig wetteifernde Eitelkeit, für die nicht zu befriedigende Begierde zum Haben, oder auch zum Herrschen! Ohne sie würden alle vortreffliche Naturanlagen in der Menschheit ewig unentwickelt schlummern. Der Mensch will Eintracht; aber die Natur weiß besser, was für seine Gattung gut ist: sie will Zwietracht. Er will gemächlich und vergnügt leben; die Natur will aber, er soll aus der Lässigkeit und untätigen Genügsamkeit hinaus, sich in Arbeit und Mühseligkeiten stürzen, um dagegen auch Mittel auszufinden, sich klüglich wiederum aus den letztern heraus zu ziehen. Die natürlichen Triebfedern dazu, die Quellen der Ungeselligkeit und des durchgängigen Widerstandes, woraus so viele Übel entspringen, die aber doch auch wieder zur neuen Anspannung der Kräfte, mithin zu mehrerer Entwickelung der Naturanlagen antreiben, verraten also wohl die Anordnung eines weisen Schöpfers; und nicht etwa die Hand eines bösartigen Geistes, der in seine herrliche Anstalt gepfuscht oder sie neidischer Weise verderbt habe.

FÜNFTER SATZ

Das größte Problem für die Menschengattung, zu dessen Auflösung die Natur ihn zwingt, ist die Erreichung einer allgemein das Recht verwaltenden bürgerlichen Gesellschaft. Da nur in der Gesellschaft, und zwar derjenigen, die die größte Freiheit, mithin einen durchgängigen Antagonism ihrer Glieder, und doch die genauste Bestimmung und Sicherung der Grenzen dieser Freiheit hat, damit sie mit der Freiheit anderer bestehen könne, – da nur in ihr die höchste Absicht der Natur, nämlich die Entwickelung aller ihrer Anlagen, in der Menschheit erreicht werden kann, die Natur auch will, daß sie diesen, so wie alle Zwecke ihrer Bestimmung, sich selbst verschaffen solle: so muß eine Gesellschaft, in welcher *Freiheit unter äußeren Gesetzen* im größtmöglichen Grade mit unwiderstehlicher Gewalt verbunden angetroffen wird, d. i. eine vollkommen *gerechte bürgerliche Verfassung,* die höchste Aufgabe der Natur für die Menschengattung sein; weil die Natur, nur vermittelst der Auflösung und Vollziehung derselben, ihre übrigen Absichten mit unserer Gattung erreichen kann. In diesen Zustand des Zwanges zu treten, zwingt den sonst für ungebundene Freiheit so sehr eingenommenen Menschen die Not; und zwar die größte unter allen, nämlich die, welche sich Menschen unter einander selbst zufügen, deren Neigungen es machen, daß sie in wilder Freiheit nicht lange neben einander bestehen können. Allein in einem solchen Gehege, als bürgerliche Vereinigung ist, tun eben dieselben Neigungen hernach die beste Würkung: so wie Bäume in einem Walde, eben dadurch daß ein jeder dem andern Luft und Sonne zu benehmen sucht, einander nötigen, beides über sich zu suchen, und dadurch einen schönen geraden Wuchs bekommen; statt daß die, welche in Freiheit und von einander abgesondert ihre Äste nach Wohlgefallen treiben, krüppelig, schief, und krumm wachsen. Alle Kultur und Kunst, welche die Menschheit zieret, die schönste gesellschaftliche Ordnung, sind Früchte der Ungeselligkeit, die durch sich selbst genötigt wird, sich zu disziplinieren, und so, durch abgedrungene Kunst, die Keime der Natur vollständig zu entwickeln.

SECHSTER SATZ

Dieses Problem ist zugleich das schwerste, und das, welches von der Menschengattung am spätesten aufgelöst wird. Die Schwierigkeit, welche auch die bloße Idee dieser Aufgabe schon vor Augen legt, ist diese: der Mensch ist ein Tier, das, wenn es unter anderen seiner Gattung lebt, *einen Herrn nötig hat.* Denn er mißbraucht gewiß seine Freiheit in Ansehung anderer seinesgleichen; und, ob er gleich, als vernünftiges Geschöpf, ein Gesetz wünscht, welches der Freiheit aller Schranken setze: so verleitet ihn doch seine selbstsüchtige tierische Neigung, wo er darf, sich selbst auszunehmen. Er bedarf also einen *Herrn* der ihm den eigenen Willen breche, und ihn nötige, einem allgemein-gültigen Willen, dabei aber jeder frei sein kann, zu gehorchen. Wo nimmt er aber diesen Herrn her? Nirgend anders als aus der Menschengattung. Aber dieser ist eben so wohl ein Tier, das einen Herrn nötig hat. Er mag es also anfangen, wie er will: so ist nicht abzusehen, wie er sich ein Oberhaupt der öffentlichen Gerechtigkeit verschaffen könne, das selbst gerecht sei: er mag dieses nun in einer einzelnen Person, oder in einer Gesellschaft vieler dazu auserlesenen Personen suchen. Denn jeder derselben wird immer seine Freiheit mißbrauchen, wenn er keinen über sich hat, der nach den Gesetzen über ihn Gewalt ausübt. Das Höchste Oberhaupt soll aber gerecht *für sich selbst,* und doch ein *Mensch* sein. Diese Aufgabe ist daher die schwerste unter allen; ja ihre vollkommene Auflösung ist unmöglich: aus so krummem Holze, als woraus der Mensch gemacht ist, kann nichts ganz Gerades gezimmert werden. Nur die Annäherung zu dieser Idee ist uns von der Natur auferlegt*. Daß sie auch diejenige sei, welche am spätesten ins Werk gerichtet wird, folgt überdem auch daraus: daß hierzu richtige Begriffe von der Natur einer möglichen Verfassung, große durch viel Weltläufe geübte Erfahrenheit, und, über das alles, ein zur Annehmung derselben vorbereiteter guter Wille erfordert wird; drei solche Stücke aber sich sehr schwer, und, wenn es geschieht, nur sehr spät, nach viel vergeblichen Versuchen, einmal zusammen finden können.

SIEBENTER SATZ

Das Problem der Errichtung einer vollkommenen bürgerlichen Verfassung ist von dem Problem eines gesetzmäßigen äußeren Staatenverhältnisses abhängig, und kann ohne das letztere nicht aufgelöst werden. Was hilft's, an einer gesetzmäßigen bürgerlichen Verfassung unter einzelnen Menschen, d. i. an der Anordnung eines *gemeinen Wesens,* zu arbeiten? Dieselbe Ungeselligkeit, welche die Menschen

---

* Die Rolle des Menschen ist also sehr künstlich. Wie es mit den Einwohnern anderer Planeten und ihrer Natur beschaffen sei, wissen wir nicht; wenn wir aber diesen Auftrag der Natur gut ausrichten, so können wir uns wohl schmeicheln, daß wir unter unseren Nachbarn im Weltgebäude einen nicht geringen Rang behaupten dürften. Vielleicht mag bei diesen ein jedes Individuum seine Bestimmung in seinem Leben völlig erreichen. Bei uns ist es anders; nur die Gattung kann dieses hoffen.

hierzu nötigte, ist wieder die Ursache, daß ein jedes gemeine Wesen in äußerem Verhältnisse, d. i. als ein Staat in Beziehung auf Staaten, in ungebundener Freiheit steht, und folglich einer von dem andern eben die Übel erwarten muß, die die einzelnen Menschen drückten und sie zwangen, in einen gesetzmäßigen bürgerlichen Zustand zu treten. Die Natur hat also die Unvertragsamkeit der Menschen, selbst der großen Gesellschaften und Staatskörper dieser Art Geschöpfe, wieder zu einem Mittel gebraucht, um in dem unvermeidlichen *Antagonism* derselben einen Zustand der Ruhe und Sicherheit auszufinden; d. i. sie treibt, durch die Kriege, durch die überspannte und niemals nachlassende Zurüstung zu denselben, durch die Not, die dadurch endlich ein jeder Staat, selbst mitten im Frieden, innerlich fühlen muß, zu anfänglich unvollkommenen Versuchen, endlich aber, nach vielen Verwüstungen, Umkippungen, und selbst durchgängiger innerer Erschöpfung ihrer Kräfte, zu dem, was ihnen die Vernuft auch ohne so viel traurige Erfahrung hätte sagen können, nämlich: aus dem gesetzlosen Zustande der Wilden hinaus zu gehen, und in einen Völkerbund zu treten; wo jeder, auch der kleinste, Staat seine Sicherheit und Rechte, nicht von eigener Macht, oder eigener rechtlichen Beurteilung, sondern allein von diesem großen Völkerbunde (Foedus Amphictyonum), von einer vereinigten Macht, und, von der Entscheidung nach Gesetzen des vereinigten Willens, erwarten könnte. So schwärmerisch diese Idee auch zu sein scheint, und als eine solche an einem *Abbé von St. Pierre*[2] oder *Rousseau* verlacht worden (vielleicht, weil sie solche in der Ausführung zu nahe glaubten): so ist es doch der unvermeidliche Ausgang der Not, worein sich Menschen einander versetzen, die die Staaten zu eben der Entschließung (so schwer es ihnen auch eingeht) zwingen muß, wozu der wilde Mensch eben so ungern gezwungen ward, nämlich: seine brutale Freiheit aufzugeben, und in einer gesetzmäßigen Verfassung Ruhe und Sicherheit zu suchen. – Alle Kriege sind demnach so viel Versuche (zwar nicht in der Absicht der Menschen, aber doch in der Absicht der Natur), neue Verhältnisse der Staaten zu Stande zu bringen, und durch Zerstörung, wenigstens Zerstücke-

---

2 Bernardin de Saint-Pierre (1737–1814), französischer Schriftsteller, stand in enger Beziehung zu Rousseau. Er machte weite, abenteuerliche Reisen und wollte irgendwo einen idealen Staat gründen, wie er ihn in seinem Werk 'Arcadie' (1781) beschreibt.

lung aller, neue Körper zu bilden, die sich aber wieder, entweder in sich selbst oder neben einander, nicht erhalten können, und daher neue ähnliche Revolutionen erleiden müssen; bis endlich einmal, teils durch die bestmögliche Anordnung der bürgerlichen Verfassung innerlich, teils durch eine gemeinschaftliche Verabredung und Gesetzgebung äußerlich, ein Zustand errichtet wird, der, einem bürgerlichen gemeinen Wesen ähnlich, so wie ein *Automat* sich selbst erhalten kann.

Ob man es nun von einem *epikurischen* Zusammenlauf[3] wirkender Ursachen erwarten solle, daß die Staaten, so wie die kleinen Stäubchen der Materie, durch ihren ungefähren Zusammenstoß allerlei Bildungen versuchen, die durch neuen Anstoß wieder zerstört werden, bis endlich einmal *von ungefähr* eine solche Bildung gelingt, die sich in ihrer Form erhalten kann (ein Glückszufall, der sich wohl schwerlich jemals zutragen wird!); oder ob man vielmehr annehmen solle, die Natur verfolge hier einen regelmäßigen Gang, unsere Gattung von der unteren Stufe der Tierheit an allmählich bis zur höchsten Stufe der Menschheit, und zwar durch eigene obzwar dem Menschen abgedrungene Kunst, zu führen, und entwickele in dieser scheinbarlich wilden Anordnung ganz regelmäßig jene ursprüngliche Anlagen; oder ob man lieber will, daß aus allen diesen Wirkungen und Gegenwirkungen der Menschen im großen überall nichts, wenigstens nichts Kluges herauskomme, daß es bleiben werde, wie es von jeher gewesen ist, und man daher nicht voraus sagen könne, ob nicht die Zwietracht, die unserer Gattung so natürlich ist, am Ende für uns eine Hölle von Übeln, in einem noch so gesitteten Zustande vorbereite, indem sie vielleicht diesen Zustand selbst und alle bisherigen Fortschritte in der Kultur durch barbarische Verwüstung wieder vernichten werde (ein Schicksal, wofür man unter der Regierung des blinden Ungefährs nicht stehen kann, mit welcher gesetzlose Freiheit in der Tat einerlei ist, wenn man ihr nicht einen in geheim an Weisheit geknüpften Leitfaden der Natur unterlegt!)? das läuft ungefähr auf die Frage hinaus, ob es wohl vernüftig sei, *Zweckmäßigkeit* der Naturanstalt in Teilen und doch

3 Lehre Epikurs, an Demokrit anknüpfend, daß alle Atome von Ewigkeit her aus unendlicher Höhe in unendliche Tiefe fallen und es zur Bildung von Welten nur durch eine Abweichung von der Fallbewegung und das sich daraus ergebende Zusammentreffen von Atomen kommt. Diese Abweichung ist nicht begründbar.

Zwecklosigkeit im Ganzen anzunehmen? Was also der zwecklose Zustand der Wilden tat, daß er nämlich alle Naturanlagen in unserer Gattung zurück hielt, aber endlich durch die Übel, worin er diese versetzte, sie nötigte, aus diesem Zustande hinaus und in eine bürgerliche Verfassung zu treten, in welcher alle jene Keime entwickelt werden können: das tut auch die barbarische Freiheit der schon gestifteten Staaten, nämlich: daß durch die Verwendung aller Kräfte der gemeinen Wesen auf Rüstung gegen einander, durch die Verwüstungen die der Krieg anrichtet, noch mehr aber durch die Notwendigkeit, sich beständig in Bereitschaft dazu zu erhalten, zwar die völlige Entwickelung der Naturanlagen in ihrem Fortgange gehemmet wird, dagegen aber auch die Übel, die daraus entspringen, unsere Gattung nötigen, zu dem an sich heilsamen Widerstande vieler Staaten neben einander, der aus ihrer Freiheit entspringt, ein Gesetz des Gleichgewichts auszufinden, und eine vereinigte Gewalt, die demselben Nachdruck gibt, mithin einen weltbürgerlichen Zustand der öffentlichen Staatssicherheit einzuführen; der nicht ohne alle *Gefahr* sei, damit die Kräfte der Menschheit nicht einschlafen, aber doch auch nicht ohne ein Prinzip der *Gleichheit* ihrer wechselseitigen *Wirkung und Gegenwirkung,* damit sie einander nicht zerstören. Ehe dieser letzte Schritt (nämlich die Staatenverbindung) geschehen, also fast nur auf der Hälfte ihrer Ausbildung, erduldet die menschliche Natur die härtesten Übel, unter dem betrüglichen Anschein äußerer Wohlfahrt; und *Rousseau*[4] hatte so Unrecht nicht, wenn er den Zustand der Wilden vorzog, so bald man nämlich diese letzte Stufe, die unsere Gattung noch zu ersteigen hat, wegläßt. Wir sind im hohen Grade durch Kunst und Wissenschaft *kultiviert.* Wir sind *zivilisiert,* bis zum Überlästigen, zu allerlei gesellschaftlicher Artigkeit und Anständigkeit. Aber, uns für schon *moralisiert* zu halten, daran fehlt noch sehr viel. Denn die Idee der Moralität gehört noch zur Kultur; der Gebrauch dieser Idee aber, welcher nur auf das Sittenähnliche in der Ehrliebe und der äußeren Anständigkeit hinausläuft, macht bloß die Zivilisierung aus. So lange aber Staaten alle ihre Kräfte auf ihre eiteln und gewaltsamen Erweiterungsabsichten verwenden,

---

4 Anspielung auf die Naturzustandslehre Rousseaus, vor allem in 'Über den Ursprung und die Grundlagen der Ungleichheit unter den Menschen' (1755)

und so die langsame Bemühung der inneren Bildung der Denkungsart ihrer Bürger unaufhörlich hemmen, ihnen selbst auch alle Unterstützung in dieser Absicht entziehen, ist nichts von dieser Art zu erwarten; weil dazu eine lange innere Bearbeitung jedes gemeinen Wesens zur Bildung seiner Bürger erfordert wird. Alles Gute aber, das nicht auf moralisch-gute Gesinnung gepfropft ist, ist nichts als lauter Schein und schimmerndes Elend. In diesem Zustande wird wohl das menschliche Geschlecht verbleiben, bis es sich, auf die Art wie ich gesagt habe, aus dem chaotischen Zustande seiner Staatsverhältnisse herausgearbeitet haben wird.

ACHTER SATZ

Man kann die Geschichte der Menschengattung im großen als die Vollziehung eines verborgenen Plans der Natur ansehen, um eine innerlich- und, zu diesem Zwecke, auch äußerlich-vollkommene Staatsverfassung zu Stande zu bringen, als den einzigen Zustand, in welchem sie alle ihre Anlagen in der Menschheit völlig entwickeln kann. Der Satz ist eine Folgerung aus dem vorigen. Man sieht: die Philosophie könne auch ihren *Chiliasmus*[5] haben; aber einen solchen, zu dessen Herbeiführung ihre Idee, obgleich nur sehr von weitem, selbst beförderlich werden kann, der also nichts weniger als schwärmerisch ist. Es kömmt nur darauf an, ob die Erfahrung etwas von einem solchen Gange der Naturarbeit entdecke. Ich sage: *etwas weniges;* denn dieser Kreislauf scheint so lange Zeit zu erfordern bis er sich schließt, daß man aus dem kleinen Teil, den die Menschheit in dieser Absicht zurückgelegt hat, nur eben so unsicher die Gestalt ihrer Bahn und das Verhältnis der Teile zum Ganzen bestimmen kann, als aus allen bisherigen Himmelsbeobachtungen den Lauf, den unsere Sonne samt dem ganzen Heere ihrer Trabanten im großen Fixsternensystem nimmt; obgleich doch, aus dem allgemeinen Grunde der systematischen Verfassung des Weltbaues, und aus dem wenigen was man beobachtet hat, zuverlässig genug, um auf die Wirklichkeit eines solchen Kreislaufes zu schließen. Indessen bringt es die menschliche Natur so mit sich: selbst in Ansehung der allerentferntesten Epoche, die unsere Gattung

5 Lehre vom Kommen eines tausendjährigen Reiches auf Erden als Erfüllung der Heilsgeschichte; allgemeiner: Geschichtsdenken, das an das baldige Erreichen eines zukünftigen Idealzustandes in naher Zukunft glaubt.

treffen soll, nicht gleichgültig zu sein, wenn sie nur mit Sicherheit erwartet werden kann. Vornehmlich kann es in unserem Falle um desto weniger geschehen, da es scheint, wir könnten durch unsere eigene vernünftige Veranstaltung diesen für unsere Nachkommen so erfreulichen Zeitpunkt schneller herbeiführen. Um deswillen werden uns selbst die schwachen Spuren der Annäherung desselben sehr wichtig. Jetzt sind die Staaten schon in einem so künstlichen Verhältnisse gegen einander, daß keiner in der inneren Kultur nachlassen kann, ohne gegen die andern an Macht und Einfluß zu verlieren; also ist, wo nicht der Fortschritt, dennoch die Erhaltung dieses Zwecks der Natur, selbst durch die ehrsüchtigen Absichten derselben ziemlich gesichert. Ferner: bürgerliche Freiheit kann jetzt auch nicht sehr wohl angetastet werden, ohne den Nachteil davon in allen Gewerben, vornehmlich dem Handel, dadurch aber auch die Abnahme der Kräfte des Staats im äußeren Verhältnisse, zu fühlen. Diese Freiheit geht aber allmählich weiter. Wenn man den Bürger hindert, seine Wohlfahrt auf alle ihm selbst beliebige Art, die nur mit der Freiheit anderer zusammen bestehen kann, zu suchen: so hemmet man die Lebhaftigkeit des durchgängigen Betriebes, und hiemit wiederum die Kräfte des Ganzen. Daher wird die persönliche Einschränkung in seinem Tun und Lassen immer mehr aufgehoben, die allgemeine Freiheit der Religion nachgegeben; und so entspringt allmählich, mit unterlaufendem Wahne und Grillen, *Aufklärung,* als großes Gut, welches das menschliche Geschlecht sogar von der selbstsüchtigen Vergrößerungsabsicht seiner Beherrscher ziehen muß, wenn sie nur ihren eigenen Vorteil verstehen. Diese Aufklärung aber, und mit ihr auch ein gewisser Herzensanteil, den der aufgeklärte Mensch am Guten, das er vollkommen begreift, zu nehmen nicht vermeiden kann, muß nach und nach bis zu den Thronen hinauf gehen, und selbst auf ihre Regierungsgrundsätze Einfluß haben. Obgleich z. B. unsere Weltregierer zu öffentlichen Erziehungsanstalten, und überhaupt zu allem was das Weltbeste betrifft, vor jetzt kein Geld übrig haben, weil alles auf den künftigen Krieg schon zum voraus verrechnet ist: so werden sie doch ihren eigenen Vorteil darin finden, die obzwar schwachen und langsamen eigenen Bemühungen ihres Volks in diesem Stücke wenigstens nicht zu hindern. Endlich: wird selbst der Krieg allmählich nicht allein ein so künstliches, im Ausgange von beiden Seiten so unsicheres, sondern auch durch die Nachwehen, die der Staat in einer immer anwachsenden Schuldenlast (einer neuen Erfindung) fühlt, deren Tilgung unabsehlich wird, ein so bedenkliches Unternehmen, dabei der Einfluß, den jede Staatserschütterung in unserem durch seine Gewerbe so sehr verketteten Weltteil auf alle andere Staaten tut, so merklich: daß sich diese durch ihre eigene Gefahr gedrungen, obgleich ohne gesetzliches Ansehen, zu Schiedsrichtern anbieten, und so alles von weitem zu einem künftigen großen Staatskörper anschicken, wovon die Vorwelt kein Beispiel aufzuzeigen hat. Obgleich dieser Staatskörper für itzt nur noch sehr im rohen Entwurfe dasteht, so fängt sich dennoch gleichsam schon ein Gefühl in allen Gliedern, deren jedem an der Erhaltung des Ganzen gelegen ist, an zu regen; und diese gibt Hoffnung, daß nach manchen Revolutionen der Umbildung, endlich das, was die Natur zur höchsten Absicht hat, ein allgemeiner *weltbürgerlicher Zustand,* als der Schoß, worin alle ursprüngliche Anlagen der Menschengattung entwickelt werden, dereinst einmal zu Stande kommen werde.

(Idee zu einer allgemeinen Geschichte in weltbürgerlicher Absicht, Bd. 6, S. 37–47)

2.

Der Charakter der Gattung, so wie er aus der Erfahrung aller Zeiten und unter allen Völkern kundbar wird, ist dieser: Daß sie, kollektiv (als ein Ganzes des Menschengeschlechts) genommen, eine nach- und neben einander existierende Menge von Personen ist, die das friedliche Beisammensein nicht *entbehren* und dabei dennoch einander beständig widerwärtig zu sein nicht *vermeiden* können; folglich eine durch wechselseitigen Zwang, unter von ihnen selbst ausgehenden Gesetzen zu einer, beständig mit Entzweiung bedrohten, aber allgemein fortschreitenden Koalition in eine *weltbürgerliche Gesellschaft* (cosmopolitismus) sich von der Natur bestimmt fühlen: welche an sich unerreichbare Idee aber kein konstitutives Prinzip (der Erwartung eines, mitten in der lebhaftesten Wirkung und Gegenwirkung der Menschen bestehenden, Friedens), sondern nur ein regulatives Prinzip ist: ihr, als der Bestimmung des Menschengeschlechts, nicht ohne gegründete Vermutung einer natürlichen Tendenz zu derselben, fleißig nachzugehen.

(Anthropologie in pragmatischer Hinsicht, Bd. 6, S. 687–688)

3.

Der bürgerliche Zustand also, bloß als rechtlicher Zustand betrachtet, ist auf folgende Prinzipien a priori gegründet:

1. Die *Freiheit* jedes Gliedes der Sozietät, als *Menschen.*
2. Die *Gleichheit* desselben mit jedem anderen als *Untertan.*
3. Die *Selbständigkeit* jedes Gliedes eines gemeinen Wesens, als *Bürgers.*

Diese Prinzipien sind nicht sowohl Gesetze, die der schon errichtete Staat gibt, sondern nach denen allein eine Staatserrichtung, reinen Vernunftprinzipien des äußeren Menschenrechts überhaupt gemäß möglich ist. Also:

1. Die *Freiheit* als Mensch, deren Prinzip für die Konstitution eines gemeinen Wesens ich in der Formel ausdrücke: Niemand kann mich zwingen, auf seine Art (wie er sich das Wohlsein anderer Menschen denkt) glücklich zu sein, sondern ein jeder darf seine Glückseligkeit auf dem Weg suchen, welcher ihm selbst gut dünkt, wenn er nur der Freiheit anderer, einem ähnlichen Zwecke nachzustreben, die mit der Freiheit von jedermann nach einem möglichen allgemeinen Gesetze zusammen bestehen kann, (d. i. diesem Rechte des andern) nicht Abbruch tut . . .

2. Die *Gleichheit* als Untertan, deren Formel so lauten kann: Ein jedes Glied des gemeinen Wesens hat gegen jedes andere Zwangsrechte, wovon nur das Oberhaupt desselben ausgenommen ist (darum weil er von jenem kein Glied, sondern der Schöpfer oder Erhalter desselben ist); welcher allein die Befugnis hat zu zwingen, ohne selbst einem Zwangsgesetze unterworfen zu sein . . .

Aus dieser Idee der Gleichheit der Menschen im gemeinen Wesen als Untertanen geht nun auch die Formel hervor: Jedes Glied desselben muß zu jeder Stufe eines Standes in demselben (die einem Untertan zukommen kann) gelangen dürfen, wozu ihn sein Talent, sein Fleiß und sein Glück hinbringen können; und es dürfen ihm seine Mituntertanen durch ein *erbliches* Prärogativ (als Privilegiaten für einen gewissen Stand) nicht im Wege stehen, um ihn und seine Nachkommen unter demselben ewig niederzuhalten . . .

Aus dieser Gleichheit kann auch kein Mensch, der in einem rechtlichen Zustande eines gemeinen Wesens lebt, anders als durch sein eigenes Verbrechen, niemals aber weder durch Vertrag oder durch Kriegsgewalt (occupatio bellica) fallen; denn er kann durch keine rechtliche Tat (weder seine eigene, noch die eines anderen) aufhören, Eigner seiner selbst zu sein, und in die Klasse des Hausviehes eintreten, das man zu allen Diensten braucht, wie man will, und es auch darin ohne seine Einwilligung erhält, so lange man will, wenn gleich mit der Einschränkung (welche auch wohl, wie bei den Indiern, bisweilen durch die Religion sanktioniert wird), es nicht zu verkrüppeln oder zu töten. Man kann ihn in jedem Zustande für glücklich annehmen, wenn er sich nur bewußt ist, daß es nur an ihm selbst (seinem Vermögen, oder ernstlichen Willen) oder an Umständen, die er keinem anderen Schuld geben kann, aber nicht an dem unwiderstehlichen Willen anderer liege, daß er nicht zu gleicher Stufe mit anderen hinaufsteigt, die als seine Mituntertanen, hierin, was das Recht betrifft, vor ihm nichts voraus haben.

3. Die *Selbständigkeit* (sibisufficientia) eines Gliedes des gemeinen Wesens als *Bürgers* d. i. als Mitgesetzgebers. In dem Punkte der Gesetzgebung selbst sind alle, die *unter* schon vorhandenen öffentlichen Gesetzen frei und gleich sind, doch nicht, was das Recht betrifft, diese Gesetze zu *geben*, alle für gleich zu achten. Diejenigen, welche dieses Rechts nicht fähig sind, sind gleichwohl, als Glieder des gemeinen Wesens, der Befolgung dieser Gesetze unterworfen, und dadurch des Schutzes nach denselben teilhaftig; nur nicht als *Bürger*, sondern als *Schutzgenossen* . . . –
Derjenige nun, welcher das Stimmrecht in dieser Gesetzgebung hat, heißt ein *Bürger* (citoyen, d. i. *Staatsbürger*, nicht Stadtbürger, bourgeois). Die dazu erforderliche Qualität ist, außer der *natürlichen* (daß es kein Kind, kein Weib ist), die einzige: daß er *sein eigener Herr* (sui iuris) sei, mithin irgend ein *Eigentum* habe (wozu auch jede Kunst, Handwerk, oder schöne Kunst, oder Wissenschaft gezählt werden kann), welches ihn ernährt; d. i. daß er, in denen Fällen, wo er von andern erwerben muß, um zu leben, nur durch *Veräußerung* dessen was sein* ist erwerbe, nicht durch Bewilligung,

---

* Derjenige, welcher ein Opus verfertigt, kann es durch *Veräußerung* an einen anderen bringen, gleich als ob es sein Eigentum wäre. Die praestatio operae[a] aber ist keine Veräußerung. Der Hausbediente, der Ladendiener, der Taglöhner, selbst der Friseur sind bloß Operarii, nicht Artifices (in weiterer Bedeutung des Worts), und nicht Staatsglieder, mithin auch nicht Bürger zu sein qualifiziert. Obgleich der, welchem ich mein Brennholz aufzuarbeiten, und der Schneider, dem ich mein Tuch gebe, um daraus ein Kleid zu machen, sich in ganz ähnlichen Verhältnissen

---

a Übersetzung des Herausgebers: Bereitstellen der Arbeitskraft

die er anderen gibt, von seinen Kräften Gebrauch zu machen, folglich, daß er niemanden als dem gemeinen Wesen im eigentlichen Sinne des Worts *diene* . . .

Hier ist nun ein *ursprünglicher Kontrakt,* auf den allein eine bürgerliche, mithin durchgängig rechtliche Verfassung unter Menschen gegründet und ein gemeines Wesen errichtet werden kann. – Allein dieser Vertrag (contractus originarius oder pactum sociale genannt), als Koalition jedes besondern und Privatwillens in einem Volk zu einem gemeinschaftlichen und öffentlichen Willen (zum Behuf einer bloß rechtlichen Gesetzgebung), ist keinesweges als ein *Faktum* vorauszusetzen nötig (ja als ein solches gar nicht möglich); gleichsam als ob allererst aus der Geschichte vorher bewiesen werden müßte, daß ein Volk, in dessen Rechte und Verbindlichkeiten wir als Nachkommen getreten sind, *einmal* wirklich einen solchen Actus verrichtet, und eine sichere Nachricht oder ein Instrument davon uns, mündlich oder schriftlich, hinterlassen haben müsse, um sich an eine schon bestehende bürgerliche Verfassung für gebunden zu achten. Sondern es ist eine *bloße Idee* der Vernunft, die aber ihre unbezweifelte (praktische) Realität hat: nämlich jeden Gesetzgeber zu verbinden, daß er seine Gesetze so gebe, als sie aus dem vereinigten Willen eines ganzen Volkes haben entspringen *können*, und jeden Untertan, so fern er Bürger sein will, so anzusehen, als ob er zu einem solchen Willen mit zusammen gestimmet habe. Denn das ist der Probierstein der Rechtmäßigkeit eines jeden öffentlichen Gesetzes. Ist nämlich dieses so beschaffen, daß ein ganzes Volk *unmöglich* dazu seine Einstimmung geben *könnte* (wie z. B. daß eine gewisse Klasse von *Untertanen* erblich den Vorzug des *Herrenstandes* haben sollten), so ist es nicht gerecht; ist es aber *nur möglich,* daß ein Volk dazu zusammen stimme, so ist es Pflicht, das Gesetz für gerecht zu halten: gesetzt auch, daß das Volk itzt in einer solchen Lage, oder Stimmung seiner Denkungsart wäre, daß

---

gegen mich zu befinden scheinen, so ist doch jener von diesem, wie Friseur vom Perückenmacher (dem ich auch das Haar dazu gegeben haben mag), also wie Taglöhner vom Künstler oder Handwerker, der ein Werk macht, das ihm gehört, so lange er nicht bezahlt ist, unterschieden. Der letztere, als Gewerbtreibende, verkehrt also sein Eigentum mit dem anderen (opus), der erstere den Gebrauch seiner Kräfte, den er einem anderen bewilligt (operam). – Es ist, ich gestehe es, etwas schwer, die Erfordernis zu bestimmen, um auf den Stand eines Menschen, der sein eigener Herr ist, Anspruch machen zu können.

es, wenn es darum befragt würde, wahrscheinlicherweise seine Beistimmung verweigern würde.*

Aber diese Einschränkung gilt offenbar nur für das Urteil des Gesetzgebers, nicht des Untertans. Wenn also ein Volk unter einer gewissen itzt wirklichen Gesetzgebung seine Glückseligkeit einzubüßen mit größter Wahrscheinlichkeit urteilen sollte: was ist für dasselbe zu tun? soll es sich nicht widersetzen? Die Antwort kann nur sein: es ist für dasselbe nichts zu tun, als zu gehorchen. Denn die Rede ist hier nicht von Glückseligkeit, die aus einer Stiftung oder Verwaltung des gemeinen Wesens für den Untertan zu erwarten steht; sondern allererst bloß vom Rechte, das dadurch einem jeden gesichert werden soll: welches das oberste Prinzip ist, von welchem alle Maximen, die ein gemeines Wesen betreffen, ausgehen müssen, und das durch kein anderes eingeschränkt wird. In Ansehung der ersteren (der Glückseligkeit) kann gar kein allgemein gültiger Grundsatz für Gesetze gegeben werden. Denn, so wohl die Zeitumstände, als auch der sehr einander widerstreitende und dabei immer veränderliche Wahn, worin jemand seine Glückseligkeit setzt (worin er sie aber setzen soll, kann ihm niemand vorschreiben), macht alle feste Grundsätze unmöglich, und zum Prinzip der Gesetzgebung für sich allein untauglich. Der Satz: Salus publica suprema civitatis lex est[a], bleibt in seinem unverminderten Wert und Ansehen; aber das öffentliche Heil, welches *zuerst* in Betrachtung zu ziehen steht, ist gerade diejenige gesetzliche Verfassung, die jedem seine Freiheit durch Gesetze sichert: wobei es ihm unbenommen bleibt, seine Glückseligkeit auf jedem Wege, welcher ihm der

---

* Wenn z. B. eine für alle Untertanen proportionierte Kriegssteuer ausgeschrieben würde, so können diese darum, weil sie drückend ist, nicht sagen, daß sie ungerecht sei, weil etwa der Krieg, ihrer Meinung nach, unnötig wäre: denn das sind sie nicht berechtigt zu beurteilen; sondern, weil es doch immer *möglich* bleibt, daß er unvermeidlich und die Steuer unentbehrlich sei, so muß sie in dem Urteile des Untertans für rechtmäßig gelten. Wenn aber gewisse Gutseigentümer in einem solchen Kriege mit Lieferungen belästigt, andere aber desselben Standes damit verschont würden: so sieht man leicht, ein ganzes Volk könne zu einem solchen Gesetz nicht zusammen stimmen, und es ist befugt, wider dasselbe wenigstens Vorstellungen zu tun, weil es diese ungleiche Austeilung der Lasten nicht für gerecht halten kann.

a Übersetzung des Herausgebers: „Das öffentliche Wohl ist das oberste Gesetz des Staates".

beste dünkt, zu suchen, wenn er nur nicht jener allgemeinen gesetzmäßigen Freiheit, mithin dem Rechte anderer Mituntertanen, Abbruch tut.

(Über den Gemeinspruch, Bd. 6, S. 145–151, 153–155)

4.

Jetzt ist die Frage, die das Wesentliche der Absicht auf den ewigen Frieden betrifft: „Was die Natur in dieser Absicht, beziehungsweise auf den Zweck, den dem Menschen seine eigene Vernunft zur Pflicht macht, mithin zu Begünstigung seiner *moralischen Absicht* tue, und wie sie die Gewähr leiste, daß dasjenige, was der Mensch nach Freiheitsgesetzen tun *sollte*, aber nicht tut, dieser Freiheit unbeschadet auch durch einen Zwang der Natur, daß er es tun *werde*, gesichert sei, und zwar nach allen drei Verhältnissen des öffentlichen Rechts, des *Staats-*, *Völker-* und *weltbürgerlichen Rechts*". – Wenn ich von der Natur sage: *sie will*, daß dieses oder jenes geschehe, so heißt das nicht soviel, als: sie legt uns eine Pflicht auf, es zu tun (denn das kann nur die zwangsfreie praktische Vernunft), sondern sie *tut* es selbst, wir mögen wollen oder nicht (fata volentem ducunt, nolentem trahunt[a]).

Wenn ein Volk auch nicht durch innere Mißhelligkeit genötigt würde, sich unter den Zwang öffentlicher Gesetze zu begeben, so würde es doch der Krieg von außen tun, indem, nach der vorher erwähnten Naturanstalt, ein jedes Volk ein anderes es drängende Volk zum Nachbar vor sich findet, gegen das es sich innerlich zu einem *Staat* bilden muß, um, als *Macht*, gegen diesen gerüstet zu sein. Nun ist die *republikanische* Verfassung[6] die einzige, welche dem Recht der Menschen vollkommen angemessen, aber auch die

---

a Übersetzung des Herausgebers: „Den Willigen führt das Schicksal, den Widerstrebenden schleift es mit".

---

6 „Damit man die republikanische Verfassung nicht (wie gemeiniglich geschieht) mit der demokratischen verwechsele", unterscheidet Kant „die Formen eines Staates ... nach dem Unterschiede von Personen, welche die oberste Staatsgewalt inne haben, oder nach der Regierungsart des Volks durch sein Oberhaupt, er mag sein welcher er wolle". Personen können einer, einige oder alle sein: „Autokratie, Aristokratie und Demokratie, Fürstengewalt, Adelsgewalt und Volksgewalt." Die Regierungsart betrifft die „Art, wie der Staat von seiner Machtvollkommenheit Gebrauch macht: und ist in dieser Beziehung entweder republikanisch oder despotisch" (Bd. 6, S. 206).

schwerste zu stiften, vielmehr noch zu erhalten ist, dermaßen, daß viele behaupten, es müsse ein Staat von *Engeln* sein, weil Menschen mit ihren selbstsüchtigen Neigungen einer Verfassung von so sublimer Form nicht fähig wären. Aber nun kommt die Natur dem verehrten, aber zur Praxis ohnmächtigen allgemeinen, in der Vernunft gegründeten Willen, und zwar gerade durch jene selbstsüchtige Neigungen, zu Hülfe, so, daß es nur auf eine gute Organisation des Staats ankommt (die allerdings im Vermögen der Menschen ist), jener ihre Kräfte so gegen einander zu richten, daß eine die anderen in ihrer zerstörenden Wirkung aufhält, oder diese aufhebt: so daß der Erfolg für die Vernunft so ausfällt, als wenn beide gar nicht da wären, und so der Mensch, wenn gleich nicht ein moralisch-guter Mensch, dennoch ein guter Bürger zu sein gezwungen wird. Das Problem der Staatserrichtung ist, so hart wie es auch klingt, selbst für ein Volk von Teufeln (wenn sie nur Verstand haben), auflösbar und lautet so: „Eine Menge von vernünftigen Wesen, die insgesamt allgemeine Gesetze für ihre Erhaltung verlangen, deren jedes aber in Geheim sich davon auszunehmen geneigt ist, so zu ordnen und ihre Verfassung einzurichten, daß, obgleich sie in ihren Privatgesinnungen einander entgegen streben, diese einander doch so aufhalten, daß in ihrem öffentlichen Verhalten der Erfolg eben derselbe ist, als ob sie keine solche böse Gesinnung hätten". Ein solches Problem muß *auflöslich* sein. Denn es ist nicht die moralische Besserung der Menschen, sondern nur der Mechanism der Natur, von dem die Aufgabe zu wissen verlangt, wie man ihn an Menschen benutzen könne, um den Widerstreit ihrer unfriedlichen Gesinnungen in einem Volk so zu richten, daß sie sich unter Zwangsgesetze zu begeben einander selbst nötigen, und so den Friedenszustand, in welchem Gesetze Kraft haben, herbeiführen müssen. Man kann dieses auch an den wirklich vorhandenen, noch sehr unvollkommen organisierten Staaten sehen, daß sie sich doch im äußeren Verhalten dem, was die Rechtsidee vorschreibt, schon sehr nähern, ob gleich das Innere der Moralität davon sicherlich nicht die Ursache ist (wie denn auch nicht von dieser die gute Staatsverfassung, sondern vielmehr, umgekehrt, von der letzteren allererst die gute moralische Bildung eines Volkes zu erwarten ist), mithin der Mechanism der Natur durch selbstsüchtige Neigungen, die natürlicherweise einander auch äußerlich entgegen wirken, von der Vernunft zu einem Mittel gebraucht werden kann, dieser ihrem eigenen Zweck, der rechtlichen Vorschrift, Raum zu machen, und hiemit auch, soviel an dem Staat selbst liegt, den inneren sowohl als äußeren Frieden zu befördern und zu sichern. – Hier heißt es also: Die Natur *will* unwiderstehlich, daß das Recht zuletzt die Obergewalt erhalte. Was man nun hier verabsäumt zu tun, das macht sich zuletzt selbst, obzwar mit viel Ungemächlichkeit. – „Biegt man das Rohr zu stark, so bricht's; und wer zu viel will, der will nichts." *Bouterwek.*

(Zum ewigen Frieden, Bd. 6, S. 223–225)

5.

Daß Könige philosophieren, oder Philosophen Könige würden, ist nicht zu erwarten, aber auch nicht zu wünschen; weil der Besitz der Gewalt das freie Urteil der Vernunft unvermeidlich verdirbt. Daß aber Könige oder königliche (sich selbst nach Gleichheitsgesetzen beherrschende) Völker die Klasse der Philosophen nicht schwinden oder verstummen, sondern öffentlich sprechen lassen, ist beiden zu Beleuchtung ihres Geschäfts unentbehrlich und, weil diese Klasse ihrer Natur nach der Rottierung und Klubbenverbündung unfähig ist, wegen der Nachrede einer P r o p a g a n d a verdachtlos.

(Zum ewigen Frieden, Bd. 6, S. 228)

6.

Wenn man mir nun bei diesen meinen Behauptungen den Vorwurf gewiß nicht machen wird, daß ich durch diese Unverletzbarkeit den Monarchen zu viel schmeichele: so wird man mir hoffentlich auch denjenigen ersparen, daß ich dem Volk zu Gunsten zu viel behaupte, wenn ich sage, daß dieses gleichfalls seine unverlierbaren Rechte gegen das Staatsoberhaupt habe, obgleich diese keine Zwangsrechte sein können.

Hobbes ist der entgegengesetzten Meinung. Nach ihm (de Cive, cap. 7, § 14) ist das Staatsoberhaupt durch Vertrag dem Volk zu nichts verbunden, und kann dem Bürger nicht Unrecht tun (er mag über ihn verfügen was er wolle). – Dieser Satz würde ganz richtig sein, wenn man unter Unrecht diejenige Läsion versteht, welche dem Beleidigten ein *Zwangsrecht* gegen denjenigen einräumt, der ihm Unrecht tut; aber, so im allgemeinen, ist der Satz erschrecklich. Der nicht widerspenstige Untertan muß annehmen können, sein Oberherr *wolle* ihm nicht Unrecht tun. Mithin, da jeder Mensch doch seine unverlierbaren Rechte hat, die er nicht einmal aufgeben kann, wenn er auch wollte, und über die er selbst zu urteilen befugt ist; das Unrecht aber, welches ihm seiner Meinung nach widerfährt, nach jener Voraussetzung nur aus Irrtum oder Unkunde gewisser Folgen aus Gesetzen der obersten Macht geschieht: so muß dem Staatsbürger, und zwar mit Vergünstigung des Oberherrn selbst, die Befugnis zustehen, seine Meinung über das, was von den Verfügungen desselben ihm ein Unrecht gegen das gemeine Wesen zu sein scheint, öffentlich bekannt zu machen. Denn, daß das Oberhaupt auch nicht einmal irren, oder einer Sache unkundig sein könne, anzunehmen, würde ihn als mit himmlischen Eingebungen begnadigt und über die Menschheit erhaben vorstellen. Also ist *die Freiheit der Feder* – in den Schranken der Hochachtung und Liebe für die Verfassung worin man lebt, durch die liberale Denkungsart der Untertanen, die jene noch dazu selbst einflößt, gehalten (und damit beschränken sich auch die Federn einander von selbst, damit sie nicht ihre Freiheit verlieren) – das einzige Palladium der Volksrechte. Denn diese Freiheit ihm auch absprechen zu wollen, ist nicht allein so viel, als ihm allen Anspruch auf Recht in Ansehung des obersten Befehlshabers (nach Hobbes) nehmen, sondern auch dem letzteren, dessen Wille bloß dadurch, daß er den allgemeinen Volkswillen repräsentiert, Untertanen als Bürgern Befehle gibt, alle Kenntnis von dem entziehen, was, wenn er es wüßte, er selbst abändern würde, und ihn mit sich selbst in Widerspruch setzen. Dem Oberhaupte aber Besorgnis einzuflößen: daß durch Selbst- und Lautdenken Unruhen im Staate erregt werden dürften, heißt so viel, als ihm Mißtrauen gegen seine eigene Macht, oder auch Haß gegen sein Volk erwecken.

Das allgemeine Prinzip aber, wonach ein Volk seine Rechte *negativ*, d. i. bloß zu beurteilen hat, was von der höchsten Gesetzgebung als mit ihrem besten Willen *nicht verordnet* anzusehen sein möchte, ist in dem Satz enthalten: *Was ein Volk über sich selbst nicht beschließen kann, das kann der Gesetzgeber auch nicht über das Volk beschließen.*

(Über den Gemeinspruch, Bd. 6, S. 160–162)

7.

Es muß etwas *Moralisches* im Grundsatze sein, welches die Vernunft als rein, zugleich aber auch, wegen des großen und Epoche machenden Einflusses, als etwas, das die dazu anerkannte Pflicht der Seele des Menschen vor Augen stellt, und das menschliche Geschlecht im Ganzen seiner Vereinigung (non singulorum sed universorum) angeht, dessen verhofftem Gelingen und den Versuchen zu demselben es mit so allgemeiner und uneigennütziger Teilnehmung zujauchzt. – Diese Begebenheit ist das Phänomen nicht einer Revolution, sondern (wie es *Hr. Erhard*[7] ausdrückt) der *Evolution* einer *naturrechtlichen* Verfassung, die zwar nur unter wilden Kämpfen noch nicht selbst errungen wird – indem der Krieg von innen und außen alle bisher bestandene *statutarische*[8] zerstört –, die aber doch dahin führt, zu einer Verfassung hinzustreben, welche nicht kriegssüchtig sein kann, nämlich der republikanischen: die es entweder selbst der *Staatsform* nach sein mag, oder auch nur nach der *Regierungsart*, bei der Einheit des Oberhaupts (des Monarchen) den Gesetzen analogisch, die sich ein Volk selbst nach allgemeinen Rechtsprinzipien geben würde, den Staat verwalten zu lassen.

Nun behaupte ich, dem Menschengeschlechte, nach den Aspekten und Vorzeichen unserer Tage, die Erreichung dieses Zwecks und hiemit zugleich das von da an nicht mehr gänzlich rückgängig werdende Fortschreiten desselben zum Besseren, auch ohne Sehergeist, vorhersagen zu können. Denn ein solches Phänomen in der Menschengeschichte *vergißt sich nicht mehr,* weil es eine Anlage und ein Vermögen in der menschlichen Natur zum Besseren aufgedeckt hat, dergleichen kein Politiker aus dem bisherigen Laufe der Dinge herausgeklügelt hätte, und welches allein Natur und Freiheit, nach inneren Rechtsprinzipien im Menschengeschlechte vereinigt, aber, was die Zeit betrifft, nur als unbestimmt und Begebenheit aus Zufall verheißen konnte.

Aber, wenn der bei dieser Begebenheit beabsichtigte Zweck auch jetzt nicht erreicht würde, wenn die Revolution, oder Reform, der Verfassung eines Volks gegen das Ende doch fehlschlüge, oder, nachdem diese einige Zeit gewähret hätte, doch wiederum alles ins vorige Gleis zurückgebracht würde (wie Politiker jetzt wahrsagen), so verliert jene philosophische Vorhersagung doch nichts von ihrer Kraft. – Denn jene Begebenheit ist zu groß, zu sehr mit dem Inter-

---

7 J. B. Erhard (1766–1827) Arzt in Nürnberg und Berlin, Anhänger der Kantischen Philosophie, schrieb 'Über das Recht des Volkes zu einer Revolution' (1795).

8 Auf Statut beruhende, satzungs-, ordnungsgemäße Verfassung

esse der Menschheit verwebt, und, ihrem Einflusse nach, auf die Welt in allen ihren Teilen zu ausgebreitet, als daß sie nicht den Völkern, bei irgend einer Veranlassung günstiger Umstände, in Erinnerung gebracht und zu Wiederholung neuer Versuche dieser Art erweckt werden sollte; da dann, bei einer für das Menschengeschlecht so wichtigen Angelegenheit, endlich doch zu irgend einer Zeit die beabsichtigte Verfassung diejenige Festigkeit erreichen muß, welche die Belehrung durch öftere Erfahrung in den Gemütern aller zu bewirken nicht ermangeln würde.

Es ist also ein nicht bloß gutgemeinter und in praktischer Absicht empfehlungswürdiger, sondern allen Ungläubigen zum Trotz auch für die strengste Theorie haltbarer Satz: daß das menschliche Geschlecht im Fortschreiten zum Besseren immer gewesen sei, und so fernerhin fortgehen werde, welches, wenn man nicht bloß auf das sieht, was in irgend einem Volk geschehen kann, sondern auch auf die Verbreitung über alle Völker der Erde, die nach und nach daran Teil nehmen dürften, die Aussicht in eine unabsehliche Zeit eröffnet; wofern nicht etwa auf die erste Epoche einer Naturrevolution, die (nach *Camper*[9] und *Blumenbach*[10]) bloß das Tier- und Pflanzenreich, ehe noch Menschen waren, vergrub, noch eine zweite folgt, welche auch dem Menschengeschlechte eben so mitspielt, um andere Geschöpfe auf diese Bühne treten zu lassen, u.s.w. Denn für die Allgewalt der Natur, oder vielmehr ihrer uns unerreichbaren obersten Ursache, ist der Mensch wiederum nur eine Kleinigkeit. Daß ihn aber auch die Herrscher von seiner eigenen Gattung dafür nehmen, und als eine solche behandeln, indem sie ihn teils tierisch, als bloßes Werkzeug ihrer Absichten, belasten, teils in ihren Streitigkeiten gegen einander aufstellen, um sie schlachten zu lassen – das ist keine Kleinigkeit, sondern Umkehrung des *Endzwecks* der Schöpfung selbst.

(Der Streit der Fakultäten, Bd. 6, S. 360–362)

---

9 P. Camper (1722–1789) holländischer Anatom, schrieb 'Über den natürlichen Unterschied der Gesichtszüge' (1792).

10 J. F. Blumenbach (1752–1840), Anatom und vergleichender Zoologe in Göttingen, schrieb 'Handbuch der Naturgeschichte' (1779).

Georg Wilhelm Friedrich Hegel[1]

1.

§ 182
Die konkrete Person, welche sich als *besondere* Zweck ist, als ein Ganzes von Bedürfnissen und eine Vermischung von Naturnotwendigkeit und Willkür, ist das *eine Prinzip* der bürgerlichen Gesellschaft, – aber die besondere Person als wesentlich in *Beziehung* auf andere solche Besonderheit, so daß jede durch die andere und zugleich schlechthin nur als durch die Form der *Allgemeinheit, das andere Prinzip, vermittelt* sich geltend macht und befriedigt.

Zusatz. Die bürgerliche Gesellschaft ist die Differenz, welche zwischen die Familie und den Staat tritt, wenn auch die Ausbildung derselben später als die des Staates erfolgt; denn als die Differenz setzt sie den Staat voraus, den sie als Selbständiges vor sich haben muß, um zu bestehen. Die Schöpfung der bürgerlichen Gesellschaft gehört übrigens der modernen Welt an, welche allen Bestimmungen der Idee erst ihr Recht widerfahren läßt. Wenn der Staat vorgestellt wird als eine Einheit verschiedener Personen, als eine Einheit, die nur Gemeinsamkeit ist, so ist damit nur die Bestimmung der bürgerlichen Gesellschaft gemeint. Viele der neueren Staatsrechtslehrer haben es zu keiner anderen Ansicht vom Staate bringen können. In der bürgerlichen Gesellschaft ist jeder sich Zweck, alles andere ist ihm nichts. Aber ohne Beziehung auf andere kann er den Umfang seiner Zwecke nicht erreichen; diese anderen sind daher Mittel zum Zweck des Besonderen. Aber der besondere Zweck gibt sich durch die Beziehung auf andere die Form der Allgemeinheit und befriedigt sich, indem er zugleich das Wohl des anderen mit befriedigt. Indem die Besonderheit an die Bedingung der Allgemeinheit gebunden ist, ist das Ganze der Boden der Vermittlung, wo alle Einzelheiten, alle Anlagen, alle Zufälligkeiten der Geburt und des Glücks sich frei machen, wo die Wellen aller Leidenschaften ausströmen, die nur durch die hinein-

---

1 Grundlinien der Philosophie des Rechts, hrsg. von Helmut Reichelt, Frankfurt–Berlin–Wien 1972. Im Text nur Angabe der §§.
Die Vernunft in der Geschichte, hrsg. von Johannes Hoffmeister, [5]Hamburg 1955

scheinende Vernunft regiert werden. Die Besonderheit, beschränkt durch die Allgemeinheit, ist allein das Maß, wodurch jede Besonderheit ihr Wohl befördert.

§ 183
Der selbstsüchtige Zweck in seiner Verwirklichung, so durch die Allgemeinheit bedingt, begründet ein System allseitiger Abhängigkeit, daß die Subsistenz[2] und das Wohl des Einzelnen und sein rechtliches Dasein in die Subsistenz, das Wohl und Recht aller verflochten, darauf gegründet und nur in diesem Zusammenhange wirklich und gesichert ist. – Man kann dies System zunächst als den *äußeren Staat, – Not-* und *Verstandesstaat* ansehen.

§ 185
... *Plato* in seinem Staate stellt die substantielle Sittlichkeit in ihrer idealen *Schönheit* und *Wahrheit* dar, er vermag aber mit dem Prinzip der selbständigen Besonderheit, das in seiner Zeit in die griechische Sittlichkeit hereingebrochen war, nicht anders fertig zu werden, als daß er ihm seinen nur substantiellen Staat entgegenstellte und dasselbe bis in seine Anfänge hinein, die es im *Privateigentum* (§ 46 Anm.) und in der *Familie* hat, und dann in seiner weiteren Ausbildung als die eigene Willkür und Wahl des Standes usf., ganz ausschloß. Dieser Mangel ist es, der auch die große *substantielle* Wahrheit seines Staates verkennen und denselben gewöhnlich für eine Träumerei des abstrakten Gedankens, für das, was man oft gar ein *Ideal* zu nennen pflegt, ansehen macht. Das Prinzip der *selbständigen in sich unendlichen Persönlichkeit* des Einzelnen, der subjektiven Freiheit, das innerlich in der *christlichen* Religion und äußerlich daher mit der abstrakten Allgemeinheit verknüpft, in der *römischen* Welt aufgegangen ist, kommt in jener nur substantiellen Form des wirklichen Geistes nicht zu seinem Rechte. Dies Prinzip ist geschichtlich später als die griechische Welt, und ebenso ist die philosophische Reflexion, die bis zu dieser Tiefe hinabsteigt, später als die substantielle Idee der griechischen Philosophie.

§ 190
Das *Tier* hat einen beschränkten Kreis von Mitteln und Weisen der Befriedigung seiner gleichfalls beschränkten Bedürfnisse. Der

---

2 Lebensunterhalt

Mensch beweist auch in dieser Abhängigkeit zugleich sein Hinausgehen über dieselbe und seine Allgemeinheit, zunächst durch die *Vervielfältigung* der Bedürfnisse und Mittel und dann durch *Zerlegung* und *Unterscheidung* des konkreten Bedürfnisses in einzelne Teile und Seiten, welche verschiedene *partikularisierte*, damit *abstraktere* Bedürfnisse werden.
Im Rechte ist der Gegenstand die *Person,* im moralischen Standpunkte das *Subjekt,* in der Familie das *Familienglied,* in der bürgerlichen Gesellschaft überhaupt der *Bürger* (als *bourgeois*) – hier auf dem Standpunkte der Bedürfnisse (vgl. § 123 Anm.) ist es das Konkretum *der Vorstellung,* das man *Mensch* nennt; es ist also erst hier und auch eigentlich nur hier vom *Menschen* in diesem Sinne die Rede.

§ 194

. . . Die Vorstellung, als ob der Mensch in einem sogenannten Naturzustande, worin er nur sogenannte einfache Naturbedürfnisse hätte und für ihre Befriedigung nur Mittel gebrauchte, wie eine zufällige Natur sie ihm unmittelbar gewährte, in Rücksicht auf die Bedürfnisse in *Freiheit* lebte, ist, noch ohne Rücksicht des Moments der Befreiung, die in der Arbeit liegt, wovon nachher, – eine unwahre Meinung, weil das Naturbedürfnis als solches und dessen unmittelbare Befriedigung nur der Zustand der in die Natur versenkten Geistigkeit und damit der Roheit und Unfreiheit wäre und die Freiheit allein in der Reflexion des Geistigen in sich, seiner Unterscheidung von dem Natürlichen und seinem Reflexe auf dieses liegt.

2.

§ 238

Zusatz. Die bürgerliche Gesellschaft ist . . . die ungeheure Macht, die den Menschen an sich reißt, von ihm fordert, daß er für sie arbeite und daß er alles durch sie sei und vermittels ihrer tue.

§ 243

Wenn die bürgerliche Gesellschaft sich in ungehinderter Wirksamkeit befindet, so ist sie innerhalb ihrer selbst in *fortschreitender Bevölkerung* und *Industrie* begriffen. – Durch die *Verallgemeinerung* des Zusammenhangs der Menschen durch ihre Bedürfnisse, und der Weisen, die Mittel für diese zu bereiten und herbeizubringen, vermehrt sich die *Anhäufung der Reichtümer,* denn aus dieser gedoppelten Allgemeinheit wird der größte Gewinn gezogen, – auf der einen Seite, wie auf der anderen Seite die *Vereinzelung* und *Beschränktheit* der besondern Arbeit und damit die *Abhängigkeit* und *Not* der an diese Arbeit gebundenen Klasse, womit die Unfähigkeit der Empfindung und des Genusses der weitern Freiheiten und besonders der geistigen Vorteile der bürgerlichen Gesellschaft zusammenhängt.

§ 244
Das Herabsinken einer großen Masse unter das Maß einer gewissen Subsistenzweise, die sich von selbst als die für ein Mitglied der Gesellschaft notwendige reguliert, – und damit zum Verlust des Gefühls des Rechts, der Rechtlichkeit und der Ehre, durch eigene Tätigkeit und Arbeit bestehen, – bringt die Erzeugung des *Pöbels* hervor, die hinwiederum zugleich die größere Leichtigkeit, unverhältnismäßige Reichtümer in wenige Hände zu konzentrieren, mit sich führt.

Zusatz. Die niedrigste Weise der Subsistenz, die des Pöbels, macht sich von selbst: dies Minimum ist jedoch bei verschiedenen Völkern sehr verschieden. In England glaubt auch der Ärmste sein Recht zu haben; dies ist etwas anderes, als womit in anderen Ländern die Armen zufrieden sind. Die Armut an sich macht keinen zum Pöbel: dieser wird erst bestimmt durch die mit der Armut sich verknüpfende Gesinnung, durch die innere Empörung gegen die Reichen, gegen die Gesellschaft, die Regierung usw. Ferner ist damit verbunden, daß der Mensch, der auf die Zufälligkeit angewiesen ist, leichtsinnig und arbeitsscheu wird, wie z. B. die Lazzaronis in Neapel. Somit entsteht im Pöbel das Böse, daß er die Ehre nicht hat, seine Subsistenz durch seine Arbeit zu finden, und doch seine Subsistenz zu finden als sein Recht anspricht. Gegen die Natur kann kein Mensch ein Recht behaupten, aber im Zustande der Gesellschaft gewinnt der Mangel sogleich die Form eines Unrechts, was dieser oder jener Klasse angetan wird. Die wichtige Frage, wie der Armut abzuhelfen sei, ist eine vorzüglich die modernen Gesellschaften bewegende und quälende.

§ 245
… Es kommt hierin zum Vorschein, daß bei dem *Übermaße des Reichtums* die bürgerliche Gesellschaft *nicht reich genug* ist, d.h. an dem ihr eigentümlichen Vermögen nicht genug besitzt, dem Übermaße der Armut und der Erzeugung des Pöbels zu steuern …

§ 246
Durch diese ihre Dialektik wird die bürgerliche Gesellschaft über sich hinausgetrieben, zunächst *diese bestimmte* Gesellschaft, um außer ihr in andern Völkern, die ihr an den Mitteln, woran sie Überfluß hat, oder überhaupt an Kunstfleiß usf. nachstehen, Konsumenten und damit die nötigen Subsistenzmittel zu suchen.

3.

§ 258
Wenn der Staat mit der bürgerlichen Gesellschaft verwechselt und seine Bestimmung in die Sicherheit und den Schutz des Eigentums und der persönlichen Freiheit gesetzt wird, so ist *das Interesse der Einzelnen als solcher* der letzte Zweck, zu welchem sie vereinigt sind, und es folgt hieraus ebenso, daß es etwas Beliebiges ist, Mitglied des Staates zu sein. – Er hat aber ein ganz anderes Verhältnis zum Individuum; indem er objektiver Geist ist, so hat das Individuum selbst nur Objektivität, Wahrheit und Sittlichkeit, als es ein Glied desselben ist. Die *Vereinigung* als solche ist selbst der wahrhafte Inhalt und Zweck, und die Bestimmung der Individuen ist, ein allgemeines Leben zu führen; ihre weitere besondere Befriedigung, Tätigkeit, Weise des Verhaltens hat dies Substantielle und Allgemeingültige zu seinem Ausgangspunkte und Resultate. – Die Vernünftigkeit besteht, abstrakt betrachtet, überhaupt in der sich durchdringenden Einheit der Allgemeinheit und der Einzelheit und hier konkret dem Inhalte nach in der Einheit der objektiven Freiheit, d. i. des allgemeinen substantiellen Willens und der subjektiven Freiheit als des individuellen Wissens und seines besondere Zwecke suchenden Willens – und deswegen der Form nach in einem nach *gedachten, d. h. allgemeinen* Gesetzen und Grundsätzen sich bestimmenden Handeln. – Diese Idee ist das an und für sich ewige und notwendige Sein des Geistes. – Welches nun aber der *historische* Ursprung des Staates überhaupt oder vielmehr jedes besonderen Staates, seiner Rechte und Bestimmungen sei oder gewesen sei, ob er zuerst aus patriarchalischen Verhältnissen, aus

Furcht oder Zutrauen, aus der Korporation usf. hervorgegangen und wie sich das, worauf sich solche Rechte gründen, im Bewußtsein als göttliches, positives Recht oder Vertrag, Gewohnheit und so fort gefaßt und befestigt habe, geht die Idee des Staates selbst nicht an, sondern ist in Rücksicht auf das wissenschaftliche Erkennen, von dem hier allein die Rede ist, als die Erscheinung eine historische Sache; in Rücksicht auf die Autorität eines wirklichen Staates, insofern sie sich auf Gründe einläßt, sind diese aus den Formen des in ihm gültigen Rechts genommen. – Die philosophische Betrachtung hat es nur mit dem Inwendigen von allem diesem, dem *gedachten Begriffe* zu tun. In Ansehung des Aufsuchens dieses Begriffes hat *Rousseau* das Verdienst gehabt, ein Prinzip, das nicht nur seiner Form nach (wie etwa der Sozialitätstrieb, die göttliche Autorität), sondern dem Inhalte nach *Gedanke* ist, und zwar das *Denken* selbst ist, nämlich den *Willen* als Prinzip des Staats aufgestellt zu haben. Allein indem er den Willen nur in bestimmter Form des *einzelnen* Willens (wie nachher auch Fichte) und den allgemeinen Willen nicht als das an und für sich Vernünftige des Willens, sondern nur als das *Gemeinschaftliche,* das aus diesem einzelnen Willen *als bewußtem* hervorgehe, faßte, so wird die Vereinigung der Einzelnen im Staat zu einem *Vertrag,* der somit ihre Willkür, Meinung und beliebige, ausdrückliche Einwilligung zur Grundlage hat, und es folgen die weitern bloß verständigen, das an und für sich seiende Göttliche und dessen absolute Autorität und Majestät zerstörenden Konsequenzen. Zur Gewalt gediehen, haben diese Abstraktionen deswegen wohl einerseits das, seit wir vom Menschengeschlechte wissen, erste ungeheure Schauspiel hervorgebracht, die Verfassung eines großen wirklichen Staates mit Umsturz alles Bestehenden und Gegebenen nun ganz von vorne und vom *Gedanken* anzufangen und ihr bloß das *vermeinte Vernünftige* zur Basis geben zu *wollen;* andererseits, weil es nur ideenlose Abstraktionen sind, haben sie den Versuch zur fürchterlichsten und grellsten Begebenheit gemacht[3].

---

3 Auch an anderer Stelle deutet Hegel die französische Revolution ambivalent als welthistorischen Fortschritt, durch den erreicht ist, daß der Gedanke die Wirklichkeit regiere, ebenso aber als Ursache von Schrecken und Terror. „Diese Kollision, dieser Knoten, dieses Problem ist es, an dem die Geschichte steht und den sie in künftigen Zeiten zu lösen hat“ (Vorlesungen über die Philosophie der Geschichte. In: Werke in 20 Bänden, Frankfurt a. M. 1970, Bd. 12, S. 535).

§ 260

Der Staat ist die Wirklichkeit der konkreten Freiheit; die *konkrete Freiheit* aber besteht darin, daß die persönliche Einzelheit und deren besondere Interessen sowohl ihre vollständige *Entwicklung* und die *Anerkennung ihres Rechts* für sich (im Systeme der Familie und der bürgerlichen Gesellschaft) haben, als sie durch sich selbst in das Interesse des Allgemeinen teils *übergehen,* teils mit Wissen und Willen dasselbe, und zwar als ihren eigenen *substantiellen Geist* anerkennen und für dasselbe als ihren *Endzweck tätig* sind, so daß weder das Allgemeine ohne das besondere Interesse, Wissen und Wollen gelte und vollbracht werde, noch daß die Individuen bloß für das letztere als Privatpersonen leben und nicht zugleich in und für das Allgemeine wollen und eine dieses Zwecks bewußte Wirksamkeit haben. Das Prinzip der modernen Staaten hat diese ungeheure Stärke und Tiefe, das Prinzip der Subjektivität sich zum *selbständigen Extreme* der persönlichen Besonderheit vollenden zu lassen und zugleich es in die *substantielle Einheit zurückzuführen* und so in ihm selbst diese zu erhalten.

Zusatz. Die Idee des Staats in neuer Zeit hat die Eigentümlichkeit, daß der Staat die Verwirklichung der Freiheit nicht nach subjektivem Belieben, sondern nach dem Begriffe des Willens, d. h. nach seiner Allgemeinheit und Göttlichkeit ist. Die unvollkommenen Staaten sind die, in denen die Idee des Staats noch eingehüllt ist und wo die besonderen Bestimmungen derselben nicht zu freier Selbständigkeit gekommen sind. In den Staaten des klassischen Altertums findet sich allerdings schon die Allgemeinheit vor, aber die Partikularität war noch nicht losgebunden und freigelassen und zur Allgemeinheit, d. h. zum allgemeinen Zweck des Ganzen zurückgeführt. Das Wesen des neuen Staates ist, daß das Allgemeine verbunden sei mit der vollen Freiheit der Besonderheit und dem Wohlergehen der Individuen, daß also das Interesse der Familie und bürgerlichen Gesellschaft sich zum Staate zusammennehmen muß, daß aber die Allgemeinheit des Zwecks nicht ohne das eigene Wissen und Wollen der Besonderheit, die ihr Recht behalten muß, fortschreiten kann. Das Allgemeine muß also betätigt sein, aber die Subjektivität auf der anderen Seite ganz und lebendig entwickelt werden. Nur dadurch, daß beide Momente in ihrer Stärke bestehen, ist der Staat als ein gegliederter und wahrhaft organisierter anzusehen.

§ 261

Gegen die Sphären des Privatrechts und Privatwohls, der Familie und der bürgerlichen Gesellschaft, ist der Staat einerseits eine *äußerliche* Notwendigkeit und ihre höhere Macht, deren Natur ihre Gesetze sowie ihre Interessen untergeordnet und davon abhängig sind; aber andererseits ist er ihr *immanenter* Zweck und hat seine Stärke in der Einheit seines allgemeinen Endzwecks und des besonderen Interesses der Individuen, darin, daß sie insofern *Pflichten* gegen ihn haben, als sie zugleich Rechte haben . . .
Das Individuum muß in seiner Pflichterfüllung auf irgendeine Weise zugleich sein eigenes Interesse, seine Befriedigung oder Rechnung finden, und ihm aus seinem Verhältnis im Staat ein Recht erwachsen, wodurch die allgemeine Sache *seine eigene besondere* Sache wird . . .

Zusatz. Auf die Einheit der Allgemeinheit und Besonderheit im Staate kommt alles an. In den alten Staaten war der subjektive Zweck mit dem Wollen des Staates schlechthin eins, in den modernen Zeiten dagegen fordern wir eine eigene Ansicht, ein eigenes Wollen und Gewissen. Die Alten hatten keines in diesem Sinne; das Letzte war ihnen der Staatswille. Während in den asiatischen Despotien das Individuum keine Innerlichkeit und keine Berechtigung in sich hat, will der Mensch in der modernen Welt in seiner Innerlichkeit geehrt sein. Die Verbindung von Pflicht und Recht hat die gedoppelte Seite, daß das, was der Staat als Pflicht fordert, auch das Recht der Individualität unmittelbar sei, indem es nichts eben ist, als Organisation des Begriffs der Freiheit. Die Bestimmungen des individuellen Willens sind durch den Staat in ein objektives Dasein gebracht und kommen durch ihn erst zu ihrer Wahrheit und Verwirklichung. Der Staat ist die alleinige Bedingung der Erreichung des besonderen Zwecks und Wohls.
Wenn man handeln will, muß man nicht nur das Gute wollen, sondern man muß wissen, ob dieses oder jenes das Gute ist. Welcher Inhalt aber gut oder nicht gut, recht oder unrecht sei, dies ist für die gewöhnlichen Fälle des Privatlebens in den Gesetzen und Sitten eines Staates gegeben. Es hat keine große Schwierigkeit, das zu wissen.

Der Wert der Individuen also beruht darauf, daß sie gemäß seien dem Geiste des Volks, daß sie Repräsentanten desselben seien und sich einem Stande der Geschäfte des Ganzen zugeteilt haben. Und es gehört zur Freiheit im Staate, daß dies von der Willkür des Individuums abhängt und daß nicht kastenweise Verteilung bestimmt, welchem Geschäfte es sich widmen soll. Die *Moralität* des Individuums besteht dann darin, daß es die Pflichten seines Standes erfüllt; und dies ist etwas leicht zu Wissendes: welches die Pflichten seien, ist durch den Stand bestimmt. Das Substantielle solchen Verhältnisses, das Vernünftige ist bekannt; es ist in dem ausgesprochen, was eben die Pflicht genannt wird. Das, was Pflicht sei, zu untersuchen, ist unnütze Grübelei; in dem Hange, das Moralische als etwas Schweres anzusehen, ist eher die Sucht zu erkennen, sich von seinen Pflichten loszumachen.

(Die Vernunft in der Geschichte S. 94)

§ 333

Der Grundsatz des *Völkerrechts,* als des *allgemeinen,* an und für sich zwischen den Staaten gelten sollenden Rechts, zum Unterschiede von dem besondern Inhalt der positiven Traktate[4], ist, daß die *Traktate,* als auf welchen die Verbindlichkeiten der Staaten gegeneinander beruhen, *gehalten werden* sollen. Weil aber deren Verhältnis ihre Souveränität zum Prinzip hat, so sind sie insofern im Naturzustande gegeneinander, und ihre Rechte haben nicht in einem allgemeinen zur Macht über sie konstituierten, sondern in ihrem besonderen Willen ihre *Wirklichkeit.* Jene allgemeine Bestimmung bleibt daher beim *Sollen,* und der Zustand wird eine Abwechslung von dem den Traktaten gemäßen Verhältnisse, und von der Aufhebung desselben.

Es gibt keinen Prätor, höchstens Schiedsrichter und Vermittler zwischen Staaten, und auch diese nur zufälligerweise, d. i. nach besondern Willen. Die *Kantische* Vorstellung eines *ewigen Friedens* durch einen Staatenbund, welcher jeden Streit schlichtete und als eine von jedem einzelnen Staate anerkannte Macht jede Mißhelligkeit beilegte und damit die Entscheidung durch Krieg unmöglich machte, setzt die *Einstimmung* der Staaten voraus, welche auf moralischen, religiösen oder welchen Gründen und Rücksichten, überhaupt immer auf besonderen souveränen Willen beruhte und dadurch mit Zufälligkeit behaftet bliebe.

---

4 Hier: Verträge

§ 340
In das Verhältnis der Staaten gegeneinander, weil sie darin als *besondere* sind, fällt das höchst bewegte Spiel der innern Besonderheit der Leidenschaften, Interessen, Zwecke, der Talente und Tugenden, der Gewalt, des Unrechts und der Laster wie der äußern Zufälligkeit, in den größten Dimensionen der Erscheinung, – ein Spiel, worin das sittliche Ganze selbst, die Selbständigkeit des Staats, der Zufälligkeit ausgesetzt wird. Die Prinzipien der *Volksgeister* sind um ihrer Besonderheit willen, in der sie als *existierende* Individuen ihre objektive Wirklichkeit und ihr Selbstbewußtsein haben, überhaupt beschränkte, und ihre Schicksale und Taten in ihrem Verhältnisse zueinander sind die erscheinende Dialektik der Endlichkeit dieser Geister, aus welcher der *allgemeine* Geist, der *Geist der Welt,* als unbeschränkt ebenso sich hervorbringt, als er es ist, der sein Recht, – und sein Recht ist das allerhöchste, – an ihnen in der *Weltgeschichte,* als *dem Weltgerichte,* ausübt.

§ 344
Die Staaten, Völker und Individuen in diesem Geschäfte des Weltgeistes stehen in ihrem *besonderen bestimmten Prinzipe* auf, das an ihrer *Verfassung* und der ganzen *Breite* ihres *Zustandes* seine Auslegung und Wirklichkeit hat, deren sie sich bewußt und in deren Interesse vertieft sie zugleich bewußtlose Werkzeuge und Glieder jenes innern Geschäftes sind, worin diese Gestalten vergehen, der Geist an und für sich aber sich den Übergang in seine nächste höhere Stufe vorbereitet und erarbeitet.

§ 345
Gerechtigkeit und Tugend, Unrecht, Gewalt und Laster, Talente und ihre Taten, die kleinen und die großen Leidenschaften, Schuld und Unschuld, Herrlichkeit des individuellen und des Volkslebens, Selbständigkeit, Glück und Unglück der Staaten und der Einzelnen haben in der Sphäre der bewußten Wirklichkeit ihre bestimmte Bedeutung und Wert und finden darin ihr Urteil und ihre, jedoch unvollkommene Gerechtigkeit. Die Weltgeschichte fällt außer diesen Gesichtspunkten; in ihr erhält dasjenige notwendige Moment der Idee des Weltgeistes, welches gegenwärtig *seine* Stufe ist, sein *absolutes Recht,* und das darin lebende Volk und dessen Taten erhalten ihre Vollführung und Glück und Ruhm.

§ 347
Dem Volke, dem solches Moment als *natürliches* Prinzip zukommt, ist die Vollstreckung desselben in dem Fortgange des sich entwickelnden Selbstbewußtseins des Weltgeistes übertragen. Dieses Volk ist in der Weltgeschichte für diese Epoche, – *und es kann* (§ 346) *in ihr nur einmal Epoche machen* – das *herrschende*. Gegen dies sein absolutes Recht, Träger der gegenwärtigen Entwicklungsstufe des Weltgeistes zu sein, sind die Geister der andern Völker rechtlos, und sie, wie die, deren Epoche vorbei ist, zählen nicht mehr in der Weltgeschichte.

Was das Individuum für sich in seiner Einzelheit sich ausspinnt, kann für die allgemeine Wirklichkeit nicht Gesetz sein, ebenso wie das Weltgesetz nicht für die einzelnen Individuen allein ist, die dabei sehr zu kurz kommen können. Es kann allerdings geschehen, daß dergleichen nicht realisiert wird. Das Individuum macht sich oft seine Vorstellungen von sich selbst, von hohen Absichten, herrlichen Taten, die es ausführen wolle, von der Wichtigkeit, die es selbst habe, die es berechtigt sei in Anspruch zu nehmen, die zum Heile der Welt diene. Was solche Vorstellungen betrifft, so müssen sie an ihren Ort gestellt bleiben. Man kann sich viel von sich träumen, was nichts als übertriebene Vorstellungen vom eigenen Werte sind. Es kann auch sein, daß dem Individuum Unrecht geschieht; aber das geht die Weltgeschichte nichts an, der die Individuen als Mittel in ihrem Fortschreiten dienen.

(Die Vernunft in der Geschichte, S. 76)

Karl Marx [1]

1.

Die politische Revolution, welche diese Herrschermacht stürzte und die Staatsangelegenheiten zu Volksangelegenheiten erhob, welche den politischen Staat als *allgemeine* Angelegenheit, d. h. als wirklichen Staat konstituierte, zerschlug notwendig alle Stände, Kor-

1 Karl Marx/Friedrich Engels, Werke in 40 Bänden (MEW), hrsg. vom Institut für Marxismus–Leninismus beim ZK der SED, Berlin 1957 ff.

porationen, Innungen, Privilegien, die ebenso viele Ausdrücke der Trennung des Volkes von seinem Gemeinwesen waren. Die politische Revolution *hob* damit den *politischen Charakter der bürgerlichen Gesellschaft auf.* Sie zerschlug die bürgerliche Gesellschaft in ihre einfachen Bestandteile, einerseits in die *Individuen,* andrerseits in die *materiellen* und *geistigen Elemente,* welche den Lebensinhalt, die bürgerliche Situation dieser Individuen bilden. Sie entfesselte den politischen Geist, der gleichsam in die verschiedenen Sackgassen der feudalen Gesellschaft zerteilt, zerlegt, zerlaufen war; sie sammelte ihn aus dieser Zerstreuung, sie befreite ihn von seiner Vermischung mit dem bürgerlichen Leben und konstituierte ihn als die Sphäre des Gemeinwesens, der *allgemeinen* Volksangelegenheit in idealer Unabhängigkeit von jenen *besondern* Elementen des bürgerlichen Lebens. Die *bestimmte* Lebenstätigkeit und die bestimmte Lebenssituation sanken zu einer nur individuellen Bedeutung herab. Sie bildeten nicht mehr das allgemeine Verhältnis des Individuums zum Staatsganzen. Die öffentliche Angelegenheit als solche ward vielmehr zur allgemeinen Angelegenheit jedes Individuums und die politische Funktion zu seiner allgemeinen Funktion.

Allein die Vollendung des Idealismus des Staats war zugleich die Vollendung des Materialismus der bürgerlichen Gesellschaft. Die Abschüttlung des politischen Jochs war zugleich die Abschüttlung der Bande, welche den egoistischen Geist der bürgerlichen Gesellschaft gefesselt hielten. Die politische Emanzipation war zugleich die Emanzipation der bürgerlichen Gesellschaft von der Politik, von dem *Schein* selbst eines allgemeinen Inhalts.

Die feudale Gesellschaft war aufgelöst in ihren Grund, in den *Menschen.* Aber in den Menschen, wie er wirklich ihr Grund war, in den *egoistischen* Menschen.

Dieser *Mensch,* das Mitglied der bürgerlichen Gesellschaft, ist nun die Basis, die Voraussetzung des *politischen* Staats. Er ist von ihm als solche anerkannt in den Menschenrechten.

Die Freiheit des egoistischen Menschen und die Anerkennung dieser Freiheit ist aber vielmehr die Anerkennung der *zügellosen* Bewegung der geistigen und materiellen Elemente, welche seinen Lebensinhalt bilden.

Der Mensch wurde daher nicht von der Religion befreit, er erhielt die Religionsfreiheit. Er wurde nicht vom Eigentum befreit. Er erhielt die Freiheit des Eigentums. Er wurde nicht von dem Egoismus des Gewerbes befreit, er erhielt die Gewerbefreiheit.

Die *Konstitution des politischen Staats* und die Auflösung der bürgerlichen Gesellschaft in die unabhängigen *Individuen* – deren Verhältnis das *Recht* ist, wie das Verhältnis des Standes- und Innungsmenschen das *Privilegium* war – vollzieht sich in *einem und demselben Akte.* Der Mensch, wie er Mitglied der bürgerlichen Gesellschaft ist, der *unpolitische* Mensch, erscheint aber notwendig als der *natürliche* Mensch. Die *droits de l'homme* erscheinen als *droits naturels**, denn die *selbstbewußte Tätigkeit* konzentriert sich auf den *politischen Akt.* Der *egoistische* Mensch ist das *passive*, nur *vorgefundne* Resultat der aufgelösten Gesellschaft, Gegenstand der *unmittelbaren Gewißheit,* also *natürlicher* Gegenstand. Die *politische Revolution* löst das bürgerliche Leben in seine Bestandteile auf, ohne diese Bestandteile selbst zu *revolutionieren* und der Kritik zu unterwerfen. Sie verhält sich zur bürgerlichen Gesellschaft, zur Welt der Bedürfnisse, der Arbeit, der Privatinteressen, des Privatrechts, als zur *Grundlage ihres Bestehns*, als zu einer nicht weiter begründeten *Voraussetzung*, daher als zu ihrer *Naturbasis*. Endlich gilt der Mensch, wie er Mitglied der bürgerlichen Gesellschaft ist, für den *eigentlichen* Menschen, für den *homme* im Unterschied von dem *citoyen*, weil er der Mensch in seiner sinnlichen individuellen *nächsten* Existenz ist, während der *politische* Mensch nur der abstrahierte, künstliche Mensch ist, der Mensch als eine *allegorische, moralische* Person. Der wirkliche Mensch ist erst in der Gestalt des *egoistischen* Individuums, der *wahre* Mensch erst in der Gestalt des *abstrakten citoyen* anerkannt.

Die Abstraktion des politischen Menschen schildert Rousseau richtig also:

„Celui qui ose entreprendre d'instituer un peuple doit se sentir en état de *changer* pour ainsi dire la *nature humaine,* de *transformer* chaque individu, qui par lui-même est un tout parfait et solitaire, en *partie* d'un plus grand tout dont cet individu reçoive en quelque sorte sa vie et son être, de substituer une *existence partielle* et *morale* à l'existence physique et indépendante. Il faut qu'il ôte à *l'homme ses forces propres* pour lui en donner qui lui soient

---

* natürliche Rechte

étrangères et dont il ne puisse faire usage sans le secours d'autrui." („Contrat social", livre II, Londres 1782, p. 67.)*

Alle Emanzipation ist *Zurückführung* der menschlichen Welt, der Verhältnisse, auf den *Menschen selbst.*

Die politische Emanzipation ist die Reduktion des Menschen, einerseits auf das Mitglied der bürgerlichen Gesellschaft, auf das *egoistische unabhängige* Individuum, andrerseits auf den *Staatsbürger,* auf die moralische Person.

Erst wenn der wirkliche individuelle Mensch den abstrakten Staatsbürger in sich zurücknimmt und als individueller Mensch in seinem empirischen Leben, in seiner individuellen Arbeit, in seinen individuellen Verhältnissen, *Gattungswesen* geworden ist, erst wenn der Mensch seine „forces propres"** als *gesellschaftliche* Kräfte erkannt und organisiert hat und daher die gesellschaftliche Kraft nicht mehr in der Gestalt der *politischen* Kraft von sich trennt, erst dann ist die menschliche Emanzipation vollbracht.

(Zur Judenfrage, Bd. 1, S. 368–370)

2.

Die erste Arbeit, unternommen zur Lösung der Zweifel, die mich bestürmten, war eine kritische Revision der Hegelschen Rechtsphilosophie, eine Arbeit, wovon die Einleitung in den 1844 in Paris herausgegebenen „Deutsch-Französischen Jahrbüchern"[2] erschien. Meine Untersuchung mündete in dem Ergebnis, daß Rechtsverhältnisse wie Staatsformen weder aus sich selbst zu begreifen sind noch aus der sogenannten allgemeinen Entwicklung des menschlichen Geistes, sondern vielmehr in den materiellen Lebensverhältnissen

* „Wer den Mut hat, einem Volke eine Rechtsordnung zu geben, muß sich fähig fühlen, sozusagen die *menschliche Natur* zu *ändern*, jedes Individuum, das in sich selbst und für sich allein ein vollkommenes Ganzes ist, in den *Teil* eines größeren Ganzen umzuwandeln, von dem dieses Individuum in gewisser Weise sein Leben und Sein empfängt, an die Stelle einer physischen und unabhängigen eine *moralische Teilexistenz* zu setzen. Er muß *dem Menschen seine eigenen Kräfte* nehmen, um ihm fremde dafür zu geben, die er nur mit Hilfe anderer gebrauchen kann." („Der Gesellschaftsvertrag", Buch II, London 1782, S. 67.)

** eigenen Kräfte

2 In deutscher Sprache in Paris hrsg. von K. Marx und A. Ruge. Es erschien nur eine erste Doppellieferung im Februar 1844.

wurzeln, deren Gesamtheit Hegel, nach dem Vorgang der Engländer und Franzosen des 18. Jahrhunderts, unter dem Namen „bürgerliche Gesellschaft“ zusammenfaßt, daß aber die Anatomie der bürgerlichen Gesellschaft in der politischen Ökonomie zu suchen sei. Die Erforschung der letztern, die ich in Paris begann, setzte ich fort zu Brüssel, wohin ich infolge eines Ausweisungsbefehls des Herrn Guizot[3] übergewandert war. Das allgemeine Resultat, das sich mir ergab und, einmal gewonnen, meinen Studien zum Leitfaden diente, kann kurz so formuliert werden: In der gesellschaftlichen Produktion ihres Lebens gehen die Menschen bestimmte, notwendige, von ihrem Willen unabhängige Verhältnisse ein, Produktionsverhältnisse, die einer bestimmten Entwicklungsstufe ihrer materiellen Produktivkräfte entsprechen. Die Gesamtheit dieser Produktionsverhältnisse bildet die ökonomische Struktur der Gesellschaft, die reale Basis, worauf sich ein juristischer und politischer Überbau erhebt, und welcher bestimmte gesellschaftliche Bewußtseinsformen entsprechen. Die Produktionsweise des materiellen Lebens bedingt den sozialen, politischen und geistigen Lebensprozeß überhaupt. Es ist nicht das Bewußtsein der Menschen, das ihr Sein, sondern umgekehrt ihr gesellschaftliches Sein, das ihr Bewußtsein bestimmt. Auf einer gewissen Stufe ihrer Entwicklung geraten die materiellen Produktivkräfte der Gesellschaft in Widerspruch mit den vorhandenen Produktionsverhältnissen oder, was nur ein juristischer Ausdruck dafür ist, mit den Eigentumsverhältnissen, innerhalb deren sie sich bisher bewegt hatten. Aus Entwicklungsformen der Produktivkräfte schlagen diese Verhältnisse in Fesseln derselben um. Es tritt dann eine Epoche sozialer Revolution ein. Mit der Veränderung der ökonomischen Grundlage wälzt sich der ganze ungeheure Überbau langsamer oder rascher um. In der Betrachtung solcher Umwälzungen muß man stets unterscheiden zwischen der materiellen, naturwissenschaftlich treu zu konstatierenden Umwälzung in den ökonomischen Produktionsbedingungen und den juristischen, politischen, religiösen, künstlerischen oder philosophischen, kurz ideologischen Formen, worin sich die Menschen dieses Konflikts bewußt werden und ihn ausfechten. Sowenig man das, was ein Individuum ist, nach dem

---

3 Fr. P. G. Guizot (1787–1874), französischer Politiker und Historiker, hatte in verschiedenen Regierungen verschiedene Ressorts inne, leitete 1840–1848 die Innen- und Außenpolitik.

beurteilt, was es sich selbst dünkt, ebensowenig kann man eine solche Umwälzungsepoche aus ihrem Bewußtsein beurteilen, sondern muß vielmehr dies Bewußtsein aus den Widersprüchen des materiellen Lebens, aus dem vorhandenen Konflikt zwischen gesellschaftlichen Produktivkräften und Produktionsverhältnissen erklären. Eine Gesellschaftsformation geht nie unter, bevor alle Produktivkräfte entwickelt sind, für die sie weit genug ist, und neue höhere Produktionsverhältnisse treten nie an die Stelle, bevor die materiellen Existenzbedingungen derselben im Schoß der alten Gesellschaft selbst ausgebrütet worden sind. Daher stellt sich die Menschheit immer nur Aufgaben, die sie lösen kann, denn genauer betrachtet wird sich stets finden, daß die Aufgabe selbst nur entspringt, wo die materiellen Bedingungen ihrer Lösung schon vorhanden oder wenigstens im Prozeß ihres Werdens begriffen sind. In großen Umrissen können asiatische, antike, feudale und modern bürgerliche Produktionsweisen als progressive Epochen der ökonomischen Gesellschaftsformation bezeichnet werden. Die bürgerlichen Produktionsverhältnisse sind die letzte antagonistische Form des gesellschaftlichen Produktionsprozesses, antagonistisch nicht im Sinn von individuellem Antagonismus, sondern eines aus den gesellschaftlichen Lebensbedingungen der Individuen hervorwachsenden Antagonismus, aber die im Schoß der bürgerlichen Gesellschaft sich entwickelnden Produktivkräfte schaffen zugleich die materiellen Bedingungen zur Lösung dieses Antagonismus. Mit dieser Gesellschaftsformation schließt daher die Vorgeschichte der menschlichen Gesellschaft ab.

(Zur Kritik der politischen Ökonomie, Vorwort, Bd. 13, S. 8–9)

Karl Marx und Friedrich Engels

3.

Mit der Teilung der Arbeit, in welcher alle diese Widersprüche gegeben sind und welche ihrerseits wieder auf der naturwüchsigen Teilung der Arbeit in der Familie und der Trennung der Gesellschaft in einzelne, einander entgegengesetzte Familien beruht, ist zu gleicher Zeit auch die *Ver*teilung, und zwar die *ungleiche*, sowohl quantitative wie qualitative Verteilung der Arbeit und ihrer

Produkte gegeben, also das Eigentum, das in der Familie, wo die Frau und die Kinder die Sklaven des Mannes sind, schon seinen Keim, seine erste Form hat. Die freilich noch sehr rohe, latente Sklaverei in der Familie ist das erste Eigentum, das übrigens hier schon vollkommen der Definition der modernen Ökonomen entspricht, nach der es die Verfügung über fremde Arbeitskraft ist. Übrigens sind Teilung der Arbeit und Privateigentum identische Ausdrücke – in dem Einen wird in Beziehung auf die Tätigkeit dasselbe ausgesagt, was in dem Andern in bezug auf das Produkt der Tätigkeit ausgesagt wird.

Ferner ist mit der Teilung der Arbeit zugleich der Widerspruch zwischen dem Interesse des einzelnen Individuums oder der einzelnen Familie und dem gemeinschaftlichen Interesse aller Individuen, die miteinander verkehren, gegeben; und zwar existiert dies gemeinschaftliche Interesse nicht bloß in der Vorstellung, als „Allgemeines", sondern zuerst in der Wirklichkeit als gegenseitige Abhängigkeit der Individuen, unter denen die Arbeit geteilt ist. Und endlich bietet uns die Teilung der Arbeit gleich das erste Beispiel davon dar, daß, solange die Menschen sich in der naturwüchsigen Gesellschaft befinden, solange also die Spaltung zwischen dem besondern und gemeinsamen Interesse existiert, solange die Tätigkeit also nicht freiwillig, sondern naturwüchsig geteilt ist, die eigne Tat des Menschen ihm zu einer fremden, gegenüberstehenden Macht wird, die ihn unterjocht, statt daß er sie beherrscht. Sowie nämlich die Arbeit verteilt zu werden anfängt, hat Jeder einen bestimmten ausschließlichen Kreis der Tätigkeit, der ihm aufgedrängt wird, aus dem er nicht heraus kann; er ist Jäger, Fischer oder Hirt oder kritischer Kritiker und muß es bleiben, wenn er nicht die Mittel zum Leben verlieren will – während in der kommunistischen Gesellschaft, wo Jeder nicht einen ausschließlichen Kreis der Tätigkeit hat, sondern sich in jedem beliebigen Zweige ausbilden kann, die Gesellschaft die allgemeine Produktion regelt und mir eben dadurch möglich macht, heute dies, morgen jenes zu tun, morgens zu jagen, nachmittags zu fischen, abends Viehzucht zu treiben, nach dem Essen zu kritisieren, wie ich gerade Lust habe, ohne je Jäger, Fischer, Hirt oder Kritiker zu werden. Dieses Sichfestsetzen der sozialen Tätigkeit, diese Konsolidation unsres eignen Produkts zu einer sachlichen Gewalt über uns, die unsrer Kontrolle entwächst, unsre Erwartungen durchkreuzt, unsre Berechnungen zunichte macht, ist eines der Hauptmomente in der bisherigen geschichtlichen Entwicklung, und eben aus diesem Widerspruch des besondern und gemeinschaftlichen Interesses nimmt das gemeinschaftliche Interesse als *Staat* eine selbständige Gestaltung, getrennt von den wirklichen Einzel- und Gesamtinteressen, an, und zugleich als illusorische Gemeinschaftlichkeit, aber stets auf der realen Basis der in jedem Familien- und Stamm-Konglomerat vorhandenen Bänder, wie Fleisch und Blut, Sprache, Teilung der Arbeit im größeren Maßstabe und sonstigen Interessen – und besonders, wie wir später entwickeln werden, der durch die Teilung der Arbeit bereits bedingten Klassen, die in jedem derartigen Menschenhaufen sich absondern und von denen eine alle andern beherrscht. Hieraus folgt, daß alle Kämpfe innerhalb des Staats, der Kampf zwischen Demokratie, Aristokratie und Monarchie, der Kampf um das Wahlrecht etc. etc., nichts als die illusorischen Formen sind, in denen die wirklichen Kämpfe der verschiedenen Klassen untereinander geführt werden (wovon die deutschen Theoretiker nicht eine Silbe ahnen, trotzdem daß man ihnen in den „Deutsch-Französischen Jahrbüchern" und der „Heiligen Familie" dazu Anleitung genug gegeben hatte),[4] und ferner, daß jede nach der Herrschaft strebende Klasse, wenn ihre Herrschaft auch, wie dies beim Proletariat der Fall ist, die Aufhebung der ganzen alten Gesellschaftsform und der Herrschaft überhaupt bedingt, sich zuerst die politische Macht erobern muß, um ihr Interesse wieder als das Allgemeine, wozu sie im ersten Augenblick gezwungen ist, darzustellen. . . .

Diese „*Entfremdung*", um den Philosophen verständlich zu bleiben, kann natürlich nur unter zwei *praktischen* Voraussetzungen aufgehoben werden. Damit sie eine „unerträgliche" Macht werde, d. h. eine Macht, gegen die man revolutioniert, dazu gehört, daß sie die Masse der Menschheit als durchaus „Eigentumslos" erzeugt hat und zugleich im Widerspruch zu einer vorhandnen Welt des Reichtums und der Bildung, was beides eine große Steigerung der Produktivkraft, einen hohen Grad ihrer Entwicklung voraussetzt – und andrerseits ist diese Entwicklung der Produktivkräfte (womit zugleich schon die in *weltgeschichtlichem,* statt der in lokalem Dasein der Menschen vorhandne empirische Existenz gegeben ist) auch deswegen eine absolut notwendige praktische

---

4 Fr. Engels und K. Marx: Die heilige Familie oder Kritik der kritischen Kritik. Gegen Bruno Bauer und Consorten, Frankfurt a. M. 1845. (Bruno Bauer [1809–1882] Publizist und Religionshistoriker)

Voraussetzung, weil ohne sie nur der *Mangel* verallgemeinert, also mit der *Notdurft* auch der Streit um das Notwendige wieder beginnen und die ganze alte Scheiße sich herstellen müßte, weil ferner nur mit dieser universellen Entwicklung der Produktivkräfte ein *universeller* Verkehr der Menschen gesetzt ist, daher einerseits das Phänomen der „Eigentumslosen" Masse in Allen Völkern gleichzeitig erzeugt (allgemeine Konkurrenz), jedes derselben von den Umwälzungen der andern abhängig macht, und endlich *weltgeschichtliche*, empirisch universelle Individuen an die Stelle der lokalen gesetzt hat. . . .

Der Kommunismus ist für uns nicht ein *Zustand*, der hergestellt werden soll, ein *Ideal*, wonach die Wirklichkeit sich zu richten haben [wird]. Wir nennen Kommunismus die *wirkliche* Bewegung, welche den jetzigen Zustand aufhebt. Die Bedingungen dieser Bewegung ergeben sich aus der jetzt bestehenden Voraussetzung. Übrigens setzt die Masse von *bloßen* Arbeitern – massenhafte von Kapital oder von irgendeiner bornierten Befriedigung abgeschnittne Arbeiterkraft – und darum auch der nicht mehr temporäre Verlust dieser Arbeit selbst als einer gesicherten Lebensquelle durch die Konkurrenz den *Weltmarkt* voraus. Das Proletariat kann also nur *weltgeschichtlich* existieren, wie der Kommunismus, seine Aktion, nur als „weltgeschichtliche" Existenz überhaupt vorhanden sein kann; weltgeschichtliche Existenz der Individuen, d. h. Existenz der Individuen, die unmittelbar mit der Weltgeschichte verknüpft ist.

(Die deutsche Ideologie, I. Feuerbach, Bd. 3, S. 32–36)

Karl Marx

4.

Der *Kommunismus* als *positive* Aufhebung des *Privateigentums* als *menschlicher Selbstentfremdung* und darum als wirkliche *Aneignung* des *menschlichen* Wesens durch und für den Menschen; darum als vollständige, bewußt und innerhalb des ganzen Reichtums der bisherigen Entwicklung gewordne Rückkehr des Menschen für sich als eines *gesellschaftlichen* d. h. menschlichen Menschen. Dieser

Kommunismus ist als vollendeter Naturalismus = Humanismus, als vollendeter Humanismus = Naturalismus, er ist die *wahrhafte* Auflösung des Widerstreites zwischen dem Menschen mit der Natur und mit dem Menschen, die wahre Auflösung des Streits zwischen Existenz und Wesen, zwischen Vergegenständlichung und Selbstbestätigung, zwischen Freiheit und Notwendigkeit, zwischen Individuum und Gattung. Er ist das aufgelöste Rätsel der Geschichte und weiß sich als diese Lösung.

(Ökonomisch-philosophische Manuskripte, Erg. Bd. 1, S. 536)

Friedrich Engels

5.

Indem die kapitalistische Produktionsweise mehr und mehr die große Mehrzahl der Bevölkerung in Proletarier verwandelt, schafft sie die Macht, die diese Umwälzung, bei Strafe des Untergangs, zu vollziehn genötigt ist. Indem sie mehr und mehr auf Verwandlung der großen vergesellschafteten Produktionsmittel in Staatseigentum drängt, zeigt sie selbst den Weg an zur Vollziehung der Umwälzung. *Das Proletariat ergreift die Staatsgewalt und verwandelt die Produktionsmittel zunächst in Staatseigentum.* Aber damit hebt es sich selbst als Proletariat, damit hebt es alle Klassenunterschiede und Klassengegensätze auf und damit auch den Staat als Staat. Die bisherige, sich in Klassengegensätzen bewegende Gesellschaft hatte den Staat nötig, d. h. eine Organisation der jedesmaligen ausbeutenden Klasse zur Aufrechterhaltung ihrer äußern Produktionsbedingungen, also namentlich zur gewaltsamen Niederhaltung der ausgebeuteten Klasse in den durch die bestehende Produktionsweise gegebnen Bedingungen der Unterdrückung (Sklaverei, Leibeigenschaft oder Hörigkeit, Lohnarbeit). Der Staat war der offizielle Repräsentant der ganzen Gesellschaft, ihre Zusammenfassung in einer sichtbaren Körperschaft, aber er war dies nur, insofern er der Staat derjenigen Klasse war, welche selbst für ihre Zeit die ganze Gesellschaft vertrat: im Altertum Staat der sklavenhaltenden Staatsbürger, im Mittelalter des Feudaladels, in unsrer Zeit der Bourgeoisie. Indem er endlich tatsächlich Repräsentant der ganzen

Gesellschaft wird, macht er sich selbst überflüssig. Sobald es keine Gesellschaftsklasse mehr in der Unterdrückung zu halten gibt, sobald mit der Klassenherrschaft und dem in der bisherigen Anarchie der Produktion begründeten Kampf ums Einzeldasein auch die daraus entspringenden Kollisionen und Exzesse beseitigt sind, gibt es nichts mehr zu reprimieren, das eine besondre Repressionsgewalt, einen Staat, nötig machte. Der erste Akt, worin der Staat wirklich als Repräsentant der ganzen Gesellschaft auftritt – die Besitzergreifung der Produktionsmittel im Namen der Gesellschaft –, ist zugleich sein letzter selbständiger Akt als Staat. Das Eingreifen einer Staatsgewalt in gesellschaftliche Verhältnisse wird auf einem Gebiete nach dem andern überflüssig und schläft dann von selbst ein. An die Stelle der Regierung über Personen tritt die Verwaltung von Sachen und die Leitung von Produktionsprozessen. Der Staat wird nicht „abgeschafft", *er stirbt ab.* Hieran ist die Phrase vom „freien Volksstaat" zu messen, also sowohl nach ihrer zeitweiligen agitatorischen Berechtigung wie nach ihrer endgültigen wissenschaftlichen Unzulänglichkeit; hieran ebenfalls die Forderung der sogenannten Anarchisten, der Staat solle von heute auf morgen abgeschafft werden.

(Die Entwicklung des Sozialismus von der Utopie zur Wissenschaft, Bd. 19, S. 223–224[5])

Alexis de Tocqueville[1]

1.

Während meines Aufenthaltes in den Vereinigten Staaten hatte ich bemerkt, daß eine demokratische Gesellschaftsordnung in der Art der amerikanischen die Errichtung des Despotismus besonders erleichtern könnte, und bei meiner Rückkehr nach Europa hatte ich gesehen, wie sehr die meisten Fürsten bei uns bereits die Vorstel-

5 = „Anti-Dühring" III, MEW, Bd. 20, S. 261–262

1 Über die Demokratie in Amerika, hrsg. von Jacob P. Mayer, München 1976 (Übersetzung dva Stuttgart)

lungen, Gefühle und Bedürfnisse, die diese selbe Gesellschaftsordnung erzeugte, benützt hatten, um den Bereich ihrer Macht zu erweitern.
Das brachte mich darauf zu glauben, daß die christlichen Völker zuletzt vielleicht irgendeiner Unterdrückung erliegen könnten, ähnlich jener, die einstmals auf mehreren Völkern des Altertums lastete.

(S. 812)

2.

Ich will mir vorstellen, unter welchen neuen Merkmalen der Despotismus in der Welt auftreten könnte: ich erblicke eine Menge einander ähnlicher und gleichgestellter Menschen, die sich rastlos im Kreise drehen, um sich kleine und gewöhnliche Vergnügungen zu verschaffen, die ihr Gemüt ausfüllen. Jeder steht in seiner Vereinzelung dem Schicksal aller andern fremd gegenüber: seine Kinder und seine persönlichen Freunde verkörpern für ihn das ganze Menschengeschlecht; was die übrigen Mitbürger angeht, so steht er neben ihnen, aber er sieht sie nicht; er berührt sie, und er fühlt sie nicht; er ist nur in sich und für sich allein vorhanden, und bleibt ihm noch eine Familie, so kann man zumindest sagen, daß er kein Vaterland mehr hat.
Über diesen erhebt sich eine gewaltige, bevormundende Macht, die allein dafür sorgt, ihre Genüsse zu sichern und ihr Schicksal zu überwachen. Sie ist unumschränkt, ins einzelne gehend, regelmäßig, vorsorglich und mild. Sie wäre der väterlichen Gewalt gleich, wenn sie wie diese das Ziel verfolgte, die Menschen auf das reife Alter vorzubereiten; statt dessen aber sucht sie bloß, sie unwiderruflich im Zustand der Kindheit festzuhalten; es ist ihr recht, daß die Bürger sich vergnügen, vorausgesetzt, daß sie nichts anderes im Sinne haben, als sich zu belustigen. Sie arbeitet gerne für deren Wohl; sie will aber dessen alleiniger Betreuer und einziger Richter sein; sie sorgt für ihre Sicherheit, ermißt und sichert ihren Bedarf, erleichtert ihre Vergnügungen, führt ihre wichtigsten Geschäfte, lenkt ihre Industrie, ordnet ihre Erbschaften, teilt ihren Nachlaß; könnte sie ihnen nicht auch die Sorge des Nachdenkens und die Mühe des Lebens ganz abnehmen?

(S. 814)

3.

Ich glaube, eine unumschränkte und despotische Regierung läßt sich leichter in einem Volke einsetzen, wo die gesellschaftlichen Bedingungen gleich sind, als in einem andern, und ich denke, daß eine derartige Regierung, wenn sie einmal in einem solchen Volke bestünde, nicht nur dessen Menschen unterdrücken, sondern mit der Zeit jeden von ihnen mehrerer Haupteigenschaften des Menschentums berauben würde.

In den demokratischen Zeitaltern ist daher, wie mir scheint, der Despotismus besonders zu fürchten.

Ich hätte, denke ich, die Freiheit in allen Zeiten geliebt; in der heutigen Zeit aber neige ich dazu, sie zu vergöttern.

Anderseits bin ich überzeugt, daß alle, die in dem Zeitalter, in das wir eintreten, die Staatsgewalt auf das Vorrecht und die Aristokratie zu stützen versuchen werden, zum Mißerfolg verurteilt sind. Alle, die die Staatsgewalt innerhalb einer Klasse errichten und auf sie beschränken wollen, werden scheitern. Es gibt gegenwärtig keinen Souverän, der geschickt und stark genug wäre, den Despotismus auf eine Wiederherstellung dauernder Standesunterschiede zwischen seinen Untertanen zu gründen; ebensowenig gibt es einen so weisen und mächtigen Gesetzgeber, der imstande wäre, freiheitliche Einrichtungen aufrechtzuerhalten, wenn er nicht die Gleichheit als obersten Grundsatz und als Sinnbild wählt. Deshalb müssen alle diejenigen unserer Zeitgenossen, die die Unabhängigkeit und Würde ihrer Mitmenschen begründen oder sichern wollen, sich als Freunde der Gleichheit erweisen; und das einzige würdige Mittel, sich als solche zu erweisen, ist, es zu sein: der Erfolg ihres erhabenen Unternehmens hängt davon ab.

Nicht um den Wiederaufbau einer aristokratischen Gesellschaft handelt es sich also, sondern darum, aus dem Schoß der demokratischen Gesellschaft, in der Gott uns leben heißt, die Freiheit hervorgehen zu lassen.

Diese zwei Grundwahrheiten erscheinen mir einfach, klar und fruchtbar, und sie veranlassen mich selbstverständlich zu überlegen, welche Art freier Regierung in einem Volk mit gleichen gesellschaftlichen Bedingungen eingeführt werden kann.

Aus der Beschaffenheit der demokratischen Nationen selbst und ihrer Bedürfnisse geht hervor, daß die staatliche Herrschgewalt bei ihnen einheitlicher, zentralisierter, ausgedehnter, durchdringender, mächtiger sein muß als anderswo. Die Gesellschaft ist da natürlich betriebsamer und stärker, der einzelne untergeordneter und schwächer: jene tut mehr, dieser weniger; das ergibt sich zwangsläufig.

Man kann also nicht erwarten, daß in demokratischen Ländern der Bereich der persönlichen Unabhängigkeit je so weit gezogen sei wie in denen der Aristokratie. Das ist aber nicht wünschbar; denn bei den aristokratischen Nationen wird die Gesellschaft häufig dem einzelnen und die Wohlfahrt der größern Zahl der Größe weniger geopfert.

Es ist ebenso notwendig wie erwünscht, daß die Zentralgewalt, die ein demokratisches Volk lenkt, unternehmend und mächtig sei. Nicht darum geht es, sie schwach oder untätig zu machen, sondern lediglich, sie am Mißbrauch ihrer Beweglichkeit und ihrer Kraft zu hindern.

Was in den aristokratischen Zeitaltern die Unabhängigkeit der Privatleute am besten sichern half, war der Umstand, daß der Herrscher nicht allein das Regieren und Verwalten der Bürger besorgte; er war gehalten, diese Aufgaben teilweise den Mitgliedern der Aristokratie zu überlassen; da die Staatsgewalt immer aufgeteilt war, lastete sie infolgedessen nie als Ganzes und in gleicher Art auf jedem.

Nicht nur machte der Herrscher nicht alles allein, sondern da die meisten Beamten, die in seinem Auftrag handelten, ihre Vollmacht von ihrer Geburt und nicht von ihm herleiteten, waren sie nicht immerwährend in seiner Hand. Er konnte sie nicht jederzeit nach Laune ernennen oder beseitigen und sie gleichmäßig allen seinen kleinsten Willensregungen unterwerfen. Auch das verbürgte die Unabhängigkeit der einzelnen.

Ich begreife wohl, daß man heutzutage nicht zum gleichen Mittel greifen kann, ich sehe aber demokratische Verfahren, die es ersetzen.

Statt dem Herrscher alle Verwaltungsbefugnisse zu übertragen, die man den Körperschaften oder den Adeligen entzieht, kann man einen Teil mittelbaren, aus einfachen Bürgern vorübergehend gebildeten Körperschaften zuweisen; auf diese Weise wird die persönliche Freiheit besser gewährleistet sein, ohne daß ihre Gleichheit gemindert wäre.

(S. 818–819)

4.

In den Zeiten der Aristokratie ist jeder Mensch stets sehr eng mit mehreren seiner Mitbürger verbunden, so daß man den einen nicht angreifen kann, ohne daß ihm die andern zu Hilfe eilen. In den Zeitaltern der Gleichheit ist jeder naturgemäß vereinzelt; er besitzt keine erblich angestammten Freunde, deren Hilfe er beanspruchen kann, keine Klasse, deren Zuneigung ihm gewiß wäre; man stellt ihn abseits und tritt ihn ungestraft mit Füßen. Deshalb hat ein unterdrückter Bürger heutzutage nur eine Möglichkeit der Verteidigung: sich an das ganze Volk zu wenden, und will dieses ihn nicht hören, an die Menschheit; er hat hierzu nur ein Mittel, die Presse. Demnach ist bei den demokratischen Nationen die Pressefreiheit unvergleichlich wertvoller als in allen andern; sie allein heilt die meisten Übel, die die Gleichheit erzeugen kann. Die Gleichheit trennt die Menschen voneinander und schwächt sie; die Presse aber stellt jedem eine sehr mächtige Waffe zur Seite, von der der Schwächste und der Einsamste Gebrauch machen kann. Die Gleichheit entzieht jedem die Hilfe seiner Nächsten; aber die Presse gestattet ihm, seine sämtlichen Mitbürger und Mitmenschen zu Hilfe zu rufen.

(S. 820–821)

John Stuart Mill[1]

1.

Das Thema dieses Essays ist nicht die sogenannte Willensfreiheit, die in so unglücklicher Weise der fälschlich so genannten Lehre von der philosophischen Notwendigkeit gegenübergestellt wird, sondern die bürgerliche oder soziale Freiheit: die Natur und die Grenzen der Macht, die die Gesellschaft legitimerweise über das Individuum ausüben kann. Eine in allgemeinen Begriffen selten aufgeworfene und kaum je diskutierte Frage, die aber die praktischen Auseinandersetzungen des Zeitalters durch ihre latente Gegenwärtigkeit tiefgreifend beeinflußt und in der man wahrscheinlich bald die Lebensfrage der Zukunft erkennen wird. Sie ist so weit davon entfernt, neu zu sein, daß sie die Menschheit in gewissem Sinne fast von

1 Über Freiheit, übersetzt von Achim von Borries, Frankfurt 1969

ihren frühesten Zeiten an entzweit hat; auf der Stufe des Fortschritts aber, die die zivilisierten Teile der Gattung nun erreicht haben, stellt sie sich unter neuen Bedingungen und verlangt eine andere und fundamentalere Behandlung.
Der Kampf zwischen Freiheit und Autorität ist das auffälligste Kennzeichen der Abschnitte der Geschichte, mit denen wir am frühesten vertraut sind, vor allem der Geschichte Griechenlands, Roms und Englands. . . .
Doch es kam im Fortgang der menschlichen Verhältnisse eine Zeit, da die Menschen es nicht mehr länger für eine Naturnotwendigkeit hielten, daß ihre Herrscher eine unabhängige, ihrem Interesse nach ihnen entgegengesetzte Macht sein sollten. . . .
Was man nun wünschte, war die Identität der Herrschenden mit dem Volke; ihr Interesse und Wille sollten das Interesse und der Wille der Nation sein. Die Nation bedurfte keines Schutzes gegen ihren eigenen Willen. Es gab keine Furcht vor einer Tyrannei der Nation über sich selbst. Man lasse die Herrschenden ihr in wirksamer Weise verantwortlich, durch sie unverzüglich absetzbar sein, – so könnte man es sich leisten, sie mit Macht zu betrauen, deren Anwendung die Nation selbst vorschreibt. Ihre Macht war die Macht der Nation selbst, konzentriert und in einer für die Ausübung geeigneten Form. Diese Denk- oder eher vielleicht Gefühlsweise war der letzten Generation des europäischen Liberalismus gemeinsam und bestimmt diesen auf dem Kontinent offenbar nach wie vor. . . .
Doch in politischen und philosophischen Theorien ebenso wie bei Menschen offenbart der Erfolg Fehler und Unstimmigkeiten, die im Falle des Mißerfolgs verborgen geblieben wären. Der Gedanke, daß das Volk der Begrenzung der Macht über sich selbst nicht bedürfe, konnte als Axiom gelten, solange eine Volksregierung etwas war, wovon man träumte oder wovon man las als von etwas, das es in einer fernen Epoche einmal gegeben habe. Diese Vorstellung wurde auch durch solche zeitweiligen Verirrungen wie die der Französischen Revolution nicht notwendigerweise erschüttert, deren schlimmste das Werk einer kleinen usurpatorischen Minderheit waren und in keinem Falle zur ständigen Arbeit volkstümlicher Institutionen gehörten, vielmehr einen plötzlichen und heftigen Ausbruch gegen monarchischen und aristokratischen Despotismus darstellten. Mit der Zeit aber gelang es einer demokratischen Republik, einen großen Teil der Erdoberfläche in Besitz zu neh-

.men, und sie brachte sich als eines der mächtigsten Mitglieder der Völkergemeinschaft zur Geltung. Eine gewählte und verantwortliche Regierung wurde nun zum Gegenstand von Beobachtung und Kritik, wie sie sich bei einem großen existierenden Faktum einstellen. Man merkte nun, daß Phrasen wie 'Selbstregierung' und 'Die Macht des Volkes über sich selbst' nicht den wahren Sachverhalt zum Ausdruck bringen. Das 'Volk', das die Macht ausübt, ist nicht immer dasselbe Volk, über das sie ausgeübt wird; und die 'Selbstregierung', von der man spricht, ist nicht die Regierung eines Jeden durch sich selbst, sondern die eines Jeden durch alle Anderen. Der Wille des Volkes bedeutet überdies den Willen des zahlenmäßig stärksten oder des aktivsten *Teiles* des Volkes, der Mehrheit oder derjenigen, die mit Erfolg bemüht sind, als die Mehrheit anerkannt zu werden. Demzufolge *kann* das Volk das Verlangen haben, einen Teil seiner selbst zu unterdrücken, und Vorsichtsmaßregeln dagegen sind so notwendig wie gegen jeden anderen Mißbrauch der Macht. Die Begrenzung der Macht der Regierung über die Individuen verliert darum nichts von ihrer Bedeutung, wenn die Inhaber der Macht der Allgemeinheit verantwortlich sind, das heißt der stärksten Partei in ihr. Diese Sicht der Dinge, die sich der Einsicht der Denker in gleicher Weise empfiehlt wie der Neigung jener einflußreichen Klassen der europäischen Gesellschaft, deren wirklichen oder vermeintlichen Interessen die Demokratie zum Nachteil gereicht, hat sich ohne Schwierigkeiten durchsetzen können. Und in politischen Betrachtungen gehört die 'Tyrannei der Mehrheit' nun allgemein zu den Übeln, vor denen die Gesellschaft auf der Hut sein muß.

Wie andere Tyranneien wurde die Tyrannei der Mehrheit zunächst, und wird es gemeinhin auch heute noch, vor allem insoweit gefürchtet, wie sie durch die Handlungen der öffentlichen Autorität wirkt. Nachdenkliche Menschen merkten aber, daß, wenn die Gesellschaft selbst der Tyrann ist – die Gesellschaft als Kollektiv, über die einzelnen Individuen, aus denen sie sich zusammensetzt –, ihre Möglichkeiten der Tyrannisierung nicht auf die Handlungen beschränkt sind, die sie durch ihre politischen Funktionäre begehen mag. Die Gesellschaft kann ihre eigenen Mandate ausüben und sie tut es: wenn es falsche Mandate sind anstatt richtige, oder Mandate in Dingen, in die sie sich nicht einmischen sollte, dann übt sie eine soziale Tyrannei, die furchtbarer ist als viele Arten politischer Unterdrückung. Denn wenn sie sich auch gewöhnlich nicht auf so extreme Strafen stützt wie diese, so bietet sie doch weniger Möglichkeiten, ihr zu entgehen, und dringt viel tiefer in die Details des Lebens ein, die Seele selbst versklavend. Darum ist Schutz gegen die Tyrannei der Inhaber der hohen Staatsämter nicht genug: es bedarf des Schutzes auch gegen die Tyrannei der vorherrschenden Meinung und des vorherrschenden Gefühls; gegen die Tendenz der Gesellschaft, durch andere Mittel als bürgerliche Strafen ihre eigenen Ideen und Praktiken als Verhaltensregeln denen aufzuzwingen, die von ihnen abweichen, und die Entwicklung einer mit ihren Wegen nicht harmonisierenden Individualität in Fesseln zu legen, ja deren Entstehung wenn möglich zu verhindern, sowie alle Charaktere zu einer Bildung nach ihrem eigenen Muster zu zwingen. Es gibt eine Grenze für das legitime Eingreifen der kollektiven Meinung in die individuelle Unabhängigkeit. Und diese Grenze zu finden und gegen Übergriffe zu verteidigen, ist für einen guten Zustand der menschlichen Verhältnisse so unerläßlich wie Schutz gegen politischen Despotismus.

Wenngleich diese These grundsätzlich kaum bestritten werden dürfte, ist doch die praktische Frage, wo die Grenze gezogen werden soll, wie sich die richtige Abgrenzung zwischen individueller Unabhängigkeit und sozialer Kontrolle finden läßt, eine Sache, in der noch nahezu alles zu tun bleibt. All das, was einem Menschen das Dasein wertvoll macht, hängt davon ab, daß die Handlungsfreiheit anderer Leute Beschränkungen unterworfen wird. Darum müssen gewisse Verhaltensregeln eingeführt werden, zunächst durch das Gesetz, und dann in vielen Dingen, die sich für eine gesetzliche Regelung nicht eignen, durch die Öffentliche Meinung.

(S. 7–11)

2.

Die antiken Gemeinwesen hielten sich selbst für berechtigt – und die antiken Philosophen unterstützten sie darin –, jeden Teil des Privatlebens durch die öffentliche Autorität zu regulieren, weil der Staat ein fundamentales Interesse an der gesamten körperlichen und geistigen Erziehung eines jeden seiner Bürger habe; eine Denkweise, die zulässig gewesen sein mag in kleinen, von mächtigen Feinden umgebenen Republiken, die ständig davon bedroht waren, durch einen Angriff von außen oder von innen zerstört zu werden, und für die schon ein kurzes Nachlassen der Energie und der Selbstbestimmung so leicht verhängnisvoll sein mochte, daß sie es sich nicht leisten konnten, die heilsamen dauerhaften Wirkungen der Freiheit abzuwarten. In der modernen Welt verhindern der größere Umfang der politischen Gemeinschaften und vor allem die Trennung von geistlicher und weltlicher Autorität (die die Leitung der Gewissen der Menschen in andere Hände legte als jene, die ihre weltlichen Angelegenheiten kontrollierten) einen so umfassenden Eingriff des Gesetzes in die Einzelheiten des Privatlebens; die Mittel der moralischen Unterdrückung aber sind sogar eifriger gegen Abweichungen von der herrschenden Meinung in rein persönlichen als gegen solche in gesellschaftlichen Angelegenheiten angewandt worden. Die Religion, das mächtigste der Elemente, die auf die Bildung des Moralgefühls eingewirkt haben, ist fast immer entweder vom Ehrgeiz einer Hierarchie, die jeden Bereich des menschlichen Verhalten zu kontrollieren suchte, oder vom Geist des Puritanismus beherrscht worden. Und einige jener modernen Reformer, die sich selbst in schärfsten Gegensatz zu den Religionen der Vergangenheit gestellt haben, sind in ihrem Anspruch auf das Recht geistiger Herrschaft hinter Kirchen und Sekten keineswegs zurückgeblieben; M. Comte[2] vor allem, dessen soziales System, wie es in seinen 'Traité de Politique Positive' dargelegt ist, auf die Errichtung (freilich mehr durch moralische als durch gesetzliche Mittel) eines Despotismus der Gesellschaft über das Individuum abzielt, der alles übertrifft, was in dem politischen Ideal des strengsten Befürworters von Disziplin unter den antiken Philosophen ins Auge gefaßt war. Abgesehen von den besonderen Lehren einzelner Denker gibt es auch in der Welt als Ganzem eine wachsende Tendenz zur ungebührlichen Ausweitung der Macht der Gesellschaft über das Individuum, sowohl durch den Zwang der Öffentlichen Meinung wie sogar auch durch den der Gesetzgebung; und da es die Tendenz aller in der Welt vor sich gehenden Veränderungen ist, die Gesellschaft zu stärken und die Macht des Individuums zu mindern, handelt es sich bei diesem Übergriff nicht um eines der Übel, die dazu neigen, von selbst wieder zu verschwinden, sondern im Gegenteil um eines, das die Neigung hat, immer mehr und immer furchtbarer zu wachsen. Der Hang der Menschen, ob als Herrscher oder als Mitbürger, ihre eigenen Meinungen und Vorlieben anderen als

2 I. M. Auguste Comte (1798–1857), französischer Philosoph, Begründer des Positivismus und der Soziologie als Wissenschaft

Verhaltensregel aufzuzwingen, wird so nachhaltig unterstützt von einigen der besten und einigen der schlechtesten der menschlichen Natur eigenen Gefühle, daß er kaum je durch irgendetwas anderes in Schranken gehalten worden ist als durch den Mangel an Macht. Und da die Macht nicht abnimmt, sondern wächst, wenn nicht ein starker Damm moralischer Überzeugung gegen das Übel errichtet werden kann, müssen wir unter den gegenwärtigen Umständen erwarten, sie anwachsen zu sehen.

(S. 20–21)

III. ENDE DER NEUZEIT

Max Weber
Die drei reinen Typen der legitimen Herrschaft[1]

Legitimität der Herrschaft; Legitimitätsgründe. I. Legale Herrschaft – II. Traditionelle Herrschaft – III. Charismatische Herrschaft

Herrschaft, d. h. die Chance, Gehorsam für einen bestimmten Befehl zu finden, kann auf verschiedenen Motiven der Fügsamkeit beruhen: Sie kann rein durch Interessenlage, also durch zweckrationale Erwägungen[2] von Vorteilen und Nachteilen seitens des Gehorchenden, bedingt sein. Oder andererseits durch bloße 'Sitte', die dumpfe Gewöhnung an das eingelebte Handeln; oder sie kann rein affektuell, durch *bloße* persönliche Neigung des Beherrschten, begründet sein. Eine Herrschaft, welche *nur* auf solchen Grundlagen ruhte, wäre aber relativ labil. Bei Herrschenden und Beherrschten pflegt vielmehr die Herrschaft durch *Rechtsgründe,*

---

1 In: Gesammelte Aufsätze zur Wissenschaftslehre, hrsg. von Johannes Winckelmann, ³Tübingen 1968, S. 475–488
Reiner Typus im Sinne von Idealtypus: „Dieses Gedankenbild vereinigt bestimmte Beziehungen und Vorgänge des historischen Lebens zu einem in sich widerspruchslosen Kosmos *gedachter* Zusammenhänge. Inhaltlich trägt diese Konstruktion den Charakter einer *Utopie* an sich, die durch *gedankliche* Steigerung bestimmter Elemente der Wirklichkeit gewonnen ist . . . Er (sc. der Idealtypus) *ist* nicht eine *Darstellung* des Wirklichen, aber er will der Darstellung eindeutige Ausdrucksmittel verleihen . . . Er wird gewonnen durch einseitige *Steigerung eines* oder *einiger* Gesichtspunkte und durch Zusammenschluß einer Fülle von diffus und diskret, hier mehr, dort weniger, stellenweise gar nicht, vorhandener *Einzel*erscheinungen, die sich jenen einseitig herausgehobenen Gesichtspunkten fügen, zu einem in sich einheitlichen *Gedanken*bilde." (Ges. Aufs. z. Wissenschaftslehre S. 190–191)

2 „Zweckrational handelt, wer sein Handeln nach Zweck, Mitteln und Nebenerfolgen orientiert, und dabei sowohl die Mittel gegen die Zwecke, wie die Zwecke gegen die Nebenfolgen, wie endlich auch die verschiedenen möglichen Zwecke gegeneinander rational abwägt" (M. Weber, Wirtschaft und Gesellschaft (= W.u.G.), Tübingen 1956, S. 13)

Gründe ihrer 'Legitimität', innerlich gestützt zu werden, und die Erschütterung dieses Legitimitätsglaubens pflegt weitgehende Folgen zu haben.

An 'Legitimitätsgründen' der Herrschaft gibt es, in ganz reiner Form, nur drei, von denen – im reinen Typus – jeder mit einer grundverschiedenen soziologischen Struktur des Verwaltungsstabs und der Verwaltungsmittel verknüpft ist.

I. *Legale Herrschaft* kraft Satzung. Reinster Typus ist die bürokratische Herrschaft. Grundvorstellung ist: daß durch formal korrekt gewillkürte Satzung beliebiges Recht geschaffen und bestehendes beliebig abgeändert werden könne. Der Herrschaftsverband ist entweder gewählt oder bestellt, er selbst und alle seine Teile sind *Betriebe.* Ein heteronomer und heterokephaler[3] (Teil-)Betrieb soll Behörde heißen. Der Verwaltungsstab besteht aus vom Herrn ernannten *Beamten,* die Gehorchenden sind Verbands-*Mitglieder* ('Bürger', 'Genossen').

Gehorcht wird nicht der Person, kraft deren Eigenrecht, sondern der gesatzten *Regel,* die dafür maßgebend ist, wem und inwieweit ihr zu gehorchen ist. Auch der Befehlende selbst gehorcht, indem er einen Befehl erläßt, einer Regel: dem 'Gesetz' oder 'Reglement', einer *formal* abstrakten Norm. Der Typus des Befehlenden ist der *'Vorgesetzte',* dessen Herrschaftsrecht durch gesatzte *Regel* legitimiert ist, innerhalb einer *sachlichen 'Kompetenz',* deren Abgrenzung auf Spezialisierung nach sachlicher Zweckmäßigkeit und nach den fachlichen Ansprüchen an die Leistung des Beamten beruht. Der Typus des Beamten ist der geschulte *Fach*beamte, dessen Dienstverhältnis auf Kontrakt beruht, mit festem, nach dem Rang des Amtes, nicht nach dem Maß der Arbeit abgestuftem Gehalt und Pensionsrecht nach festen Regeln des Avancements. Seine Verwaltung ist *Berufs*arbeit kraft *sachlicher Amtspflicht;* ihr Ideal ist, 'sine ira et studio', ohne allen Einfluß persönlicher Motive oder gefühlsmäßiger Einflüsse, frei von Willkür und Unberechenbarkeiten, insbesondere 'ohne Ansehen der Person' streng formalistisch nach

---

3 Heteronomie bedeutet, „daß die Ordnung des Verbandes durch Außenstehende gesatzt wird" (W.u.G. S. 26).
„Autokephalie bedeutet: daß der Leiter und der Verbandsstab nach den eigenen Ordnungen des Verbandes, nicht wie bei der Heterokephalie, durch Außenstehende bestellt wird (gleichviel wie sonst die Bestellung erfolgt)" (W.u.G. S. 26 f.)

rationalen Regeln und – wo diese versagen – nach 'sachlichen' Zweckmäßigkeitsgesichtspunkten zu verfügen. Die Gehorsamspflicht ist abgestuft in einer Hierarchie von Ämtern mit Unterordnung der unteren unter die oberen und geregeltem Beschwerdeverfahren. Grundlage des technischen Funktionierens ist: die *Betriebsdisziplin.*

1. Unter den Typus der 'legalen' Herrschaft fällt natürlich nicht etwa nur die moderne Struktur von Staat und Gemeinde, sondern ebenso das Herrschaftsverhältnis im privaten kapitalistischen Betrieb, in einem Zweckverband oder Verein gleichviel welcher Art, der über einen ausgiebigen hierarchisch gegliederten Verwaltungsstab verfügt. Die modernen politischen Verbände sind nur die hervorragendsten Repräsentanten des Typus. Die Herrschaft im privaten kapitalistischen Betrieb ist zwar teilweise heteronom: die Ordnung ist teilweise staatlich vorgeschrieben, – und bezüglich des Zwangsstabes gänzlich heterokephal: der staatliche Gerichts- und Polizeistab versieht (normalerweise) diese Funktionen, – aber er ist autokephal in seiner zunehmend bürokratischen Verwaltungsorganisation. Daß der Eintritt in den Herrschaftsverband formell freiwillig erfolgt ist, ändert, da die Kündigung ebenso formell 'frei' ist und dies die Beherrschten den Betriebsnormen normalerweise infolge der Bedingungen des Arbeitsmarktes unterwirft, nichts an dem Herrschaftscharakter, dessen soziologische Verwandtschaft mit der modernen staatlichen Herrschaft die Erörterung der ökonomischen Grundlagen der Herrschaft noch deutlicher machen wird. Die Geltung des 'Vertrages' als Basis stempelt den kapitalistischen Betrieb zu einem hervorragenden Typus der 'legalen' Herrschaftsbeziehung.

2. Die Bürokratie ist der technisch reinste Typus der legalen Herrschaft. Aber keine Herrschaft ist *nur* bürokratisch, d. h. nur durch kontraktlich engagierte und ernannte Beamte geführt. Das ist gar nicht möglich. Die höchsten Spitzen der politischen Verbände sind entweder 'Monarchen' (erbcharismatische Herrscher, s. u.) oder vom Volke gewählte 'Präsidenten' (also plebiszitärcharismatische Herren, s. u.) oder von einer parlamentarischen Körperschaft gewählt, wo denn deren Mitglieder oder vielmehr die, je nachdem mehr charismatischen oder mehr honoratiorenhaften (s. u.) Führer ihrer vorherrschenden Parteien die tatsächlichen Herren sind. Ebenso ist der Verwaltungsstab fast nirgends wirklich rein bürokratisch, sondern es pflegen in den allermannigfachsten Formen teils Hono-

ratioren, teils Interessenvertreter an der Verwaltung beteiligt zu sein (bei weitem am meisten in der sogenannten Selbstverwaltung). Entscheidend ist aber: daß die kontinuierliche Arbeit überwiegend und zunehmend auf den bürokratischen Kräften ruht. Die ganze Entwicklungsgeschichte des modernen Staates insbesondere ist identisch mit der Geschichte des modernen Beamtentums und bürokratischen Betriebes (s. u.), ebenso wie die ganze Entwicklung des modernen Hochkapitalismus identisch ist mit zunehmender Bürokratisierung der Wirtschaftsbetriebe. Der Anteil der bürokratischen Herrschaftsformen steigt überall.

3. Die Bürokratie ist nicht der einzige Typus legaler Herrschaft. Das Turnus-, Los- und Wahlbeamtentum, die Parlaments- und Komiteeverwaltung und alle Arten kollegialer Herrschafts- und Verwaltungskörper fallen darunter, falls ihre Kompetenz auf gesatzten Regeln beruht und die Ausübung des Herrschaftsrechtes dem Typus legalen Verwaltens entspricht. In der Entstehungszeit des modernen Staates haben kollegiale Körperschaften sehr wesentlich zur Entwicklung der legalen Herrschaftsform beigetragen; und besonders der Begriff der 'Behörde' verdankt ihnen seine Entstehung. Andererseits spielt das Wahlbeamtentum in der Vorgeschichte der modernen Beamtenverwaltung (und auch heute in den Demokratien) eine große Rolle.

II. *Traditionelle Herrschaft,* kraft Glaubens an die Heiligkeit der von jeher vorhandenen Ordnungen und Herrengewalten. Reinster Typus ist die patriarchalische Herrschaft. Der Herrschaftsverband ist Vergemeinschaftung, der Typus des Befehlenden der 'Herr', der Verwaltungsstab 'Diener', die Gehorchenden sind 'Untertanen'. Gehorcht wird der Person kraft ihrer durch Herkommen geheiligten Eigenwürde: aus Pietät. Der Inhalt der Befehle ist durch Tradition gebunden, deren rücksichtslose Verletzung seitens des Herrn die Legitimität seiner eigenen, lediglich auf ihrer Heiligkeit ruhenden, Herrschaft selbst gefährden würde. Neues Recht gegenüber den Traditionsnormen zu schaffen, gilt als prinzipiell unmöglich. Es geschieht der Tatsache nach im Wege der 'Erkenntnis' eines Satzes als 'von jeher geltend' (durch 'Weistum'). Außerhalb der Normen der Tradition dagegen ist der Wille des Herrn nur durch Schranken, welche im Einzelfall das Billigkeitsgefühl zieht, also in äußerst elastischer Art gebunden: seine Herrschaft zerfällt daher in ein streng traditionsgebundenes Gebiet und ein solches der freien Gnade und Willkür, in dem er nach Gefallen, Zuneigung, Abneigung und rein persönlichen, insbesondere auch durch persönliche Gefälligkeiten zu beeinflussenden Gesichtspunkten schaltet. Soweit aber der Verwaltung und Streitschlichtung Prinzipien zugrunde gelegt werden, sind es solche der materialen ethischen Billigkeit, Gerechtigkeit oder utilitaristischen Zweckmäßigkeit, nicht solche formaler Art wie bei der legalen Herrschaft. Ganz ebenso verfährt sein Verwaltungsstab. Dieser besteht aus persönlich Abhängigen (Hausangehörigen oder Hausbeamten) oder aus Verwandten oder persönlichen Freunden (Günstlingen) oder durch persönliches Treuband Verbundenen (Vasallen, Tributärfürsten). Der bürokratische Begriff der 'Kompetenz' als einer sachlich abgegrenzten Zuständigkeitssphäre fehlt. Der Umfang der 'legitimen' Befehlsgewalt der einzelnen Diener richtet sich nach dem Einzelbelieben des Herrn, dem sie auch bezüglich ihrer Verwendung in wichtigeren oder ranghöheren Rollen gänzlich anheimgegeben sind. Tatsächlich richtet sie sich weitgehend darnach: was die Bediensteten gegenüber der Fügsamkeit der Unterworfenen sich gestatten dürfen. Nicht sachliche Amtspflicht und Amtsdisziplin, sondern persönliche Dienertreue beherrscht die Beziehungen des Verwaltungsstabes.

Indessen sind in der Art seiner Stellung zwei charakteristisch geschiedene Formen zu beobachten:

1. Die rein patriarchale Struktur der Verwaltung: Die Diener sind in völliger persönlicher Abhängigkeit vom Herrn, entweder rein patrimonial rekrutiert: Sklaven, Hörige, Eunuchen, – oder extrapatrimonial aus nicht gänzlich rechtlosen Schichten: Günstlinge, *Plebejer.* Ihre Verwaltung ist völlig heteronom und heterokephal; es besteht keinerlei Eigenrecht der Verwaltenden an ihrem Amt, aber auch keinerlei *Fach*auslese und keine ständische Ehre des Beamten; die sachlichen Verwaltungsmittel werden gänzlich für den Herrn in dessen eigener Regie bewirtschaftet. Bei der vollkommenen Abhängigkeit des Verwaltungsstabes vom Herrn fehlt jede Garantie gegen Herrenwillkür, deren mögliches Ausmaß daher hier am größten ist. Der reinste Typus ist die *sultanistische* Herrschaft. Alle wirklichen 'Despotien' hatten diesen Charakter, bei welchem die Herrschaft wie ein gewöhnliches Vermögensrecht des Herrn behandelt wird.

2. Die ständische Struktur: Die Diener sind nicht persönliche Diener des Herrn, sondern unabhängige, kraft Eigenstellung als sozial prominent geltende Leute; sie sind durch Privileg oder Konzession des Herrn mit ihrem Amt *beliehen* (tatsächlich oder der Legitimitätsfiktion nach) oder haben durch Rechtsgeschäft (Kauf,

Pfand, Pacht) ein nicht beliebig entziehbares Eigenrecht an dem ihnen appropriierten[4] Amt, ihre Verwaltung ist demgemäß, wenn auch begrenzt, autokephal und autonom, die sachlichen Verwaltungsmittel befinden sich in ihrer Regie, nicht in der des Herrn: *ständische* Herrschaft. – Die Konkurrenz der Amtsinhaber um den Gewaltsbereich ihrer Ämter (und deren Einnahmen) bedingt dann die gegenseitige Abgrenzung ihrer inhaltlichen Verwaltungsbereiche und steht an Stelle der 'Kompetenz'. Die hierarchische Gliederung ist durch Privileg (de non evocando, non appellando[5]) sehr oft durchbrochen. Die Kategorie der 'Disziplin' fehlt. Tradition, Privileg, feudale oder patrimoniale Treuebeziehungen, ständische Ehre und 'guter Wille' regeln die Gesamtbeziehungen. Die Herrenmacht ist also zwischen dem Herrn und dem appropriierten und privilegierten Verwaltungsstab geteilt, und diese ständische *Gewaltenteilung* stereotypiert[6] die Art der Verwaltung hochgradig.

Die patriarchale Herrschaft (des Familienvaters, Sippenchefs, 'Landesvaters') ist nur der reinste Typus der traditionalen Herrschaft. Jede Art von 'Obrigkeit', die lediglich kraft eingelebter Gewöhnung mit Erfolg legitime Autorität in Anspruch nimmt, gehört der gleichen Kategorie an und stellt nur nicht eine so klare Ausprägung dar. Die durch Erziehung und Gewöhnung eingelebte Pietät in der Beziehung des Kindes zum Familienoberhaupt ist der am meisten typische Gegensatz einerseits zur Stellung eines kontraktlich angestellten Arbeiters in einem Betriebe, andererseits zur emotionalen Glaubensbeziehung eines Gemeindemitgliedes zu einem Propheten. Und auch tatsächlich ist der Hausverband eine Keimzelle traditionaler Herrschaftsbeziehungen. Die typischen 'Beamten' des Patrimonial- und Feudalstaates sind Hausbeamte mit zunächst rein dem Haushalt angehörigen Aufgaben (Truchseß, Kämmerer, Marschall, Schenke, Seneschal, Hausmeier).

Das Nebeneinander der streng traditionsgebundenen und der freien Sphäre des Handelns ist allen traditionalen Herrschaftsformen

---

4 Appropriation: bei Weber die Verleihung von Rechten durch den Herrn an Einzelne oder Gruppen (z. B. W.u.G. S. 23) wie auch die Inbesitznahme der verliehenen Rechte mit der Absicht, diese zu monopolisieren und dauernd zu sichern (z. B. W.u.G. S. 613)

5 Sonderrecht, das Gerichtszugehörige begünstigt

6 Stereotypisierung: bei Weber Verfestigung der bestehenden Verwaltungs- und Wirtschaftsstrukturen, unter Berufung auf Tradition und appropriierte Rechte. (Vgl. W.u.G. 610, 117, 249, 349)

gemeinsam. Innerhalb dieser freien Sphäre muß das Handeln des Herrn oder seines Verwaltungsstabes erkauft oder durch persönliche Beziehungen verdient werden. (Das Gebührenwesen hat darin einen seiner Ursprünge.) Das entscheidend wichtige Fehlen formalen Rechts und statt dessen die Herrschaft materialer Prinzipien in der Verwaltung und Streitschlichtung ist gleichfalls allen traditionalen Herrschaftsformen gemeinsam und hat besonders für die Beziehung zur Wirtschaft weitgehende Konsequenzen. Der Patriarch ebenso wie der patrimoniale Herrscher regiert und entscheidet nach den Prinzipien der 'Kadijustiz': einerseits streng traditional gebunden, soweit diese Bindung aber Freiheit läßt, nach juristisch unformalen und irrationalen Billigkeits- und Gerechtigkeitsgesichtspunkten des Einzelfalles, und zwar auch 'unter Ansehung der Person'. Alle Kodifikationen und Gesetze patrimonialer Herrscher atmen den Geist des sogenannten 'Wohlfahrtsstaates': eine Kombination sozialethischer mit sozialutilitaristischen Prinzipien herrscht vor und durchbricht jede formale Strenge des Rechtes.

Die Scheidung der patriarchalen von der ständischen Struktur der traditionalen Herrschaft ist grundlegend für die ganze Staatssoziologie der vorbürokratischen Epoche. (In vollem Umfang verständlich wird der Gegensatz freilich erst in Verbindung mit seiner später zu besprechenden wirtschaftlichen Seite: Trennung des Verwaltungsstabes von den sachlichen Verwaltungsmitteln oder Appropriation der sachlichen Verwaltungsmittel durch den Verwaltungsstab.) Die ganze Frage, ob und welche 'Stände' es als Träger ideeller Kulturgüter gab, ist geschichtlich in erster Linie dadurch mitbedingt worden. Die Verwaltung durch patrimonial Abhängige (Sklaven, Hörige), wie sie im vorderasiatischen Orient und in Ägypten bis hinab zur Mamelukenzeit[7] sich findet, ist der extremste und scheinbar (nicht immer wirklich) konsequenteste Typus der ganz ständelosen rein patriarchalen Herrschaft. Die Verwaltung durch freie Plebejer steht dem rationalen Beamtentum relativ nahe. Die Verwaltung durch Literaten kann je nach dem Charakter dieser (typischer Gegensatz: Brahmanen[8] einerseits, Mandarinen[9] andererseits, und beiden gegenüber wiederum: buddhistische und christ-

7 Mameluken: Kaufsklavenheer im Dienst der ägyptischen Dynastie im Mittelalter
8 Altindische Priester
9 Chinesische staatliche Würdenträger

liche Kleriker) sehr verschiedenen Charakter haben, nähert sich aber stets dem ständischen Typus. Dieser wird am eindeutigsten durch Adelsverwaltung repräsentiert, in reinster Form durch den Feudalismus, der das ganz persönliche Treueverhältnis und den Appell an die ständische Ehre des mit dem Amt beliehenen Ritters an die Stelle der sachlich rationalen Amtspflicht setzt.
Alle Arten ständischer, auf mehr oder minder fester Appropriation der Verwaltungsmacht ruhender Herrschaft stehen im Verhältnis zum Patriarchalismus insofern der legalen Herrschaft näher, als sie, kraft der Garantien, welche die Zuständigkeiten der Privilegierten umgeben, den Charakter eines besondersartigen 'Rechtsgrundes' haben (Folge der ständischen 'Gewaltenteilung'), der den patriarchalischen Gebilden mit ihren völlig der Willkür des Herrn anheimgegebenen Verwaltungen fehlt. Andererseits steht die straffe Disziplin und das fehlende Eigenrecht des Verwaltungsstabes beim Patriarchalismus technisch der Amtsdisziplin der legalen Herrschaft näher als die durch Appropriation zerspaltene und dabei stereotypierte Verwaltung der ständischen Gebilde, und ist die Verwendung von Plebejern (Juristen) im Herrendienst in Europa geradezu der Vorläufer des modernen Staates gewesen.

III. *Charismatische Herrschaft,* kraft affektueller Hingabe an die Person des Herrn und ihre Gnadengaben (Charisma), insbesondere: magische Fähigkeiten, Offenbarungen oder Heldentum, Macht des Geistes und der Rede. Das ewig Neue, Außerwerktägliche, Niedagewesene und die emotionale Hingenommenheit dadurch sind hier Quellen persönlicher Hingebung. Reinste Typen sind die Herrschaft des Propheten, des Kriegshelden, des großen Demagogen. Der Herrschaftsverband ist die Vergemeinschaftung in der Gemeinde oder Gefolgschaft. Der Typus des Befehlenden ist der *Führer.* Der Typus des Gehorchenden ist der *'Jünger'.* Ganz ausschließlich dem Führer rein persönlich um seiner persönlichen, unwerktäglichen Qualitäten willen wird gehorcht, nicht wegen gesatzter Stellung oder traditionaler Würde. Daher auch nur, solange ihm diese Qualitäten zugeschrieben werden: sein Charisma sich durch deren Erweise *bewährt.* Wenn er von seinem Gotte 'verlassen' oder seiner Heldenkraft oder des Glaubens der Massen an seine Führerqualität beraubt ist, fällt seine Herrschaft dahin. Der Verwaltungsstab ist ausgelesen nach Charisma und persönlicher Hingabe: dagegen weder nach Fachqualifikation (wie der Beamte), noch nach Stand (wie der ständische Verwaltungsstab), noch nach Haus- oder anderer persönlicher Abhängigkeit (wie im Gegensatz dazu der patriarchale Verwaltungsstab). Es fehlt der rationale Begriff der 'Kompetenz' ebenso wie der ständische des 'Privilegs'. Maßgebend für den Umfang der Legitimation des beauftragten Gefolgsmannes oder Jüngers ist lediglich die Sendung des Herrn und seine persönliche charismatische Qualifikation. Der Verwaltung – soweit dieser Name adäquat ist – fehlt jede Orientierung an Regeln, sei es gesatzten, sei es traditionalen. Aktuelle Offenbarung oder aktuelle Schöpfung, Tat und Beispiel, Entscheidung von Fall zu Fall, jedenfalls also – am Maßstab gesatzter Ordnungen gemessen – *irrational*, charakterisiert sie. An Tradition ist sie nicht gebunden: 'es steht geschrieben, ich aber sage Euch' gilt für den Propheten; für den Kriegshelden schwinden die legitimen Ordnungen gegenüber der Neuschaffung kraft der Gewalt des Schwertes, für den Demagogen kraft des von ihm verkündeten und suggerierten revolutionären 'Naturrechtes' dahin. Die genuine Form charismatischer Rechtsweisung und Streitschlichtung ist die Verkündung des Spruches durch den Herrn oder 'Weisen' und seine Anerkennung durch die (Wehr- oder Glaubens-)Gemeinde, welche pflichtmäßig ist, falls ihr nicht eine konkurrierende Weisung eines Andern mit dem Anspruch auf charismatische Geltung entgegengestellt wird. In diesem Fall liegt ein letztlich nur durch das *Vertrauen* der Gemeinde zu entscheidender Führerkampf vor, bei dem nur auf einer Seite Recht, auf der anderen sühnepflichtiges Unrecht vorliegen kann.

a) Der Typus der charismatischen Herrschaft ist zuerst von *R. Sohm* in seinem Kirchenrecht für die altchristliche Gemeinde – noch ohne die Erkenntnis, daß es sich um einen Typus handele, – glänzend entwickelt, der Ausdruck ist seitdem mehrfach ohne Erkenntnis der Tragweite gebraucht worden. – Die frühe Vergangenheit kennt neben geringen Ansätzen 'gesatzter' Herrschaft, die freilich keineswegs gänzlich fehlen, die Aufteilung der Gesamtheit aller Herrschaftsverhältnisse unter Tradition und Charisma. Neben dem 'Wirtschaftshäuptling' (Sachem) der Indianer, einer wesentlich traditionalen Figur, steht der charismatische Kriegsfürst (dem deutschen 'Herzog' entsprechend) mit seiner Gefolgschaft. Jagd- und Kriegszüge, die beide einen persönlich mit außerwerktäglichen Qualitäten ausgerüsteten Führer verlangen, sind die weltlichen, die Magie ist die 'geistliche' Stätte des charismatischen Führertums. Seitdem geht mit den Propheten und Kriegsfürsten aller Zeiten die charismatische Herrschaft über Menschen durch die Jahrhunderte.

Der charismatische Politiker – 'Demagoge' – ist Produkt des okzidentalen Stadtstaates. Im Stadtstaat Jerusalem trat er nur im religiösen Gewande, als Prophet auf; die Verfassung von Athen dagegen war seit den Neuerungen des Perikles und Ephialtes völlig auf seine Existenz zugeschnitten, ohne welche die Staatsmaschine keinen Augenblick funktionieren würde.

b) Die charismatische Autorität ruht auf dem 'Glauben' an den Propheten, der 'Anerkennung', die der charismatische Kriegsheld, der Held der Straße oder der Demagoge persönlich findet, und fällt mit ihm dahin. Gleichwohl leitet sie ihre Autorität nicht etwa *aus* dieser Anerkennung durch die Beherrschten ab. Sondern umgekehrt: Glaube und Anerkennung gelten als *Pflicht,* deren Erfüllung der charismatisch Legitimierte für sich fordert, deren Verletzung er ahndet. Die charismatische Autorität ist zwar eine der großen revolutionären Mächte der Geschichte, aber sie ist in ihrer ganz reinen Form durchaus autoritären, herrschaftlichen Charakters.

c) Es versteht sich, daß der Ausdruck 'Charisma' hier in einem gänzlich wertfreien Sinn gebraucht wird. Der manische Wutanfall des nordischen 'Berserkers', die Mirakel und Offenbarungen irgendeiner Winkelprophetie, die demagogischen Gaben des Kleon sind der Soziologie genau so gut 'Charisma' wie die Qualitäten eines Napoleon, Jesus, Perikles. Denn für uns entscheidend ist nur, ob sie als Charisma galten und *wirkten,* d. h. Anerkennung fanden. Dafür ist 'Bewährung' die Grundvoraussetzung: durch Wunder, Erfolge, Wohlergehen der Gefolgschaft oder der Untertanen muß sich der charismatische Herr als 'von Gottes Gnaden' bewähren. Nur solange gilt er dafür, als er das kann. Ist ihm Erfolg versagt, so wankt seine Herrschaft. Dieser charismatische Begriff des 'Gottesgnadentums' hatte da, wo er bestand, entscheidende Konsequenzen. Der chinesische Monarch war in seiner Stellung bedroht, sobald Dürre, Überschwemmung, Mißerfolg im Felde oder andere Unfälle es fraglich erscheinen ließen, ob er in der Gnade des Himmels stehe. Öffentliche Selbstanklage und Buße, bei hartnäckigem Unheil: Absetzung und eventuell Opferung, drohten ihm. Die Beglaubigung durch Wunder verlangte man von jedem Propheten (noch Luther von den Zwickauern).

Der Bestand auch bei weitem der meisten, ihrem Grundcharakter nach *legalen* Herrschaftsverhältnisse ruht, soweit bei ihrer Stabilität der Legitimitätsglauben mitspricht, auf gemischten Grundlagen. Traditionale Eingewöhnung und 'Prestige' (Charisma) rücken mit dem – letztlich ebenfalls eingelebten – Glauben an die Bedeutung der formalen Legalität zusammen: die Erschütterung eines von ihnen durch gegenüber der Tradition ungewohnte Anforderungen an die Beherrschten, außergewöhnliches, das Prestige vernichtendes Mißgeschick oder Verletzung der üblichen formalen legalen Korrektheit erschüttert den Legitimitätsglauben in gleichem Maße. Bei *allen* Herrschaftsverhältnissen aber ist für den kontinuierlichen Bestand der tatsächlichen Fügsamkeit der Beherrschten höchst entscheidend vor allem die Tatsache der Existenz des Verwaltungsstabes und seines *kontinuierlichen* auf Durchführung der Ordnungen und (direkte oder indirekte) Erzwingung der Unterwerfung unter die Herrschaft gerichteten Handelns. Die Sicherung dieses die Herrschaft realisierenden Handelns ist das, was man mit dem Ausdruck 'Organisation' meint. Für die hiernach so überaus wichtige Herrenloyalität des Verwaltungsstabes selbst wiederum ist dessen Interessensolidarität mit dem Herrn – ideell sowohl wie materiell – ausschlaggebend. Für die Beziehungen des Herrn zum Verwaltungsstab gilt im allgemeinen der Satz: daß in der Regel der Herr, kraft der Vereinzelung der Zugehörigen des Stabes und der Solidarität jedes Mitgliedes mit ihm, jedem widerstrebenden Einzelnen gegenüber der Stärkere ist, allen zusammen gegenüber aber jedenfalls dann der Schwächere, wenn sie sich – wie zahlreiche Stabskategorien der Vergangenheit und Gegenwart gelegentlich taten – vergesellschaften. Es bedarf aber einer planvollen Vereinbarung der Glieder des Verwaltungsstabes, um durch Obstruktion[10] oder bewußte Gegenaktion die Einwirkung des Herrn auf das Verbandshandeln und hiermit seine Herrschaft lahmzulegen. Und ebenso bedarf es der Schaffung eines eigenen Verwaltungsstabes.

d) Die charismatische Herrschaft ist eine spezifisch *außeralltägliche* und rein persönliche soziale Beziehung. Bei kontinuierlichem Bestand, spätestens aber mit dem Wegfall des persönlichen Charismaträgers, hat das Herrschaftsverhältnis – in letzterem Fall dann, wenn es nicht zugleich erlischt, sondern in irgendeiner Art fortbesteht, und also die Autorität des Herrn auf Nachfolger übergeht, – die Tendenz, sich zu *veralltäglichen:*

1. durch Traditionalisierung der Ordnungen. Anstelle der kontinuierlichen charismatischen Neuschöpfung im Recht und Verwal-

10 Verschleppung, Behinderung, Durchkreuzung der Geschäftstätigkeit, jede Art von Lahmlegetaktik

tungsbefehl durch den Charismaträger oder charismatisch qualifizierten Verwaltungsstab tritt die Autorität der Präjudizien und Präzedenzien, die sie schufen oder die ihnen zugeschrieben werden;
2. durch Übergang des charismatischen Verwaltungsstabes: der Jüngerschaft oder Gefolgschaft, in einen legalen oder ständischen Stab durch Übernahme von internen oder von durch Privileg appropriierten Herrschaftsrechten (Lehen, Pfründe);
3. durch Umbildung des Sinnes des Charisma selbst. Dafür ist maßgebend die Art der Lösung der aus ideellen wie (sehr oft vor allem) materiellen Gründen brennenden Frage des *Nachfolgeproblems.*
Diese ist in verschiedener Art möglich: das bloße passive Abwarten des Auftretens eines neuen charismatisch beglaubigten oder qualifizierten Herrn pflegt, zumal wenn sein Erscheinen auf sich warten läßt und starke Interessen, gleichviel welcher Art, mit der Fortdauer des Herrschaftsverbandes verknüpft sind, durch aktives Handeln für seine Gewinnung ersetzt zu werden.
a) Durch Aufsuchung nach Merkmalen der charismatischen Qualifikation. Ein ziemlich reiner Typus: das Suchen des neuen Dalai Lama[11]. Der streng persönliche, außeralltägliche Charakter des Charisma wandelt sich dadurch in eine nach Regeln feststellbare Qualität.
b) Durch Orakel, Los oder andere Techniken der Bezeichnung. Der Glaube an die Person des charismatisch Qualifizierten wandelt sich dadurch zum Glauben an die betreffende Technik.
c) Durch Bezeichnung des charismatisch Qualifizierten:
1. Durch den Charismaträger selbst: Nachfolgerdesignation, eine sehr häufige Form, sowohl bei Propheten wie bei Kriegsfürsten. Der Glaube an die Eigenlegitimität des Charisma wandelt sich dadurch in den Glauben an den legitimen Erwerb der Herrschaft kraft rechtlicher und göttlicher Designation.
2. Durch die charismatisch qualifizierte Jüngerschaft oder Gefolgschaft unter Hinzutritt der Anerkennung seitens der religiösen resp. militärischen Gemeinde. Die Auffassung als 'Wahl'- bzw. 'Vorwahl'-Recht für dieses Verfahren ist sekundär. Dieser moderne Begriff ist ganz fernzuhalten. Es handelt sich der ursprünglichen Idee nach nicht um eine 'Abstimmung' über Wahlkandidaten,

---

11 Oberhaupt in weltlichen Angelegenheiten der lamaistischen Mönchskirchen in Tibet

zwischen denen freie Auswahl besteht, sondern um Feststellung und Anerkennung des *'richtigen'*, des als charismatisch qualifiziert zur Nachfolge *berufenen* Herrn. Eine 'falsche' Wahl war daher ein zu sühnendes Unrecht. Das eigentliche Postulat war: daß es möglich sein müßte, Einstimmigkeit zu erzielen, das Gegenteil Irrung und Schwäche sei.

In jedem Falle galt alsdann der Glaube nicht mehr der Person rein als solcher, sondern der 'richtig' und 'gültig' bezeichneten (und evtl. inthronisierten) oder sonst in die Macht nach Art eines Besitzobjekts eingewiesenen Person des Herrn.

3. Durch *'Erbcharisma'* in der Vorstellung, daß die charismatische Qualifikation im Blute liege.

Der an sich naheliegende Gedanke ist zunächst der eines 'Erbrechts' an der Herrschaft. Dieser Gedanke ist nur im Okzident im Mittelalter herrschend geworden. Sehr oft haftet das Charisma nur an der Sippe, und es muß der neue aktuelle Träger erst besonders festgestellt werden: nach einer der unter a)–c) erwähnten Regeln und Methoden. Wo bezüglich der Person feste Regeln bestehen, sind diese nicht einheitlich. Nur im mittelalterlichen Okzident und in Japan ist durchweg ganz eindeutig das 'Primogeniturerbrecht'[12] an der Krone durchgedrungen, sehr zur Erhöhung der Stabilität der dortigen Herrschaft, da alle anderen Formen zu internen Konflikten Anlaß geben.

Der Glaube gilt dann nicht mehr der Person rein als solcher, sondern dem 'legitimen' Erben der Dynastie: Der rein aktuelle und außeralltägliche Charakter des Charisma ist sehr stark traditionalisierend umgewandelt und auch der Begriff des 'Gottesgnadentums' in seinem Sinne völlig verändert (= Herr zu eigenem vollem Recht, nicht kraft durch die Beherrschten anerkanntem *persönlichen* Charisma). Von persönlichen Qualitäten ist der Herrenanspruch dann *völlig* unabhängig.

4. Durch rituelle Versachlichung des Charisma: Der Glaube, daß es eine durch eine bestimmte Art von Hierurgie[13]: Salbung, Händeauflegung oder andere sakramentale Akte, übertragbare oder erzeugbare magische Qualität sei.

Der Glaube gilt dann nicht mehr der Person des Charismaträgers – von deren Qualitäten der Herrschaftsanspruch vielmehr (wie beson-

12 Erstgeburtsrecht

13 Rituelle Handlungen des Priesters, die Heil vermitteln

ders klar durch das katholische Prinzip des character indelebilis[14] des Priesters durchgeführt ist) völlig unabhängig ist –, sondern der Wirksamkeit des betreffenden sakramentalen Aktes.

5. Das seinem primären Sinn nach autoritär gedeutete charismatische Legitimitätsprinzip kann antiautoritär umgedeutet werden. Die tatsächliche Geltung der charismatischen Herrschaft ruht auf der Anerkennung der konkreten *Person* als der charismatisch qualifizierten und bewährten durch die Beherrschten. Nach der genuinen Auffassung des Charisma wird diese Anerkennung dem legitimen, weil qualifizierten Prätendenten *geschuldet.* Dieses Verhältnis kann indessen leicht dahin umgedeutet werden: daß die freie Anerkennung durch die Beherrschten ihrerseits die Voraussetzung der Legitimität und ihre Grundlage sei (demokratische Legitimität). Dann wird die Anerkennung zur 'Wahl' und der kraft eigenem Charisma legitimierte Herr zu einem Gewalthaber von Gnaden der Beherrschten und kraft Mandats. Sowohl die Designation durch die Gefolgschaft, wie die Akklamation durch die (militärische oder religiöse) Gemeinde, wie das Plebiszit haben geschichtlich oft den Charakter einer durch Abstimmung vollzogenen Wahl angenommen und dadurch den seinen charismatischen Ansprüchen gemäß gekorenen Herrn zu einem von den Beherrschten rein nach ihrem Belieben gewählten *Beamten* gemacht.

Ebenso entwickelt sich der charismatische Grundsatz: daß eine charismatische Rechtsweisung der Gemeinde (Wehrgemeinde oder religiöse Gemeinde) verkündet und von ihr *anerkannt* werden müsse, und so die vorhandene Möglichkeit: daß verschiedene und entgegengesetzte Weisungen konkurrieren und dann durch charismatische Mittel, letztlich durch Bekenntnis der Gemeinde zur *richtigen* Weisung, die Entscheidung getroffen wird, leicht zu der – *legalen* – Vorstellung: daß die Beherrschten über das geltensollende Recht durch Willenskundgebung frei bestimmen und daß die Zählung der Stimmen das dafür legitime Mittel sei (Majoritätsprinzip). Der Unterschied zwischen einem gewählten *Führer* und einem gewählten Beamten bleibt dann lediglich ein solcher des Sinnes, den der Gewählte selbst seinem Verhalten gibt und – nach seinen

14 Unverlierbarkeit der durch Weihen erlangten Heiligung der Angehörigen des Klerus

persönlichen Qualitäten – gegenüber dem Stab und den Beherrschten zu geben *vermag:* der Beamte wird sich gänzlich als Mandatar[15] seines Herrn, hier also der Wähler, der Führer als ausschließlich eigenverantwortlich verhalten; dieser wird also, solange er ihr Vertrauen mit Erfolg in Anspruch nimmt, durchaus nach eigenem Ermessen handeln (*Führer-Demokratie*) und nicht, wie der Beamte, gemäß dem (in einem 'imperativen Mandat') ausgesprochenen oder vermuteten Willen der Wähler.

---

15 Beauftragter, Sachwalter

Niklas Luhmann
Zweck – Herrschaft – System[1]
Grundbegriffe und Prämissen Max Webers

Das Bürokratiemodell *Max Webers* ist ein vertrauter und bewährter Erkenntnisbesitz unserer Organisationsforschung. Und auch die Einsicht, daß die Rationalisierung des öffentlichen Lebens sich unaufhaltsam und auf allen Gebieten durch bürokratische Verwaltung vollzieht, hat sich durchgesetzt. Sie bedarf keiner Empfehlung mehr. Die Auseinandersetzung mit dieser Konzeption, das Hin- und Herwenden ihrer Begriffe, Versuche des Umbaus, der Ergänzung, der empirischen Kontrolle sind Gegenstand laufender wissenschaftlicher Arbeit . . .

Die Auseinandersetzung mit Max Weber wird weder in der Detailforschung noch im geschichtlichen Rückblick auf Person und Werk lebendig bleiben. Einer großen Aussage kann man nur von ihren Denkvoraussetzungen her gerecht werden. Die letzten, undefinierten Bezugsbegriffe einer Theorie bleiben immer in ein gewisses Dunkel gehüllt. Oft hat die Kraft einer Darstellung gerade dieses Dunkel zur Voraussetzung. Dann kann sich in der Einzelforschung ein Wandel der Orientierung anbahnen, der lange Zeit unbemerkt bleibt. Man wird durch einprägsame Begriffe und Vorstellungskombinationen getäuscht und übersieht, daß der Bezugsrahmen der Begriffe sich verschoben hat und sie selbst dadurch einen anderen Sinn bekommen haben. Daher ist die Frage berechtigt, ob Webers Selbstverständlichkeiten noch unsere Selbstverständlichkeiten sind, ob wir seine Kategorien noch in seinem Sinne verstehen. Eine Kritik an Weber müßte, wollte sie maßvoll und gerecht bleiben, seine Absichten und seine Denkansätze hinnehmen. Ein Gespräch mit ihm sollte gerade seine Prämissen zum Gegenstand haben. Weber legt, was heute wohl allgemein akzeptiert wird, der Soziologie den Begriff des sozialen Handelns zugrunde, damit ein Handeln bezeichnend, das seinem gemeinten Sinn nach auf das Verhalten anderer bezogen ist. Diese Sinnbeziehung legt das begriffliche Fundament, auf welches Weber seine Typen des Handelns und, auf einer höheren Ebene der Komplexität[2], seine Typen der sozialen

---

1 In: Politische Planung, Opladen 1971, S. 90–112 (gekürzt), zuerst: 1964

2 Zentraler Begriff der Systemtheorie Luhmanns. Bestimmt wird damit formal der Zustand eines Systems und das Verhältnis eines Systems zu seiner Umwelt. Komplexität bezeichnet die Menge von Ereignissen und

Beziehungen aufbaut: Handlungstypen und Beziehungstypen unterscheiden sich demnach als Auslegungen dieser Sinnbeziehung, als Typen der Handlungsorientierung.

Für die Wahl der differenzierenden, typenbildenden Gesichtspunkte gewinnt Weber aus seinem Handlungsbegriff keine schlüssigen Direktiven. Er konstruiert seine Typen nicht im Wege einer theoretisch rückversicherten Klassifikation, sondern unter freier Verwendung eines Gegensatzes von traditionaler, emotionaler und rationaler Orientierung. Dabei fließen als selbstverständlich gewisse Annahmen über Rationalität des Handelns ein, welche die weiteren Untersuchungen in eine bestimmte Richtung führen und Webers Urteil über die Bürokratie als Instrument rationaler Herrschaft begründen helfen. Diese Annahmen, die in Webers Gesamtwerk eine zentrale Stellung haben, sind Gegenstand unserer Überprüfung.

Der Zugang zu ihnen wird durch die nicht sehr glückliche Unterscheidung von Zweckrationalität und Wertrationalität erschwert. Zweckrational nennt Weber ein Handeln, das als Mittel für erstrebte und abgewogene eigene Zwecke motiviert ist; wertrational ein Verhalten, das rein als solches unabhängig von Erfolgen geschätzt wird. In der Erläuterung dieser Unterscheidung[3] betont Weber jedoch, daß auch die Entscheidung über einen Zweck wertrational durch Glauben an den Eigenwert des Zweckes motiviert sein kann. Die Unterscheidung drückt aus, daß nicht alles Handeln an Zwecken orientiert ist und daß nicht alle Zwecke wertrational, sondern manche auch affektuell oder traditional bestimmt sind. Aber diese Randfälle, in denen Zweckrationalität und Wertrationalität auseinanderfallen, sind, wie Weber selbst beiläufig sieht, nicht eigentlich mehr rationales Verhalten. Die Unterscheidung bringt keine letzte Klarheit in die Orientierungsstruktur rationalen Handelns. Diese besteht einfach darin, daß der Handelnde sein Handeln kausal auslegt, es als Bewirken einer spezifischen Wirkung versteht und entweder die Ursache (das Handeln selbst) oder die Wirkung (als vorgestellten Zweck) nach Wertgesichtspunkten auswählt. Kausalauslegung und Werthorizont bedingen sich wechselseitig und machen

---

Zuständen in der Welt und die Menge der Zustände eines Systems. Zur Definition des Begriffs vgl. N. Luhmann: Systemtheoretische Argumentationen, in: J. Habermas/N. Luhmann, Theorie der Gesellschaft oder Sozialtechnologie. – Was leistet die Systemforschung? Frankfurt a. M. 1971, S. 292–316.

3 Wirtschaft und Gesellschaft, [4]Tübingen 1956, S. 13

zusammen, aber nicht als gegensätzliche Typen, die Rationalstruktur des Handelns aus. Der Zweckbegriff bezeichnet lediglich spezifische Wirkungen des Handelns, die für so wertvoll gehalten werden, daß ihretwegen andere Folgen des Handelns ignoriert oder in Kauf genommen werden können.

Diese Paraphrase zu Max Webers Begriff des rationalen Handelns erscheint zunächst als eine leichte, klarstellende Korrektur, solange man die Einzelhandlung vor Augen hat. Ihre Tragweite zeigt sich erst, wenn man zu einer höheren Ebene der Komplexität aufsteigt und Handlungssysteme untersucht, an denen mehrere Personen beteiligt sind.

Seit den Zeiten Max Webers ist, namentlich durch die Entwicklung der Wirtschaftswissenschaften, eine Schwierigkeit deutlicher bewußt geworden: daß Rationalität auf der Ebene des Einzelhandelns nicht dasselbe ist wie Rationalität auf der Ebene des sozialen Systems. Anders gefaßt: Die Rationalität eines sozialen Systems kann nicht allein dadurch gesichert werden, daß alle Beteiligten rational handeln. Sie setzt systemeigene Sinnkombinationen, vielleicht sogar ganz andersartige Kategorien des Verständnisses voraus. Bei Weber selbst erscheint dieses Problem nur sehr indirekt und in einer besonderen Form, nämlich darin, daß er bei der Analyse sozialer Systeme von Zweck/Mittel-Kategorien zu Kategorien der Herrschaft überwechselt. Das Zweck/Mittel-Schema wird zwar als Grundform der Handlungsrationalität nicht aufgegeben, aber Weber trägt der Tatsache Rechnung, daß die meisten sozialen Systeme, vor allem: politische Systeme, nicht auf spezifische Zwecke und spezifische Mittel festgelegt sind, sondern ihre Zwecke und Mittel ändern können. Sie gelten ihm als rational, sofern sie Mittel finden, ihre *jeweiligen* Zwecke zu erfüllen. Ihre theoretische Erfassung setzt daher auch nicht mit einer Charakterisierung ihrer besonderen Zwecke an, sondern bei einem Mittel, das so generalisiert ist, daß es verschiedenen und wechselnden Zwecken dienen kann: der Herrschaft.

Die Rationalität der Herrschaft mißt sich an ihrer Eignung als Mittel für beliebige, änderbare Zwecke. Diese Eignung beruht darauf, daß Herrschaft als zuverlässige Willensübertragung durch Befehl verstanden wird, die aus angebbaren Gründen und in gewissen Grenzen im voraus akzeptiert wird. Wer Herrschaft ausübt, ist in der Lage, seine Zwecke zu Zwecken anderer zu machen. Und nicht nur das; er kann auf Grund dieser Chance neuartige Zwecke konzipieren, die er allein niemals erfüllen könnte. Er kann Rationalität potenzieren dadurch, daß er *generell* in der Lage ist, anderen ihre Entscheidungsprämissen zu diktieren. Ganz folgerichtig sind es deshalb letztlich die Gründe und Grenzen dieser Pauschalakzeptierung, der 'Legitimität' der Herrschaft, von denen die Rationalisierbarkeit eines sozialen Systems abhängt. Die Typen der Herrschaftslegitimierung, die Weber in Anlehnung an die Typen der Handlungsorientierung (kennzeichnenderweise aber unter Auslassen der reinen Zweckrationalität) konzipiert, nämlich rationale, traditionale und charismatische Legitimation, bestimmen die erreichbare Rationalität einer sozialen Ordnung. Die rationale Legitimation ist genau auf die Eignung der Herrschaft als Mittel abgestellt. Sie besteht rein formal im Glauben an ein regulativ bedingtes und begrenztes Recht zum Befehl: zur allgemeinen Regelsetzung und zur konkreten Anweisung. Die Rationalisierung der Weltzivilisation vollzieht sich als legale Herrschaft über und durch einen bürokratischen Verwaltungsstab.

Eine Konzeption von so eindrucksvoller Geschlossenheit läßt sich von innen heraus nicht widerlegen. Geht man auf ihre Prämissen ein, bleibt man in ihr gefangen. Die zwei maßgebenden Prämissen: Das Zweck/Mittel-Schema und die Befehlsautorität sowie ihre Verbindung durch die Vorstellung der Herrschaft als generalisiertes Mittel wird man heute jedoch nicht mehr unbefangen übernehmen können. Es versteht sich nicht mehr von selbst, daß das Zweck/Mittel-Schema als Modell der *Handlungs*rationalität im gleichen Sinne auch die Rationalstruktur sozialer *Systeme* beschreibt. Und weiter wäre zu überprüfen, ob der Befehl wirklich diejenige Kommunikationsform ist, welche typisch und vor allen anderen die Rationalisierung trägt. Schließlich ist es eine offene Frage, was mit der verbindenden Brücke zwischen Zweckmodell und Befehlsmodell: mit der Bezeichnung der Herrschaft als Mittel, überhaupt gewonnen ist. Welchen Erkenntniswert hat die Charakterisierung als Mittel noch, wenn man jede Aussage über einen spezifischen Zweck vermeidet?

Zweck/Mittel-Orientierung, Befehlsgebung und Legitimation der Herrschaft werden bei Weber, wie überhaupt in der klassischen Organisationstheorie, als *rein interne* Vorgänge in organisierten Systemen aufgefaßt. Die Problematik im Verhältnis des Systems zu seiner Umwelt wird ignoriert; und damit werden auch die Rückwirkungen übersehen, die sich aus Umweltbeziehungen für die interne Organisation und für rationales Verhalten im System ergeben. Dahinter steht die Prämisse: daß es nur eine richtige, idealtypische oder optimale Form innerer Systemrationalität gibt und daß mit dem Erreichen dieser inneren Rationalität sich zugleich eine harmonische Beziehung zur Umwelt einstellt. Diese Prämisse, die es erlaubte, die Systemumwelt in der Theorie zu vernachlässigen, scheint in der neueren Organisationsforschung mehr und mehr aufgegeben zu werden. Wir wollen versuchen, Webers klassisches Bürokratiemodell mit dieser neueren, zu sehr viel komplizierteren Vorstellungen fortschreitenden Entwicklung zu konfrontieren.

Die Organisationsforschung, die erst nach dem Tode Max Webers in breitem Umfange einsetzte, ist an den angezeigten Grundfragen nicht achtlos vorübergegangen. So schwierig es ist, den Stand der Forschung in wenigen allgemeinen Wendungen zu charakterisieren, so sicher ist eines: daß die Begriffe Zweck und Mittel und die Begriffe Befehl und Gehorsam ihre axiomatische Stellung als definierende Grundbegriffe verloren haben. Das heißt nicht ohne weiteres, daß die faktische Bedeutung der Orientierung an Zwecken oder Befehlsrechten geleugnet oder herabgesetzt würde – obwohl auch starke Tendenzen in dieser Richtung vorhanden sind; gemeint ist zunächst vielmehr nur ein theoretisches Revirement von Begriffen. Als dessen Folge werden Zweckorientierung und Befehlsgebung nicht mehr als letzte Grundbegriffe verwendet, die den Forschungsbereich der Wissenschaft definieren, so daß kein Tatbestand Beachtung finden kann, der sich nicht auf Zwecke oder Befehle zurückführen läßt; sondern sie werden als Variablen behandelt, deren faktisches Vorkommen, deren Funktion und deren Beziehung zu anderen Variablen Gegenstand der empirischen Forschung sind.

Diese Entwicklung hat sich nicht in kritischer Auseinandersetzung mit Max Weber vollzogen; vielmehr haben die Fronten sich zwischen der klassischen, hauptsächlich betriebswissenschaftlichen Organisationslehre und einer soziologischen Industrieforschung gebildet, die vornehmlich in den Vereinigten Staaten gepflegt wird und zunächst sehr wenig von Weber beeinflußt war. Es lohnt sich, über diese Kontroverse kurz zu berichten, weil in ihrem Verlauf jene Annahmen erschüttert wurden, von denen Weber ausging.

Die klassische Organisationslehre hatte ihren Bemühungen um richtige, wirtschaftliche Organisation ein verhältnismäßig einfaches Begriffsbild zugrunde gelegt, das wir kurz als 'Zweckmodell' der Organisation bezeichnen wollen: Organisationen werden als Systeme angesehen; ein System wird als Ordnung von Beziehungen verstanden, durch welche Teile zu einem Ganzen verknüpft werden; und das Verhältnis des Ganzen zu seinen Teilen wird durch das Zweck/Mittel-Schema interpretiert. Alle Teile des Systems haben sich als Mittel zum Zweck des Ganzen auszuweisen, und diese Charakterisierung ist zugleich Bedingung wissenschaftlicher Relevanz. Was sich nicht einfügt, wird als Störung gebucht, kann aber mit den relativ einfachen Denkmitteln des Zweckmodells nicht weiter erforscht werden . . .

Max Weber selbst hat dem Zweckmodell schon nicht mehr blind vertraut. Das nimmt nicht wunder, wenn man bedenkt, daß zu seiner Zeit die Bindungen zwischen Philosophie und Wissenschaft noch enger geflochten waren als heute und daß ihm das Jahrhunderte währende Ringen der Philosophie um den Wahrheitsanspruch der Zweckkategorie nicht unbekannt gewesen ist. Vor allem rechnet Weber mit der Vielfältigkeit und der Änderbarkeit von Zwecksetzungen. An die Stelle *inhaltlicher Zweckangaben* tritt die *Pauschalakzeptierung* etwaiger Zwecke, die ein Herrscher setzt. Ein auf diese Weise generalisierter (und damit problementlasteter) Zweckbegriff ist mit dem Begriff des Befehls kombiniert. Ein soziales System wird danach rational, wenn sichergestellt ist, daß es innerhalb bestimmter Grenzen, die seine Eignung als Mittel bestimmen, die Zwecke verwirklicht, die der Herr angibt. Die Mittel sind an den Zweck nicht mehr durch logische Deduktion gebunden, sondern durch Befehl.

Weber verbindet eine nicht zu Ende gedachte Kritik der Zweck/Mittel-Rationalität mit einem starken Vertrauen in den Befehl als willensübertragende Kommunikationsform. Im vorigen Abschnitt haben wir gesehen, daß die Kritik des Zweckmodells inzwischen über Weber hinausgeführt worden ist; nun soll gezeigt werden, daß auch die Geltung des Befehlmodells durch die neuere Forschung erschüttert worden ist.

Auch hier hat sich die wissenschaftliche Entwicklung im kritischen Abbau der Position der klassischen Organisationslehre vollzogen.

Deren Kern läßt sich am besten als Parallelschaltung von Zweck/Mittel-Struktur und hierarchischem Aufbau kennzeichnen: An der Spitze der Organisation werden die Zwecke gesetzt. Die Handlungen, die als Mittel dazu erforderlich sind, werden Untergebenen als Aufgabe zugewiesen. Diese delegieren ihrerseits Unteraufgaben an Unterinstanzen usw., bis der Boden der Hierarchie, das reine Ausführungshandeln, erreicht ist. Weil die Zwecke den Mitteln vorgeordnet sein sollen, und um diese Vorordnung zur Geltung zu bringen, müssen Vorgesetzte den Untergebenen vorgeordnet werden. Die maßgebenden Kommunikationen laufen danach auf vertikaler Linie, und zwar von oben nach unten. Sie bilden, sei es als Regelsetzung, sei es als Einzelanweisung, das tragende Gerüst der Organisation. Deren Rationalmodell hat die Form einer Kompetenzordnung für Befehlsgebung und Befehlsausführung. Ein System nähert sich diesem Ideal, wenn es die dafür erforderlichen Arbeitseinstellungen erzeugen und Reibungen aus dem menschlich-sozialen Lebensbereich ausschalten kann. Dazu dienen die wesentlichen Komponenten des Weberschen Idealtyps bürokratischer Herrschaft, insbesondere: Ernennung des 'Beamten' von oben, Trennung von Arbeit und Haushalt, Unpersönlichkeit der Amtsführung (oder, wie man heute sagt: institutionalisierte Rollentrennung), Fachschulung, Regelorientierung und besonders: eine an diese Einstellungen gebundene soziale Schätzung, die für deren menschliche Härten entschädigt.

In diesen Vorstellungskreis hat die empirische Organisationsforschung eine Reihe von Breschen geschlagen. Schon die klassische Theorie enthielt einige Selbstkorrekturen. Diese Zugeständnisse: daß es 'auch' kollegiale Beziehungen oder gar ein genossenschaftliches Gegenprinzip gebe, daß zur Befehlsausführung rechte Gesinnung und gute Moral erforderlich seien und daß der Befehl oben nur allgemein gefaßt werden könne, auf dem Wege nach unten also spezifiziert und damit verändert werden müsse, haben das Gesamtbild jedoch nicht retten können. Die neuere Forschung ist darüber hinweggeschritten. Ihre kritische Zersetzung der klassischen Konzeption darf auch nicht nur als Abneigung gegen den scharfen 'preußischen' Ton oder als demokratische Maskerade verstanden werden. Sie wendet sich vielmehr grundsätzlich gegen die Strukturierung von Organisationen durch einen einzigen Kommunikationstyp.

Auch hier ist man von verschiedenen Standpunkten aus auf dasselbe Problem gestoßen:

a) Das Befehlsmodell *legt der Rationalisierung den Standpunkt eines einzigen Teilnehmers:* des Gründers, Unternehmers, Herrschers *zugrunde.* Die Organisation ist gleichsam die Verlängerung seiner Handlungsrationalität. Wirkliches Handeln ist jedoch bei allen Teilnehmern teils rational, teils nichtrational. Eine Organisation kann nicht vom Handlungsstandpunkt eines einzelnen Teilnehmers, sondern nur als Koalition sämtlicher Mitglieder rationalisiert werden.

b) Der wachsende Bedarf an spezialisiertem Fachwissen bringt es mit sich, *daß Untergebene oft sachverständiger sind als ihre Vorgesetzten.* Während dieses Problem an einer Stelle, nämlich bei der politischen Kontrolle der Verwaltung durch Laien, schon längst und vor allem auch von Max Weber gesehen wurde, wird es in voller Breite erst in jüngster Zeit diskutiert. Durch überlegenen, wenn auch eng spezialisierten Sachverstand droht der Untergebene dem Vorgesetzten zu entgleiten; er kann nicht mehr durch Befehl, sondern muß durch neuartige Formen der vertikalen Kooperation in die Organisation eingegliedert werden.

c) Neben den speziellen Sachverstand treten andere Quellen der Verselbständigung des Untergebenen, vor allem der *eigene Außenverkehr,* der vom Vorgesetzten nicht mehr voll eingesehen werden kann. Während nach dem traditionellen Organisationsbild, das gewöhnlich in Adressen und Unterschriften noch fiktiv aufrechterhalten wird, aller Außenverkehr über die Spitze geleitet wird, müssen faktisch größere Organisationen, namentlich Verwaltungsorganisationen, ihre Außenkontakte weitgehend delegieren. Das bedeutet, daß auch die detaillierten Fakten- und Umweltkenntnisse, ja selbst die 'guten Beziehungen' des Untergebenen zu einer spezifischen Schicht der Umwelt dem Vorgesetzten oft fehlen (er reicht dafür in eine andere, 'höhere' Schicht der Umwelt hinein) und daß die Ausnutzung dieser Kenntnisse und Beziehungen nicht einfach befohlen werden kann. Persönliche Beziehungen sind Arbeitsmittel im notwendigen Privatbesitz. Sie lassen sich nicht wie die Betriebsmittel, die Max Weber im Auge hatte, in das Eigentum des bürokratischen Systems überführen.

d) Wenn nicht aller Umweltverkehr über die Spitze geleitet werden kann, dann kann auch nicht jede Umweltanpassung, jede

Neuerung von der Spitze erwartet werden. Die *Lernfähigkeit* unterer Stellen gewinnt an Interesse und wird zum Gegenstand besonderer organisatorischer Überlegungen. Auch sie entzieht sich dem Befehl.

e) Unterschiedlicher Außenverkehr auf den einzelnen hierarchischen Ebenen ist kein Zufall, sondern sinnvoller Ausdruck *funktionaler Differenzierung in der Vertikale.* Die klassische Theorie hatte alle funktionale Differenzierung als 'Arbeitsteilung' in die Horizontale verlegt und deshalb die vertikale Linie für homogen gehalten. Der Gegensatz von oben und unten drückte sich somit als Gegensatz von Befehl und Ausführung, von Denken und Handeln aus, aber nicht in der Thematik der Entscheidungen. Deshalb konnte man annehmen, daß eine reibungslos funktionierende Befehlskette die einzelnen Ebenen aufeinander einspielen würde. Diese Prämisse zerfällt, wenn man mit *Parsons*[4] zu der Einsicht kommt, daß 'qualitative Brüche' in der Hierarchie ihren guten Sinn haben, weil eine Organisation im Verhältnis zu ihrer Umwelt so verschiedenartige Funktionen erfüllen muß, daß sie nicht in einer einzigen Wechselbeziehung rationalisiert werden können. Dann lassen sich die einzelnen hierarchischen Ebenen nicht mehr voll aufeinander zurückführen, sondern bilden relativ selbständige Teilsysteme, die je eigene Beiträge zum Ganzen erbringen.

f) Ganz ähnlich wirkt ein weiterer Zug moderner Organisation: die Rationalisierung der *Kooperation auf horizontaler Ebene,* deren Prototyp das Fließband ist, die aber auch für die kollegiale Zusammenarbeit bei der Ausarbeitung von Entscheidungen zunehmend Bedeutung gewinnt. Das alte Dienstwegdogma mit seinen begrenzt konzedierten Ausnahmen beherrscht den Alltag nicht mehr. Routineverkehr zwischen Angehörigen mehrerer Abteilungen ist zum Bestandteil organisatorischer Planung geworden. Die Weisung des höchsten gemeinsamen Vorgesetzten wird durch die Einigung aller 'zu beteiligenden' Untergebenen entbehrlich. Der Vorgesetzte tritt nur noch als Helfer in besonderen Schwierigkeiten, bei unlösbaren Konflikten, als Lückenbüßer in Erscheinung oder wenn sein Status zur Ratifikation oder zur Darstellung von Entscheidungen nach außen benötigt wird.

---

4 Talcott Parsons (geb. 1902), amerikanischer Soziologe, untersucht Struktur und Funktionalität gesellschaftlicher Systeme als Zusammenhang von Institutionen, die sich aus Rollen und Normen zusammensetzen, die für Gruppen und Individuen verbindlich sind.

g) Als Folge dieser Gewichtsverlagerung *verlagert sich auch die Initiative* für Kontakte zwischen Vorgesetzten und Untergebenen stark von oben nach unten. Befehle aus heiterem Himmel werden mehr und mehr zu angeregten, erbetenen, vom Empfänger ausgearbeiteten Befehlen. Damit gewinnt auch der *Berichtsweg von unten nach oben* verstärktes Interesse. Seine Effektivität wird zum Angelpunkt für die Leistungsfähigkeit des Systems. Bei näherem Zusehen hat sich überdies herausgestellt, daß die traditionellen Mittel, Befehlsautorität zu stärken, zugleich die Berichterstattung verzerren, weil sie die Untergebenen zu Erwägungen des Selbstschutzes motivieren, welche die Berichte nach oben trüben.

h) Je höhere Ansprüche an die Entscheidungsqualität gestellt werden, desto stärker müssen die *Vorgänge vor der formalen Entscheidung* interessieren. In dieser Richtung ist der Boden für weitere Forschung aufgelockert worden durch die Einsicht, daß es praktisch keine optimalen (ausschließlich richtigen) Entscheidungen gibt und daß sich demzufolge Unterschiede der Organisationsstruktur und der vorbereitenden Informationsverarbeitung auf das Brauchbarkeitsniveau der Entscheidungen auswirken müssen. Gegenüber diesen wichtigen Organisationsfragen erscheinen die Probleme der Durchsetzung einer einmal getroffenen Entscheidung, sei es durch Befehl, sei es ohne Befehl, als verhältnismäßig belanglos.

i) Diese Akzentverschiebung von der Entscheidungsbefolgung zur Entscheidungsfindung berührt sich mit einer an ganz anderer Stelle gefundenen und gepflegten These: daß *formal zugewiesene Befehlskompetenz und faktischer Einfluß auf Entscheidungen weit auseinanderfallen können,* daß die formale Hierarchie also nicht ohne weiteres die wirkliche Machtstruktur einer Organisation widerspiegelt.

j) *Höherer Status* wird nun nicht mehr rein formal als Folge der Zuweisung von Befehlsrechten gesehen, sondern als *multifunktionale Einrichtung,* die z. B. auch Persönlichkeitsinteressen befriedigt, auch Außenverkehr erleichtert, auch Schutz in schwierigen Vermittlungsrollen gewährt. Er wird in zahlreichen Symbolen dargestellt, unter denen das Befehlen als Ausdruckshandeln eine sehr geringe Rolle spielt.

k) Überhaupt zeigt empirische Beobachtung deutlich, daß *ausdrückliche Befehle* als faktisches Kommunikationsverhalten ziemlich *selten* sind – und wenn eine Mitteilung als Befehl gemeint war, so ist bei der gebotenen Höflichkeit aller Äußerungen noch lange nicht gesagt, daß sie auch als solcher aufgefaßt wird.

l) In der ursprünglichen Konzeption des Befehls lagen Informations- und Motivationsfunktionen ungetrennt beieinander. Ein Befehl sollte nicht nur Nachricht, sondern zugleich Antrieb sein. Für moderne Organisationen ist jedoch typisch, daß sie die *Motivationsaufgabe* vom Organisationszweck ebenso wie *vom Fluß der notwendigen Arbeitsinformationen abtrennen* und generell – nämlich durch die Vorteile der Systemmitgliedschaft – sicherstellen. Der Vorgesetzte kann sich daher von der Antreiberfunktion weitgehend distanzieren und es vermeiden, sie in seinem Verhalten zum Ausdruck zu bringen. Es genügt, wenn er die Verhaltenserwartungen formuliert, die formale Geltung haben sollen. Die Folgen offener Mißachtung kennt jeder. Es scheint überdies, wie unzählige Forschungen über richtigen Führungsstil zeigen, ausgesprochen schwierig zu sein, eine Mittlerrolle in der Hierarchie zugleich mit Antreiberfunktion zu erfüllen.

m) Das Zweckmodell hatte versucht, das *Konsensproblem* zu konzentrieren: Lediglich über einen spezifischen Zweck brauchte in der Organisation und mit der Umwelt Konsens hergestellt zu werden, um die Erhaltung des Systems zu sichern. Daher konnte dem Befehl als einer Kommunikationsform, die Konsens voraussetzt, nicht aber fördert, eine so prominente Stellung gewährt werden. Je schwächer und unbestimmter, je weniger instruktiv die Zweckstruktur eines Systems ist, desto notwendiger wird es, innerhalb und außerhalb der Organisation möglichst breiten Konsens als Handlungsgrundlage zu gewinnen, die Zustimmung möglichst vieler Sachverständiger und Interessenten für ein Vorhaben zu erhalten. Strategien der Konsensmehrung sind eine wesentliche Komponente im Entscheidungsprozeß von Verwaltungen. Ihre erfolgreiche Anwendung läßt sich ebensowenig wie Konsens selbst befehlen.

n) Als letzter Punkt bleibt eine wichtige Frage anzurühren, die mit der Entdeckung von Widersprüchen im Zweck/Mittel-Schema korrespondiert, daß nämlich zweifelhaft geworden ist, *ob ein genaues Kopieren aller Regeln und Befehle im wirklichen Verhalten funktional sinnvoll* ist. Daß Befehle nicht wörtlich, sondern mit Verstand ausgeführt werden sollten, ist eine alte Forderung. Auch die These, daß Verstöße einen positiven Wert haben, sofern sie Anlaß zu symbolisch-dramatischen Strafaktionen bieten, welche die herrschenden Normen bestätigen, geht mindestens auf *Durkheim*[5] und *Mead*[6] zurück. Dazu sind in jüngster Zeit weitere Thesen gestoßen, etwa die, daß Widersprüche im Regelwerk oder Toleranz bei Verstößen taktische Verhaltensmöglichkeiten eröffnen, die im Gesamtsystem günstige Folgen haben können, und daß aus Gründen der Außendarstellung manche fiktiven Normen und Befehle erforderlich sind, die, wollte man sie für Realität nehmen, ernstliche Verwirrung stiften würden. Letztlich ergibt sich aus der allgemeinen Einsicht, daß jedes System einer Fülle verschiedenster, widerspruchsvoller Anforderungen genügen müsse, daß auch die Nichterfüllung bestimmter Regeln und Weisungen, sofern nur die Autorität geschont wird, positive Funktionen im System erfüllen kann.

Diese vielen Argumente gegen das Befehlsmodell der Autorität stammen nicht aus dem Köcher einer einzigen Theorie. Ihr Zusammenhang muß erst ins Bewußtsein gehoben werden. Bemüht man sich um ihren gemeinsamen Nenner, dann erscheint ein zugrunde liegendes Argument: Der Befehl, die unmittelbare Übersetzung von Autorität in Kommunikation, ist als Strukturkategorie viel zu einfach, um den komplexen Voraussetzungen der Erhaltung und Rationalisierung eines sozialen Systems genügen zu können. Organisationsbemühungen, die sich reibungslose Befehlsgebung und Befehlsausführung zum Ziel setzten, würden in dem Maße scheitern, als sie sich ihrem Ziel näherten, weil sie andere wichtige Systembedürfnisse vernachlässigt hätten.

Die empirische Organisationsforschung der letzten Jahrzehnte hat durch ihr zunächst ganz theorieloses Interesse für faktisches Verhalten und seinen guten Sinn den Vorstellungshorizont der Organisationswissenschaft immens erweitert und Probleme eines Kompliziertheitsgrades aufgedeckt, den man sich selbst heute selten klar macht. Sicher ist indes, daß die einfachen, der normalen Lebensorientierung abgelesenen Kategorien von Zweck und Mittel oder Befehl und Gehorsam als Mittel zur Ordnung unserer Vorstellungen

5 Emile Durkheim (1858–1917), französischer Soziologe, führt Soziologie als rein empirische Wissenschaft unabhängig von Biologie und Psychologie auf ethnographisch-historische Tatsachen zurück.

6 George Herbert Mead (1863–1931), amerikanischer Soziologe, erweiterte den Pragmatismus durch die Theorie der sozialen, sprachmäßigen Struktur des Bewußtseins, der Symbole und Zeichen.

und unserer Handlungen versagen. Es handelt sich bei ihnen im Grunde um Vorstellungen einfacher, linearer Kausalität von der Art: A bewirkt B. Sie reichen als Denkmittel zum Erfassen hochkomplexer Vorgänge wie der Bedingungen faktischen menschlichen Verhaltens in großen Organisationen nicht aus. Die meisterhafte Vollendung der klassischen Organisationskonzeption mit diesen einfachen Mitteln durch Max Weber fasziniert uns, weil wir wissen, daß wir sie kritisieren, nicht aber, wie wir sie ersetzen können.

Während die Kritik des Zweckmodells und des Befehlsmodells sich auf ziemlich breite Grundlagen in der neueren Forschung stützen konnte, wird es schwieriger, für weitere Schritte der Präzisierung, für die Skizze einer sich abzeichnenden Alternative zu Webers Gesamtkonzeption rationaler Bürokratie sichere Anhaltspunkte zu finden. Die moderne Organisationsforschung ist auf mehrere Wissenschaften verteilt und von jeder theoretischen Geschlossenheit weit entfernt. Man kann eben deshalb nicht sagen, daß Webers Bürokratiemodell überholt sei.

Dennoch läßt die Zusammenstellung einer Reihe von Einzelattacken, die wir vorgenommen haben, vermuten, daß eine in hohem Grade gemeinsame Urteilsbasis schon existiert. Der Vollendungsgrad, in dem uns bei Weber eine Variante der klassischen Organisationstheorie entgegentritt, sollte eine Aufforderung sein, uns für ein Grundsatzgespräch mit dieser Konzeption besser zu rüsten. Dafür könnte ein gedanklicher Ansatz bedeutsam werden, der sich unter dem Kennwort 'funktionale Systemtheorie' zur Diskussion stellen läßt.

Die Unzulänglichkeit einfacher Kausalbeziehungen zur Erfassung komplexer Vorgänge hat das Interesse am Systembegriff wachsen lassen und beginnt, ihn umzuprägen. Noch wird zwar allgemein der Systembegriff im traditionellen Sinne definiert als Netz von Beziehungen, die Teile zu einem Ganzen zusammenordnen. Unter dieser Vorstellung rein interner Ordnung von Teilen zu einem Ganzen drängt jedoch eine ganz andersartige Systemauffassung ans Licht. Sie sieht den Sinn der Systembildung nicht nur in einer rein internen Ordnung von Teilen, sondern in der Auseinandersetzung des Systems mit seiner Umwelt, deren Problematik überhaupt erst vorzeichnet, welche interne Ordnung sich bewähren kann und deshalb gegenüber Bedrohung aus der Umwelt erhalten werden muß. Sie hat ihr Leitbild im lebenden Organismus, ist aber inzwischen so weit formalisiert worden, daß ihr Anwendungsbereich nicht mehr auf die Biologie beschränkt bleibt; z. B. stellt die Auffassung des Betriebs als soziales System dessen Organisation unter das Kriterium der Umweltbewährung. Ebenso kann die öffentliche Verwaltung im politischen Zusammenhang und in der Interessenumwelt, in der sie wirkt, auf ihre Bestands- und Rationalisierungsvoraussetzungen hin analysiert werden.

Diese Umstellung schiebt das alte ontologische Grundproblem[7]: wie etwas Einheit sein und doch aus je anderen Teilen bestehen könne, beiseite. Sie ersetzt die unlösbare substantielle Identitätsproblematik durch eine neuartige funktionale und zugleich eminent praktische Fragestellung: wie es möglich ist, in einer veränderlichen, nicht beherrschbaren Umwelt bestimmte Systemstrukturen invariant zu halten und dadurch Identität herzustellen und zu erhalten. Statt der rein inneren Rationalität widerspruchsfreier Ordnung rückt die Problematik der Erhaltung eines Systems in einer 'schwierigen' Umwelt in den Mittelpunkt des wissenschaftlichen Interesses, das damit in hohem Maße zugleich ein praktisches Interesse wird. Die Systemstruktur, z. B. die Art der inneren Differenzierung, wird als ein Leistungszusammenhang begriffen, der so geordnet ist, daß er sich selbst trotz Abhängigkeit von einer mehr oder weniger rücksichtslosen Umwelt konstant halten kann. Systeme sind umweltoffene, umweltempfindliche, Eindrücke verarbeitende und kompensierende Leistungseinheiten.

Die Theorie umweltoffener Systeme ist inzwischen zu einer Reife gelangt, die es ermöglicht, das alte Ideal der determinierten Systeme abzubauen. Determinierte Systeme waren das Ideal des ontologischen Denkens, weil sie nur je einen Seinszustand annehmen können (und alle anderen ausschließen). Auf Änderungen der Umwelt, die sie betreffen, können sie in nur einer und daher stets vorhersehbaren Weise reagieren. Sie lassen sich somit von außen präzise steuern. Ihr Prototyp ist die Maschine. Durch ihre Determiniertheit sind sie jedoch unelastisch. Sie setzen eine eindeutig auf sie zugeschnittene Umwelt voraus, die ihnen in genau vorgezeichneter Weise betriebsnotwendige Unterstützung liefert. In einer indifferenten oder gar feindseligen Umwelt können sie nicht bestehen.

---

7 Ontologie: Lehre von den allgemeinsten Bestimmungen dessen, was ist (des Seins als Sein)

Das Scheitern unzähliger Experimente in Kleingruppen und in Wirtschaftsbetrieben, durch welche physische, soziale oder organisatorische Bedingungen verändert und dadurch höhere Produktion erzielt werden sollten, hat gelehrt, daß soziale Systeme nicht so determiniert sind, daß ein spezifischer Anstoß zu einem spezifischen Ausstoß führt. So kann eine Arbeitsgruppe auf Änderung des Führungsstils, z. B. von 'autokratischer' zu 'demokratischer' Führung, sowohl durch bessere als auch durch schlechtere Leistung reagieren. Völlig konträre Reaktionen, Liebe und Haß, Tausch und Kampf, können unter dem Gesichtswinkel der Erhaltung invarianter Systemstrukturen funktional äquivalent sein. Das System hat typisch mehrere Alternativen zur Wahl, durch welche es Umweltänderungen abfangen und neutralisieren kann. Gerade auf dieser Elastizität beruht seine Stabilität, beruht seine Möglichkeit, günstige Existenzbedingungen zu finden. Das System verfährt in seinen Umweltbeziehungen selektiv und kann sich dadurch auch dann invariant halten, wenn die Umwelt es nicht ist. Es hebt die alte ontologische These auf, daß aus Nichts nichts werden könne.

Als theoretisches Modell, das dieser begrenzten Selbststeuerung eines umweltoffenen Systems Rechnung zu tragen sucht, ist in letzter Zeit das sogenannte Input/Output-Modell entwickelt worden. Es besagt, daß Kausalprozesse nicht auf genau vorgeschriebener Route durch das System hindurchlaufen, sondern daß das System Eindrücke aus der Umwelt in einem bestimmten Sinne, namentlich unter dem Gesichtspunkt der Selbsterhaltung, aussucht, verarbeitet und das Ergebnis an die Umwelt zurückgibt, um sich auf diese Weise seine Existenzbedingungen in einer problematischen Umwelt zu sichern. Das System kann in gewissen Grenzen, die ihm die Umwelt diktiert, die empfangenen Leistungen auswählen unter dem Gesichtspunkt, was es zu seiner Produktion braucht; und es kann die Produktion auswählen unter dem Gesichtspunkt, was es als Mittel erhalten und was es als Ergebnis absetzen kann. Input und Output sind wechselseitig füreinander Gesichtspunkte der Selektion. Dadurch besitzt das System eine begrenzte und strukturierte Freiheit, in deren Rahmen es verschiedene Strategien der Selbsterhaltung anwenden kann.

Wenn man von dieser Systemkonzeption ausgeht, kann man darauf verzichten, das Zweck/Mittel-Schema und das Befehlsmodell der Autorität als definierende Grundbegriffe zu verwenden. Man kann der Tatsache der Zweckorientierung und der Tatsache verbindlicher Kommunikation in solchen Systemen unvoreingenommen gegenübertreten und sie als Variablen behandeln, die eine spezifische Funktion im System erfüllen. Daneben können auch andere Phänomene, vor allem die der sogenannten informalen Organisation, berücksichtigt werden, die sich weder auf einen Zweck noch auf einen Befehl zurückführen lassen.

Die Funktion des Zweckes besteht darin, die Leistungen zu bezeichnen, die das System an seine Umwelt abführen muß, um sich zu erhalten. Dies ist nicht die einzige und nicht immer die vorherrschende Selbsterhaltungsstrategie. Es gibt soziale Systeme, die sich hauptsächlich durch Kampf erhalten und dabei stark wechselnde Ziele verfolgen. Andere Systeme – und dazu rechnen z. B. Kirchen, Schulen und in starkem Maße auch Staatsverwaltungen – werden nicht wegen spezifischer Leistungserfolge, sondern deshalb von ihrer Umwelt unterhalten, weil ihr Dasein in den Grenzen typischer Verhaltenserwartungen von maßgebenden Teilen der Umwelt geschätzt oder für unvermeidlich gehalten wird. In solchen Fällen ist Zweckrationalität typisch schwach ausgebildet. Für diese Systeme wäre es nicht rational, all ihre Anstrengungen auf die Erfüllung eines spezifischen Zweckes oder einer deutlich konzipierten Gruppe von Zwecken zu verwenden, weil ihre Bestandsbedingungen durch einen Zweck nicht adäquat repräsentiert werden können, so daß die exklusive Zweckverfolgung zur Vernachlässigung lebenswichtiger anderer Pflichten oder Rücksichten führen müßte. Schließlich gibt es auch Systeme, Industrieunternehmen zum Beispiel, die in der Regel davon ausgehen können, daß ihre Existenz gesichert ist, wenn sie ihren Zweck erfüllen. Sie können gleichsam all ihre Probleme in einem handlichen, instruktiven Zweck zusammenfassen, der Aufschluß über geeignete Mittel gibt. Sie können der schwierigen Bestandsproblematik eine Zweckformel substituieren und müssen nur von Zeit zu Zeit kontrollieren, ob der Zweck noch 'stimmt', d. h. seine Funktion noch erfüllt. Diese Auffassung der Systemfunktion von Organisationszwecken erklärt zugleich die einzelnen, oben zusammengestellten Aspekte der Kritik des Zweckmodells: daß die Zweckorientierung variabel und ersetzbar ist und daß sie, wenn sie zu einer widerspruchsfreien Vorzugsordnung spezifischer Handlungsfolgen präzisiert wird, damit das System auf seine Beziehungen zu einer spezifischen Umwelt von Leistungsabnehmern ausrichtet und es deshalb im Ver-

hältnis zu seinen Mitgliedern durch besondere, kompensatorische Einrichtungen ausbalancieren muß.
Ebenso wie die Zweckorientierung erhält auch die Autoritätsausübung und, in einem engeren Sinne, der Befehl als Kommunikationsform durch die Theorie umweltoffener Systeme einen begrenzten Platz und eine eindeutige Funktion zugewiesen. Autorität besitzt jede Kommunikation, die ohne Prüfung ihrer Richtigkeit als Entscheidungsprämisse übernommen wird. Das können horizontale oder vertikale Kommunikationen sein, Kommunikationen von oben nach unten und von unten nach oben, ja selbst Kommunikationen der Umwelt an das System. Unkritische Übernahme fremder Informationen ist die Normalform der Zusammenarbeit im Entscheiden, der typische Verwaltungsvorgang. Ohne sie würde jeder alles beurteilen müssen. Es käme keine Arbeitsteilung im Entscheiden zustande, welche die Leistungsfähigkeit informationsverarbeitender, entscheidender Systeme (Bürokratien) über die des Einzelkopfes hinaushebt.
Formal ist solche Autorität immer dann, wenn ihre Annahme durch eine Regel der formalen Organisation gedeckt ist, so daß dem Annehmenden aus seinem unkritischen Verhalten kein Vorwurf gemacht werden kann. Formale Autorität entlastet den Annehmenden von seiner Verantwortlichkeit (was die Pflicht zur Gegenvorstellung bei *erkannten* Fehlern natürlich nicht ausschließt). Formale Autorität setzt keinen Vorgesetztenstatus voraus; vielmehr ist häufig die Zusammenarbeit von Kollegen formal so programmiert, daß der eine die Entscheidung des anderen als auslösendes Zeichen für seinen eigenen Beitrag betrachten kann, ohne sie sachlich überprüfen zu müssen. Auch Vorgesetzte bedienen sich normalerweise dieser formalen Autorität, um den Leistungsfluß, die Informationsverarbeitung, in ihrer Organisationseinheit in Gang zu halten und Probleme, die auftreten, zu entscheiden.
Der Befehl hat eine ganz andere Funktion. Er stellt die normale, unpersönliche Arbeitsbeziehung in Frage, die auf der gemeinsamen Absicht, die Mitgliedschaft im System fortzusetzen, beruht, und stellt den Empfänger vor die Alternative: entweder zu gehorchen oder auszuscheiden. Der Befehl definiert die Situation daher immer persönlich, indem er den Empfänger in seinem Mitgliedschaftsverhältnis anspricht. Durch Befehl wird im Problemfalle die dienstliche Verhaltenserwartung in die persönliche Situation des einzelnen Mitglieds hineingesetzt. Dieses muß bilanzieren und für sich allein

überlegen, ob die Erhaltung seiner Mitgliedschaft ihm ein solches Opfer wert ist. Da es in einem System nur eine Mitgliedschaft gibt, kann diese Frage nicht beliebig von jedermann gestellt werden. Das Recht zu ihr muß zentralisiert werden, weil anderenfalls widerspruchsvolle Verhaltenserwartungen auf diese Weise sanktioniert werden könnten. Der Befehl ist ein Vorgesetztenprivileg, aber nicht als ein Arbeitsmittel des Alltags, sondern weil er den Zugang zur äußersten Entscheidung in seiner Organisation eröffnet: zur Entscheidung über die Fortsetzung der Mitgliedschaft.

Was den Gedankengang des letzten Abschnitts von Max Weber trennt, ist der zugrunde gelegte Begriff des umweltoffenen Systems. Der Systembegriff spielt in Webers Terminologie keine wesentliche Rolle. In der Genealogie seiner Begriffe Handeln, soziales Handeln, soziale Beziehung, Verband, scheint er entbehrlich zu sein. Verband wird als eine bestimmte Art von sozialer Beziehung, also als 'ein seinem Sinngehalt nach aufeinander gegenseitig eingestelltes und dadurch orientiertes Sichverhalten mehrerer[8]' definiert. Die Problematik des Verbandes wird infolgedessen in der Sicherung der Verläßlichkeit dieser wechselseitigen Orientierung des Handelns, also in der Garantie einer legitimen Ordnung oder, wie man heute sagen würde, in der Institutionalisierung von Rollenerwartungen gesehen. Zur Sicherung dieser internen Erwartungsordnung, die nur im Sonderfall des Betriebsverbandes durch einen gemeinsamen Zweck bestimmt wird, ist ein Leiter oder Herrscher erforderlich, der in allen größeren Verbänden sich zur Verlängerung seiner eigenen Potenz eines Verwaltungsstabes bedient. Die Legitimation der Herrschaft wird somit als rein interner Ordnungsvorgang zur kritischen Variable für die Erhaltung des Verbandes, die Art der Legitimation zum ausschlaggebenden Moment der Frage, ob und in welchem Sinne der Verband rational organisiert werden kann. In dieser Überlegungsreihe ist der Systembegriff deshalb entbehrlich, weil seine traditionelle, zu Webers Zeiten unbestrittene Fassung ebenfalls nichts weiter besagt als eine interne Ordnung von Teilen zu einem Ganzen.

Diese Blickrichtung auf interne Vorgänge der Ordnungsgarantie, Legitimation und Rationalisierung einer Verbandsordnung hat Weber eine wichtige Konsequenz seines Ausgangspunktes übersehen lassen: daß auch die Mitglieder eines Verbandes als Personen zur Umwelt gehören und nicht etwa Teile des Verbandssystems sind.

8 Wirtschaft und Gesellschaft, a.a.O. S. 26, vgl. S. 13

Wenn man die alte Vorstellung aufgibt, daß soziale Kollektiva aus Personen 'bestehen' und sie statt dessen mit Weber auf Handlungen als elementare Einheiten gründet, ist die Folgerung unvermeidlich, daß konkrete Personen nie ganz in einem Sozialsystem aufgehen, sondern stets nur mit einzelnen Handlungen in bestimmte Sozialsysteme verstrickt sind. Alle Beziehungen des Sozialsystems, die nicht nur diese spezifischen Handlungen betreffen, sondern volle Personen als Aktionssysteme eigener Art angehen – und das sind vor allem die Prozesse der Motivation und der Legitimation –, müssen daher als *externe* Beziehungen des Sozialsystems, nämlich als Beziehungen zur besonderen Umwelt seiner Mitglieder, behandelt werden.

Daß Weber und mit ihm die noch heute vorherrschende Auffassung diese Konsequenz nicht ziehen, hat symptomatische Bedeutung. Zweckmodell und Befehlsmodell setzen im Grunde voraus, daß der Mensch als volle Persönlichkeit *im* sozialen System lebt und sich mit dessen Handlungsgrundlagen identifiziert. Distanz, Indifferenz und mangelnde Integration sind von dieser Konzeption aus gesehen Perfektionsmängel, die zu beseitigen man anstreben sollte. Je mehr Eifer für die gemeinsame Sache, desto besser. Da aber die Leistungsmotivation faktisch immer unvollkommen ist, zieht sich die Wissenschaft unter den klassischen Denkvoraussetzungen auf eine normative, aufgabentheoretische oder idealtypische Aussagenform zurück und verzichtet auf eine volle Erfassung der Bedingungen und Funktionen des faktischen Verhaltens. Die traditionelle, nach innen gerichtete Systemkonzeption, ihre Auslegung durch das Zweck/Mittel-Schema und das Befehlsmodell der Autorität, die normative, zweckrationale oder methodisch eingeschränkte Theorieform sowie die Behandlung von Mitgliederpersonen als 'Teil' des sozialen Systems sind durch dieses harmonisierende Vorurteil zusammengekettet. Eine Organisationstheorie, welche dieses Vorurteil an allen Stellen durchbricht, fehlt zur Zeit . . .

Wir wollen abschließend zu Max Weber selbst zurückkehren, um zu prüfen, in welchem Umfange die wesentlichen Strukturmerkmale seines Bürokratiemodells in den erweiterten Bezugsrahmen der funktionalen Theorie umweltoffener Systeme eingefügt werden können. Dazu ist erforderlich, daß man die zentralen Themen der Weberschen Konzeption: Ordnungsgarantie, Rationalisierung und Legitimation der Herrschaft als System/Umwelt-Prozesse und nicht als rein interne Vorgänge begreift.

Um beim letzten Thema zu beginnen: Die Legitimation der Herrschaft ist für Weber die kritische Variable im Verhältnis des Mitglieds zum System. Weber sieht den Beitrag des Mitglieds im wesentlichen als gehorsames Verhalten. Damit werden Fragen der Leistungsmotivation an die Seite geschoben und vernachlässigt gegenüber der Frage, in welcher Form und in welchen Grenzen Gehorsam zur Verfügung steht. So stößt Weber direkt auf das zentrale Problem der Generalisierung der Autoritätsbeziehung. Durch Anerkennung einer generellen Autorität, verbindliche Befehle zu erteilen (wir würden allgemeiner sagen: Entscheidungen zu treffen), verpflichten die Mitglieder sich zu im voraus nicht spezifizierten Handlungen. Sie ermöglichen dadurch, daß das System den sich ändernden Bedingungen *anderer* Umwelten durch wechselnde Entscheidungen und Leistungen laufend folgt und diese Anpassung im voraus generell planen kann.

Die Vorstellung generalisierter Autorität liegt unausgesprochen auch der bekannten Unterscheidung von den drei reinen Typen der legitimen Herrschaft, der traditionellen, der charismatischen und der legalen (oder rationalen) Herrschaft, zugrunde. Sie unterscheiden sich durch verschiedenartige Grenzen der Generalisierung und damit: der Variationsfähigkeit, die zugleich als Grenzen des sozialen Systems gegenüber den Mitgliederpersonen zu verstehen sind. Die legale Herrschaft ist nur durch gesetzte formale Regeln, also variabel begrenzt. Sie ist die rationalste, weil elastischste Form; nach Weber: weil sie Gehorsam als Mittel für jeden beliebigen Zweck verfügbar macht; nach der Systemtheorie: weil sie die besten Möglichkeiten gewährt, das System an seinen anderen Grenzen, im Verhältnis zu den Nichtmitgliedern, bestandssicher und anpassungsfähig zu erhalten.

Man wird diese Einsicht dahin zusammenfassen dürfen, daß ein bürokratisches System im Verhältnis zu seinen Mitgliedern rational ist, wenn es zur Anerkennung von Entscheidungen motivieren kann, die im Verhältnis zu Nichtmitgliedern nötig werden; mit anderen Worten: wenn die Beziehung zu den Nichtmitgliedern (sei sie auf spezifische Zwecke gebracht oder nicht) das System strukturiert und den Variationsspielraum im Verhältnis zu den Mitgliedern bestimmt.

Das Bürokratiemodell Max Webers steht ganz im Dienste dieser Perspektive. Seine wesentlichen Merkmale: hierarchische Organisation mit externer Vorgesetztenernennung, Trennung von Arbeitsplatz und Familie, von Arbeitsmittel und Eigentum, lebenslängliche, berufsmäßige Spezialisierung für diese Arbeit, Unpersönlichkeit der Orientierung lassen sich auf eine Formel bringen: Sie befreien das System von der Rücksicht auf die Motivationsstruktur der Mitglieder mit ihren persönlichen und sozialen Bedingtheiten. Generalisierung und Rollentrennung sind die sozialen Mechanismen, die dazu verhelfen, daß das bürokratische System einseitig durch die Grenze zu den Nichtmitgliedern beherrscht wird.

Um so erstaunlicher ist, daß Weber die Probleme dieser alles beherrschenden Außengrenze nicht näher ausarbeitet. Er verläßt sich auf die richtige Zwecksetzung durch den Herrscher. Und er verläßt sich auf das uneingeschränkte Funktionieren des 'Apparates' der Mitglieder, durch welches das System gegenüber den Nichtmitgliedern voll operationsfähig wird, was auch dieser Außengrenze ihre Problematik nimmt.

Wir sehen nun, daß die Annahme des klassischen Modells der Zweckrationalität und das Abstreifen aller Schwierigkeiten im Verhältnis zu den Mitgliedern durch die idealtypische Modellbildung zu einer schwerwiegenden Verzeichnung führt. Weber hat infolge seiner methodischen und sachlichen Ausgangspunkte kein Verständnis für Gleichgewichtsfragen. Die Abwertung der Probleme *einer* Systemgrenze nimmt *allen* Grenzen ihre Bedeutung, weil das Verhalten nach außen dann nicht mehr als behindert und schwierig erscheinen kann. So kommen die wirklichen Verhaltens- und Entscheidungsschwierigkeiten in bürokratischen Organisationen, die Probleme des Ausgleichs komplexer, kollidierender Anforderungen in einem relativ weiten Zeithorizont, nicht zur Sprache; und die vielen operativen Taktiken und Schliche, mit denen der Bürokrat in diesem Spannungsfeld manövriert, um tragfähige und ungefährliche Handlungsgrundlagen zusammenzubekommen – Weber selbst behandelt z. B. die Tendenzen zur Geheimhaltung – geraten in ein schlechtes Licht.

Webers bleibende Einsichten liegen in der Entdeckung des Zusammenhanges verschiedener sozialer Prozesse der Einstellungsgeneralisierung und der Rollentrennung, die für die moderne Bürokratie bezeichnend sind. Diese Einsichten lassen sich von den Prämissen der klassischen Organisationslehre ablösen, aus den methodologischen Grenzen der Idealtypenbildung herausnehmen und in eine komplexer angelegte funktionale Theorie umweltoffener Systeme überführen. Generalisierung und Rollentrennung sind wichtige Mechanismen des Ausgleichs von Anforderungen verschiedener Umwelten, die es zugleich erlauben, Systemstrukturen invariant zu halten, auch wenn das System seine Umwelt nicht voll beherrschen kann. Wenn diese Umdeutung vollzogen wird, kann man hoffen, dem faktischen Verhalten in Bürokratien näherzukommen, als es Max Weber möglich war.

Svetozar Stojanović
Der etatistische Mythos des Sozialismus[1]

1

Nach mehreren Jahrzehnten ernster Krise können wir nun mit Gewißheit von einer Renaissance des Marxismus sprechen. Wie ein Phönix erhebt er sich aus seiner Asche, obwohl er schon mehrmals einer Autopsie unterworfen worden ist.
Als Kritik des Kapitalismus scheint jedoch der Marxismus die Grenze seiner Leistungsfähigkeit für neue Fragestellungen und Antworten erreicht und begonnen zu haben, sich selbst zu wiederholen. Und so scheint es nur im ersten Augenblick paradox zu sein, wenn wir sagen: *heute* kann der Marxismus sich in erster Linie als Kritik von sozialistischen oder quasisozialistischen Bewegungen und als Kritik der Gesellschaft entwickeln, auch wenn er von seinen Anfängen an ein Programm der Negation des Kapitalismus gewesen ist. Eine kritische Konfrontation mit Bewegungen und Gesellschaften, die den Sozialismus anstreben, scheint heute ein Höchstmaß neuer Aussichten zu bieten, um das marxistische Programm zu bereichern, zu erproben und zu konkretisieren.
Interessante Persönlichkeiten und bedeutende Ergebnisse sind in dieser Hinsicht schon aufgetaucht. Natürlich geht in Gebieten, die sich selbst sozialistisch nennen, die Erneuerung des Marxismus unvergleichlich schneller und radikaler vor sich, soweit sie die Behandlung der akademischen philosophischen Probleme betrifft. Für die Erörterung ideologischer Probleme und für eine kritische Anwendung auf die eigene Gesellschaft gibt es hier jedoch noch nicht genug Freiheit.
Doch selbst wenn dies nicht der Fall ist, dringen Marxisten in ihrer Gesellschaftskritik aus theoretischer Trägheit unglücklicherweise nicht bis zu den tiefsten Wurzeln vor. Gerade seinem eigentlichen Wesen entsprechend ist der Marxismus gezwungen, diese Wurzeln im gesamtgesellschaftlichen System zu suchen. Meiner Meinung nach beginnt die marxistische Kritik gerade erst, sich der Aufgabe zu stellen, den größten und einflußreichsten Mythos des 20. Jahr-

1 The Statist Myth of Socialism, in: Praxis 3, Heft 2 (1967) S. 176–187 (übersetzt von Ruth Dölle)

hunderts zu entlarven: den etatistischen Mythos des Sozialismus. Ohne dessen Entmythologisierung können die marxistische Philosophie und die Gesellschaftswissenschaft nicht in vollem Maße die Rolle eines *epochalen* kritischen Bewußtseins übernehmen.

2

Lassen Sie mich zunächst die Grundidee darlegen. Die Entartung der kommunistischen Bewegung und der sozialistischen Revolution haben zum Etatismus als einem neuen sozioökonomischen Klassensystem geführt, zum Etatismus oligarchischen Typs. Dieser identifiziert sich beharrlich auf der ideologischen Ebene mit dem Sozialismus. Wahre Marxisten und Kommunisten sind an erster Stelle theoretisch und praktisch verpflichtet, durch diesen mythischen Vorhang zur Realität des Etatismus vorzudringen. Seine Paradigmen sind der Stalinismus und der Maoismus.

Marx erwartete, daß es zuerst in den höchstentwickelten kapitalistischen Ländern zur sozialistischen Revolution kommen würde, weil sie allein eine zahlenmäßig große und klassenbewußte Arbeiterklasse besäßen. Lenin hat diese Vorstellung in der Theorie und in der politischen Praxis verworfen; er wurde durch die Geschichte bestätigt, weil sich die sozialistische Revolution tatsächlich in unterentwickelten Ländern ereignet hat. Zweifellos haben aber auch die sich nicht geirrt, die in Marx' Vorstellung auch einen mehr versteckten und indirekten Sinn enthalten sahen – eine Ahnung und eine Warnung. Das Fehlen eines großen und entwickelten Industrieproletariats ist eine der entscheidenden Ursachen für die etatistische Entartung der sozialistischen Revolution gewesen. Das heißt natürlich nicht, daß der Kampf für Sozialismus unter solchen Umständen schon im voraus zum vollständigen Scheitern verurteilt ist, sondern nur, daß das *wahrscheinlichere Resultat* der Etatismus sein wird. Am Beispiel Jugoslawiens hat die Geschichte allerdings gezeigt, daß dies nicht ein unentrinnbarer Verlauf ist. Der Sieg der etatistischen Tendenz kann durch einen langen und andauernden Kampf konsequenter revolutionärer sozialistischer Kräfte, vor allem innerhalb der kommunistischen Partei, vermieden werden.

Aber blicken wir ein halbes Jahrhundert zurück. In Rußland mußte die revolutionäre Elite den größten Teil des Auftrags des noch unentwickelten Industrieproletariats übernehmen. Nach der Übernahme der Macht stand sie vor folgendem fundamentalen Dilemma:

entweder die gesellschaftliche Selbstverwaltung weiterzuentwikkeln, die durch die Sowjets der Arbeiter-, Soldaten- und Bauernabordnungen begonnen worden war, oder diese durch die etatistische Herrschaft der kommunistischen Partei zu ersetzen. Zugestanden, ein sozialistisches Selbstverwaltungssystem ist in Marx' Analyse der Pariser Kommune und in Lenins 'Staat und Revolution' nur kurz angedeutet. Am wenigsten klar war, wie ein sozialistisches ökonomisches Modell aussehen sollte. Dies hat in einem gewissen Ausmaß zum Sieg des Etatismus beigetragen. Die Einzelheiten dieses Prozesses müssen noch erforscht und beurteilt werden. Wir sollten so weit wie möglich zurückgehen bis zu den ersten Konfrontationen innerhalb der bolschewistischen Partei, nachdem sie an die Spitze des Staates gekommen war. Einer der Wendepunkte scheint der berühmte Zusammenstoß mit der sogenannten Arbeiteropposition gewesen zu sein. Fünfzig Jahre sind seit der Oktoberrevolution vergangen, aber die Rolle Lenins und der strikten Leninisten während dieser Periode ist noch nicht hinreichend und unvoreingenommen beurteilt worden.

Obwohl sich der Marxismus als eine ausgesprochen antietatistische Theorie entwickelte, hat er doch die ideologische Basis für den Etatismus geliefert. Dieser Prozeß der etatistischen Modifizierung und Anpassung des Marxismus fand seinen Höhepunkt auf dem XVIII. Parteitag der Bolschewistischen Partei, als Stalin die Vorstellung vom Absterben des Staates offen zurückwies und die Ansicht vertrat, daß der Staat im Sozialismus gestärkt werden müsse. In bestimmter Hinsicht ist der heutige Maoismus ein Stalinismus, angepaßt an chinesische Bedingungen, aber auch er ist eine ganz spezifische Form des Etatismus.

Man kann zwischen dem Schicksal der bürgerlich-demokratischen Revolution und der sozialistischen Revolution eine Parallele ziehen. Aus den breiten Volksmassen, die den Feudalismus stürzten, ging allmählich die Bourgeoisie als die neue herrschende Klasse hervor. Eine parallele Differenzierung hat auch seit der sozialistischen Revolution stattgefunden. Das enteignete feudale und bürgerliche Eigentum wurde die Grundlage des staatlichen Eigentums, und die breiten Massen wurden das Objekt der Ausbeutung durch eine neue herrschende Klasse. All dies ist auf erbitterten Widerstand des konsequenten revolutionären Flügels der kommunistischen Partei gestoßen, der unterdrückt oder sogar physisch liquidiert worden ist.

Später dehnte sich der Etatismus über die nationalen Grenzen aus und etablierte sich in mehreren Ländern, die unter direkte Kontrolle und Abhängigkeit des ersten und mächtigsten etatistischen Landes gerieten.

3

Dieser Etatismus erscheint nach wie vor unter der Maske des Sozialismus. Sogar viele strenge Kritiker des Stalinismus und Maoismus wurden von seinem ideologischen Netz umgarnt durch ihre Erfindung eines sogenannten 'Staatssozialismus' im Gegensatz zum Selbstverwaltungssozialismus. Der jugoslawische Marxismus, einschließlich seiner sonst recht radikalen Philosophie, bildet in dieser Hinsicht keine Ausnahme. So wurde neben der Unterscheidung zwischen Sozialismus und Kommunismus eine neue Trennung innerhalb des Sozialismus eingeführt, die zwischen Staatssozialismus und Selbstverwaltungssozialismus. Dies hat die sogenannte Übergangsperiode weiter kompliziert. Nicht nur ist der Sozialismus eine Überganspperiode zwischen Kapitalismus und Kommunismus, sondern der Staatssozialismus wird als eine Übergangserscheinung betrachtet, die zum Selbstverwaltungssozialismus führt. Aber wie kann man sich noch orientieren, wenn immer neue Komplizierungen eingeführt werden? Die vorgeschlagene Differenzierung kann nur eine Scheinhilfe zur Lösung der theoretischen Schwierigkeiten sein, weil jede beliebige Periode zwischen zwei historischen Zuständen als transitorisch proklamiert werden kann. Trotzdem bleibt die fundamentale Frage: Hat das, was Staatssozialismus genannt wird, hinreichend viele wesentliche Züge gemeinsam mit dem Selbstverwaltungssozialismus, um uns zu gestatten, ihn überhaupt noch Sozialismus zu nennen?

Diejenigen, die die Kategorie des Staatssozialismus eingeführt haben, und diejenigen, die sie verwenden, gestehen implizit die Existenz größerer Schwierigkeiten ein, wenn sie eine weitere Unterscheidung zwischen bürokratischem und revolutionärem Staatssozialismus machen. Aber was für eine Art Sozialismus ist dieser *bürokratische* Sozialismus?! Nach dieser Konzeption scheint es so, als ob eine Wesenheit vollständig ihre Natur verändern und doch das bleiben kann, was sie vorher war!

Es gibt doch auch andere Gesellschaften, die auf Staatseigentum und zentraler Planung beruhen und die doch kein Marxist bereit ist sozialistisch zu nennen. Wenn ein modernes System nicht kapitalistisch ist, so folgt daraus nicht, daß es sozialistisch sein muß. Müssen wir die Gesellschaften, über die wir hier sprechen, schon deshalb sozialistisch nennen, weil ihre herrschenden Kreise vorgeben, der Sozialismus sei ihr historisches Ziel?

Sozialismus sollte nur verstanden werden als ein System, das auf gesellschaftlichem Eigentum und gesellschaftlicher Selbstverwaltung beruht, eine „Gesellschaft, die sich aus Assoziationen freier und gleichgestellter, nach einem gemeinsamen und rationellen Plan bewußt tätiger Produzenten zusammensetzt“[2]. Die Arbeiterklasse entwickelt ihre Selbstverwaltung und fördert gleichzeitig die volle Entwicklung der *universalen und integralen* gesellschaftlichen Selbstverwaltung. Sie könnte ihre Selbstverwaltung nicht bewahren und entwickeln, wenn sie andere gesellschaftliche Bereiche dem Monopol des Staatsapparats überließe; denn dieser Apparat würde sich schnell als herrschende Klasse konstituieren und sogar die Selbstverwaltung der Arbeiter selbst unterdrücken. So sollten wir heute Marx' Gedanken interpretieren, daß das Proletariat sich nicht emanzipieren kann, ohne daß es gleichzeitig die ganze Gesellschaft befreit.

Eine Gruppe von Marxisten, unter ihnen Fromm[3] und Marcuse[4], verwerfen zu Recht die Mystifikation des sogenannten Staatssozialismus; aber sie haben sich in eine andere genauso inakzeptable Klassifikation verstrickt. Sie geben zu, daß dies Ausbeutergesellschaften sind und weigern sich zu Recht, sie sozialistisch zu nennen. Aber da theoretische Trägheit sie nicht dazu bringt, die Marxsche Unterscheidung zwischen Kapitalismus und Sozialismus zu bereichern, suchen sie einen Ausweg in der Konzeption des

---

2 Karl Marx/Friedrich Engels, Kleine ökonomische Schriften, hrsg. vom Marx-Engels-Lenin-Stalin-Institut beim ZK der SED, Berlin 1955, S. 322

3 Erich Fromm (geb. 1900), Professor für Psychoanalyse an der Nationalen Universität in Mexico City. Versucht eine Verknüpfung psychoanalytischer und soziologischer Kategorien zur Begründung einer marxistischen Sozialpsychologie.

4 Herbert Marcuse (geb. 1898), Professor für Philosophie an der University of California (USA), neben Adorno und Horkheimer Hauptvertreter der Kritischen Theorie; versucht eine Analyse gegenwärtiger Gesellschaft durch Verknüpfung der Kategorien der Freudschen Trieblehre mit denen marxistischer Geschichtskonstruktion. Erlangte in den 60er Jahren bedeutenden Einfluß auf die Studentenbewegung, die 'Neue Linke', in den USA und der Bundesrepublik Deutschland.

Staatskapitalismus. Der Unterschied zwischen staatskapitalistischen Ländern und denen, über die in diesem Aufsatz gesprochen wird, ist jedoch allzu evident. Diese haben weder Kapital noch Kapitalisten. Es ist überzeugender zu erklären, daß sich auch der moderne Kapitalismus allmählich in Etatismus verwandelt, als etatistische Gesellschaften mit kapitalistischen zu vermischen.

Marx' Unterscheidung zwischen Kapitalismus und Sozialismus ist schon seit langem unfähig, eine ganze Reihe neuer Phänomene zu erfassen, nicht nur die, von denen wir hier sprechen. Heute gibt es Länder, vor allem die erst kürzlich befreiten, die offensichtlich weder kapitalistisch noch sozialistisch sind. Manche Marxisten suchen – ohne jede Plausibilität – einen Ausweg mit dem Terminus 'nichtkapitalistische' Länder! Es ist weitaus annehmbarer, die Marxsche Unterscheidung um den Ausdruck 'Etatismus' zu erweitern.

In der Tat, Marxisten und andere verwenden heute oft diesen Begriff – wenn auch in sehr abgemilderter Bedeutung –, um die Stärkung des Staates in der modernen Gesellschaft zu kennzeichnen. Aber nimmt diese Tendenz nicht manchmal solche Ausmaße an, daß der Begriff 'Etatismus' verwendet werden sollte zur Kennzeichnung eines speziellen sozioökonomischen *Systems*? Schon der klassische Marxismus sah die Möglichkeit, daß sich der Staatsapparat von den sozialen Klassen abkoppelte. Auch Marx sah die Möglichkeit, daß sich der Staatsapparat verselbständigte, abkoppelte und sich nach der sozialistischen Revolution gegen die Arbeiterklasse richtete. Viele Marxisten betrachten dies zu Recht als die Hauptgefahr, die die Revolution bedroht. Heute besteht ein theoretisches und praktisch-politisches Bedürfnis, in der logischen Analyse konsequent zu sein und eine Kategorie zu bilden, die den Wechsel des Staatsapparats in eine herrschende Klasse und – konsequenterweise – einen neuen Typus des soziopolitischen Klassensystems bezeichnet.

Mit dem Namen Etatismus sollte ein solches System bezeichnet werden, das auf Staatseigentum an Produktionsmitteln und staatlicher Kontrolle über die Produktion und andere gesellschaftliche Tätigkeiten basiert. Der Staatsapparat repräsentiert eine neue herrschende Klasse. Als kollektiver Eigentümer der Produktionsmittel benutzt er die Arbeitskraft und beutet sie aus. Der persönliche Anteil eines Mitglieds der herrschenden Klasse an der Verteilung des Mehrwerts steht in direktem Verhältnis zu seiner Stellung in der Staatshierarchie. Auch in Hinblick auf die etatistische Klasse müssen wir also in einer marxistischen Weise von dem Ziel der zukünftigen Enteignung der Enteigner sprechen, d. h. von der Sozialisierung der Produktionsmittel und der Kontrolle über die Produktion.

4

Man kann empirisch zeigen, daß der Stalinismus und der Maoismus alle Charakteristika eines etatistischen Systems besitzen, so wie es oben beschrieben ist. Ihre Ideologen versuchen, die Realität zu verschleiern, indem sie Gesellschaft und Staat gleichsetzen und darauf insistieren, daß das System auf gesellschaftlichem Eigentum gründet. Aber derjenige, der tatsächlich die Produktion kontrolliert und den Mehrwert verteilt, ist *de facto* der Eigentümer der Produktionsmittel, ungeachtet irgendeiner formalen und legalen anderslautenden Definition. Tatsache ist, daß in diesem System der Staatsapparat eine außergewöhnlich große politische und ökonomische Macht, Einkommen und Rang hat, so viel, daß er genau in das marxistische Konzept einer herrschenden Klasse paßt. Ein besonderer Zug der etatistischen Klasse ist unter anderem, daß ihre ökonomische Macht aus der politischen Macht entspringt, während es bei der Bourgeoisie umgekehrt ist. Man muß zugeben, daß der Marxismus für diesen politischen Zwangszusammenhang oft ein mangelhaftes Wahrnehmungsvermögen gezeigt hat.
Die Möglichkeit der Mystifikation des Staatseigentums entspringt aus der Gewohnheit, die Idee des Eigentums zu verbinden mit kapitalistischem Eigentum – entweder individuellem oder kollektivem –, wo der Anteil an der Verteilung des Mehrwerts proportional von dem zuvor investierten Kapital abhängig ist. In der etatistischen Gesellschaft ist, wie wir bereits festgestellt haben, die herrschende Klasse der *kollektive* Eigentümer der Produktionsmittel, und somit ist der Anteil am Mehrwert, den sich ihre Mitglieder zum persönlichen Gebrauch aneignen, abhängig von ihrer Stellung in der staatlichen Hierarchie. In der Tat, Teilhabe an *allen* Entscheidungen über die Produktion und die Verteilung des Mehrwerts folgen dem gleichen Prinzip. Weil die Mitglieder der herrschenden Klasse sich nicht individuell und nach Belieben irgendeinen Teil des Staatseigentums aneignen oder verkaufen können, glauben viele, daß es keinem gehört, sondern gemeinsames Eigen-

tum der ganzen Gesellschaft ist. Und doch sollte der Begriff des kollektiven Klasseneigentums nicht solch ein Mysterium darstellen; denn er ist in der Geschichte wohlbekannt – um nur das Beispiel des feudalen kirchlichen Eigentums zu erwähnen.

Man muß in der Tat eine blühende oder sogar pervertierte Phantasie besitzen, um die Stellung der Arbeiterklasse in der etatistischen Gesellschaft in so völlig verzerrter Weise zu sehen. Der ideologische Mythos vom Proletariat als der herrschenden Klasse nährt sich von der Tatsache, daß sich die etatistische Klasse zum Teil aus dem Proletariat rekrutiert. Nicht einmal bei einer ganz großzügigen Auslegung des Wortes, es sei denn ironisch oder zynisch, kann man von der Arbeiterklasse als von der herrschenden Klasse sprechen. In diesem System ist sie völlig unterworfen und ausgebeutet. Nicht nur kontrolliert sie nicht die Produktion und die Verteilung des Mehrwerts, sondern sie besitzt nicht einmal die Rechte, die sie sich in einem entwickelten bürgerlich-demokratischen System gesichert hat: Sie kann sich nicht ihren Arbeitgeber wählen, noch kann sie Übereinkünfte treffen über Arbeitsbedingungen und über die Höhe des Lohns. Das Proletariat hat keine unabhängigen Organisationen, die seine Rechte wahrnehmen und schützen können. Die sogenannten Arbeiterorganisationen sind praktisch verstaatlicht und zu Werkzeugen der etatistsichen Klasse und ihrer Partei gemacht. Es wird sogar offen nichtökonomischer Zwang angewandt. Im voll entwickelten und vollständigen Etatismus sind die Bauern durch die Verstaatlichung des Landes in einen Teil des Proletariats verwandelt worden.

Einige Analytiker und Kritiker ziehen es vor, von der herrschenden *Kaste*, nicht von der herrschenden Klasse zu sprechen. Dies ist jedoch wirklich ein zu freier Gebrauch dieses sonst sehr präzisen soziologischen Begriffs. Eine Kaste ist eine exklusive soziale Gruppe, der man von Geburt angehört. Die herrschende etatistische Gruppe ist dies ganz offensichtlich nicht.

Es gibt eine ganze Reihe von Marxisten, die für sie das mildeste analytisch-kritische Instrument anwenden: Gesellschafts*schicht*. Das steigert noch die ideologische Mystifikation der herrschenden Klasse. Die tatsächliche Beziehung zwischen der herrschenden Gruppe und dem Proletariat, die auf der einen Seite durch die Konzentration von Macht, Reichtum und gesellschaftlichem Ansehen und auf der anderen durch Unterordnung und Ausbeutung gekennzeichnet ist, kann nur durch eine kategoriale Symmetrie erfaßt werden. Falls die eine Klasse nicht der anderen Klasse feindlich gegenübersteht und man den Wunsch hat, in größter Verbindung mit der Realität zu bleiben, dann entwickelt sich eine ganz kuriose Situation. Die Produktionsmittel gehören weder dem Proletariat noch dem Staatsapparat. Wem gehören sie aber dann? Niemandem? Oder der Gesellschaft? Aber was für ein gesellschaftliches Eigentum soll das sein, von dem die Arbeiterklasse ausgeschlossen wäre? !

Die etatistische Klasse klammert sich verzweifelt an den Marxismus als ihre Ideologie, obwohl es ein weitgehend modifizierter Marxismus ist. In ihrer Lehre vom Sozialismus als Vorbereitung der klassenlosen Gesellschaft sieht sie den Marxismus als ein sehr brauchbares Mittel zur ideologischen Verschleierung der bestehenden Klassenwirklichkeit; denn: „Jede neue Klasse nämlich, die sich an die Stelle einer vor ihr herrschenden setzt, ist genötigt, schon um ihren Zweck durchzuführen, ihr Interesse als das gemeinschaftliche Interesse aller Mitglieder der Gesellschaft darzustellen . . . ihren Gedanken die Form der Allgemeinheit zu geben, sie als die einzig vernünftigen, allgemein gültigen darzustellen.“[5] Gleichwohl übt das marxistische Bewußtsein durch sein revolutionäres und humanistisches Programm, das auf der Idee einer freien Assoziation der Produzenten beruht, einen mächtigen und dauerhaften Druck aus in Richtung auf die sozialistische Entwicklung des etatistischen Systems. Deshalb haben die führenden Ideologen des Etatismus, sogar Stalin selbst, niemals völlig das marxistische Projekt des Absterbens des Staates und der Einführung der gesellschaftlichen Selbstverwaltung verworfen, sondern sie haben es 'nur‘ in die kommunistische Zukunft verschoben.

Es ist nicht leicht zuzugeben, daß die sozialistische Revolution schrittweise zu einer neuen ausbeutenden Klassengesellschaft degeneriert ist. Es sieht so aus, als ob wir auf diese Weise alle sozialistischen Zukunftsaussichten verbauen werden. Emotionaler Widerstand gegen die vorgeschlagene theoretische Modifikation wird vermutlich auch bei der genauen Beobachtung entstehen, daß ein soches System gewöhnlich starke, wenngleich latente sozialistische Kräfte enthält, nicht nur in der Arbeiterklasse, sondern auch in der herrschenden Partei. Daß es tatsächlich eine starke Oppo-

5 Karl Marx, Friedrich Engels, Die deutsche Ideologie. I. Feuerbach, MEW Bd. 3, S. 47

sition gegen die etatistische Dekadenz gab, kann man aus dem Maß an brutaler Gewalt ersehen, das der Stalinismus anwenden mußte, um sie niederzuschlagen. Aber man darf die Natur der Kräfte, die sich der Konstituierung eines sozioökonomischen Systems widersetzen, nicht mit der Natur dieses Systems selbst verwechseln.

Um der Wahrheit willen und um ein anderes mögliches Gegenargument gegen meine These zu entkräften, muß besonders darauf hingewiesen werden, daß diese uns nicht im geringsten daran hindert, den Etatismus im Vergleich zu dem ihm vorausgehenden konkreten System als einen Fortschritt zu bewerten. In der Tat hat der Etatismus, der aufkam, als die sozialistische Revolution entartete, in den Ländern, von denen wir sprechen, einen ungeheuren Fortschritt gebracht. Wir nennen diese Art des Etatismus oligarchisch.

Länder mit einer entwickelten bürgerlich-demokratischen Tradition – mit Mehrparteiensystem, Parlamentarismus, politischem Liberalismus – werden sehr wahrscheinlich eine Art demokratischen Etatismus entwickeln. Dies ist der Typ Etatismus, der die Form des 'Wohlfahrtsstaates' annimmt und der das programmatische Ideal und die praktische Politik der gegenwärtigen Sozialdemokratie darstellt. Diese sonst erbitterten Gegner: Sozialdemokratie und entarteter Kommunismus scheinen so vieles gemeinsam zu haben. Es gibt zunehmend Anzeichen dafür, daß diese andere Seite auch direkt für eine Art Wohlfahrtsstaat steht, den sie einen 'Staat des gesamten Volkes' nennen.

Im oligarchischen Etatismus ist das Monopol der herrschenden Klasse: das ökonomische, politische, kulturelle und moralische Monopol direkt und total. Deshalb hat er als Inspiration für Antiutopien in der zeitgenössischen Literatur gedient. Die Entwicklung dieser besonderen Form des Etatismus wurde von einer Reihe von Faktoren bestimmt: ein feudalkapitalistisches System, eine unterentwickelte Arbeiterklasse, Einkreisung durch den Kapitalismus, Fehlen einer elementaren demokratischen Tradition, niedriger allgemeiner kultureller Stand usw. Durch das Modell der herrschenden Partei ist ein entscheidener Einfluß ausgeübt worden, den wir nun mehr im Detail betrachten wollen. Streng zentralistisch und hierarchisch organisiert, baute sie das gesamte Gesellschaftssystem nach denselben Prinzipien auf. Dieses Muster wurde später auf eine Anzahl anderer Länder übertragen und auf die Beziehungen des etatistischen Urheberlandes zu ihnen.

5

Bei der kritischen Analyse der kommunistischen Organisation sind wir in unserem eigenen Land noch nicht bis zu Ende gegangen. In dieser Sache radikal zu sein, bedeutet, die Frage nach der Natur des sozioökonomischen Systems zu stellen, das sie schafft.

Der wesentliche Unterschied zwischen den hier erwähnten zwei Typen kommunistischer Organisation ist terminologisch gut abgedeckt durch die Differenzierung zwischen *kommunistischer Partei* und *Bund der Kommunisten.* Aber aus diesem Unterschied müssen wir deutlich die fundamentalen Konsequenzen ziehen und die Frage: kommunistische Partei oder Bund der Kommunisten im Licht des epochalen Dilemmas: Etatismus oder Sozialismus betrachten.

Die historische Praxis hat gezeigt, daß die kommunistische Partei, wenn sie die Macht übernimmt, nur gewisse fundamentale *Vorbedingungen* für die Entwicklung einer sozialistischen Gesellschaft schaffen kann, an erster Stelle die Verstaatlichung der Produktionsmittel und die Abschaffung der kapitalistischen Kontrolle über die Produktion durch die staatliche Kontrolle über die Produktion und das ganze gesellschaftliche Leben. *An sich* könnte man keine einzige dieser Maßnahmen im modernen Marxismus als sozialistisch kennzeichnen. Sie sind nicht einmal der Anfang einer sozialistischen Gesellschaft. Aber sie sind auch nicht ein staatskapitalistisches System. In bezug auf den Kapitalismus enthalten sie nur eine Anzahl revolutionärer Maßnahmen, die in sich zwei grundsätzlich verschiedene Möglichkeiten enthalten: Etatismus oder Sozialismus. In der bisherigen Geschichte hat die etatistische Tendenz entschieden die Oberhand gewonnen. Die *unentwickelte* Arbeiterklasse – und so auch die Abwesenheit ihres Drucks auf die kommunistische Partei – ist gewiß nicht die unbedeutendste der komplexen Ursachen, die zu diesem historischen System geführt haben. Die Organisation der Kommunisten in der Gestalt der kommunistischen Partei ist an die gewaltsame und monopolistische Übernahme der staatlichen Kontrolle angepaßt. Dies ist ein Typ der Organisation, in dem solche Prinzipien wie Zentralismus, Hierarchie, Disziplin, monolithische Einheit und Pflicht dominieren oder sogar vollständig die Prinzipien der Dezentralisation, Vielfalt, individuellen Rechte, Initiative, Demokratie und Konfrontation der Ideen eliminiert haben. Dieser Typ der kommunistischen Organisation wird zum Rückgrat staatlicher Autorität. In seiner außerordentlichen Monopolstellung dient dieses Modell als ein Musterbeispiel der gesamten gesellschaftlichen Organisation. Die alles entscheidende Frage lautet: Ist dies nur die Vorbereitung des Bodens für die Entwicklung des Sozialismus als eines integralen Systems der gesellschaftlichen Selbstverwaltung, oder ist dies die Konstitution des Etatismus als einer neuen ausbeutenden Klassengesellschaft?

Die Natur und die Art der Tätigkeit der kommunistischen Partei nach ihrer Machtübernahme – unabhängig von den Wünschen ihrer Führer oder Mitglieder – *tendiert* zu einer Schaffung des Etatismus oligarchischen Typs. Die kommunistische Partei kann daher nur als ein vorübergehender Rahmen für die Tätigkeit der wirklich avantgardistischen sozialistischen Kräfte dienen. Das Absolutsetzen dieses Rahmens führt unausweichlich zur Degenerierung der kommunistischen Organisation und der sozialistischen Revolution. Die Transformation der kommunistischen Partei in einen Bund der Kommunisten ist eine *notwendige* Bedingung für die Konstitution einer sozialistischen Gesellschaft.

Die Frage lautet also: Wird die kommunistische Organisation die Avantgarde der Arbeiterklasse und der arbeitenden Massen bleiben, oder wird sie zu einer Partei der neuen Herrschaft, der etatistischen Klasse, degenerieren? Eine sozialistische Lösung dieses Dilemmas verlangt nichts geringeres, als daß die politische Organisation, die das gesamte Monopol staatlicher Autorität besitzt, die gesellschaftliche Selbstverwaltung beginnen und entwickeln, d. h. die Staatsgewalt schrittweise aus ihren eigenen Händen entlassen müßte.

Eine sozialistische, sich selbst verwaltende Gesellschaft kann nur durch eine Organisation geschaffen werden, die selbst auf den gleichen Prinzipien beruht. Im Bund der Kommunisten, genauso wie in einer sich selbst verwaltenden Gesellschaft, müssen die Struktur und der Prozeß, Entscheidungen zu übernehmen, von unten her wachsen. Die wirkliche Avantgarde in einer Gesellschaft, die durch Sozialisation der Politik gekennzeichnet ist, kann nur eine Organisation sein, deren Mitglieder *en masse* nicht nur an der Durchführung, sondern auch am Zustandekommen von Entscheidungen teilhaben. Die kommunistische Partei ist, wie jede andere Partei (Weber), gekennzeichnet durch einen Kern, der entscheidet, und Mitglieder, die ausführen. Dieses Modell ist selbstverständlich *per definitionem* inkompatibel mit gesellschaftlicher Selbstverwaltung. Der Kampf um die revolutionäre Befreiung enthält ebenfalls ein Paradox: um Freiheit zu erlangen, müssen Kommunisten sich einer Organisation unterwerfen. Unter diesen Bedingungen werden Disziplin und Gehorsam als unentbehrliche Tugenden bewertet. Wenn die Machtübernahme erfolgt, kann weitere Freiheit nur erreicht werden, wenn dieses Paradox beseitigt wird. d. h. wenn die Kommunisten die Organisation ihrer Kontrolle unterwerfen. Ihre Unabhängigkeit und ihre Eigeninitiative müssen in den Vordergrund treten.

Wir können von einer wirklichen Transformation der kommunistischen Partei in den Bund der Kommunisten nur in dem Maße sprechen, in dem die Mitglieder am Zustandekommen aller politischen Maßnahmen teilhaben. Eine der Vorbedingungen für die Kreativität der 'gewöhnlichen' Mitglieder ist die Transparenz aller Ebenen der Organisation und die Möglichkeit, alle Konzeptionen, Aktionen und ihre Befürworter vor Augen zu sehen.

Als eine Organisation unabhängiger, handelnder Menschen gründet der Bund der Kommunisten auf dem Prinzip der freiwilligen Assoziation der Kommunisten. Die kommunistische Partei besitzt eine höchst zentralisierte und deshalb uniforme und mangelhafte Organisationsform. Im Gegensatz dazu schließen sich Mitglieder des Bundes der Kommunisten zusammen, um alle Schwerpunkte gesellschaftlichen Handelns erreichen zu können, und sie handeln nach den Erfordernissen, so wie *sie* sie sehen.

Die kommunistische Partei kann sich nicht zum Bund der Kommunisten entwickeln ohne einen entscheidenen Wechsel der sozialen Herkunft ihrer Mitglieder. Der Kern der kommunistischen Partei als des direkten Trägers und Nutznießers der Staatsautorität wird gestellt von Mitgliedern dieser Autorität: von Beamten, Angestellten, Offizieren usw. Aber das Rückgrat der Mitgliederschaft des Bundes der Kommunisten können nur die Arbeiter und andere unmittelbare Produzenten materieller und geistiger Güter sein. Daher muß ebenso ein entsprechender Wechsel in der Zusammensetzung der Führungsschicht stattfinden.

Der Bund der Kommunisten unterscheidet sich von der kommunistischen Partei auch in seiner Beziehung zu anderen soziopolitischen Organisationen. Das Verhältnis zwischen direkter und indirekter Selbstverwaltung wirft ein besonderes Licht auf die Natur dieser Beziehung. Sogar die entwickeltste gesellschaftliche

Selbstverwaltung muß in viel größerem Maße indirekt sein. In diesem Zusammenhang lautet die Schlüsselfrage: Werden die Vertreter wirklich gewählt, kontrolliert und abgesetzt durch die Wähler, oder werden sie *de facto* von der kommunistischen Organisation und ihren untergeordneten Organen bestimmt? An dieser Stelle muß man das Dilemma: politischer Monismus oder Pluralismus erwähnen. Aber das sozialistische System stimmt nur mit dem zweiten überein. Unter sozialistischem Pluralismus verstehe ich nicht ein Mehrparteiensystem, sondern sozialistische soziopolitische Massenorganisationen, die zunehmend dem Bund der Kommunisten gleichgestellt sein und ihm gegenüber mehr und mehr autonom und kritisch werden sollten. Sonst ist eine wirkliche Selbstverwaltung der Bürger nicht möglich, weil organisiertes politisches Handeln weitaus wirkungsvoller ist als unorganisiertes.

Daher kann eine organisierte Minderheit immer eine unorganisierte Mehrheit beherrschen. Nebenbei bemerkt erfordert politischer Monismus in der Gestalt des Einparteiensystems noch eine gründliche kritische Analyse. Man hat sich bisher mehr um eine kritische Abgrenzung vom Mehrparteiensystem bemüht.

Die kommunistische Partei ist im Gegensatz zum Bund der Kommunisten ferner durch ein theoretisches und kritisches Monopol der Führungsschicht gekennzeichnet. Natürlich entspringt dieser ideologische Zentralismus aus dem politischen, organisatorischen und dem Kader-Zentralismus. Jede bedeutendere theoretische Initiative erwartet man und kommt von der Spitze, steigt herunter durch die offiziellen politischen Kanäle, wobei die unteren Instanzen sie nur auszuarbeiten, zu konkretisieren und zu verteidigen haben. Deshalb werden sogar *innerhalb* der Partei Theoretiker und Kritiker stillschweigend in parteikonform und nichtkonform eingeteilt. Eine Art konservative Mentalität setzt sich in dieser Atmosphäre durch und ist durch eine besondere Art wissenschaftstheoretischen Relativismus gekennzeichnet. Jedes Novum über 'delikate' Fragen wird als wahr gutgeheißen oder als unwahr abgelehnt entsprechend der Stellung seines Autors in der Parteihierarchie. Jemand mit einer solchen Mentalität ist primär daran interessiert, nicht *was* einer sagt, sondern *wer* es sagt, *wann,* mit welchen *Motiven,* an welcher *Stelle,* vor *wem,* vor welchem *Hintergrund,* zu wessen *Nutzen,* wessen *Interesse* es ausdrückt. usw. Die Frage nach dem Zusammenhang und also auch nach der wirklichen Glaubwürdigkeit oder Unglaubwürdigkeit der Aussage wird unterdrückt. Alles um die Aussage *herum* ist bedeutender als die Aussage selbst.

Jemand mit einer solchen Mentalität reagiert scharf, wenn ein 'gewöhnliches' Parteimitglied programmatische Deklarationen über Freiheit der wissenschaftlichen und kulturellen Tätigkeit, über Entmonopolisierung, Notwendigkeit und Wünschbarkeit unzensierter Gesellschaftskritik ernstnimmt. Es entsteht die größte Verwirrung, wenn 'der falsche Mann das Richtige sagt'. Besonders, wenn er kritisch nicht nur über Meinungen und partielle Probleme, sondern auch über das Gesellschaftssystem als ganzes, über grundsätzliche Dinge und 'sogar' über die Partei spricht. Die ersten, die von einer solchen Mentalität betroffen werden, sind die Intellektuellen, die in der Kraft und Radikalität ihrer Ideen führend sind, die 'vorauseilen'. Intelligente Nachplapperer dessen, was andere sagen, kommen am besten davon. Selbst wenn die Gedanken der ersteren im Nachhinein stillschweigend und offiziell übernommen werden, fällt kein Vorwurf auf ihre 'Kritiker', sondern er bleibt auf jenen hängen. Diese Lage bleibt bestehen, bis die kommunistische Partei kämpfen *muß,* um gerade die kreativsten intellektuellen Kräfte zu überwinden.

Die Attraktivität der kommunistischen Organisation für unabhängige Intellektuelle wächst in dem Maße, wie sie auf ihre antiintellektuelle Rolle des Apologeten und Schiedsrichters verzichtet und Initiator von Forschung, Experiment und intellektuellem Wagnis wird. Gramsci[6] beschreibt das als 'kollektiven Intellektuellen'. Sonst wird der theoretisch-ideologische Stand in schlimmer Weise unterboten. Sonst wird er erstickt von opportunistischem Empirismus, der für die kommunistische Bewegung außerordentlich gefährlich ist, weil sie auf dem Prinzip der Einheit von revolutionärer Theorie und Praxis beruht. Ernsthafte theoretische Arbeit erfordert aber Kontinuität, einschließlich der Kontinuität des für sie günstigen gesellschaftlichen Klimas und Parteiklimas. Es ist beinahe unmöglich zu arbeiten, wenn Zeiten ausdrücklicher Aufrufe an Intellektuelle zu freier Diskussion und Kritik regelmäßig durch Wellen scharfer politischer Angriffe und Disqualifikation derjenigen

6 Antonio Gramsci (1891–1937), italienischer Politiker, 1921 Mitbegründer der Kommunistischen Partei Italiens. In seinen fragmentarischen Schriften, die nach dem 2. Weltkrieg aus dem Nachlaß veröffentlicht wurden, Vertreter eines unorthodoxen Sozialismus.

ersetzt werden, die am radikalsten und aufrichtigsten sind, wobei man in der Schärfe der Reaktion gewöhnlich sogar über die Stellungnahmen gegenüber dem wirklichen Feind hinausgeht.

6

Mein Vorschlag zur Ergänzung der Marxschen Typologie sozioökonomischer Systeme folgt selbstverständlich seinen Einteilungsprinzipien: entsprechend dem Grundtyp der Produktionsverhältnisse. Die menschliche Gesellschaft ist nach wie vor zentriert um die materielle Produktion, und diese Produktionsverhältnisse haben auch weiterhin einen entscheidenden Einfluß auf alle gesellschaftlichen Verhältnisse. Daher wird Marx' Einteilungsprinzip für eine lange Zukunft grundlegend bleiben. Im Falle des Etatismus zeigt es seine Überlegenheit besonders auch in seiner offensichtlichen Leistungsfähigkeit zur Entmythologisierung.

Einen möglichen Einwand gegen meine zentrale These vorwegnehmend, möchte ich sagen, daß unter keinen Umständen entscheidend sein kann, wann entschieden wird, ob eine Entität als ein sozioökonomisches *System* kategorisiert wird. Ein halbes Jahrhundert ist jedoch nicht eine solch kurze Zeit, daß man nicht von einem konstituierten System sprechen könnte. Aller Voraussicht nach wird sich schließlich dieser Etatismus noch lange Zeit fortsetzen.

Marxisten stehen oft verwirrt vor den schlimmen Erscheinungen des Stalinismus und Maoismus und wundern sich, wie so etwas im Sozialismus möglich ist. Heute ist es sogar notwendig, auf die reale Möglichkeit eines Krieges zwischen den zwei größten 'sozialistischen' Ländern hinzuweisen. Eine befriedigende Antwort kann man jedoch nicht erhalten, so lange die Frage auf eine falsche Weise gestellt ist. An erster Stelle muß man fragen, ob dies überhaupt Sozialismus ist. Man kann nicht sagen, daß Marxisten nicht hin und wieder die richtige Frage und die Antwort darauf vermutet haben. Unglücklicherweise erwidern radikale Kritiker gewöhnlich, daß dies ein 'vollständig degenerierter Sozialismus' ist. Aber wenn eine Entität sich völlig degeneriert, ist sie dann nicht etwas anderes geworden als das, was sie vorher war? Mit der vorgeschlagenen neuen theoretischen Konzeption können diese Schwierigkeiten leicht überwunden werden.

Ich glaube, daß mein Vorschlag auch andere theoretische und praktisch-politische Vorteile enthält (wir wollen nicht vergessen, daß 'Sozialismus' ein geachtetes Wort geworden ist). Ohne ihn bleiben gewisse bedeutende Aspekte der gesellschaftlichen Wirklichkeit unzureichend hervorgehoben oder sogar unbemerkt. Wir haben z. B. schon gesehen, daß die soziale Schichtung und ein sozialer Konflikt ganz anders aussehen, wenn man den Gedanken einer herrschenden etatistischen Klasse einführt. Diese Entmythologisierung würde die Arbeiterklasse befähigen, ihre Stellung richtig zu erkennen und eine angemessene praktisch-politische Haltung gegenüber dem System einzunehmen.

Wenn man nicht Sozialismus vom Etatismus unterscheidet, ist es unmöglich, die Tiefe der Differenzen in der gegenwärtigen kommunistischen Bewegung deutlich darzulegen. Die Hauptdemarkationslinie ist das Konzept eines Systems, das man anstrebt oder befürwortet: entweder Etatismus oder Sozialismus. Eine große Mehrheit der kommunistischen Parteien teilt noch das etatistische Konzept. Das offenkundigste Beispiel eines ideologischen Zusammenstoßes verschiedener Systeme ist der wohlbekannte Angriff einer Anzahl von Parteien auf das Programm des Bundes der Kommunisten von Jugoslawien.

Der zweite fundamentale Unterschied besteht innerhalb des Rahmens des Etatismus. Etatismen verschiedenen Typs bekämpfen einander: die primitiven politokratischen[7] und die modernen technokratischen Typen. In industriell entwickelten Ländern hat der politokratische Etatismus schon lange eine Krise erreicht, weil er als eine ernsthafte Bremse für die weitere Entwicklung, vor allem der Wirtschaft, wirkt. Er wird schnell ersetzt durch den modernen technokratischen Etatismus. Der Kern der etatistischen Klasse verändert seine Struktur: technokratische Elemente gewinnen zunehmend Überhand über die politokratischen. In engem Zusammenhang damit steht der Prozeß der offensichtlichen politischen Liberalisierung und wirtschaftlichen Reform des Etatismus. Es ist natürlich, daß dem armen und äußerst primitiven politokratischen Etatismus chinesischer Form dieser Trend wie Revisionismus und Wiederherstellung des Kapitalismus erscheinen muß.

---

7 Politokratischer Etatismus, überwiegend gekennzeichnet durch die Vorherrschaft von Politikern, die einer vorwiegend durch vorindustrielle Ordnungsvorstellungen geprägten Parteiideologie verpflichtet sind.

Der internationale Zusammenstoß zwischen der modernen Technokratie und dem primitiven politokratischen Etatismus besitzt eine Analogie – natürlich auf einer viel niedrigeren Stufe – innerhalb Chinas selbst. Die Gruppe um Mao Tse Tung in ihrem verzweifelten Versuch, eine superprimitive kommunistische Lebensweise und Moral (Asketismus und völlige Gleichheit in Armut) herzustellen, versucht um jeden Preis, schon die ersten Versuche steigender Modernisierung (materielle Anreize und größeren persönlichen Konsum) auszurotten. Es ist verständlich, daß, von oben gesehen, die Differenzen in China außerordentlich relativ erscheinen, weil sie innerhalb der Grenzen einer primitiven politokratischen Konzeption bleiben. Genauso ist es verständlich, daß in den Augen der Fürsprecher einer primitiven Konzeption alles, was weniger primitiv ist, das Ende der Welt und des Sozialismus zu bedeuten scheint.

Die Frage lautet: Wird der technokratische Etatismus vollständig und dauernd errichtet werden, oder wird der Etatismus eine sozialistische Transformation erleben? Natürlich kann die etatistische Klasse nicht ohne den Klassenkampf des Proletariats von der Gewalt verdrängt werden. Der oligarchische Etatismus hat eine gewaltsame Industrialisierung durchgeführt, oder führt sie noch durch; aber gerade durch diese Aktion hat er seine eigenen 'Totengräber' hervorgebracht: das Industrieproletariat. In der Geschichte sind Versuche, ja gewaltsame Versuche der Arbeiterklasse bekannt, sich vom Etatismus zu befreien und Selbstverwaltung einzuführen. Trotzdem ist es realistischer, eine stillschweigende Transformation des Etatismus in den Sozialismus zu erwarten. Wir kennen, hauptsächlich von Marx, die ökonomischen Gesetze, die den liberalen Kapitalismus zwingen, sich in Staatskapitalismus zu verwandeln und – das dürfen wir jetzt sagen – weiter in den Etatismus. Aber welche Gesetze, außer den ökonomischen Gesetzen, üben Druck aus in Richtung auf die sozialistische Transformation des Etatismus? Die marxistische Wissenschaft schuldet uns noch eine Antwort auf diese Frage. Das deutet auf die dringende Notwendigkeit, eine Reihe neuer Kategorien auszuarbeiten, nicht nur ökonomische, die in der Lage sind, die spezifische Natur des etatistischen Systems theoretisch zu erfassen.

Unglücklicherweise gibt es keine Anzeichen dafür, daß der Etatismus bald beginnen wird, sich in Sozialismus zu verwandeln. Im Gegenteil muß man wahrscheinlich davon ausgehen, daß noch eine lange Periode des Etatismus bevorsteht, in der bestenfalls ganz elementare Formen der gesellschaftlichen Selbstverwaltung in bestimmten Ländern geschaffen werden. Der etatistische Charakter der nächsten Periode wird sich verstärken durch die Transformation des Kapitalismus in Etatismus.

Das Dilemma unserer Zeit ist eher: Etatismus oder Sozialismus, als: Kapitalismus oder Sozialismus.

Theodor W. Adorno
Spätkapitalismus oder Industriegesellschaft?[1]

Der mit dem Stand der sozialwissenschaftlichen Kontroverse nicht Vertraute könnte auf den Verdacht geraten, es handele sich um einen Nomenklaturstreit[2]; Fachleute seien von der eitlen Sorge geplagt, ob die gegenwärtige Phase nun Spätkapitalismus oder Industriegesellschaft heißen solle. In Wahrheit geht es nicht um Termini, sondern um inhaltlich Entscheidendes. Referate und Diskussionen sollen zum Urteil darüber helfen, ob noch das kapitalistische System nach seinem wie immer auch modifizierten Modell herrsche, oder ob die industrielle Entwicklung den Begriff des Kapitalismus selbst, den Unterschied zwischen kapitalistischen und nichtkapitalistischen Staaten, gar die Kritik am Kapitalismus hinfällig gemacht habe. Mit anderen Worten, ob die heute innerhalb der Soziologie so weit verbreitete These, Marx sei veraltet, zutreffe. Dieser These zufolge ist die Welt so durch und durch von der ungeahnt entfalteten Technik bestimmt, daß demgegenüber das soziale Verhältnis, das einmal den Kapitalismus definierte, die Verwandlung lebendiger Arbeit in Ware und damit der Klassengegensatz, an Relevanz einbüßte, sofern es nicht zum Aberglauben wurde. Dabei kann man sich auf unverkennbare Konvergenzen zwischen den technisch fortgeschrittensten Ländern, den Vereinigten Staaten und der Sowjetunion, beziehen. Nach Lebensstandard und Bewußtsein werden vollends in den maßgebenden westlichen Staaten Klassendifferenzen weit weniger sichtbar als in den Dezennien während und nach der industriellen Revolution, Prognosen der Klassentheorie wie die der Verelendung und des Zusammenbruchs sind nicht so drastisch eingetroffen, wie man sie verstehen muß, wenn sie nicht um ihren Gehalt gebracht werden sollen; nur mit Komik ist von relativer Verelendung zu reden. Selbst wenn das bei Marx nicht eindeutige Gesetz von der sinkenden Profitrate[3] systemimmanent sich bewahrheitet hätte, wäre zu

---

1 In: Aufsätze zur Gesellschaftstheorie und Methodologie, Frankfurt 1970, S. 149–166 (um die ersten fünf Sätze gekürzt), zuerst: 1968

2 Hier: Streit um die Benennung

3 „Derselbe Prozeß, der die Verwohlfeilerung der Waren im Entwicklungsgang der kapitalistischen Produktionsweise erzeugt, erzeugt eine Veränderung in der organischen Zusammensetzung des zur Produktion der

konzedieren, daß der Kapitalismus in sich selbst Ressourcen entdeckte, die den Zusammenbruch ad Kalendas Graecas[4] aufzuschieben gestatten – Ressourcen, unter denen fraglos die immense Steigerung des technischen Potentials und damit auch die allen Mitgliedern der hochindustrialisierten Länder zugute kommende Menge von Gebrauchsgütern obenan stehen. Zugleich zeigten angesichts jener technischen Entwicklung die Produktionsverhältnisse sich elastischer, als Marx ihnen zutraute.

Die Kriterien des Klassenverhältnisses, welche die empirische Forschung solche der social stratification[5], der Schichtung nach Einkommen, Lebensstandard, Bildung zu nennen liebt, sind Verallgemeinerungen von Befunden an einzelnen Individuen. Insofern dürfen sie subjektiv heißen. Demgegenüber war der ältere Klassenbegriff objektiv, unabhängig von Indices intendiert, die unmittelbar am Leben der Subjekte gewonnen sind, wie sehr im übrigen auch diese soziale Objektivitäten ausdrücken. Die Marxische Theorie beruhte auf der Stellung von Unternehmern und Arbeitern im Produktionsprozeß, letztlich der Verfügung über die Produktionsmittel. In den augenblicklich vorherrschenden Strömungen der Soziologie wird dieser Ausgang weithin als dogmatisch abgelehnt. Der Streit ist theoretisch auszutragen, nicht allein durch Präsentation von Fakten, die zwar ihrerseits vielfach zur Kritik beitragen, der kritischen Theorie zufolge jedoch ebenso die Struktur verdecken. Auch die Opponenten der Dialektik sind nicht länger gewillt, eine Theorie unabsehbar zu vertagen, welche dem eigentlichen Interesse der Soziologie Rechnung trägt. Die Kontroverse ist wesentlich eine über die *Deutung* – es sei denn, man verbanne das Verlangen eben danach selber in die Vorhölle des Außerwissenschaftlichen.

Eine dialektische Theorie der Gesellschaft geht auf Strukturgesetze, welche die Fakten bedingen, in ihnen sich manifestieren und von ihnen modifiziert werden. Unter Strukturgesetzen versteht sie Tendenzen, die mehr oder minder stringent aus historischen Konstituentien des Gesamtsystems folgen. Marxische Modelle dafür

---

Waren angewandten gesellschaftlichen Kapitals und infolgedessen den Fall der Profitrate." (Marx, Das Kapital, MEW Bd. 25, S. 249)

4 Bis zu den „griechischen Kalenden", d. h. bis zu einem nie kommenden Zeitpunkt (etwas aufschieben).

5 Soziale Schichtung

waren Wertgesetz[6], Gesetz der Akkumulation[7], Zusammenbruchsgesetz[8]. Nicht meint die dialektische Theorie mit Struktur Ordnungsschemata, in die soziologische Befunde möglichst vollständig, kontinuierlich und widerspruchslos sich eintragen lassen; nicht Systematisierungen also, sondern das den Prozeduren und Daten wissenschaftlicher Erkenntnis vorgeordnete System der Gesellschaft. Eine solche Theorie darf am letzten den Fakten sich entziehen, darf nicht nach einem thema probandum[9] sie zurechtbiegen. Sonst fiele sie tatsächlich in Dogmatismus zurück und wiederholte durch den Gedanken, was die im Ostbereich verfestigte Macht durch das Instrument des Diamat verübte; stellt still, was dem eigenen Begriff nach anders nicht denn als Bewegtes gedacht werden kann. Dem Fetischismus der Fakten korrespondiert einer der objektiven Gesetze. Dialektik, die mit der schmerzhaften Erfahrung von deren Vorherrschaft sich vollgesogen hat, verherrlicht sie nicht, sondern kritisiert sie ebenso wie den Schein, das Einzelne und Konkrete bestimme hic et nunc bereits den Weltlauf. Wahrscheinlich ist unter dessen Bann das Einzelne und Konkrete überhaupt noch nicht. Durch das Wort Pluralismus wird die Utopie supponiert, als wäre sie schon da; es dient der Beschwichtigung. Darum jedoch darf die dialektische Theorie, die sich selbst kritisch reflektiert, nicht ihrerseits im Medium des Allgemeinen sich häuslich einrichten. Aus jenem Medium auszubrechen ist gerade ihre Intention. Auch sie ist nicht gefeit vor falscher Trennung von nach-

---

6 Bei Marx vielschichtiger Begriff. In seiner einfachsten Form besagt es, daß in einer Warenwirtschaft die Tauschwerte der Ware sich nach Maßgabe der zu ihrer Herstellung notwendigen Arbeit bilden. (vgl. Marx, Das Kapital, MEW Bd. 23, S. 54 u. 55)

7 „Je größer der gesellschaftliche Reichtum, das funktionierende Kapital, Umfang und Energie seines Wachstums, also auch die absolute Größe des Proletariats und die Produktivkraft seiner Arbeit, desto größer die industrielle Reservearmee. ... Je größer aber diese Reservearmee im Verhältnis zur aktiven Arbeiterarmee, desto massenhafter die konsolidierte Übervölkerung, deren Elend im umgekehrten Verhältnis zu ihrer Arbeitsqual steht. Je größer endlich die Lazarusschichte der Arbeiterklasse und die industrielle Reservearmee, desto größer der offizielle Pauperismus. Dies ist das absolute, allgemeine Gesetz der kapitalistischen Akkumulation." (Marx, Das Kapital, MEW Bd. 23, S. 673–674)

8 Nach Marx geht die bürgerliche Gesellschaft an den sich verschärfenden Widersprüchen von Kapital und Lohnarbeit und den daraus resultierenden Krisen zugrunde.

9 Satz, der bewiesen werden muß

drücklichem Denken und empirischer Forschung. Vor einiger Zeit hat ein russischer Intellektueller von beträchtlichem Einfluß mir erklärt, in der Sowjetunion sei Soziologie eine neue Wissenschaft. Er meinte damit die empirische; daß diese mit der in seinem Land als Staatsreligion approbierten Lehre von der Gesellschaft etwas zu tun haben könnte, war ihm so wenig mehr gegenwärtig wie, daß Marx Enqueten[10] durchführte. Verdinglichtes Bewußtsein endet nicht dort, wo der Begriff der Verdinglichung einen Ehrenplatz besetzt. Das Schwadronieren über Begriffe wie 'der Imperialismus' oder 'das Monopol', ohne Rücksicht darauf, was diesen Worten als Sachverhalten entspricht, und wie weit ihr Geltungsbereich sich erstreckt, ist so falsch, nämlich irrational, wie eine Verhaltensweise, die, ihrer blind-nominalistischen[11] Vorstellung vom Sachverhalt zuliebe, dagegen sich sperrt, daß Begriffe wie Tauschgesellschaft ihre Objektivität haben, einen Zwang des Allgemeinen hinter den Sachverhalten bekunden, der keineswegs stets zureichend in operationell definierte Sachverhalte sich übersetzen läßt. Beidem ist entgegenzuarbeiten . . .

Eine schlichte Antwort auf die Frage, die in der Thematik Spätkapitalismus oder Industriegesellschaft liegt, kann weder erwartet noch eigentlich gesucht werden. Alternativen, die erzwingen, man müsse für die eine oder andere Bestimmung optieren, wäre es auch bloß theoretisch, sind selber bereits Zwangssituationen, denen in einer unfreien Gesellschaft nachgebildet und auf den Geist übertragen, an dem es wäre, zur Brechung von Unfreiheit durch ihre hartnäckige Reflexion zu tun, was er kann. Vollends der Dialektiker darf zur bündigen Disjunktion von Spätkapitalismus oder Industriegesellschaft nicht sich nötigen lassen, so wenig er auch an unverbindlichem Einerseits-Andererseits sein Genügen haben kann. Vor Simplifizierung muß er sich, wider Brechts Ratschlag, erst recht hüten, weil die eingeschliffene Denkgewohnheit ihm die eingeschliffene Antwort ebenso suggeriert, wie seinen Opponenten die entgegengesetzte Antwort leichtfällt. Wer die Erfahrung des Vorrangs der Struktur über die Sachverhalte sich nicht verbauen läßt, wird nicht, wie meist seine Kontrahenten, Widersprüche vorweg

10 Allg.: Untersuchungen; hier, wie oft: sozialwissenschaftliche empirische Untersuchungen

11 Nominalistisch, hier: Ansicht, daß den Begriffen kein Sachverhalt entspricht

als solche der Methode, als Denkfehler abwerten und sie durch die Einstimmigkeit der wissenschaftlichen Systematik zu beseitigen trachten. Statt dessen wird er sie in die Struktur zurückverfolgen, die antagonistisch war, seit es Gesellschaft im nachdrücklichen Sinn gibt, und die es blieb, so wie die außenpolitischen Konflikte und die permanente Möglichkeit der Kriegskatastrophe, jüngst auch der russische Überfall auf die Tschechoslowakei, kraß demonstrieren. Das verkennt ein Alternativdenken, das die formallogische Widerspruchslosigkeit ungebrochen auf das zu Denkende projiziert. Nicht ist, nach wissenschaftlichem Standpunkt oder Geschmack, zu wählen zwischen den beiden Formeln, sondern ihr Verhältnis seinerseits drückt den Widerspruch aus, der die gegenwärtige Phase kennzeichnet und den theoretisch zu artikulieren der Soziologie geziemt.

Widerspruchsvoll ist das Verhältnis mancher Prognosen der dialektischen Theorie zueinander. Einige erfüllten sich schlechterdings nicht; gewisse theoretisch-analytische Kategorien[12] führen mittlerweile zu Aporien, die nur höchst künstlich aus der Welt gedacht werden können. Andere Voraussagen, ursprünglich mit jenen eng verwachsen, haben schlagend sich bestätigt. Auch wer in Prognosen nicht den Sinn von Theorie erblickt, wird angesichts des Anspruchs der dialektischen nicht dabei sich bescheiden, sie sei teils wahr, teils falsch. Jene Divergenzen bedürfen ihrerseits der theoretischen Erklärung. Daß von einem proletarischen Klassenbewußtsein in den maßgebenden kapitalistischen Ländern nicht kann gesprochen werden, widerlegt nicht an sich, im Gegensatz zur communis opinio[13], die Existenz von Klassen: Klasse war durch die Stellung zu den Produktionsmitteln bestimmt, nicht durchs Bewußtsein ihrer Angehörigen. An plausiblen Gründen für den Mangel an Klassenbewußtsein fehlt es nicht: daß die Arbeiter nicht weiter verelendeten, daß sie zunehmend in die bürgerliche Gesellschaft und ihre Anschauungen integriert wurden, wie es während und unmittelbar nach der industriellen Revolution, als das Industrieproletariat aus den Paupers[14] sich rekrutierte und halb exterritorial zur Gesellschaft stand, nicht vorauszusehen war. Nicht schafft gesellschaftliches Sein unmittelbar Klassenbewußtsein. Ohne daß die Massen, und zwar gerade wegen ihrer sozialen Integration, ihr gesellschaftliches

12 Vgl. oben: Wertgesetz usw.
13 Allgemeine Ansicht
14 Verarmte Schichten

Schicksal irgend mehr in der Hand hätten als vor 120 Jahren, entraten sie nicht nur der Klassensolidarität, sondern des vollen Bewußtseins dessen, daß sie Objekte, nicht Subjekte des gesellschaftlichen Prozesses sind, den sie doch als Subjekte in Gang halten. Klassenbewußtsein, von dem der Marxischen Theorie zufolge der qualitative Sprung abhängen sollte, war ihm zufolge zugleich ein Epiphänomen[15]. Wenn jedoch in den fürs Klassenverhältnis prototypischen Ländern, zumal Nordamerika, über lange Perioden hin überhaupt kein Klassenbewußtsein mehr aufkommt, wofern es überhaupt je dort lebendig war; wenn die Frage nach dem Proletariat zum Vexierbild[16] wird, so schlägt Quantität in Qualität um, und der Verdacht von Begriffsmythologie ist allenfalls durchs Dekret zu unterdrücken, nicht für den Gedanken zu beseitigen. Die Entwicklung läßt sich schwer vom Kernstück der Marxischen Theorie, der Lehre vom Mehrwert[17], trennen. Diese sollte das Klassenverhältnis und das Anwachsen des Klassenantagonismus objektiv-ökonomisch erklären. Sinkt aber, durch den Umfang des technischen Fortschritts, tatsächlich durch Industrialisierung, der Anteil der lebendigen Arbeit, aus der seinem Begriff nach allein der Mehrwert fließt, tendenziell bis zu einem Grenzwert, so wird davon das Kernstück, die Mehrwerttheorie affiziert. Der gegenwärtige Mangel an einer objektiven Werttheorie ist nicht nur vom Ansatz der akademisch heute fast allein akzeptierten Schulökonomie bedingt. Er weist zurück auf die prohibitive Schwierigkeit, die Bildung von Klassen ohne Mehrwerttheorie objektiv zu begründen. Den Nichtökonomen will es bedünken, daß auch die sogenannten neomarxistischen Theorien ihre Lücken in der Behandlung der konstitutiven Probleme mit Brocken aus der subjektiven Ökonomie zuzustopfen versuchen. Verantwortlich dafür ist gewiß nicht allein

15 Begleiterscheinung

16 Suchbild, das eine nicht sofort erkennbare Figur enthält

17 Der ökonomische Überschuß erklärt sich nach Marx so: „Unserm Kapitalisten handelt es sich um zweierlei. Erstens will er einen Gebrauchswert produzieren, der einen Tauschwert hat, einen zum Verkauf bestimmten Artikel, eine Ware. Und zweitens will er eine Ware produzieren, deren Wert höher als die Wertsumme der zu ihrer Produktion erheischten Waren, der Produktionsmittel und der Arbeitskraft, für die er sein gutes Geld auf dem Warenmarkt vorschob. Er will nicht nur einen Gebrauchswert produzieren, sondern eine Ware, nicht nur Gebrauchswert, sondern Wert, und nicht nur Wert, sondern auch Mehrwert.“ (Marx, Das Kapital, MEW Bd. 23, S. 201)

Schwächung des theoretischen Vermögens. Denkbar, daß die gegenwärtige Gesellschaft einer in sich kohärenten Theorie sich entwindet. Marx hatte es insofern leichter, als ihm in der Wissenschaft das durchgebildete System des Liberalismus vorlag. Er brauchte nur zu fragen, ob der Kapitalismus in seinen eigenen dynamischen Kategorien diesem Modell entspricht, um in bestimmter Negation des ihm vorgegebenen theoretischen Systems eine ihrerseits systemähnliche Theorie hervorzubringen. Unterdessen ist die Marktökonomie so durchlöchert, daß sie jeglicher solchen Konfrontation spottet. Die Irrationalität der gegenwärtigen Gesellschaftsstruktur verhindert ihre rationale Entfaltung in der Theorie. Die Perspektive, daß die Lenkung der ökonomischen Prozesse an die politische Macht übergeht, folgt zwar aus der deduziblen[18] Dynamik des Systems, ist aber zugleich eine zu objektiver Irrationalität hin. Das, nicht allein der sterile Dogmatismus ihrer Anhänger, dürfte erklären helfen, warum es längst zu keiner überzeugenden objektiven Gesellschaftstheorie mehr kam. Unter diesem Aspekt wäre der Verzicht auf jene kein kritischer Fortschritt wissenschaftlichen Geistes, sondern Ausdruck zwangshafter Resignation. Parallel zur Rückbildung der Gesellschaft läuft eine des Denkens über sie.

Dem indessen stehen nicht weniger drastische Fakten entgegen, die ihrerseits wieder nur gewaltsam und willkürlich *ohne* Verwendung des Schlüsselbegriffs Kapitalismus zu interpretieren sind. Weiter wird Herrschaft über Menschen ausgeübt durch den ökonomischen Prozeß hindurch. Dessen Objekte sind längst nicht mehr nur die Massen, sondern auch die Verfügenden und ihr Anhang. Der alten Theorie gemäß wurden sie weithin zu Funktionen ihres eigenen Produktionsapparats. Die vieldiskutierte Frage nach der managerial revolution, nach dem angeblichen Übergang der Herrschaft von den juridischen Eigentümern an die Bürokratie ist demgegenüber sekundär. Jener Prozeß produziert und reproduziert nach wie vor, wenn schon nicht die Klassen so, wie sie in Zolas Germinal dargestellt sind, zumindest eine Struktur, welche der Antisozialist Nietzsche mit der Formel Kein Hirt und eine Herde vorwegnahm. In ihr aber birgt sich, was er nicht sehen wollte: die alte, nur anonym gewordene gesellschaftliche Unterdrückung. Hat schon die Verelendungstheorie[19] nicht à la lettre[20] sich bewahrheitet, so doch in dem

18 Ableitbar
19 s. „Gesetz der Akkumulation", Anm. 6
20 Dem Buchstaben nach, wortwörtlich

nicht weniger beängstigenden Sinn, daß Unfreiheit, Abhängigkeit von einer dem Bewußtsein derer, die sie bedienen, entlaufenen Apparatur universal über die Menschen sich ausbreitet. Die allbeklagte Unmündigkeit der Massen ist nur der Reflex darauf, daß sie so wenig wie je autonome Meister ihres Lebens sind; wie im Mythos widerfährt es ihnen als Schicksal. – Empirische Untersuchungen verweisen übrigens darauf, daß auch subjektiv, ihrem Realitätsbewußtsein nach, die Klassen keineswegs so nivelliert sind, wie man es zuzeiten vermutete. Selbst die Imperialismustheorien sind mit dem erzwungenen Verzicht der großen Mächte auf Kolonien nicht bloß veraltet. Der Prozeß, den sie meinten, setzt sich fort in dem Antagonismus der beiden monströsen Machtblöcke. Die angeblich überholte Lehre von den gesellschaftlichen Antagonismen, mit dem Telos des Zusammenbruchs, wird von den manifesten politischen unmäßig überboten. Ob und in welchem Maß das Klassenverhältnis umgelegt ward auf das zwischen den führenden Industrienationen und den umworbenen Entwicklungsländern, mag unerörtert bleiben.

In Kategorien der kritisch-dialektischen Theorie möchte ich als erste und notwendig abstrakte Antwort vorschlagen, daß die gegenwärtige Gesellschaft durchaus Industriegesellschaft ist nach dem Stand ihrer Produktiv*kräfte.* Industrielle Arbeit ist überall und über alle Grenzen der politischen Systeme hinaus zum Muster der Gesellschaft geworden. Zur Totalität entwickelt sie sich dadurch, daß Verfahrensweisen, die den industriellen sich anähneln, ökonomisch zwangsläufig sich auch auf Bereiche der materiellen Produktion, auf Verwaltung, auf die Distributionssphäre[21] und die, welche sich Kultur nennt, ausdehnen. Demgegenüber ist die Gesellschaft Kapitalismus in ihren Produktions*verhältnissen.* Stets noch sind die Menschen, was sie nach der Marxischen Analyse um die Mitte des 19. Jahrhunderts waren: Anhängsel an die Maschinerie, nicht mehr bloß buchstäblich die Arbeiter, welche nach der Beschaffenheit der Maschinen sich einzurichten haben, die sie bedienen, sondern weit darüber hinaus metaphorisch, bis in ihre intimsten Regungen hinein genötigt, dem Gesellschaftsmechanismus als Rollenträger sich einzuordnen und ohne Reservat nach ihm sich zu modeln. Produziert wird heute wie ehedem um des Profits willen. Über alles zur Zeit von Marx Absehbare hinaus sind die Bedürfnisse, die es poten-

21 Distribution: Verteilung der erzeugten Güter an die Konsumenten

tiell längst waren, vollends zu Funktionen des Produktionsapparates geworden, nicht umgekehrt. Sie werden total gesteuert. Zwar werden in dieser Verwandlung, fixiert und dem Interesse des Apparats angepaßt, die Bedürfnisse der Menschen mitgeschleppt, auf welche dann jeweils der Apparat mit Effekt sich berufen kann. Aber die Gebrauchswertseite der Waren hat unterdessen ihre letzte 'naturwüchsige' Selbstverständlichkeit eingebüßt. Nicht nur werden die Bedürfnisse bloß indirekt, über den Tauschwert, befriedigt, sondern in wirtschaftlich relevanten Sektoren vom Profitinteresse selber erst hervorgebracht, und zwar auf Kosten objektiver Bedürfnisse der Konsumenten, wie denen nach zureichenden Wohnungen, vollends nach Bildung und Information über die wichtigsten sie betreffenden Vorgänge. Im Bereich des nicht zur nackten Lebenserhaltung Notwendigen werden tendenziell die Tauschwerte als solche, abgelöst, genossen; ein Phänomen, das in der empirischen Soziologie unter Termini wie Statussymbol und Prestige auftritt, ohne damit objektiv begriffen zu sein. In den hochindustrialisierten Gebieten der Erde hat man, solange nicht doch, trotz Keynes[22], erneute ökonomische Naturkatastrophen sich ereignen, gelernt, allzu sichtbarer Armut vorzubeugen, wenngleich nicht in dem Umfang, in dem die These von der affluent society es versichert. Der Bann jedoch, den das System über die Menschen ausübt, hat, soweit solche Vergleiche sinnvoll angestellt werden können, durch die Integration sich verstärkt. Unleugbar dabei, daß in der zunehmenden Befriedigung der materiellen Bedürfnisse, trotz ihrer vom Apparat verformten Gestalt, auch unvergleichlich viel konkreter die Möglichkeit von Leben ohne Not sich abzeichnet. Auch in den ärmsten Ländern brauchte keiner mehr zu hungern. Daß gleichwohl die Hülle vorm Bewußtsein des Möglichen dünn geworden ist, dafür spricht der panische Schrecken, den allerorten Formen gesellschaftlicher Aufklärung erregen, die im offiziellen Kommunikationssystem nicht eingeplant sind. Was Marx und Engels, die eine menschenwürdige Einrichtung der Gesellschaft wollten, noch als Utopie anprangerten, welche eine solche Einrichtung bloß sabotiere, wurde

22 John Maynard Keynes (1883–1946), englischer Wirtschaftstheoretiker, entwickelte die Theorie von der Tendenz der Wirtschaft zu dauernder Unterbeschäftigung und trat deshalb für Staatsausgaben ein, die auch zu einer Staatsverschuldung führen können, um Wirtschaftskrisen abzuwenden und Vollbeschäftigung zu erreichen.

zur handgreiflichen Möglichkeit. Kritik an der Utopie ist heute selbst in den ideologischen Vorrat hinabgesunken, während gleichzeitig der Triumph der technischen Produktivität dazu taugt vorzuspiegeln, die Utopie, unvereinbar mit den Produktionsverhältnissen, sei in deren Rahmen bereits verwirklicht. Aber die Widersprüche in ihrer neuen, international-politischen Qualität – so das Wettrüsten von Ost und West – machen das Mögliche zugleich unmöglich.

Das zu durchschauen freilich verlangt, daß man nicht, wozu Kritik stets wieder sich verleiten läßt, der Technik, also den Produktivkräften, die Schuld aufbürdet und eine Art Maschinenstürmerei auf erweiterter Stufenleiter theoretisch betreibt. Nicht die Technik ist das Verhängnis, sondern ihre Verfilzung mit den gesellschaftlichen Verhältnissen, von denen sie umklammert wird. Erinnert sei nur daran, daß die Rücksicht auf das Profit- und Herrschaftsinteresse die technische Entwicklung kanalisierte: sie stimmt einstweilen fatal mit Kontrollbedürfnissen zusammen. Nicht umsonst ist die Erfindung von Zerstörungsmitteln zum Prototyp der neuen Qualität von Technik geworden. Demgegenüber verkümmerten diejenigen ihrer Potentiale, die von Herrschaft, Zentralismus, Gewalt gegen die Natur sich entfernen und die es wohl auch gestatten würden, viel von dem zu heilen, was wörtlich und bildlich von der Technik beschädigt ist.

Die gegenwärtige Gesellschaft weist, trotz aller Beteuerungen des Gegenteils, ihrer Dynamik, des Anwachsens der Produktion, statische Aspekte auf. Sie rechnen den Produktionsverhältnissen zu. Diese sind nicht länger mehr allein solche des Eigentums, sondern der Administration, bis hinauf zur Rolle des Staats als des Gesamtkapitalisten. Indem ihre Rationalisierung der technischen Rationalität, den Produktivkräften, sich anähnelt, sind sie fraglos flexibler geworden. Dadurch wird der Schein erweckt, das universale Interesse sei nur noch das am Status quo und Vollbeschäftigung das Ideal, nicht das an der Befreiung von heteronomer Arbeit. Aber der Zustand, außenpolitisch ohnehin äußerst labil, ist bloße temporäre Balance, die Resultante von Kräften, deren Spannung ihn zu zerreißen droht. Innerhalb der herrschenden Produktionsverhältnisse ist die Menschheit virtuell ihre eigene Reservearmee und wird durchgefüttert. Allzu optimistisch war die Erwartung von Marx, geschichtlich sei ein Primat der Produktivkräfte gewiß, der notwendig die Produktionsverhältnisse sprenge. Insofern blieb Marx, der geschworene Feind des deutschen Idealismus, dessen affirmativer Geschichtskonstruktion treu. Vertrauen auf den Weltgeist kam der Rechtfertigung späterer Versionen jener Weltordnung zugute, die der elften Feuerbachthese[23] zufolge verändert werden sollte. Die Produktionsverhältnisse haben um ihrer schieren Selbsterhaltung willen durch Flickwerk und partikulare Maßnahmen die losgelassenen Produktivkräfte weiterhin sich unterworfen. Signatur des Zeitalters ist die Präponderanz der Produktionsverhältnisse über die Produktivkräfte, welche doch längst der Verhältnisse spotten. Daß der verlängerte Arm der Menschheit zu fernen und leeren Planeten reicht, daß sie es aber nicht vermag, auf dem eigenen den ewigen Frieden zu stiften, bringt das Absurdum, auf welches die gesellschaftliche Dialektik sich hinbewegt, nach außen. Daß es anders ging als die Hoffnung, ist nicht zuletzt verursacht davon, daß die Gesellschaft die von Veblen[24] sogenannte underlying population sich einverleibte. Nur der dürfte das ungeschehen wünschen, der das Glück des Ganzen abstrakt über das der lebendigen Einzelwesen stellt. Jene Entwicklung hing ihrerseits wiederum ab von der der Produktivkräfte. Sie war aber nicht identisch mit deren Vorrang über die Produktionsverhältnisse. Er war nie mechanisch vorzustellen. Seine Realisierung hätte der Spontaneität derer bedurft, die an der Veränderung der Verhältnisse interessiert sind, und ihre Zahl hat das eigentliche Industrieproletariat unterdessen um ein Vielfaches überflügelt. Objektives Interesse und subjektive Spontaneität klaffen jedoch auseinander; diese verkümmerte unter der disproportionalen Übermacht des Gegebenen. Der Satz von Marx, daß auch die Theorie zur realen Gewalt wird, sobald sie die Massen ergreift, wurde eklatant vom Weltlauf auf den Kopf gestellt. Verhindert die Einrichtung der Gesellschaft, automatisch oder planvoll, durch Kultur- und Bewußtseinsindustrie und durch Meinungsmonopole, die einfachste Kenntnis und Erfahrung der bedrohlichsten Vorgänge und der wesentlichen kritischen Ideen und Theoreme; lähmt sie, weit darüber hinaus, die bloße Fähigkeit, die Welt konkret anders sich vorzustellen, als sie überwältigend denen erscheint, aus denen sie besteht, so wird der fixierte und

23 „Die Philosophen haben die Welt nur verschieden interpretiert; es kömmt darauf an, sie zu verändern." (Marx, Thesen über Feuerbach, MEW Bd. 3, S. 7)

24 Thorsten Veblen, amerikanischer Soziologe (1857–1929)

manipulierte Geisteszustand ebenso zur realen Gewalt, der von Repression, wie einmal deren Gegenteil, der freie Geist, diese beseitigen wollte.

Dagegen suggeriert der Terminus Industriegesellschaft in gewissem Sinn, es gelte das technokratische Moment von Marx, den sie aus der Welt wegbeweisen möchten, unmittelbar in ihr; als folgte das Wesen der Gesellschaft geradenwegs aus dem Stand der Produktivkräfte, unabhängig von deren gesellschaftlichen Bedingungen. Erstaunlich, wie wenig von diesen in der etablierten Soziologie eigentlich die Rede ist, wie wenig sie analysiert werden. Das Beste, das keineswegs das Beste zu sein braucht, wird vergessen, die Totalität, in Hegelscher Sprache der alles durchdringende Äther der Gesellschaft. Der jedoch ist alles andere als ätherisch; vielmehr das ens realissimum[25]. Soweit er abstrakt dünkt, ist seine Abstraktheit nicht Schuld spintisierenden, eigensinnigen und tatsachenfremden Denkens, sondern des Tauschverhältnisses, der objektiven Abstraktion, welcher der gesellschaftliche Lebensprozeß gehorcht. Die Gewalt jenes Abstraktums über die Menschen ist leibhaftiger als die einer jeden einzelnen Institution, die stillschweigend vorweg nach dem Schema sich konstituiert und es den Menschen einbläut. Die Ohnmacht, welche das Individuum angesichts des Ganzen erfährt, ist dafür der drastische Ausdruck. In der Soziologie freilich nehmen gemäß ihrem umfangslogisch klassifikatorischen Wesen die tragenden gesellschaftlichen Verhältnisse, die sozialen Bedingungen der Produktion, weit dünner sich aus als jenes konkret Allgemeine. Sie werden neutralisiert zu Begriffen wie Macht oder soziale Kontrolle. In solchen Kategorien verschwindet der Stachel und damit, möchte man sagen, das eigentlich Soziale an der Gesellschaft, ihre Struktur . . .

Produktivkräfte und Produktionsverhältnisse einfach polar einander zu kontrastieren, stünde indessen am wenigsten einer dialektischen Theorie an. Sie sind ineinander verschränkt, eins enthält das andere in sich. Eben das verleitet dazu, auf die Produktivkräfte blank zu rekurrieren, wo die Produktionsverhältnisse die Vorhand haben. Mehr als je sind die Produktivkräfte durch die Produktionsverhältnisse vermittelt; so vollständig vielleicht, daß diese eben darum als das Wesen erscheinen; sie sind vollends zur zweiten Natur

25 Das Realste

geworden. Sie sind dafür verantwortlich, daß in irrem Widerspruch zum Möglichen die Menschen in großen Teilen der Erde darben müssen. Selbst wo Fülle an Gütern herrscht, ist diese wie unter einem Fluch. Das Bedürfnis, das zum Schein hin tendiert, steckt die Güter mit seinem Scheincharakter an. Objektiv richtige und falsche Bedürfnisse ließen recht wohl sich unterscheiden, so wenig daraus auch irgendwo in der Welt ein Recht auf bürokratische Reglementierung abgeleitet werden dürfte. In den Bedürfnissen steckt zum Guten und Schlechten immer schon die gesamte Gesellschaft; sie mögen für Markterhebungen das Nächste sein, nicht sind sie in der verwalteten Welt an sich das Erste. Über richtiges und falsches Bedürfnis wäre gemäß der Einsicht in die Struktur der Gesamtgesellschaft samt all ihren Vermittlungen zu urteilen. Das Fiktive, das alle Bedürfnisbefriedigung heute verunstaltet, wird unbewußt fraglos wahrgenommen; es trägt wohl zum gegenwärtigen Unbehagen in der Kultur bei. Wichtiger dafür aber als selbst das fast undurchdringliche quid pro quo[26] von Bedürfnis, Befriedigung und Profit- oder Machtinteresse ist die unentwegt fortdauernde Bedrohung des einen Bedürfnisses, von dem alle anderen erst abhängen, des Interesses am einfachen Überleben. Eingeschlossen von einem Horizont, in dem jeden Augenblick die Bombe fallen kann, hat noch das üppigste Angebot an Konsumgütern etwas von Hohn. Die internationalen Antagonismen aber, die zum jetzt erst wahrhaft totalen Krieg hin sich steigern, stehen in flagrantem Zusammenhang mit den Produktionsverhältnissen im wörtlichsten Verstande. Die Drohung der einen Katastrophe wird durch die der anderen hinausgeschoben. Die Produktionsverhältnisse könnten schwerlich ohne die apokalyptische Erschütterung erneuter Wirtschaftskrisen so hartnäckig sich behaupten, würde nicht ein unmäßig großer Teil des Sozialprodukts, der sonst keinen Markt mehr fände, für die Herstellung von Zerstörungsmitteln abgezweigt. In der Sowjetunion trägt trotz der Beseitigung der Marktwirtschaft dasselbe sich zu. Die ökonomischen Gründe dafür sind ersichtlich: das Verlangen nach rascher Produktionssteigerung in dem zurückgebliebenen Land zeitigte diktatorisch straffe Administration. Aus der Entfesselung der Produktivkräfte entsprangen erneut fesselnde Produktionsverhältnisse: Produktion wurde zum Selbstzweck und verhinderte den Zweck, die ungeschmälert realisierte Freiheit. Satanisch wird

26 Verwechslung einer Sache mit einer anderen

unter beiden Systemen der bürgerliche Begriff gesellschaftlich nützlicher Arbeit parodiert, der auf dem Markt, am Profit sich auswies, nie an durchsichtiger Nützlichkeit für die Menschen selbst, oder gar an ihrem Glück. Solche Herrschaft der Produktionsverhältnisse über die Menschen setzt abermals den erreichten Entwicklungsstand der Produktivkräfte voraus. Während beides zu unterscheiden bleibt, bedarf, wer das Verhexte des Zustands irgend begreifen will, zum Verständnis des einen stets des anderen. Die Überproduktion, die auf jene Expansion drängte, durch die das scheinbar subjektive Bedürfnis eingefangen und substituiert worden ist, wird von einem technischen Apparat ausgespien, der soweit sich verselbständigt hat, daß er unterhalb eines gewissen Produktionsvolumens irrational: nämlich unrentabel wurde; sie wird also von den Verhältnissen notwendig gezeitigt. Einzig in der Aussicht auf totale Vernichtung haben die Produktionsverhältnisse nicht die Produktivkräfte gefesselt. Die dirigistischen Methoden aber, mit denen trotz allem die Massen bei der Stange gehalten werden, setzen jene Konzentration und Zentralisation voraus, die nicht nur ihre ökonomische Seite hat, sondern ebenso, wie an den Massenmedien zu zeigen wäre, ihre technologische: daß es möglich wurde, von wenigen Punkten aus das Bewußtsein Ungezählter allein schon durch Auswahl und Präsentation von Nachricht und Kommentar gleichzuschalten.

Die Macht der Produktionsverhältnisse, die nicht umgewälzt wurden, ist größer als je, aber zugleich sind sie, als objektiv anachronistisch, allerorten erkrankt, beschädigt, durchlöchert. Sie funktionieren nicht mehr selbsttätig. Der wirtschaftliche Interventionismus ist nicht, wie die ältere liberale Schule meint, systemfremd aufgepropft, sondern systemimmanent, Inbegriff von Selbstverteidigung; nichts könnte den Begriff von Dialektik schlagender erläutern. Analog wurde einst von der Hegelschen Rechtsphilosophie, in der bürgerliche Ideologie und Dialektik der bürgerlichen Gesellschaft so tief ineinander sind, der von außen, angeblich jenseits des gesellschaftlichen Kräftespiels intervenierende, die Antagonismen mit polizeilicher Hilfe mildernde Staat von der immanenten Dialektik der Gesellschaft selbst herbeizitiert, die sonst, Hegel zufolge, sich desintegrierte. Die Invasion des nicht Systemimmanenten ist zugleich auch ein Stück immanenter Dialektik, so wie am entgegengesetzten Pol Marx die Umwälzung der Produktionsverhältnisse als ein vom Gang der Geschichte Erzwungenes und dennoch als ein nur durch eine von der Geschlossenheit des Systems qualitativ verschiedene Aktion Herbeizuführendes dachte. Wird aber, auf Grund von Interventionismus und längst, weit darüber hinaus, von Großplanung argumentiert, der Spätkapitalismus sei der Anarchie der Warenproduktion entrückt und darum kein Kapitalismus mehr, so ist zu erwidern, daß das gesellschaftliche Schicksal des Einzelnen für diesen so zufällig ist wie nur je. Das Kapitalismusmodell selbst hat nie so rein gegolten, wie die liberale Apologie es unterstellt. Es war bereits bei Marx Ideologiekritik, sollte dartun, wie wenig der Begriff, den die bürgerliche Gesellschaft von sich selbst hegte, mit der Realität sich deckte. Nicht enträt es der Ironie, daß gerade dies kritische Motiv: daß der Liberalismus in seinen besten Zeiten keiner war, heute umfunktioniert wird zugunsten der These, der Kapitalismus sei eigentlich keiner mehr. Auch das indiziert einen Umschlag. Was von je an der bürgerlichen Gesellschaft gegenüber der ratio des freien und gerechten Tauschs, und zwar infolge von seinen eigenen Implikationen, irrational: unfrei und ungerecht war, hat derart sich gesteigert, daß ihr Modell zerbröckelt. Eben das wird dann von dem Zustand, dessen Integration zum Deckbild von Desintegration sich wandelte, als Aktivposten verbucht. Das Systemfremde enthüllt sich als Konstituens des Systems, bis in die politische Tendenz hinein. Im Interventionismus hat die Resistenzkraft des Systems, indirekt aber auch die Zusammenbruchstheorie, sich bestätigt, der Übergang zu Herrschaft unabhängig vom Marktmechanismus ist sein Telos. Das Wort von der formierten Gesellschaft hat das unvorsichtig ausgeplaudert. Solche Rückbildung des liberalen Kapitalismus hat ihr Korrelat an der Rückbildung des Bewußtseins, einer Regression der Menschen hinter die objektive Möglichkeit, die ihnen heute offen wäre. Die Menschen büßen die Eigenschaften ein, die sie nicht mehr brauchen und die sie nur behindern; der Kern von Individuation beginnt zu zerfallen. Erst in jüngster Zeit werden die Spuren einer Gegentendenz gerade in verschiedensten Gruppen der Jugend sichtbar: Widerstand gegen blinde Anpassung, Freiheit zu rational gewählten Zielen, Ekel vor der Welt als Schwindel und Vorstellung, Eingedenken der Möglichkeit von Veränderung. Ob demgegenüber der gesellschaftlich sich steigernde Destruktionstrieb doch triumphiert, wird sich weisen. Subjektive Regression begünstigt wiederum die Rückbildung des Systems. Weil es, um einen

Ausdruck von Merton[27] anders als an Ort und Stelle anzuwenden, dysfunktional ward, hat das Bewußtsein der Massen dem System dadurch sich gleichgemacht, daß es zunehmend jener Rationalität des festen, identischen Ichs sich entäußerte, die noch im Begriff einer funktionalen Gesellschaft impliziert war.

Daß Produktivkräfte und Produktionsverhältnisse heute eines seien und man deshalb die Gesellschaft umstandslos von den Produktivkräften her konstruieren könne, ist die aktuelle Gestalt gesellschaftlich notwendigen Scheins. Gesellschaftlich notwendig ist er, weil tatsächlich früher voneinander getrennte Momente des gesellschaftlichen Prozesses, die lebenden Menschen inbegriffen, auf eine Art Generalnenner gebracht werden. Materielle Produktion, Verteilung, Konsum werden gemeinsam verwaltet. Ihre Grenzen, die einmal innerhalb des Gesamtprozesses dessen aufeinander bezogene Sphären doch auch voneinander schieden, und dadurch das qualitativ Verschiedene achteten, verfließen. Alles ist Eins. Die Totalität der Vermittlungsprozesse, in Wahrheit des Tauschprinzips, produziert zweite trügerische Unmittelbarkeit. Sie erlaubt es, womöglich das Trennende und Antagonistische wider den eigenen Augenschein zu vergessen oder aus dem Bewußtsein zu verdrängen. Schein aber ist dies Bewußtsein von der Gesellschaft, weil es zwar der technologischen und organisatorischen Vereinheitlichung Rechnung trägt, davon jedoch absieht, daß diese Vereinheitlichung nicht wahrhaft rational ist, sondern blinder, irrationaler Gesetzmäßigkeit untergeordnet bleibt. Kein gesellschaftliches Gesamtsubjekt existiert. Der Schein wäre auf die Formel zu bringen, daß alles gesellschaftlich Daseiende heute so vollständig in sich vermittelt ist, daß eben das Moment der Vermittlung durch seine Totalität verstellt wird. Kein Standort außerhalb des Getriebes läßt sich mehr beziehen, von dem aus der Spuk mit Namen zu nennen wäre; nur an seiner eigenen Unstimmigkeit ist der Hebel anzusetzen. Das meinten Horkheimer und ich[28] vor Jahrzehnten mit dem Begriff des technologischen Schleiers. Die falsche Identität zwischen der Ein-

27 Robert K. Merton (geb. 1910), amerikanischer Soziologe, steht dem Funktionalismus nahe (vgl. Anm. 3 zu Luhmann)

28 Max Horkheimer (1895–1973) und Adorno, die bedeutendsten Vertreter der „Kritischen Theorie", arbeiteten sehr eng zusammen. Gemeinsam geschriebene Veröffentlichung: Dialektik der Aufklärung, Amsterdam 1947, Frankfurt a. M. 1969

richtung der Welt und ihren Bewohnern durch die totale Expansion der Technik läuft auf die Bestätigung der Produktionsverhältnisse hinaus, nach deren Nutznießern man mittlerweile fast ebenso vergeblich forscht, wie die Proletarier unsichtbar geworden sind. Die Verselbständigung des Systems gegenüber allen, auch den Verfügenden, hat einen Grenzwert erreicht. Sie ist zu jener Fatalität geworden, die in der allgegenwärtigen, nach Freuds Wort, frei flutenden Angst ihren Ausdruck findet; frei flutend, weil sie an keine Lebendigen, an Personen nicht und nicht an Klassen, länger sich zu heften vermag. Verselbständigt aber haben sich am Ende doch nur die unter den Produktionsverhältnissen vergrabenen Beziehungen zwischen Menschen. Deshalb bleibt die übermächtige Ordnung der Dinge zugleich ihre eigene Ideologie, virtuell ohnmächtig. So undurchdringlich der Bann, er ist nur Bann. Soll Soziologie, anstatt bloß Agenturen und Interessen willkommene Informationen zu liefern, etwas von dem erfüllen, um dessentwillen sie einmal konzipiert ward, so ist es an ihr, mit Mitteln, die nicht selber dem universalen Fetischcharakter erliegen, das Ihre, sei's noch so Bescheidene, beizutragen, daß der Bann sich löse.

Jürgen Habermas
Legitimationsprobleme im modernen Staat[1]

Die sozialwissenschaftliche Behandlung von Legitimationsprozessen bewegt sich heute auch bei marxistischen Theoretikern im „Bannkreis Max Webers". Die Legitimität einer Herrschaftsordnung bemißt sich am Legitimitäts*glauben* der Herrschaftsunterworfenen. Dabei handelt es sich um den „Glauben, daß Strukturen, Verfahrensweisen, Handlungen, Entscheidungen, Politiken, Beamte oder politische Führer eines Staates die Qualität der Richtigkeit, der Angemessenheit, des moralisch Guten besitzen und wegen dieser Qualität anerkannt werden sollten". Für die Systemtheorie (Parsons, Easton, Luhmann) stellt sich die Frage, mit Hilfe welcher Mechanismen ein hinreichendes Maß an Legitimation beschafft oder durch welche funktionalen Äquivalente fehlende Legitimation ersetzt werden kann. Lerntheoretiker bringen die Frage nach den sozialpsychologischen Bedingungen, unter denen ein Legitimitätsglaube entsteht, in einer Theorie der Gehorsamsmotivation unter. Die empiristische Vertauschung der Legitimität mit dem, was man dafür hält, erlaubt also sinnvolle soziologische Untersuchungen (über deren Wert der Erfolg der system- und verhaltenstheoretischen Ansätze insgesamt entscheiden wird) . . .
Legitimität bedeutet, daß der mit einer politischen Ordnung verbundene Anspruch, als richtig und gerecht anerkannt zu werden, gute Argumente für sich hat; eine legitime Ordnung verdient Anerkennung. *Legitimität bedeutet die Anerkennungswürdigkeit einer politischen Ordnung.* Mit dieser Definition wird hervorgehoben, daß Legitimität ein bestreitbarer Geltungsanspruch ist, von dessen (mindestens) faktischer Anerkennung die Stabilität der Herrschaftsordnung (auch) abhängt. Sowohl historisch wie analytisch findet daher der Begriff vor allem Anwendung für Situationen, in denen die Legitimität einer Ordnung strittig wird und Legitimationsprobleme auftreten.
Die einen bestreiten, die anderen behaupten die Legitimität. Das ist ein *Vorgang* – Talleyrand bemüht sich um die *Legitimierung* des Hauses Bourbon. Vorgänge dieser Art werden im modernen Ver-

---

1 In: Merkur 332 (Januar 1976), S. 37–56 (gekürzt), (Copyright Suhrkamp, Frankfurt)

fassungsstaat (mit der Institutionalisierung einer Opposition) entdramatisiert, d. h. entschärft und normalisiert. Deshalb ist es realistisch, heute von Legitimation als einem Dauerproblem zu sprechen. Natürlich entbrennen in diesem Rahmen Legitimationskonflikte auch nur über Grundsatzfragen (wie beispielsweise 1864 über das Budgetrecht des preußischen Landtages). Solche Konflikte können zu einem vorübergehenden Legitimationsentzug führen; und dieser kann unter Umständen für ein Regime bestandskritische Folgen haben. Wenn der Ausgang solcher Legitimationskrisen mit einer Veränderung von Basisinstitutionen nicht nur des Staates, sondern der Gesellschaft im ganzen verbunden ist, sprechen wir von Revolutionen. (Es trägt nicht gerade zu einer Klärung bei, wenn man die Reformation oder die Einführung des mechanischen Webstuhls oder den Deutschen Idealismus Revolutionen nennt und so den Ausdruck inflationiert.)

Weniger trivial ist der *Anwendungsbereich* des Legitimationsbegriffs. Nur politische Ordnungen können Legitimität haben und verlieren, nur sie brauchen Legitimation. Multinationale Korporationen oder der Weltmarkt sind nicht legitimationsfähig. Das gilt auch für vorstaatliche, sogenannte primitive Gesellschaften, die nach Verwandtschaftsbeziehungen organisiert sind. Gewiß, in diesen Gesellschaften gibt es Mythen, die die Natur- und Gesellschaftsordnung interpretieren. Sie legen die Zugehörigkeit zum Stammesverband (und dessen Grenzen) fest und sichern so eine kollektive Identität. Hier haben mythische Weltbilder für die gesellschaftlichen Normen eher eine konstituierende als eine im nachhinein legitimierende Bedeutung*.

Von Legitimität sprechen wir erst bei politischen Ordnungen. Politische Herrschaft hat sich geschichtlich um die Funktion eines königlichen Richteramtes, um den Kern einer Konfliktregelung auf der Grundlage anerkannter Rechtsnormen (und nicht mehr nur kraft Schiedsgewalt) herum kristallisiert. Rechtsprechung auf diesem Niveau begründet eine Position, die ihre Autorität der Ver-

* Legitimierende Kraft hat in gewisser Weise das Verwandtschaftssystem selber; welche Ansprüche jemand stellen darf, darüber entscheidet der Status der Familie, der er angehört. Der römisch-rechtliche Begriff des „legitimen Erben“ transponiert diese Bedeutung ins Zivilrecht. Legitimation im Sinne einer privaten Berechtigung setzt jedoch legitime Ordnung schon voraus.

fügung über die Sanktionsgewalt eines Rechtssystems verdankt, und nicht mehr allein einem Verwandtschaftsstatus (und der Vermittlerrolle eines Schiedsrichters). Die legitime Macht des Richters kann zum Kern eines Herrschaftssystems werden, an das die Gesellschaft die Funktion abgibt, einzuspringen, wenn die Integrität der Gesellschaft gefährdet ist. Der Staat stellt zwar die kollektive Identität der Gesellschaft nicht selber her; noch kann er die gesellschaftliche Integration über Werte und Normen, die ihm ja nicht zur Disposition stehen, selbst vollziehen. Aber indem der Staat die Garantie übernimmt, soziale Desintegration über bindende Entscheidungen zu *verhindern,* wird mit der Ausübung staatlicher Gewalt der Anspruch verknüpft, die Gesellschaft in ihrer jeweils normativ bestimmten Identität zu erhalten. Daran bemißt sich dann die Legitimität der staatlichen Gewalt; und als legitim muß sie anerkannt werden, wenn sie dauern soll (mit Säbeln kann man vieles anstellen, meint schon Talleyrand auf dem Wiener Kongreß, man kann nur nicht darauf sitzen).

In neueren Theorien der politischen Entwicklung, die die Entstehung des modernen Staates erklären sollen, werden Identitätssicherung, Legitimationsbeschaffung und soziale Integration als allgemeine Systemprobleme aufgezählt. Die systemtheoretische Umformulierung dieser Begriffe verdeckt freilich den Zusammenhang, der für politische Herrschaft konstitutiv ist. Das politische Teilsystem übernimmt die Aufgabe, die Gesellschaft vor Desintegration zu schützen, aber es kann nicht frei über die Kapazitäten gesellschaftlicher Integration oder über die Definitionsgewalt verfügen, kraft deren die Identität der Gesellschaft, die es zu erhalten gilt, festgeschrieben wird. Auf der evolutionären Stufe staatlich organisierter Gesellschaften sind verschiedene Identitätsformen ausgeprägt worden: das Imperium, die Stadtgemeinde, der Nationalstaat. Diese sind zwar nur mit bestimmten Typen politischer Herrschaft vereinbar, aber sie fallen nicht mit ihnen zusammen. Ein Weltreich, eine Polis, eine mittelalterliche Kommune, eine Nation bringen den Zusammenhang verschiedener politischer Ordnungen mit jeweils einer Lebensform (Ethos) zum Ausdruck. Mit Recht behandelt daher die Modernisierungsforschung *state-building* und *nation-building* als zwei verschiedene, wenn auch interdependente Vorgänge.

Die Einschränkung der Legitimationskategorie auf staatlich organisierte Gesellschaften ist nicht trivial. Diese begriffliche Festlegung hat empirische Implikationen, von denen ich einige erwähnen möchte:

a) Wenn wir legitime Macht mit politischer Herrschaft gleichsetzen, müssen wir u.a. behaupten, daß es keinem politischen System gelingen kann, Massenloyalität, d. h. die Folgebereitschaft der Mitglieder hinreichend zu sichern, ohne auf Legitimationen zurückzugreifen. In der verzweigten Diskussion über Max Webers Typus einer legalen Herrschaft, die sich allein durch technische *Verfahren* „legitimieren" soll, kommen nur Carl Schmitt[2] und Niklas Luhmann der These nahe, daß im modernen Staat legal zustande gekommene Entscheidungen sozusagen motivlos akzeptiert werden. Auf einer etwas anderen Ebene liegt die These, daß die über Werte und Normen vollzogene, durch staatliche Autorität geschützte Sozialintegration grundsätzlich durch Systemintegration, d. h. durch die latenten Funktionen von nicht-normativen Gesellschaftsstrukturen (oder Mechanismen) ersetzt werden kann. Dem entspricht die Behauptung, daß Systemleistungen Legitimitätsvorstellungen überflüssig machen können, daß also die neutral *beobachtbare* Effizienz des Staatsapparats oder des Wirtschaftssystems (und nicht nur die von den Beteiligten wahrgenommene und bewertete Effizienz) legitimationswirksam ist. Diese Behauptungen sind mit der vorgeschlagenen Verwendung des Legitimationsbegriffs unvereinbar.

b) Weiterhin sind, nach diesem Sprachgebrauch, Legitimitätsprobleme keine neuzeitliche Spezialität. Die Formeln vom *legitimum imperium* oder vom *legitimum dominium* sind in Rom und im europäischen Mittelalter verbreitet. Die politischen Theorien befassen sich der Sache nach mit Aufstieg und Verfall legitimer Herrschaft – in Europa spätestens seit Aristoteles, wenn nicht seit Solon. Und Legitimitätskonflikte selbst lassen sich für alle älteren Hochkulturen nachweisen, sogar für archaische Gesellschaften, wenn diese im Zuge der Kolonialisierung mit Eroberern aus staatlich organisierten Gesellschaften zusammenprallen. Legitimitätskonflikte nehmen in traditionalen Gesellschaften typischerweise

---

2 Carl Schmitt (geb. 1888), Rechts- und Staatstheoretiker, Gegner der (Weimarer) parlamentarischen Demokratie; Einfluß auf die nationalsozialistische Staatslehre.

die Gestalt von prophetischen und messianischen Bewegungen an. Diese wenden sich jeweils gegen die offizielle Version einer religiösen Lehre, die den Staat oder eine Priesterherrschaft, die Kirche oder eine Kolonialherrschaft legitimieren; dabei appellieren die Aufständischen an den ursprünglichen religiösen Gehalt der Lehre. Beispiele sind die Prophetenbewegungen in Israel, die Verbreitung des Urchristentums im römischen Reich, die häretischen Bewegungen des Mittelalters bis hin zu den Bauernkriegen, aber auch die messianischen, millenarischen[3] Bewegungen unter den Eingeborenen, die den Kolonialherren die eigene Religion entwenden, um sie legitimationskritisch gegen sie zu wenden. V. Lanternari zitiert das enthüllende Wort eines Zulupropheten: „Zuerst hatten wir das Land und Ihr die Bibel; jetzt habt Ihr das Land, und uns ist die Bibel geblieben."* Ich verstehe nicht, wie man angesichts dieser weltweiten Phänomene darauf beharren kann, Legitimationsprobleme für die bürgerliche Gesellschaft und den modernen Staat zu reservieren.

c) Erst recht finde ich es unverständlich, daß Legitimationsprobleme, wie Hennis behauptet, nichts mit Klassenkonflikten zu tun haben sollen. Mit der Ausdifferenzierung eines politischen Steuerungszentrums ist die Möglichkeit entstanden, den Zugang zu den Produktionsmitteln und die Aneignung des gesellschaftlich produzierten Reichtums vom Verwandtschaftssystem abzukoppeln und nach Herrschaftsbeziehungen zu reorganisieren. Diese strukturelle Möglichkeit ist auch in allen Hochkulturen genützt worden. Damit ist eine Klassenstruktur entstanden, die gewiß noch nicht *als* sozioökonomische Klassengliederung, aber doch als Privilegienstruktur von Ständen, Kasten, Schichten usw. in Erscheinung getreten ist. Alle Anzeichen sprechen dafür, daß die Stratifikation, die Ausbeutung, die face to face ausgeübte soziale Gewalt in den alten Imperien einen hohen Stand erreicht haben. Man braucht nur die Geschichte des Strafvollzugs zu studieren, um zu sehen, daß in diese traditionalen Gesellschaften strukturelle Konflikte eingebaut

* V. Lanternari: *„Religiöse Freiheits- und Heilsbewegungen unterdrückter Völker"*, Luchterhand 1969.

3 Millennarismus, im englischen Sprachgebrauch für Chiliasmus (vgl. Anm. 5 zu Kant, S. 150)

sind, die immer wieder in Legitimationskrisen durchschlagen müssen. Man lese nur Rostovtzeffs Kapitel über die Gracchen und die Anfänge der politischen und sozialen Umwälzungen in Rom**. Im europäischen Mittelalter sind Revolten von Bauern, Gesellen, Stadtgemeinden weit verbreitet; viele überschreiten die legitimationskritischen Schwellen nicht; das geschieht aber häufig dann, wenn sie sich mit häretischen Bewegungen verbinden. Beispiele sind etwa die Brüder und Schwestern vom Heiligen Geist, eine pantheistische Sekte, die sich um 1300 an beiden Seiten des Niederrheins entfaltete, oder das Wirken radikaler Franziskaner in oberitalienischen Städten des 14. Jahrhunderts. Die Bauernkriege sind nur das letzte bedeutende Glied in einer langen Kette von häretisch begründeten und sozial motivierten Aufstandsbewegungen. Über den Klassenhintergrund der bürgerlichen Revolutionen schließlich möchte ich kein weiteres Wort verlieren.

Daß den verschiedenen Erscheinungen der Delegitimation Klassenauseinandersetzungen zugrunde liegen, ist nicht weiter erstaunlich; denn staatliche Organisation der Gesellschaft ist die wichtigste Bedingung einer Klassenstruktur im Marxschen Sinne. Natürlich werden Legitimitätskonflikte in der Regel nicht *in terms* von ökonomischen Konflikten ausgetragen, sondern auf der Ebene der legitimierenden Doktrinen. Sie müssen sich auf die Definitionen kollektiver Identität beziehen; und diese wiederum können sich nur auf einheitsstiftende, konsensverbürgende Strukturen wie Sprache, ethnische Zugehörigkeit, Tradition – oder eben Vernunft stützen. (Die einzige mir bekannte Ausnahme ist die kommunistische Partei, die zeitweise die Identität der Arbeiterbewegung bestimmt hat; aber auch sie ist nur vordergründig eine dissensstiftende Struktur:

** Die Gesetzesvorschläge: Bodenreform, Verkürzung der militärischen Dienstzeit, Bürgerrecht für die Verbündeten beleuchten den Hintergrund der Klassenauseinandersetzungen zwischen adeligen Latifundienbesitzern und Bauern. Der Versuch, eine Demokratie nach griechischem Vorbild aufzurichten, möglichst viele Angelegenheiten der Zuständigkeit des Senats zu entziehen und der Volksversammlung zu übertragen, die Zusammensetzung der aus Senatoren bestehenden Gerichtshöfe zu ändern, zeigt, daß es sich um einen Legitimitätskonflikt handelt. Daß Octavius verfassungswidrig aus seinem Tribunenamt entfernt wird, daß sich Tiberius widerrechtlich zum zweiten Mal als Kandidat aufstellen läßt, daß der Senat den auf offener Straße begangenen Mord an Tiberius strafrechtlich nicht verfolgt – alles dies spricht für einen tiefgreifenden Legitimitätsverfall der bestehenden Ordnung.

Ziel der von der kommunistischen Partei geführten Bewegung soll es ja sein, diese selbst als Partei überflüssig zu machen.)

Um die Begriffsanalyse kurz zusammenzufassen:

Unter *Legitimität* verstehe ich die Anerkennungswürdigkeit einer politischen Ordnung. Der *Legitimitätsanspruch* bezieht sich auf die sozialintegrative Wahrung einer normativ bestimmten Identität der Gesellschaft. *Legitimationen* dienen dazu, diesen Anspruch einzulösen, d. h. zu zeigen, wie und warum bestehende (oder empfohlene) Institutionen geeignet sind, politische Macht so einzusetzen, daß die für die Identität der Gesellschaft konstitutiven Werte verwirklicht werden. Ob Legitimationen überzeugen, ob sie geglaubt werden, hängt gewiß von empirischen Motiven ab; aber diese Motive bilden sich nicht unabhängig von der formal zu analysierenden Rechtfertigungskraft der Legitimationen selber, wir können auch sagen: vom Legitimationspotential oder von den *Gründen,* die mobilisiert werden können. Was als Grund akzeptiert wird und konsenserzielende, damit motivbildende Kraft hat, hängt vom jeweils geforderten *Niveau der Rechtfertigung* ab. Da ich den Legitimationsbegriff rekonstruktiv[4] verwenden möchte, will ich auf diese interne Struktur von Rechtfertigungen kurz eingehen.

Peter von Kielmansegg hat die Weberschen Legitimitätstypen einleuchtend kritisiert und vorgeschlagen, Traditionalismus und Charisma als Zustände zu verstehen, die jede legitime Ordnung annehmen kann. Wir wollen diese Aspekte der Herstellung und der Erhaltung legitimer Macht von den Ausprägungen legitimer Macht, den Typen der Herrschaft unterscheiden. Hier wiederum können wir die *legitimierenden Gründe* von den *Institutionalisierungen der Herrschaft* trennen.

Die historisch bekannten Rechtfertigungsniveaus kann ich freilich nicht nach ihren formalen Eigenschaften charakterisieren (wie es nötig wäre), sondern nur mit wenigen Hinweisen illustrieren. In den frühen Hochkulturen haben sich herrschende Familien mit Hilfe von Ursprungsmythen gerechtfertigt. So haben sich die Pharaonen zunächst selbst als Götter, z. B. als Gott Horus, Sohn der Osiris, dargestellt. Auf dieser Ebene genügen narrative Gründe, nämlich mythische Erzählungen. Mit der imperialen Entfaltung der alten Hochkulturen wächst der Legitimations*bedarf;* nicht mehr allein

4 Rekonstruktion: rationale Nachkonstruktion der Entstehung von kognitiven und normativen Fähigkeiten der Gattung Mensch

die Person des Herrschers muß gerechtfertigt werden, sondern eine politische Ordnung (gegen die sich der Herrscher vergehen kann). Dazu dienen die kosmologisch begründeten Ethiken, die Hochreligionen und Philosophien, die auf die großen Stifter: Konfuzius, Buddha, Sokrates, auf die israelischen Propheten und Jesus zurückgehen. Diese rationalisierten Weltbilder nehmen die Form lehrbaren Wissens an. Argumente treten an die Stelle von Erzählungen. Es gibt freilich letzte Gründe, einheitsstiftende Prinzipien, die die Welt im ganzen (Natur- und Menschenwelt) erklären. Auf dieser Stufe steht auch die ontologische Denktradition. In der Neuzeit schließlich, zumal seit Entstehung der modernen Wissenschaft, lernt man, theoretische Argumentationen strenger von praktischen zu unterscheiden. Der Status letzter Gründe wird problematisch. Das klassische Naturrecht[5] wird rekonstruiert; die neuen Naturrechtstheorien, die den entstehenden modernen Staat legitimieren, erheben unabhängig von Kosmologien, Religionen oder Ontologien Anspruch auf Geltung.

Diese Entwicklung führt bei Rousseau und Kant zu der Konsequenz, daß in praktischen Fragen, in Fragen der Rechtfertigung von Normen und Handlungen, an die Stelle inhaltlicher Prinzipien (wie Natur oder Gott) das formale Prinzip der Vernunft tritt. Hier *stützen* sich Rechtfertigungen nicht nur auf Argumente – das war auch im Rahmen der philosophisch geprägten Weltbilder der Fall. Jetzt, da letzte Gründe theoretisch nicht mehr plausibel gemacht werden können, *erhalten die formalen Bedingungen der Rechtfertigung selber legitimierende Kraft.* Die Prozeduren und Voraussetzungen vernünftiger Einigung werden selber zum Prinzip. In den Vertragstheorien von Hobbes und Locke bis John Rawls* hat die Fiktion des Naturzustandes oder einer *original position*[6] auch den Sinn, die Bedingungen zu spezifizieren, unter denen eine Vereinbarung das gemeinsame Interesse aller Beteiligten ausdrücken wird – und insofern als vernünftig gelten darf. In den transzendental

* John Rawls: A Theory of Justice. Oxford 1972, deutsch Suhrkamp 1975

5 Gedacht ist besonders an Aristoteles und Thomas von Aquin
6 Als original position (ursprüngliche Situation) faßt John Rawls (geb. 1921) die Bedingungen und Regeln der Wahlsituation zusammen, in der jeder aus alternativen Möglichkeiten die für ihn besten auswählen soll.

gewendeten Theorien von Kant bis Karl Otto Apel[7] werden diese Bedingungen als allgemeine und unvermeidliche Präsuppositionen der vernünftigen Willensbildung sei's in ein Subjekt überhaupt oder in eine ideale Kommunikationsgemeinschaft verlegt. In beiden Traditionen sind es formale Bedingungen möglicher Konsensbildung, die anstelle letzter Gründe legitimierende Kraft erhalten.
Mit Niveaus der Rechtfertigung meine ich also formale Bedingungen der Akzeptabilität von Gründen, welche den Legitimationen Wirksamkeit, ihre konsenserzielende und motivbildende Kraft verleihen. Diese Niveaus lassen sich hierarchisch anordnen. Die Legitimationen einer überwundenen Stufe, gleichviel wie sie inhaltlich aussehen, werden mit dem Übergang zum nächsthöheren Niveau entwertet: nicht dieser oder jener Grund, *die Art* der Gründe ist es, die dann nicht mehr überzeugt. Eine solche Entwertung von Legitimationspotentialen ganzer Überlieferungsmassen ist in den Hochkulturen bei der Ablösung vom mythischen Denken, in der Moderne bei der Ablösung von kosmologischen, religiösen und ontologischen Denkfiguren eingetreten. Ich vermute, daß die Entwertungsschübe mit sozialrevolutionären Übergängen zu neuen Lernniveaus zusammenhängen – Lernniveaus, die Bedingungen der Möglichkeit von Lernprozessen festlegen, in der Dimension sowohl des objektivierenden Denkens wie der praktischen Einsicht. Darauf kann ich hier nicht eingehen. Für die Legitimitätsprobleme der Neuzeit ist jedenfalls entscheidend, daß das Niveau der Rechtfertigung reflexiv wird. Die Prozeduren und Voraussetzungen der Rechtfertigung sind nunmehr die legitimierenden Gründe, auf die sich die Geltung von Legitimationen stützt. Die Idee der Vereinbarung, die unter allen, und zwar als Freien und Gleichen zustande kommt, bestimmt den prozeduralen Legitimitätstypus der Neuzeit (der nicht mit Dezisionismus[8] verwechselt werden darf); hingegen war es die Idee des lehrbaren Wissens von einer geordneten Welt, die den klassischen Legitimitätstypus bestimmt hatte. Dem entspricht eine veränderte Stellung der Subjekte. Der Mythos wird in naiver Einstellung für wahr gehalten. Das Ordowissen von Gott,

7 (geb. 1922), Professor für Philosophie in Frankfurt, versucht, z. T. in Übereinstimmung mit Habermas, in seiner Universalpragmatik die Idee der idealen Kommunikationsgemeinschaft aus der Struktur der Sprache und aus der Struktur von Sprechhandlungen (Sprachpragmatik) zu entwickeln.
8 Definition und zur Rehabilitierung: s. Lübbe (in diesem Band S. 283–296)

Kosmos und Menschenwelt ist als die überlieferte Lehre von Weisen oder Propheten kenntlich. Diejenigen, die unter idealisierten Bedingungen Vereinbarungen treffen, haben die Interpretationskompetenz *selbst* in die Hand genommen.

Der *prozedurale Legitimitätstypus* wird zuerst von Rousseau herausgearbeitet. Der Contrat Social, der den Bruch mit dem Naturzustand besiegelt, bedeutet ein neues, das gesellschaftliche Prinzip der Verhaltensregulierung: er zeigt, auf welchem Wege „im Verhalten (der Menschen) an die Stelle des Instinkts die Gerechtigkeit" treten kann. Jene Situation, in der sich jeder einzelne mit allen seinen naturwüchsigen Rechten der Gemeinschaft „total übereignet", faßt die Bedingungen zusammen, unter denen nur solche Regelungen als legitim gelten, die ein gemeinsames Interesse, oder eben: den allgemeinen Willen ausdrücken – „denn wenn jeder sich vollkommen hingibt, ist die Lage für alle die gleiche; und wenn die Lage für alle die gleiche ist, hat keiner ein Interesse daran, sie den anderen beschwerlich zu machen". Rousseau hat allerdings seinen Idealvertrag nicht nur als Definition eines Rechtfertigungsniveaus verstanden; er hat die Einführung eines neuen Legitimationsprinzips mit Vorschlägen zur Institutionalisierung einer gerechten Herrschaft vermischt. Die *volonté générale* soll nicht nur Geltungsgründe explizieren, sondern auch den Ort der Souveränität bezeichnen. Das hat die Demokratiediskussion bis auf den heutigen Tag verwirrt.

Ich denke einmal an die Diskussion über Rätedemokratie. Wenn man genau die politischen Ordnungen Demokratien nennt, die dem prozeduralen Legitimitätstypus genügen, dann können Fragen der Demokratisierung als das behandelt werden, was sie sind: als Organisationsfragen. Dann hängt es nämlich von der konkreten gesellschaftlichen Ausgangssituation, von gegebenen Interessenlagen, von Dispositionsspielräumen, Informationen usw. ab, welche Organisationstypen und welche Mechanismen jeweils geeigneter sind, um prozedural legitime Entscheidungen und Institutionen hervorzubringen. Hier muß man freilich in Prozeßkategorien denken. Ich kann mir nämlich den Versuch, eine Gesellschaft demokratisch einzurichten, nur als selbstkontrollierten Lernvorgang vorstellen. Es geht darum, Einrichtungen zu finden, die die Vermutung begründen können, daß die Basisinstitutionen der Gesellschaft und die politischen Grundentscheidungen die ungezwungene Zustimmung aller Betroffenen finden würden, wenn diese an diskursiver

Willensbildung – als Freie und Gleiche – teilnehmen könnten. Demokratisierung in diesem Sinne kann nicht eine a priori-Präferenz für einen bestimmten Organisationstypus, z. B. für den der sogenannten identitären Demokratie, bedeuten . . .
Heute legitimieren weder vorletzte noch letzte Gründe – wer das behauptet, bewegt sich auf mittelalterlichem Niveau. Heute haben legitimierende Kraft allein Regeln und Kommunikationsvoraussetzungen, die eine unter Freien und Gleichen erzielte Übereinstimmung oder Vereinbarung von einem kontingenten oder erzwungenen Konsens zu unterscheiden erlauben. Ob solche Regeln und Kommunikationsvoraussetzungen eher mit Hilfe von Naturrechtskonstruktionen und Vertragstheorien, ob sie in Begriffen einer Transzendentalphilosophie, einer Sprachpragmatik, oder ob sie gar im Rahmen einer Theorie der Entwicklung des moralischen Bewußtseins *gedeutet* und erklärt werden, ist in unserem Zusammenhang sekundär.

Ich möchte nun (in gebotener Kürze) auf die Legitimationsprobleme eingehen, die mit dem modernen Staat entstehen. Diesen Staat charakterisieren wir durch Merkmale wie Monopolisierung der legitimen Gewalt, zentralisierte und (im Sinne Max Webers) rationale Verwaltung, Territorialität usw. Diese Merkmale umschreiben eine Struktur staatlicher Organisation, die erst sichtbar wird, wenn wir uns aus einer politologischen, auf den Staat fixierten Blickverengung lösen und die Entstehung der kapitalistischen Gesellschaft betrachten. Diese verlangt eine andere staatliche Organisation als die unmittelbar politisch verfaßten Klassengesellschaften der großen Imperien – sei es im alten Ägypten, in China, Indien, Rom oder im europäischen Feudalismus. Lassen Sie mich den inneren vom äußeren Aspekt dieses Vorgangs trennen.
Nach innen läßt sich der moderne Staat als Resultat der Ausdifferenzierung eines Wirtschaftssystems verstehen, das den Produktionsprozeß über den Markt, d. h. dezentralisiert und unpolitisch regelt. Der Staat organisiert die Bedingungen, unter denen die Bürger als konkurrierende und strategisch handelnde Privatleute den Produktionsprozeß tragen. Der Staat selbst produziert nicht, es sei denn subsidiär für Unternehmer, für die bestimmte funktionsnotwendige Investitionen noch nicht oder nicht mehr rentabel sind. Mit anderen Worten: der Staat entwickelt und garantiert das bürgerliche Privatrecht, den Geldmechanismus, bestimmte Infrastrukturen, insgesamt die Bestandsvoraussetzungen eines depolitisierten,

von sittlichen Normen und Gebrauchswertorientierungen freigesetzten Wirtschaftsprozesses. Da der Staat nicht selbst kapitalistisch wirtschaftet, muß er die Ressourcen für seine Ordnungsleistungen aus privaten Einkommen abzweigen. Der moderne Staat ist Steuerstaat (Schumpeter). Aus diesen Bestimmungen ergibt sich eine Konstellation von Staat und bürgerlicher Gesellschaft, um deren Analyse sich die marxistische Staatstheorie immer wieder bemüht hat.

Der moderne Staat gewinnt gegenüber dem Staat des Feudalismus oder der alten Imperien eine größere funktionale Autonomie, und im Rahmen der stärkeren funktionalen Spezifizierung wächst auch die Durchsetzungskraft der modernen Verwaltung gegenüber Bürgern und partikularen Gruppen. Auf der anderen Seite macht aber das Komplementärverhältnis, in das nun der Staat zur Wirtschaft tritt, die ökonomische Beschränkung des staatlichen Dispositionsspielraums erst recht deutlich. „Weil (der Staat) von der kapitalistischen Produktion sowohl ausgeschlossen als auch gleichzeitig abhängig ist . . ., ist er darauf angewiesen, die formalen und (historisch zunehmend) auch die materiellen Bedingungen und Voraussetzungen dafür zu schaffen, daß Produktion und Akkumulation fortgesetzt werden können und daß deren Kontinuität nicht an den sachlichen, zeitlichen und sozialen Instabilitäten scheitert, die der anarchischen Vergesellschaftung des Kapitalprozesses innewohnen."* Auch der vormoderne Staat stand vor der Aufgabe, die Gesellschaft vor Desintegration zu schützen, ohne über die Kapazitäten der gesellschaftlichen Integration frei verfügen zu können; aber der moderne Staat richtet seine Ordnungsleistungen geradezu darauf, ein Teilsystem aus seinem Hoheitsbereich *auszugrenzen,* welches die über Werte und Normen vollzogene Sozialintegration durch eine über Tauschbeziehungen laufende Systemintegration (jedenfalls teilweise) ersetzt.

Nun zum *äußeren Aspekt* der neuen Staatsstruktur. Der moderne Staat entsteht nicht im Singular, sondern als Staatensystem. Dieses bildet sich im Europa des 16. Jahrhunderts, wo die traditionellen Machtstrukturen zerstreut sind und die kulturelle Homogenität ziemlich groß ist, wo weltliches und geistliches Regiment auseinandergetreten sind, wo sich Handelsmetropolen entwickelt haben usw. I. Wallerstein hat gezeigt, daß das moderne Staatensystem

---

* Claus Offe, *Berufsbildungsreform,* Suhrkamp 1975, S. 24 f.

inmitten einer „europäischen Weltökonomie“, d. h. eines Weltmarktes, entsteht, den die europäischen Staaten beherrschen**. Das Machtgefälle zwischen den Zentren und der Peripherie bedeutete aber nicht, daß irgendein einzelner Staat die Macht gewonnen hätte, die weltweiten Austauschbeziehungen zu kontrollieren. Das bedeutet: der moderne Staat bildet sich nicht nur zusammen mit einer inneren, sondern auch mit einer äußeren ökonomischen Umwelt. So erklärt sich auch die eigentümliche Form der Souveränität eines Staates, die durch die Beziehung zur Souveränität anderer Staaten definiert ist. Die Privatautonomie der einzelnen, strategisch handelnden Wirtschaftssubjekte beruht auf einer wechselseitigen Anerkennung, die rechtlich sanktioniert ist und universalistisch geregelt werden kann. Die politische Autonomie der einzelnen strategisch handelnden Staatsgewalten beruht auf einer wechselseitigen Anerkennung, die durch Androhung militärischer Gewalt sanktioniert ist und daher, trotz völkerrechtlicher Einhegung, partikular und naturwüchsig bleibt. Kriege und die Mobilisierung von Ressourcen für den Aufbau von stehenden Armeen und Flotten sind für die Entstehung des modernen Staatensystems, wie es seit dem westfälischen Frieden für fast drei Jahrhunderte bestanden hat, konstitutiv. Der Ausbau der Steuerverwaltung, überhaupt eines zentralen Verwaltungsapparates ist durch diese Imperative mindestens ebenso stark geprägt worden wie unmittelbar durch die Organisationsbedürfnisse der kapitalistischen Wirtschaft.

Wenn man sich diese beiden Aspekte der Staatsstruktur vor Augen hält, wird deutlich, daß der Prozeß der Staatenbildung auf die Form der kollektiven Identität zurückwirken mußte. Die großen *Reiche* waren dadurch charakterisiert, daß sie sich als komplexe Einheiten mit Universalitätsanspruch nach außen, gegen eine territorial unbestimmte barbarische Peripherie nur durch Einverleibung, tributäre Unterwerfung und Assoziation abgrenzen konnten. Die Identität solcher Reiche brauchte im Innern nur im Bewußtsein einer kleinen Elite verankert zu sein, sie konnte mit locker integrierten anderen Identitäten vorstaatlicher, archaischer Herkunft koexistieren. Die Entstehung von *Nationen* zeigt, wie diese Art von kollektiver Identität unter dem Druck der modernen Staatsstruktur umgeformt worden ist. Die Nation ist eine (noch nicht hinreichend

** I. Wallenstein, *The modern World-System*, New York 1974

analysierte) Bewußtseinsstruktur, die mindestens zwei Imperativen genügt. Sie macht erstens die formal egalitären Strukturen des bürgerlichen Privatrechts (und später der politischen Demokratie) im Innern mit den partikularistischen Strukturen der Selbstbehauptung souveräner Staaten nach außen subjektiv vereinbar; und sie erlaubt zweitens einen hohen Grad der gesellschaftlichen Mobilisierung der Bevölkerung (denn am nationalen Bewußtsein haben alle teil). Die Französische Revolution bietet auch hier den Modellfall: die Nation entsteht zusammen mit dem bürgerlichen Verfassungsstaat und der allgemeinen Wehrpflicht.
Ich habe an Strukturen der *Staatenbildung* und der *Nationwerdung* erinnert, weil sie helfen können, die Legitimationsthematiken, welche die Formierung des bürgerlichen Staates begleitet haben, zu entschlüsseln. Wenn man sich einfachheitshalber an die staatstheoretischen Auseinandersetzungen hält, lassen sich sehr grob fünf Komplexe unterscheiden. Diese thematischen Schichten erstrecken sich durch Jahrhunderte. Die ersten beiden spiegeln die Konstituierung des neuen Rechtfertigungsniveaus, die drei anderen spiegeln die Strukturen des modernen Staates und der Nation.

1. *Säkularisierung.* Mit der funktionalen Spezifizierung der Aufgaben von öffentlicher Verwaltung und Regierung bildet sich ein Begriff des Politischen heraus, der nach politikimmanenter Rechtfertigung verlangt. Daher wird die Abkoppelung der Legitimation staatlicher Gewalt von religiösen Überlieferungen zu einem Streitpunkt ersten Ranges. Soweit ich sehen kann, ist Marsilius von Padua einer der ersten, wenn nicht der erste, der in seiner Schrift „Defensor pacis“ (1324), an Aristoteles anknüpfend, die Theorie der *translatio imperii*[9] und damit jede theologische Rechtfertigung kritisiert. Dieser Streit reicht bis ins 19. Jahrhundert, wo konservative Theoretiker wie de Bonald und de Maistre die Traditionsgewalten von Kirche, Monarchie und ständischer Gesellschaft noch einmal religiös zu begründen versuchen.

2. *Vernunftrecht.* Die große Auseinandersetzung des rationalen mit dem klassischen Naturrecht, das auch noch bis ins 19. Jahrhundert hineinwirkte, konzentriert sich auf die Herausarbeitung eines prozeduralen Legitimitätstyps. Von Hobbes bis Rousseau und Kant werden die tragenden Ideen der vernünftigen Vereinbarung

---

9 Übertragung der Herrschaftsbefugnisse von Gott

und der Selbstbestimmung so weit expliziert, daß die Fragen von Gerechtigkeit und Gemeinwohl aller ontologischen Konnotationen entkleidet und in die Zuständigkeit praktischer Vernunft verwiesen werden können. Implizit geht dieser Streit um die Entwertung eines weltbildabhängigen Legitimationsniveaus.

3. *Abstraktes Recht und kapitalistischer Warenverkehr.* Das rationale Naturrecht hat freilich nicht nur eine formale Seite, sondern auch eine inhaltliche. Von Hobbes und Locke, über die schottischen Moralphilosophen (D. Hume, A. Smith, J. Miller), die französischen Aufklärungsphilosophen (Helvetius, d'Holbach), die klassische Politische Ökonomie bis zu Hegel entsteht eine Theorie der bürgerlichen Gesellschaft, die das bürgerliche Privatrechtssystem, Grundfreiheiten des Staatsbürgers und den kapitalistischen Wirtschaftsprozeß als eine Freiheit garantierende und Wohlfahrt maximierende Ordnung erklärt. Auf dem neuen Niveau der Rechtfertigung läßt sich nur noch eine universalistisch organisierte Staats- und Gesellschaftsordnung verteidigen. Der Streit mit den Traditionalisten geht um den historischen Preis, den die bürgerlichen Ideale fordern, um das Recht des Partikularen, die Grenzen der Rationalität, von heute aus gesehen: um die „Dialektik der Aufklärung" [10].

4. *Souveränität.* Die Durchsetzung der monarchischen Souveränität nach innen und außen entfacht einen Streit, der zunächst nach Fronten des Konfessionskrieges geführt wird – siehe die Publizistik der protestantischen Monarchomachen [11] nach der Bartholomäusnacht 1572. Von Bodin bis Hobbes wird die Souveränitätsfrage dann im Sinne des Absolutismus entschieden. Im Laufe des 18. Jahrhunderts versucht man, Fürstensouveränität in Volkssouveränität umzudenken, damit die äußere Souveränität des Staates mit der politischen Demokratie vereinigt werden kann. Volkssouveränität ist freilich ein diffuser Kampfbegriff, der in den Verfassungsdebatten des 19. Jahrhunderts auseinandergefaltet wird. In ihm laufen verschiedene gedankliche Motive zusammen: Die souveräne

10 Titel eines Werkes von Th. W. Adorno und M. Horkheimer. Der Begriff bezeichnet die Auffassung, daß fortschreitende Aufklärung selbst die Kräfte hervorbringt, die sie bedrohen.

11 Bezeichnung für eine Gruppe französischer, schottischer und spanischer Schriftsteller, Ende des 16. Jahrhunderts, die die absolute Monarchie bekämpften und für die Volkssouveränitat eintraten.

Staatsgewalt erscheint als Ausdruck sowohl eines neuen Legitimitätsprinzips wie der Herrschaft des dritten Standes wie auch der nationalen Identität.

5. *Nation.* Dieser letzte Komplex nimmt insofern eine Sonderstellung ein, weil sich das nationale Bewußtsein in reich differenzierten Kulturen, vielfach auf der Grundlage einer gemeinsamen Sprache unauffällig entwickelt hat, bevor es in Unabhängigkeitsbewegungen dramatisiert wird. Ein kontroverses Thema wird die nationale Identität eigentlich nur dort, wo sich die Modernisierungsprozesse, wie in den Nachfolgestaaten des 1804 aufgelösten Reiches, verzögern, also im 19. Jahrhundert. Ja, ein Nationalismus, der wie im Bismarckschen Reich dazu dient, innere Feinde, „Reichsfeinde" wie Sozialisten, Polen und Katholiken auszugrenzen, spiegelt nicht mehr die Legitimitätsthematik des bürgerlichen Staates in seiner Formationsperiode, sondern bereits die Legitimitätskonflikte, in die er gerät, sobald zu Bewußtsein kommt, daß die moderne bürgerliche Gesellschaft Klassenstrukturen nicht auflöst, sondern als sozioökonomische Klassenstrukturen erstmals rein zum Ausdruck bringt. Dieser Schock verstetigt sich angesichts der Legitimitätsbedrohung, die die internationale Arbeiterbewegung seit dem 19. Jahrhundert darstellt.

Bisher war die Rede von Legitimationsthematiken, die mit der Durchsetzung der kapitalistischen Produktionsweise und mit der Etablierung des modernen Staates aufgeworfen worden sind. Sie sind Ausdruck von Legitimationsproblemen, deren Ausmaß verborgen bleibt, solange man sich, wie Hennis, auf die wenigen Peripetien des Klassenkampfes, die wenigen historisch folgenreichen Legitimitätskrisen, auf die bürgerlichen Revolutionen beschränkt. Was alles legitimiert werden mußte, läßt sich in seinem Ausmaß erst ahnen, wenn man sich die Spuren der Jahrhunderte währenden Repressionen anschaut, die großen Kriege und die kleinen Aufstände und Niederlagen, die den Weg zum modernen Staat säumen. Dabei denke ich, um ein Beispiel zu geben, an die Gegenwehr gegen das, was die Modernisierungsforschung unter den Titeln *penetration* (Durchsetzung administrativer Gewalt) und *social mobilization* behandelt – Hungerrevolten, wenn die Versorgung mit Nahrungsmitteln zusammenbricht; Steuerrevolten, wenn die öffentliche Exploitation unerträglich wird; Revolten gegen die Aushebung von Rekruten usw. Diese lokalen Aufstände gegen die Ausläufer des modernen Staates versickern im 19. Jahrhundert. Sie werden von sozialen Auseinandersetzungen der Handwerker, der industriellen Arbeiter, des ländlichen Proletariats abgelöst. Diese Dynamik erzeugt neue Legitimationsprobleme. Der bürgerliche Staat konnte sich nicht allein auf die Integrationskraft des nationalen Bewußtseins verlassen, er mußte versuchen, die im Wirtschaftssystem angelegten Konflikte abzufangen und als institutionalisierten Verteilungskampf ins politische System einzubinden. Wo dies gelungen ist, hat der moderne Staat eine der Formen der sozialstaatlichen Massendemokratie angenommen.

Hermann Lübbe
Dezisionismus – eine kompromittierte politische Theorie[1]

'Dezisionismus' ist der Name einer kompromittierten Theorie politischer Entscheidung. Diese Theorie lehrt, die Geltung einer politischen Entscheidung bestehe „unabhängig von der Richtigkeit ihres Inhalts"; die Entscheidung sei, „normativ betrachtet, aus einem Nichts geboren", und sie schneide, nachdem sie einmal getroffen worden ist, „die weitere Diskussion darüber, ob noch Zweifel bestehen können, ab". Kompromittiert ist diese Lehre, weil man in ihr die Rechtfertigung eines politischen Irrationalismus erkannt hat, der die Wahrheitsfähigkeit politischer Fragen leugnet und ihre Beantwortung als eine Sache von Machtentscheidungen auffaßt. Kompromittiert ist der Dezisionismus auch deswegen, weil der prominenteste unter seinen Vertretern, Carl Schmitt, zeitweise ein Parteigänger der nationalsozialistischen Diktatur war. 1922 schrieb Carl Schmitt die eingangs zitierten Sätze. Nach den Entscheidungen des Jahres 1933 schnitt dann Hitler in der Tat „die weitere Diskussion darüber, ob noch Zweifel bestehen . . ., ab".

Die in der gegenwärtigen intellektuellen theoretischen und ideologischen Auseinandersetzung gängige Charakteristik des Dezisionismus stammt von Jürgen Habermas. In der Festschrift für Hans Barth schrieb er 1964, nach dezisionistischer Lehre falle die politische Entscheidung im Kampf zwischen Alternativen, „die zwingender Argumente entraten und einer verbindlichen Diskussion unzugänglich bleiben". Vor Carl Schmitt sei schon Max Weber als Repräsentant dieser Lehre auszumachen, und Carl Schmitt seinerseits als sein „legitimer Schüler". Im Gegensatz zum so charakterisierten Dezisionismus wird dabei offensichtlich angenommen, rationales politisches Handeln folge Entscheidungen, deren Verbindlichkeit keine andere ist als die Verbindlichkeit „zwingender Argumente". Entscheidung in diesem Sinn wäre schlicht Resultat „einer verbindlichen Diskussion".

Unzweifelhaft erfreut sich diese Vorstellung von der Gründung der Verbindlichkeit politischer Entscheidung in diskursiv festgestellter Wahrheit gegenwärtig großer Zustimmung, insbesondere bei der

---

1 In: Schweizer Monatshefte, 55. Jahr H. 12 (März 1976), S. 949–960

jungakademischen Neuen Linken. Deren Pathos hat sich an dieser Vorstellung entzündet, und ihre politische Unduldsamkeit auch. Denn wer darf wider diejenigen sein, die nichts anderes vertreten als die praktische Konsequenz aus der Wahrheit 'zwingender Argumente'? Wenn die Verbindlichkeit politischer Entscheidungen keine andere ist als die Verbindlichkeit 'verbindlicher Diskussionen' – dann schließt der Respekt vor getroffenen Entscheidungen die Zustimmung zur diskursiv ermittelten Wahrheit ein, und umgekehrt gibt es einen politischen Respekt vor getroffener Entscheidung nicht, solange die Wahrheit, auf deren Anspruch die Legitimität der Entscheidung beruht, sich einem noch nicht erschlossen hat.

Man erkennt: die Identifizierung der Verbindlichkeit politischer Entscheidungen mit der Verbindlichkeit diskursiv ermittelter Wahrheit hat entweder totalitäre oder anarchistische Konsequenzen. Es ist kein Zufall, vielmehr eine Sache von einsichtiger Konsequenz, daß beides, Anarchismus wie Totalitarismus, zum politischen Phänotyp der Neuen Linken gehört.

Liberale politische Ordnung setzt demgegenüber voraus, daß die Verbindlichkeit politischer Entscheidungen, wie sie zum Beispiel der Gesetzgeber trifft, eine andere ist als die Verbindlichkeit von Wahrheitsansprüchen in den Begründungen, die materiell solchen Entscheidungen zugrunde liegen. Die Wahrheitsfähigkeit politisch-praktischer Fragen wird damit nicht in Zweifel gezogen. Es wird lediglich geltend gemacht, daß die Verbindlichkeit der politischen Entscheidung solcher Fragen nicht an unserer Anerkennung der Wahrheitsansprüche hängt, die argumentativ in der Entscheidungsbegründung erhoben worden waren. Die so bestimmte Trennung von Geltung und Wahrheit im politischen Entscheidungsprozeß macht die entscheidungstheoretische Substanz liberaler politischer Ordnung aus, und in der argumentativen Sicherung dieser Substanz ist es allerdings unvermeidlich, in einige Nähe zur Tradition des kompromittierten sogenannten Dezisionismus zu geraten.

Ist das nicht kompromittierend? Auf diese Frage läßt sich dreierlei antworten. Zunächst gilt auch in diesem Zusammenhang die Empfehlung Ernst Blochs, Wahrheiten nicht zu verschenken, und zwar auch dann nicht, wenn das hieße, sie rechts liegen zu lassen. Sodann: es ist eine liberale Tugend, Person und Sache zu trennen, und es gäbe nicht mehr viel, worauf wir uns stützen könnten, wenn nichts darunter sein dürfte, worauf auch solche sich beriefen, von deren Praxis wir uns distanzieren.

Schließlich hat der sogenannte Dezisionismus eine Vorgeschichte in klassischen Traditionen, deren Erbe reich ist, so daß es sich lohnt, um es zu streiten. Aus dieser Tradition möchte ich zunächst drei Argumentationen wiederholen, die zur Vorgeschichte des Dezisionismus gehören. Abschließend werde ich dann die aktuelle politische Entscheidungstheorie Max Webers gegen ihre zeitgenössische Kritik verteidigen. Bei der Rekonstruktion der traditionellen dezisionistischen Argumentationen beschränke ich mich auf diejenigen, auf die sich der gegenwärtige Dezisionismus ausdrücklich beruft, und ich folge dabei der Intention dieser Berufung.

Auctoritas, non veritas facit legem[2]

Die Rolle des Erzdezisionisten spielt in Zustimmung und Kritik *Thomas Hobbes.* Als Quintessenz seiner einschlägigen Theorie pflegt man einen vielzitierten Satz anzuführen. Dieser berühmt-berüchtigte Satz lautet: Auctoritas, non veritas facit legem. Wir erkennen in diesem Satz mühelos die bedenkliche Trennung von Geltung und Wahrheit wieder, gegen die sich die Kritik am Dezisionismus richtet. Wie kommt es zu diesem Satz? Mit diesem Satz wird eine politische Summe aus Erfahrungen konfessioneller Bürgerkriege gezogen. Der Bürgerkrieg konfessioneller Parteien in Frankreich, in England oder in den Niederlanden war freilich stets zugleich auch ein Kampf um pragmatisch definierbare politische Interessen. In seinem ideologischen Kern jedoch war er ein Kampf konkurrierender Heilswahrheiten. Nur von daher läßt sich die Härte dieses Kampfes verstehen. Eine Wahrheit des Heils läßt es nicht zu, daß man sich nur bedingungsweise auf sie einließe. Sie ist unbedingt, und sie ist total, indem sie das Ganze des menschlichen Lebens betrifft und umgreift. Total ist infolgedessen aber auch der Gegensatz, in den im Zeitalter konfessioneller Selbstentzweiung alter europäischer Glaubenseinheit zwei konkurrierende Heilswahrheiten zueinander geraten mußten. Zwei Heilswahrheiten, sofern sie jeweils die Totalität des menschlichen Daseins betreffen, schließen sich total aus. Von der einen zur anderen gelangt man nicht auf der Brücke versöhnlerischer Kompromisse, sondern einzig durch Bekehrung und Widerruf begangener Ketzerei. Das erklärt die totale Gewalt, die jeder Versuch annehmen mußte, mit den

2 „Die Autorität, nicht die Wahrheit schafft das Gesetz."

Mitteln politischen Zwangs die zerstörte Einheit der Bürgerschaft in der einen, unteilbaren Heilswahrheit wiederherzustellen.
Der im Zerfall seiner Einheit den politischen Frieden zerstörende Glaube war seiner Natur nach unfähig, die rettende Antwort auf die Herausforderung durch das friedenszerstörende Faktum seiner Selbstentzweiung zu finden. Der Glaube ist stets vor allem an seiner Integrität interessiert, und diesem Interesse entsprechend mußte die Antwort des Glaubens ausfallen. Sie lautete: Der politische Friede läßt sich nur wiederherstellen über die Wiedervereinigung aller im wahren Glauben; auf seine unteilbare Wahrheit muß sich der Friede gründen.
Was aber der wahre Glauben sei – eben darüber dachte eine jede Konfession anders: Katholiken und Calvinisten, Hochkirchler und Independentisten, Remonstranten und Kontraremonstranten[3]. In ihrem Eifer, den Frieden über einen allgemeinen Konsens in der Wahrheit zu gründen, zerstörten sie gerade diesen Frieden, und genau aus diesem Dilemma weist nach dezisionistischer Interpretation der zitierte Satz des Thomas Hobbes den Ausweg. Gewiß: Hobbes war ein Parteigänger des staatskirchlichen Absolutismus, und insofern war auch für ihn die Geltung eines öffentlichen Bekenntnisses als Element dieses Absolutismus selbstverständlich. Aber er erklärt die Autorität des Souveräns anstelle der Wahrheit des Bekenntnisses zum Grund seiner öffentlichen Geltung, und eben damit entlastet er die bürgerliche Verpflichtung zur Anerkenntnis dieser Geltung vom Gewissenszwang zu dieser Anerkenntnis aus Wahrheitsgründen. Die Pragmatik dieser Trennung von Wahrheit und Geltung ist die Pragmatik einer Friedensraison. In ihr triumphiert der politische Wille zum Frieden über den Willen zum politischen Triumph der Wahrheit. Das ist das Konzept eines bürgerlichen Friedens, der nicht mehr auf der allgemeinen Anerkenntnis und inneren Zustimmung zu den lebensorientierenden Wahrheiten beruht. Das Konzept eines solchen Bürgerfriedens geht von der Prämisse aus, daß die lebenssinnstiftenden Wahrheiten konsenshaft nicht mehr feststellbar sind, so daß der Friede ohne Bezug auf diese Wahrheiten definiert werden muß. Die Theologen mögen argumentieren und diskutieren. Aber was gilt, soll nicht

3 Parteien der reformierten Kirche in den Niederlanden im 17. Jahrhundert, die sich im Streit über das Dogma von der Prädestination unter starker Beteiligung des Volkes bildeten

mehr deswegen gelten, weil ihre Argumente 'zwingend' und ihre Diskussionen 'verbindlich' sind. Es soll gelten kraft politischer Entscheidung, die es zur Entlastung seines Gewissens jedermann freistellt, privatim die Wahrheit an ganz anderer Stelle zu vermuten. Die dezisionistische Formel 'auctoritas, non veritas facit legem' ist also eine Friedensformel. Nach Maßgabe dieser Formel läßt sich einerseits allerdings ein verbindliches öffentliches Bekenntnis wenn nicht begründen, so doch in Kraft setzen. Andererseits, indem diese Formel für die öffentlich geltenden Religionsgesetze nicht die Wahrheit der Religion, sondern die Autorität des friedenssichernden politischen Entscheidungsmonopolisten in Anspruch nimmt, schont sie das Gewissen der Dissidenten.

Dieser Dezisionismus ist, wie man sieht, eine Vorform späterer Gewährung der Toleranz gegenüber abweichenden subjektiven religiösen Wahrheitsüberzeugungen. Diese Toleranz, zu deren Theorie im 17. Jahrhundert vor allem die Philosophen Spinoza und Locke beigetragen haben, ist ihrerseits eine Vorläuferin späterer Religionsfreiheit, durch die das abweichende religiöse Bekenntnis, anstatt es lediglich zu tolerieren, in den Status eines subjektiven, d. h. einklagbaren Rechts versetzt wird.

Nachdem die Religionsfreiheit bei uns überall im wesentlichen uneingeschränkt gilt, kann man natürlich zweifeln, ob der skizzierte Hobbesianische Dezisionismus, der in der Genesis dieser Freiheit eine Epoche bedeutet, noch irgendeine Aktualität besitzt. Immerhin sollten wir nicht vergessen, daß wir es im Marxismus mit einer herrschenden Doktrin zu tun haben, deren Begründer als Ziel proklamierte, die Religionsfreiheit durch die Freiheit von der Religion zu ersetzen und somit, zum Beispiel und wörtlich, die „Judenemanzipation" durch „die Emanzipation der Menschheit vom Judentum". Das geschah und geschieht natürlich im Namen einer neuen, höheren Wahrheit, die in ihrem exklusiven politischen Anspruch in 'verbindlicher' Diskussion festgestellt ist und durch 'zwingende' Argumente gesichert. Durch diese Wahrheit definiert das sich selbst so nennende Weltfriedenslager seine Identität, und zum wahren und ewigen Frieden sieht es uns über die universelle Anerkenntnis der Wahrheit gelangen, d. h. über die Vereinigung aller in jenem Lager. Insoweit befinden wir uns in einer Situation, die uns, mutatis mutandis[4], in der Struktur prätendierter Verbindung von

4 Mit den nötigen Abänderungen

Frieden und Wahrheit von Hobbes her schon vertraut ist. Hobbes war Dezisionist, indem er diese Verbindung löste und den Frieden, anstatt ihn auf die Anerkennung der Wahrheit zu gründen, zu einem politischen Gut erklärte, das vor dem Gut der Übereinstimmung aller in dieser Wahrheit den Vorrang hat. Die Anerkennung eben dieses Vorrangs wurde mit der Verkündigung der außenpolitischen Koexistenz-Doktrin auch unter Marxisten zur Verpflichtung. Wie schwer das fiel und immer noch fällt, läßt sich daran erkennen, daß Lenin selbst als Erz-Lehrer dieser Doktrin heute herhalten muß. Damit hat man, durch Künste politischer Hermeneutik[5], den politischen Vorrang des Friedens vor dem Universal-Konsens in der Wahrheit durch angebliche Verlautbarungen des Lehrers dieser Wahrheit selbst legitimiert. Aber ein dezisionistischer Wurm ist nun gleichwohl im System. Es wurmt, daß die politische Geltung von Wahrheitsansprüchen mit der prätendierten materiellen Geltung dieser Ansprüche nicht deckungsgleich ist und politische Respektierung dieser Diskrepanz unumgänglich. Wer diese Diskrepanz anerkennt, hat bereits implizit unterschieden zwischen politischer oder sozialer Geltung eines Anspruchs einerseits und seiner sachlichen oder logischen Geltung andererseits, und diese Unterscheidung ist die Basis-Unterscheidung, auf die sich die Entscheidungs-Theorie des sogenannten Dezisionismus stützt. In der Tat gibt es 'zwingende Argumente' und 'verbindliche Diskussionen'. Aber der dabei waltende Zwang und die dabei herrschende Verbindlichkeit bewirken niemals mehr als die sachliche oder logische Geltung eines Begründungszusammenhangs. Politische oder soziale Geltung setzt Akte autorisierter Personen oder Institutionen voraus, deren Verbindlichkeit andere Gründe hat als die Gründe, die diese Personen oder Institutionen materiell für ihre Entscheidungen in Anspruch nehmen. Wo man diese Trennung von institutioneller oder verfahrensmäßiger und sachlicher Verbindlichkeit nicht anerkennt, ist einem zugemutet, dem Willen der herrschenden Partei nicht nur deswegen zu folgen, weil er der herrschende Wille ist, sondern überdies deswegen, weil die Partei recht hat. Das ist der theoretische Ursprung des bekannten Refrains im Liedchen der Jungen Pioniere: Die Partei, die Partei, die hat immer recht. . . Der Grundsatz des dezisionistischen Absolutisten Thomas Hobbes 'auctoritas, non veritas facit legem' klingt demgegenüber geradezu liberal.

---

5 Hier einfach: Auslegung

Morale par provision[6]

Descartes hat der Entscheidungstheorie des sogenannten Dezisionismus durch seine Theorie einer 'morale par provision' vorgearbeitet. Diese Theorie macht geltend, daß wir es uns in der Praxis des Lebens nicht leisten können, die Tugend wissenschaftlicher Praxis zu üben und in unserem Handeln stets nur von Voraussetzungen auszugehen, die als bewiesene Voraussetzungen gelten können. Als Descartes dachte und schrieb, war die Wissenschaft und die ihr folgende Technik kaum schon 'Produktivkraft', und sie gehörte noch nicht zum Ensemble materieller Bedingungen unserer physischen und sozialen Existenz. Sie war, sozusagen, eine Sache reiner Theorie, und eben deswegen war es möglich, dem Programm ihrer radikalen Erneuerung den Grundsatz voranzustellen, „niemals eine Sache als wahr anzunehmen, von der ich nicht evidentermaßen erkenne, daß sie wahr ist". In der Praxis des Lebens dagegen genügt es nicht, „das Haus, in dem man wohnt, nur abzureißen, bevor man mit dem Wiederaufbau beginnt . . ., sondern man muß auch für ein anderes Haus vorgesorgt haben, in dem man während der Bauzeit bequem untergebracht ist". Im Prinzip hindert uns natürlich nichts, auch die uns in unserer Lebenspraxis leitenden Grundsätze überlieferter Sittlichkeit radikal in Frage zu stellen, unseren Vorurteilen nachzuspüren, die Widersprüchlichkeiten im System herrschender Moral aufzudecken. Im Philosophischen Seminar kann man, wie es heute zum Beispiel in Erlangen[7] geschieht, in der Tat den Versuch machen, auch die Ethik von Grund auf zu rekonstruieren. Inzwischen aber muß man leben, ist man gezwungen zu handeln, bedarf man der praktischen Orientierung. Woran soll man sich dabei halten? An die überlieferten Grundsätze traditional geltender Sittlichkeit, so lautet Descartes' Empfehlung, und sie bilden die von ihm so genannte Morale par provision.

Damit legitimiert Descartes die Geltung von Traditon dezisionistisch. Bei dieser Legitimation wird anerkannt und vorausgesetzt, daß wir in der Tat mancherlei Gründe haben anzunehmen, daß die Traditionen moralischer und politischer Art, die unsere Lebenspraxis bestimmen, mangelhaft und revisionsbedürftig sind. Aber die

6 „provisorische Moral". Vgl. Descartes: Abhandlung über die Methode, Kap. 3, übersetzt von A. Buchenau, Hamburg 1957, S. 19–22

7 Vertreter des logischen Konstruktivismus, besonders P. Lorenzen, W. Kamlah, O. Schwemmer, F. Kambartel

Revision kann stets nur im Detail erfolgen, während wir im übrigen nicht umhin können, uns auf die Tradition zu verlassen, und zwar unabhängig davon, wie weit wir mit dem Unternehmen ihrer Generalrevision bereits gelangt sind. Tradition gilt nicht aus der Evidenz ihrer guten Gründe, sondern aus der Evidenz der Unmöglichkeit, ohne sie auszukommen. Die Cartesianische Morale par provision ist die Theorie dieser Sorte von Geltung. Sie ist dezisionistisch, indem sie lehrt, daß wir nicht umhin können, die Geltung von Grundsätzen moralischer und sonstiger Praxis vorauszusetzen, obwohl diese Grundsätze materiell nicht durch 'zwingende Argumente' gesichert und im Verlauf einer 'verbindlichen Diskussion' beschlossen worden sind.

Der theoretische Kern in der dezisionistischen Begründung der Geltung von Tradition ist das Zeitmangelargument. Nur in der reinen Theorie haben wir Zeit genug, Zweifel um Zweifel zu lösen, und nur hier ist Korrektur von Irrtümern ohne nachteilige Folgen jederzeit möglich. In der Praxis des Lebens jedoch „dulden die Handlungen . . . keinen Aufschub", so daß wir, „wenn es nicht in unserer Macht steht, die wahren Ansichten zu erkennen, den wahrscheinlichsten folgen sollten". Und wenn die Lage die ist, daß wir handeln müssen, ohne daß wir die Annahmen über die Wirklichkeit, von denen wir dabei ausgehen, nach Graden der Wahrscheinlichkeit unterscheiden könnten, so „sollten wir uns nichtsdestoweniger zu irgendeiner entscheiden und sie hernach, soweit sie für die Praxis Bedeutung hat, nicht mehr als zweifelhaft, sondern als ganz wahr und ganz sicher ansehen". Descartes hat diesen dezisionistischen Grundsatz durch die berühmte Metapher des Verirrten im Wald erläutert. Dessen Lage wäre aussichtslos, wenn ihm nichts anderes einfiele als „umherzulaufen". Wenn überhaupt etwas Rettung bringt, so ist es der unverzügliche Entschluß, „so geradewegs wie möglich immer in derselben Richtung zu marschieren", und die Wahl dieser statt jener Richtung ist eine Dezision, sofern diese Wahl unter Zeitdruck erfolgt, der eine Entscheidung erzwingt, ohne daß wir über Gründe verfügten, materiell diese statt jener Richtung für die Richtung des rettenden Auswegs zu halten.

Selbstverständlich steht nichts entgegen, die so begründete Dezision ihrerseits als ein durch 'zwingende Argumente' gesichertes Resultat einer 'verbindlichen Diskussion' aufzufassen, und es ist billig zu fordern, daß alle, die von einer zu treffenden Dezision betroffen wären, Gelegenheit haben sollten, sich an dieser Diskussion zu beteiligen. Was aber, wenn die zutreffende Dezision in kürzerer Frist fallen muß, als wir benötigen, um ihre Verbindlichkeit diskursiv sicherzustellen? Angesichts solcher Lagen kommen wir nicht umhin anzuerkennen, daß der Zwang zur Dezision prinzipiell weiter reicht als unsere Chance, diesen Zwang seinerseits materiell durch Konsens zu legitimieren. Soweit das zutrifft, ist es vernüftig, prophylaktisch Entscheidungskompetenzen zu institutionalisieren, deren Dezisionen, gegebenenfalls, nicht wegen der einen Universal-Konsens stiftenden Evidenz ihrer Fälligkeit gelten, sondern deswegen, weil sie zur Entscheidung institutionell autorisiert waren.

Primat der praktischen Vernunft

Ein dezisionistisches Element enthält auch die Moraltheorie Kants. Das Ideal, an welchem wir uns, handelnd, in letzter Instanz orientieren, ist nach Kant das Ideal einer moralischen Weltordnung. Was ist eine moralisch geordnete Welt? Moralisch geordnet ist diejenige Welt, in der es die Menschen so gut haben wie sie es sind. In dieser Welt koinzidieren Glück und die moralische Würdigkeit, des Glücks teilhaftig zu sein.

Offensichtlich leben wir nicht in einer solchen Welt. Von den beiden Elementen einer moralisch geordneten Welt, dem Glück einerseits und der moralischen Reinheit unseres guten Willens andererseits, steht nur dieser gute Wille gänzlich zu unserer Disposition. Der moralisch Handelnde verfügt nicht über ein Wissen, das ihm nach sozialen Gesetzen einer interaktionistischen Kausalität für seine guten Taten den Lohn eines guten Lebens verhieße. Die Zumutung, gleichwohl moralisch handeln zu sollen, obwohl es keinerlei Garantie für ein unserer moralischen Würdigkeit entsprechendes gutes Leben gibt, läßt sich allein dezisionistisch begründen. Das moralische Gesetz gebietet, wie ein verinnerlichter absolutistischer Souverän, unbedingt, d. h. es stützt seinen Anspruch nicht auf die erwiesene Wahrheit, daß die Welt, in der moralisch zu handeln uns zugemutet ist, eine moralisch geordnete Welt sei. Erwiesen ist lediglich, daß überhaupt keine Chance besteht, die Ordnung dieser Welt in eine moralische zu verwandeln, wenn wir uns nicht, und zwar jeder einzelne jetzt, entscheiden, moralisch zu handeln, ohne des Lohns dieser unserer Moralität gewiß zu sein. Die Entscheidung für die Moralität ohne theoretische Gewißheit ihrer glücksfördernden Wirkung in Beziehung auf unsere eigene Person ist das einzige, was uns in der theoretisch unbegründeten Hoffnung zu tun bleibt, dadurch den moralischen Zustand der Welt zu verbessern.

Die Verpflichtung zum moralischen Handeln ohne Absicherung durch die theoretische Gewißheit seines Nutzens – das ist die moraltheoretische Quintessenz der Lehre vom Primat der praktischen Vernunft vor der theoretischen. Diese Argumentation gleicht strukturell, wie man erkennt, dem Dezisionismus in der Argumentation Descartes', nach der Verirrte sich zum richtungskonsequenten Aufbruch entschließen müssen, obwohl es über die formale Vernünftigkeit dieses Entschlusses hinaus keine theoretische Garantie seiner materiellen, inhaltlichen Richtigkeit gibt. Analog zur Situation von Verirrten wissen wir nicht, ob und inwieweit wir durch die moralische Entscheidung, stets nur guten Willens zu handeln, einer guten Welt tatsächlich näher kommen. Wir wissen lediglich, daß es das einzige ist, was von den Elementen einer guten Welt gänzlich zu unserer eigenen Disposition steht. Verallgemeinert besagt dieses Argument, daß wir, handelnd, in letzter Instanz souverän stets nur in bezug auf unsere Absichten sind – nicht dagegen in bezug auf die Wirkungen und Nebenwirkungen unseres Handelns. Wer, nachdem das Unglück, das er angerichtet hat, passiert ist, erklärt, er habe doch nach bestem Wissen und Gewissen gehandelt, gesteht damit zu, daß das Gewissen eine Instanz moralischer Dezisionen ist, deren Kompetenz zwangsläufig weitergespannt ist als das Wissen, das in diese Dezisionen eingeht. Der moraltheoretische Dezisionismus ist insofern nicht eine Theorie, die die sogenannte Wahrheitsfähigkeit moralisch-praktischer Entscheidungen leugnet. Der Dezisionismus macht lediglich geltend, daß die Notwendigkeit zur moralischen Entscheidung weiter reicht als der Kreis unserer faktischen Möglichkeiten, die Wahrheit unserer Annahmen über die Wirklichkeit, die in unsere moralischen Entscheidungen eingehen, durch 'zwingende Argumente' und 'verbindliche Diskussionen' zu sichern.

Wir können an dieser Stelle bereits eine pragmatische Gemeinsamkeit aller bisher behandelten dezisionistischen Handlungstheorien formulieren. Ich sehe diese Gemeinsamkeit in einer Entlastungsabsicht. Hobbes' dezisionistische Formel entlastet uns von dem Zwang, dem, was öffentlich für eine verpflichtende Wahrheit gilt, auch innerlich zustimmen zu sollen. Er setzt damit die Innerlichkeit frei, entlastet unser Gewissen durch Gewährung einer Vorbehaltschance. Descartes' dezisionistische Traditionsrestitution entlastet uns von dem zerstörerischen Zwang, in der Praxis so radikal sein zu müssen wie in der Theorie. Er entlastet uns vom Zwang zur Revolution in Permanenz. Er entlastet uns von der Zumutung, annehmen zu sollen, daß die Tradition wegen ihrer erwiesenen Richtigkeit gilt. Sie gilt wegen der Nicht-Existenz einer aktuell realen Alternative. Kants moraltheoretischer Dezisionismus entlastet uns von der untragbaren Verantwortung für die Totalität der Folgen unserer Handlungen und entlastet uns damit vom Zwang, für unser Handeln eine theoretische Garantie ihres objektiven, bleibenden Sinns finden zu müssen. Die Moralität unserer Handlungen, d. h. der gute Wille, stiftet diesen Sinn subjektiv-praktisch.

Über den Grund unserer Verbindlichkeiten: Diskussion oder Entscheidung?

In der aktuellen Dezisionismus-Kritik spielt *Max Weber* die Rolle des Klassikers einer Theorie, die eine Begründung von Normen nach Analogie der Begründung von Behauptungen über die Wirklichkeit für unmöglich erklärt und die entsprechend die politische Geltung von Normen auf unableitbare Dezisionen von Machthabern zurückführt. In der Tat können wir bei Max Weber Sätze lesen, die zu einer solchen Theorie, wie sie ihm unterstellt wird, zu gehören scheinen. Einen der meistzitierten einschlägigen Sätze möchte ich auch hier zitieren. Aus Max Webers Darlegungen zum Sinn der sogenannten Wertfreiheit der Sozialwissenschaften zitiere ich den Satz, in welchem Max Weber sich zur Frage äußert, „wie Konflikte zwischen mehreren in concreto kollidierenden, gewollten oder gesollten Zwecken zu schlichten seien". Der schlimme Satz, mit dem Max Weber auf diese Frage antwortet, lautet: „Es gibt keinerlei (rationales oder empirisches) wissenschaftliches Verfahren irgendwelcher Art, welches hier eine Entscheidung geben könnte."

Das ist nun ein Satz, der eindeutig zu belegen scheint, was neben anderen Kritikern besonders wirkungsreich Max Horkheimer der Weberschen Philosophie vorgeworfen hat. In dieser Philosophie danke, so Horkheimer, die Vernunft als „praktische Vernunft" ab und verbleibe als „instrumentelle". Max Weber, so Horkheimer, habe sich „keinerlei Rationalität" vorzustellen vermocht, „vermöge deren der Mensch einen Zweck von einem anderen unterscheiden kann".

Webers Werk sei die Verzichturkunde „der Philosophie und Wissenschaft, was ihr Bestreben angeht, das Ziel des Menschen zu bestimmen“. Jürgen Habermas hat später, wie bereits angeführt, diese Weber-Interpretation zu der personalisierten Qualifikation gesteigert, „daß Carl Schmitt ein legitimer Schüler Max Webers“ sei.
Ich möchte eine andere Interpretation der zitierten These Max Webers vorschlagen. Dem Schein des zitierten Satzes zum Trotz leugnet Max Weber keineswegs die rationale Begründbarkeit von Handlungszielen. Max Weber besaß ja, im Unterschied zu anderen Gelehrten, Intimität mit der Realität des politischen Lebens, und entsprechend hat Max Weber auch am Faktum der Begründbarkeit von Normen nicht zweifeln können. Denn es liegt ja auf der Hand, daß von unseren Parlamenten bis zu den höchsten Gerichten und von den Parteitagen bis zu den Synoden ständig Instanzen tätig sind, Normen zu begründen, allgemeine Gesetze nämlich oder Statuten, die im Bereich ihrer Zuständigkeit, nachdem sie beschlossen sind, dann für alle gelten. Keine Person, keine Partei, keine Fraktion, keine Regierung oder sonstige dazu legitimierte Stelle könnte ja in der Tat einen Vorschlag zur Einführung einer Norm machen, ohne daß sie zugleich eine Begründung für diesen Vorschlag mitlieferte. Die Geschäftsordnung unserer Parlamente, kirchlichen Synoden und Parteitage pflegen denn auch für Normenbeschlußanträge ausdrücklich vorzuschreiben, daß solchen Anträgen Begründungen beizugeben sind. Das ist trivial, und diese Trivialität kann Max Weber mit seiner berühmt-berüchtigten These, politischen Zielkonflikten sei mit wissenschaftlichen Mitteln nicht beizukommen, auch nicht geleugnet haben. Max Webers These von der Nicht-Existenz wissenschaftlicher Verfahren zur Lösung politischer Zielkonflikte bezieht sich nicht auf Normenbegründungsverfahren, sondern auf Normendurchsetzungsverfahren, und beide Verfahren gilt es zu unterscheiden. Indem wir Normen begründen, sichern wir ihre sachliche oder, was den Ableitungszusammenhang der sie begründenden Sätze anbelangt, ihre logische Geltung. Erst in Normendurchsetzungsverfahren erlangen die Normen politisch ihre soziale, speziell gesetzliche Geltung. Die mit wissenschaftlichen Mitteln besorgte Normenbegründung ist in den Verfahren der Normendurchsetzung oder Normeninkraftsetzung immer nur ein Element unter anderen, und zwar gerade nicht das Element, das nach getroffener Entscheidung die soziale Geltung der Norm begründet. In jeder parlamentarischen oder synodalen Debatte

kommt ja schließlich der Punkt, an welchem Argumente nicht mehr gewogen, sondern Stimmen gezählt werden. Und selbst wenn wir unterstellen wollen, daß in den der Begründung von Normenvorschlägen dienenden Debatten exklusiv sonnenklare Argumente vorgetragen worden sind, wird ja der Gesetzesentwurf nicht durch diese sonnenklaren Argumente, sondern durch die Abstimmung, in der er eine Mehrheit findet, zum geltenden Gesetz erhoben. Die Abstimmung ist der dezisionistische Akt, in welchem gerade auch in demokratischen Entscheidungsverfahren die Debatte beendet wird. 'Verbindlich' ist auch in diesem Falle nicht die 'Diskussion', sondern das Abstimmungsergebnis. Die getroffene Entscheidung gilt nicht wegen der guten Gründe, die für sie sprechen mögen, sondern kraft der Legitimität des Verfahrens. Anders formuliert: nicht die sachlichen Gründe, und auch nicht der logische Ableitungszusammenhang zwischen begründenden Sätzen stiftet die Verbindlichkeit der Normen, deren Geltung wir unterworfen sind, sondern die anerkannte Legitimität der Instanzen, die über die politische Kompetenz der Normensetzung verfügen.

Die Rolle des Mehrheitsprinzips in politischen Entscheidungsverfahren bekundet die Unausweichlichkeit eines dezisionistischen Elements im politischen Handeln. Wenn die Parteien oder Fraktionen sich nicht einig sind und insofern ein Konflikt „zwischen mehreren in concreto kollidierenden, gewollten und gesollten Zwecken“ besteht, so ist es kein „wissenschaftliches Verfahren“, „welches hier eine Entscheidung geben könnte“. Nicht die 'Diskussion' stiftet die normative Verbindlichkeit, sondern die Abstimmung, die der Diskussion folgt. Es ist schwer vorstellbar, wie das anders sein sollte, und nichts anderes wollte Max Weber gegenüber anarchistisch-totalitärer Schwärmerei zur Geltung bringen.

Nun ist es allerdings wahr, daß Max Weber mit seiner politischen Theorie der Entscheidung nicht lediglich schiedlich-friedliche Abstimmungsprozeduren im Auge hatte. Am Ende des Ersten Weltkriegs in Deutschland fand er die politische Ordnung dieses Staates durch einen drohenden Bürgerkrieg weltanschauungsparteilich organisierter politischer Kräfte bedroht, und angesichts einer solchen Situation war es dann abermals eine Wahrheit von Gemeinplatzcharakter, daß es nicht wissenschaftliche Verfahren sind, die uns den Ausweg aus einer solchen Situation weisen. Verkünder politischer Heilswahrheiten gab es damals, wie mutatis mutandis auch heute, genug, und Max Weber war der berechtigten Überzeugung, daß in der Politik Heilsverkündigung keine friedenstiftende Wirkung hat. Das Problem der politischen Ordnung war für ihn, den politischen Soziologen, ein Problem zweckmäßiger Institutionen, die uns zu akzeptablen Entscheidungen verhelfen, während in den Räumen der Theorie, in philosophischen oder sonstigen Seminarien, die platonische Gigantenschlacht um die Wahrheit des Seins andauern mag.

Natürlich ist im Prinzip eine politische Ordnung vorstellbar, in der gut begründete Normen aus keinem anderen Grunde gelten, als weil sie gut begründet sind. In einer solchen Ordnung wäre in der Tat der einzig herrschende Zwang der Zwang zwingender Argumente, und alle Verbindlichkeit wäre die Verbindlichkeit verbindlicher Diskussionen. Das Ideal einer solchen Ordnung käme zustande über eine Verschmelzung von Republik und Akademie, und genau diese Verschmelzung hat Platon bekanntlich gewollt. Leider lehrt uns die Erfahrung, daß die politische Orientierung am Ideal einer solchen Ordnung der Einheit von Republik und Akademie zur Erziehungsdiktatur, ja zu schlimmerem Terror drängt, und das ist nicht zufällig so, wie man zeigen könnte. Das bedeutet umgekehrt: wer die spezifisch bürgerlichen Freiheitsrechte von der Glaubensfreiheit über die Meinungsfreiheit bis zur Presse- und Wissenschaftsfreiheit sichern will, muß durch institutionelle Vorkehrungen den Kurzschluß zwischen Wahrheitsanspruch und sozialer Geltung politischer Ziele zu verhindern suchen. Die Probe aufs liberale Exempel dieser dezisionistischen Entscheidungstheorie Max Webers kann jedermann machen. Dafür genügt, sich vorzustellen, daß man als Angehöriger einer unterlegenen Minderheit gezwungen ist, auch für sich selbst gelten zu lassen, was die Mehrheit beschlossen hat. Diese Zumutung, die nur der Utopist als Element politischer Ordnung wegdenken kann, würde unerträglich, wenn sie mit der bindenden Verpflichtung verbunden wäre, nun auch noch die Wahrheitsansprüche anerkennen zu sollen, von deren Geltung die siegende Mehrheit überzeugt war.

Bibliographisch-biographischer Anhang

Lexika

Jeder, der sich mit philosophischen und wissenschaftlichen Grundproblemen beschäftigt, findet in den folgenden Handbüchern wichtige Informationen.

Historisches Wörterbuch der Philosophie, hrsg. v. J. Ritter – K. Gründer, Basel–Stuttgart 1971 ff.

Geschichtliche Grundbegriffe, hrsg. v. O. Brunner – W. Conze – R. Koselleck, Stuttgart 1972 ff.
Beide Lexika zeigen durch begriffsgeschichtliche Untersuchungen den fundamentalen Wandel der Begriffe, wie sie innerhalb und außerhalb der Wissenschaften verwendet werden.
‚Geschichtliche Grundbegriffe' beschränkt sich darauf, in großen Artikeln zu wenigen Begriffen den Wandel der gesellschaftlichen und politischen Grundbegriffe seit der Entstehung der Neuzeit deutlich zu machen.

Handbuch philosophischer Grundbegriffe, hrsg. v. H. Krings – H. M. Baumgartner – Ch. Wild, München 1973 (auch als Studienausgabe)
Von verschiedenen wissenschaftstheoretischen Ansätzen bzw. letzten Wertentscheidungen aus wird versucht, in systematischer Weise in größeren Artikeln die zentralen Begriffe zu bestimmen und „eine Selbstdarstellung der gegenwärtigen Philosophie" zu liefern.

Sowjetsystem und demokratische Gesellschaft, Freiburg i. Br. 1966 ff.; Sonderausgabe nach Sachbereichen aufgeteilt: *Marxismus im Systemvergleich,* Frankfurt a. M.–New York 1973
Umfassendster Versuch eines Vergleichs der leitenden Begriffe in den westlichen und in den sozialistisch verwalteten Gesellschaften unter Berücksichtigung des Standes der internationalen Forschung. Der Aufbau jedes Artikels ist gleich: Darstellung der Bedeutung des Begriffs in der Geschichte in nicht sozialistischen Gesellschaften und Wissenschaften; Darstellung der Bedeutung in den nachrevolutionären sozialistischen Gesellschaften; Vergleich.

Marxistisch-Leninistisches Wörterbuch der Philosophie, hrsg. v. G. Klaus – M. Buhr, rororo 6155–6157, Reinbek bei Hamburg 1972 (Sonderausgabe des ‚Philosophischen Wörterbuchs', Leipzig 1969; die neueste Auflage: ¹²1974 ist auch in der Bundesrepublik erhältlich)
Das relativ kleine preiswerte Lexikon liefert gute Informationen zur offiziellen marxistischen Philosophie und auch zur Kybernetik.

Textsammlungen

D. Oberndörfer – A. Bergstraesser – W. Jäger (Hrsg.), Klassiker der Staatsphilosophie, Bd. 1 Stuttgart 1961, Bd. 2 Stuttgart 1971
Die Sammlung der Texte von Platon bis Mao Tse Tung „ist als eine Einführung in die Tradition der westlichen Staatsphilosophie gedacht" (1, S. XIII). „Ausschlaggebendes Kriterium" für die Auswahl der Autoren und Texte „wurde für die Herausgeber die Orientierung an den in der Gegenwart wirk-

samen ‚politischen Ideenkreisen' " (2, S. XIII). Zu jedem Autor wird eine ausführliche Einführung in Leben und Werk gegeben. Die Bände enthalten eine vorzügliche umfangreiche Bibliographie: Gesamtdarstellungen – Einzelbiographien.

O. H. von der Gablentz, Die politischen Theorien seit der amerikanischen Unabhängigkeitserklärung, Politische Theorien Teil III, [3]Köln–Opladen 1967

Textsammlungen der politischen Theorien seit Jefferson, für die Gegenwart auch aus asiatischen und afrikanischen Ländern, mit ausführlicher Einleitung zum historischen Zusammenhang. „Für die Auswahl war es maßgebend, daß solche politische Theorien aufzunehmen waren, die entweder unmittelbar Bedeutung für die politische Geschichte gewonnen haben oder die bedeutsam sind zum Verständnis einer noch heute bestehenden Problematik." (S. 5) Durchweg werden zahlreiche kurze Textstellen zu den verschiedenen Autoren aneinandergefügt.

K. Löwith (Hrsg.), Die Hegelsche Linke. Texte aus den Werken von H. Heine, A. Ruge, M. Hess, M. Stirner, B. Bauer, L. Feuerbach, K. Marx und S. Kierkegaard, Stuttgart–Bad Cannstatt 1962

In seiner Einleitung ‚Philosophische Theorie und geschichtliche Praxis in der Philosophie der Linkshegelianer' zeigt L., wie die sonst sehr unterschiedlich argumentierenden Linkshegelianer darin übereinkommen, daß sie sich radikal von der Tradition der theoretischen Philosophie und Metaphysik abwenden und sich der Geschichte und Politik zuwenden. Dies ist für L. die „unphilosophische Auslieferung an das geschichtliche Denken"; sie sei die Ursache für das Unzulängliche gegenwärtiger marxistischer wie nichtmarxistischer Philosophie.

H. Lübbe (Hrsg.), Die Hegelsche Rechte. Texte aus den Werken von F. W. Carové, J. E. Erdmann, K. Fischer, E. Gans, H. F. W. Hinrichs, C. L. Michelet, H. B. Oppenheim, K. Rosenkranz und C. Rossler, Stuttgart–Bad Cannstadt 1962

L. will durch die Sammlung weitgehend unbekannter Texte und in seiner Einleitung zeigen, daß das Urteil über die Hegelsche Rechte als ‚konservativ' oder ‚reaktionär' falsch ist. Er betont ihre liberalen Anschauungen, die das klassisch-liberale Element Hegelschen Denkens aufnähmen.

W. Oelmüller (Hrsg.), Weiterentwicklungen des Marxismus, Wege der Forschung CXXXIII, Darmstadt 1977

Der Dokumentationsband zeigt beispielhaft an vier Problemzusammenhängen: Sozialwissenschaftliche Methoden, Natur – Geschichte, Subjekt – Subjektlose Strukturen, Spätkapitalismus – Etatismus – Industriegesellschaft auf, wie Marxisten in West- und Osteuropa nach dem Zweiten Weltkrieg unter Berücksichtigung der veränderten historischen Bedingungen der Gegenwart zur Revision der Grundannahmen von Marx gezwungen sind und wie sie diese neu zu formulieren versuchen. Aufgenommen sind Aufsätze von Adorno, Althusser, Bloch, Garaudy, Habermas, Kalivoda, Kolakowski, Lukács, Luporini, Malewski, Marković, Sartre, Schmidt, Stojanović. Mit Bibliographie zur deutschsprachigen Marx- und Marxismusforschung.

Allgemeine Darstellungen

H. Maier – H. Rausch – H. Denzer (Hrsg.), Klassiker des politischen Denkens, 2 Bde., München 1968 (Bd. 1: Von Plato bis Hobbes, Bd. 2: Von Locke bis Max Weber)
Von verschiedenen Autoren geschriebene Monographien. In die Darstellung einbezogen sind Biographien. Im Anhang Literaturhinweise (Textausgaben, Bibliographien, wichtige weiterführende Literatur), Personen- und Sachregister.

W. Theimer, Geschichte der politischen Ideen, München 1955
Leicht lesbare Darstellung von Platon bis zum Faschismus und Sowjetkommunismus. Die zeit- und epochenspezifischen Differenzen werden nicht genug berücksichtigt.

R. Zippelius, Geschichte der Staatsideen, München 1971
Kurze, leicht verständliche Darstellung von den Sophisten und Platon bis Max Weber. Leitfaden der Darstellung ist das Verhältnis von Freiheit und Ordnung.

A. Müller, Theorie, Kritik oder Bildung? Abriß der Geschichte der antiken Philosophie von Thales bis Cicero, Impulse der Forschung 19, Darmstadt 1975
Knappe, flüssig geschriebene Darstellung, die wesentliche Unterschiede der politischen Philosophie zwischen Platon und Aristoteles bzw. Epikureern und Stoikern deutlich macht. Zur Einführung in die antike Philosophie gut geeignet.

L. Strauss, Naturrecht und Geschichte, (Chicago 1953) Stuttgart 1956
Die klassische (alteuropäische) Naturrechtslehre, von Sokrates ins Leben gerufen, von Platon, Aristoteles, den Stoikern und christlichen Denkern (besonders Thomas) entwickelt, ist identisch mit der Lehre von der besten Herrschaft und dem guten Leben. Das moderne Naturrecht (der europäischen Neuzeit) bei Hobbes und Locke basiert nicht auf Vernunft, sondern auf Leidenschaft, vor allem der mächtigsten: dem Selbsterhaltungstrieb; aus ihm werden nicht mehr die Pflichten, sondern die Rechte des Bürgers abgeleitet. Dieses „moderne Naturrecht" erreicht in Rousseaus Theorie des „noch nicht menschlichen" Naturzustands und in Burkes Rückkehr zur vormodernen Form des Naturrechts, das Ciceros ‚De re publica' nahekommt, seine Krise.

J. Habermas, Theorie und Praxis. Sozialphilosophische Studien, 4. Aufl. (erweitert und neu eingeleitet) st 9, Frankfurt a.M. 1971
Aufsatzsammlung. Historisch-systematische Untersuchungen zum Verhältnis der klassischen Lehre von der Politik zur modernen Sozialphilosophie, zum Marxismus und zu Problemen gegenwärtiger Demokratie. H. wendet sich gegen die aristotelische Tradition politischer Philosophie und gegen eine sich sozialtechnisch verstehende Sozialphilosophie und begreift den Historischen Materialismus als eine in praktischer Absicht entworfene Theorie der Gesellschaft.
Von besonderer Bedeutung der Aufsatz: Die klassische Lehre von der Politik in ihrem Verhältnis zur Sozialphilosophie. S. 48–88.

H. sieht den Bruch zwischen der antiken und modernen Staatstheorie darin, daß nach der Preisgabe der Begründung des Staates im zoon politikon politische Philosophie mehr und mehr zur Theorie der Machttechnik wird.

R. Koselleck, Kritik und Krise. Eine Studie zur Pathogenese der bürgerlichen Welt, stw 36, Frankfurt a.M. 1973
Sozialgeschichtliche Analysen des 17. und 18. Jahrhunderts. K. will den Zusammenhang zwischen dem Prozeß einer alles erfassenden Kritik, in dessen Verlauf moderne Geschichtsphilosophie entsteht, und der Krise zeigen, die seit der Französischen Revolution das politische und gesellschaftliche Geschehen bestimmt. K. fordert, aus der Kritik Konsequenzen für politische Verhaltensweisen zu ziehen, wenn Aufklärung nicht zu einer Utopie werden soll, die Gegenbewegungen provoziert.

H. Lübbe, Politische Philosophie in Deutschland. Studien zu ihrer Geschichte, Basel-Stuttgart 1963 (auch als Taschenbuch: dtv 4154)
Studien zur deutschen politischen Philosophie zwischen Hegels Tod und dem Ersten Weltkrieg. Von L. verstanden als Gegenbeweis gegen die marxistische These (z. B. Lukács), daß die philosophischen Mächte unter den Bedingungen des „imperialistischen Deutschland" sich einzig in die Philosophie der Arbeiterklasse gerettet hätten, aber auch als Beweis, daß diese Mächte politisch im „Abseits" standen.

W. Hennis, Politik und praktische Philosophie. Eine Studie zur Rekonstruktion der politischen Wissenschaft, Neuwied–Berlin 1963
Versuch, die Politikwissenschaft gegen neuzeitliche politische Theorien durch Rückbesinnung auf ihre Herkunft aus der praktischen Philosophie und dessen Grundlegung bei Aristoteles als Wissenschaft zu rehabilitieren.

K. W. Deutsch, Politische Kybernetik. Modelle und Perspektiven, ²Freiburg i. Br. 1970
Versuch der Entwicklung einer umfassenden Theorie der Politik, einer Entscheidungs- und Handlungstheorie auf der Grundlage einer Theorie der Steuerungs- und Kommunikationsprozesse (Kybernetik).

M. Riedel (Hrsg.), Rehabilitierung der praktischen Philosophie, 2 Bde., Freiburg i. Br. 1972, 1974
Umfangreichste Dokumentation der wichtigsten, sehr verschiedenen Arbeiten im deutschsprachigen Raum, die im Anschluß vor allem an J. Ritters Interpretationen der aristotelischen Form der praktischen Philosophie und ihrer Nachwirkungen bis ins 18. Jahrhundert nach der Leistungsfähigkeit und Grenze der praktischen Philosophie heute fragen.

W. Oelmüller (Hrsg.), Wozu noch Geschichte? München 1977
Hierin der Aufsatz von Oelmüller: „Zur Rekonstruktion unserer historisch vorgegebenen Handlungsbedingungen", der die Denkvoraussetzungen der Einleitung I ausführlicher behandelt. Die Beiträge der Historiker (Kocka, Staudinger, Rüsen, Koselleck), Soziologen (Benseler, Luhmann), Wirtschaftswissenschaftler (Buttler), Theologen (Schellong) und Philosophen (Lübbe, Oelmüller, Schmidt, Stachowiak) zeigen, wie man heute mit neuen Methoden und von verschiedenen letzten Wertentscheidungen aus den Zusammenhang

der Geschichte und die Voraussetzungen des Politischen zu beschreiben und zu erklären versucht.

Biographisch-bibliographischer Teil

Vorbemerkung

Die Auswahl der Autoren dieses Bandes und der Texte wird in der Einleitung ausführlich begründet. Die biographischen Hinweise geben erste Kurzinformationen, die auch im Blick auf diesen Band von Interesse sind. Für die Autoren der dritten Epoche werden mit Ausnahme Max Webers keine Literaturhinweise gegeben, da die Diskussion noch weniger als bei den anderen Autoren abgeschlossen ist und die ausgewählten Texte selbst diese Diskussion beispielhaft belegen.

Platon

geb. 427 v. Chr. in Athen, Angehöriger des höchsten Adels, gest. 347 v. Chr. in Athen. Er gründete in Athen eine Philosophenschule (‚Akademie'). Platon versucht nach der Verurteilung seines Lehrers Sokrates zum Tode (399) angesichts der Bedrohung der griechischen Polis eine ‚Rettung der Polis' und eine neue Rechtfertigung einer gerechten politischen Ordnung, vor allem in seinen beiden Werken ‚Der Staat' und ‚Die Gesetze'. In diesen und seinen anderen Werken begründet er die Philosophie als Dialog, bei dem Sokrates fast immer als Hauptgesprächspartner die Position Platons vertritt. Platons Versuche, seine politischen Vorstellungen in Syrakus zu realisieren, scheiterten. Die Auseinandersetzung mit seiner politischen Theorie, ebenso wie mit der seines Schülers Aristoteles, gehört bis in die Gegenwart der Sache und dem Selbstverständnis nach zentral zur politischen Philosophie.

R. Dahrendorf, Lob des Thrasymachos. Zur Neuorientierung von politischer Theorie und politischer Analyse, in: Pfade aus Utopia. Arbeiten zur Theorie und Methode der Soziologie, Gesammelte Abhandlungen I, München 1967, S. 294–313

Die Auseinandersetzung zwischen Sokrates und Thrasymachos über Gerechtigkeit und Herrschaft (im 1. Buch von Platons ‚Staat') wird unter Einbeziehung der Positionen von Rousseau und Hobbes gedeutet als Alternative zwischen Gleichgewichtstheorien (Parsons, K. Deutsch), die eine Gefahr für die individuelle Freiheit in einer dem Wandel offenen Gesellschaft seien, einerseits und Theorien, die vom Zwangs- und Konfliktcharakter menschlicher Gesellschaften und der Dialektik von Herrschaft und Widerstand ausgehen, andererseits. Letztere sind für D. eine plausiblere Perspektive für das soziale und politische Leben.

O. Gigon – L. Zimmermann, Begriffslexikon zu: Platon, Jubiläumsausgabe sämtlicher Werke, Bd. 8, Zürich–München 1974

Das Lexikon will „in einer begrenzten Anzahl von Stichworten und in lesbarer Form über die Philosophie Platons im ganzen orientieren" (S. 5). Die Entwicklung der Begriffe in Platons Werk wird aufgezeigt. Zugleich wird die Verbindung zu den Vorsokratikern auf der einen, zu Aristoteles und der hellenistischen Philosophie auf der anderen Seite hergestellt. Beste Einführung in Platons Philosophie.

A. B. Hentschke, Politik und Philosophie bei Platon und Aristoteles. Die Stellung der ‚Nomoi' im Platonischen Gesamtwerk und die politische Theorie des Aristoteles, Frankfurt a.M. 1971

Untersuchung der politischen Philosophie Platons, des ‚Staates', besonders der ‚Gesetze' und der des Aristoteles unter dem Gesichtspunkt des Verhältnisses von philosophischer Erkenntnis und politischer Praxis. Literaturverzeichnis, Sachregister, Verzeichnis griechischer Wörter und Begriffe.

R. Maurer, Platons ‚Staat' und die Demokratie. Historisch-systematische Überlegungen zur politischen Ethik, Berlin 1970.

Platons politische Philosophie verstanden als Suche nach einer politischen praktischen Wissenschaft, die sich nicht bloß technisch, instrumental auswirkt, sondern bis in die zweckbestimmende Vernunft und Gesinnung der Menschen hineinreicht. In Vergegenwärtigung dieser höchsten Form des Politischen versucht M. ihre Rehabilitation. Hinweise auf Rousseau, Hobbes, Hegel, Marx, Carl Schmitt. Literaturverzeichnis, Personen- und Begriffsregister.

K. R. Popper, Die offene Gesellschaft und ihre Feinde, Bd. 1, Der Zauber Platons. (1. engl. Ausgabe 1944) Bern 1957 (auch: Uni-Taschenbuch Nr. 472 u. 473)

Scharfe Kritik Platons, dessen politische Philosophie mit ihrer Theorie der Gerechtigkeit und Glückseligkeit in Zusammenhang mit Theorie und Praxis moderner totalitärer Richtungen (Faschismus, Marxismus) gesehen wird.

R. Spaemann, Die Utopie der Herrschaftsfreiheit, in: M. Riedel (Hrsg.), Rehabilitierung der praktischen Philosophie, Bd. 2, Freiburg i. Br. 1974, S. 211–233

Gegen die Positionen: Herrschaft versus Vernunft (Hobbes, Dahrendorf), System versus Herrschaft und Vernunft (Luhmann), besonders gegen die von Habermas vertretene Vernunft versus Herrschaft auf der Basis eines herrschaftsfreien universellen Diskurses wird im Anschluß an Platons ‚Gesetze' die Idee der klassischen politischen Philosophie von der vernünftigen Herrschaft vertreten, die legitim ist, wenn sie gerecht und dadurch konsensfähig ist. Vgl. Erwiderung: J. Habermas, Die Utopie des guten Herrschers (Eine Antwort an Robert Spaemann), in: Kultur und Kritik. Verstreute Aufsätze, st 125, Frankfurt a.M. 1973, S. 378–388.

Aristoteles

geb. 384 v. Chr. in Stagira (Thrakien) als Sohn des makedonischen Hofarztes, gest. 322 v. Chr. in Chalkis auf Euboia. Von 367 v. Chr. bis zum Tod Platons war er Mitglied der ‚Akademie'. Von Philipp wurde er als Erzieher seines Sohnes Alexander nach Makedonien berufen. Später gründete er in Athen eine neue Philosophenschule (‚Lykeion'). Nach dem Tode Alexanders als ‚Makedonenfreund' wegen ‚Gottlosigkeit' angeklagt, mußte er nach Chalkis fliehen. Obwohl er sich kritisch gegen Platon absetzte, versuchte auch er eine neue Rechtfertigung der Polis. Nicht nur seine praktische Philosophie, sondern auch seine theoretische Philosophie (vor allem ‚Metaphysik' und „Logik") werden bis heute verschieden interpretiert und rezipiert.

G. Bien, Die Grundlegung der politischen Philosophie bei Aristoteles, Freiburg–München 1973

Ausführliche Darlegung. Begründung der These, daß praktische (als politische) Philosophie zuerst bei Aristoteles – nicht bei Sokrates und Platon – ihre Grundlegung erfahren hat. Aristoteles für die gegenwärtige praktische Philosophie wichtig für eine Methodenlehre der praktischen Vernunft.

J. P. Dolezal, Aristoteles und die Demokratie. Eine Untersuchung des aristotelischen Demokratiebegriffes unter besonderer Berücksichtigung der geistesgeschichtlichen und historischen Grundlagen, Frankfurt a.M. 1974

Durch Einordnung in die historischen und die geistesgeschichtlichen Zusammenhänge wird belegt, daß Aristoteles' Demokratietheorie auch als politische Aussage zu verstehen ist.

O. Höffe, Praktische Philosophie. Das Modell des Aristoteles, München–Salzburg 1971

Im Anschluß an Aristoteles entwickelt H. die Idee einer praktischen Philosophie als „Grundriß-Wissenschaft", die wissenschaftlich genau erkannte Orientierungsschemata des sittlichen Handelns damit verbindet, daß die konkreten Handlungen je neu und je selbst zu erfinden und zu setzen sind.

M. Riedel, Über einige Aporien in der praktischen Philosophie des Aristoteles, in: M. Riedel (Hrsg.), Rehabilitierung der praktischen Philosophie, Bd. 1, Freiburg i. Br. 1972, S. 79–97

Der Wissenschaftscharakter der Disziplin, das Verhältnis von Arbeit und Handeln, die Legitimation von Institutionen sind unter den Bedingungen der Neuzeit mit den systematischen Möglichkeiten der praktischen Philosophie des Aristoteles nicht mehr zu begründen. Sie gehört deshalb der Vergangenheit an und ist einer Erneuerung weder fähig noch bedürftig.

J. Ritter, Politik und Ethik in der praktischen Philosophie des Aristoteles, in: ders. Metaphysik und Politik, Frankfurt a.M. 1969, S. 106–132

In Absetzung von dem im 18. Jahrhundert eingetretenen Bruch wird die Einheit von Politik und Ethik bei Aristoteles herausgearbeitet, die zusammen mit der Ökonomik den aristotelischen Begriff des Politischen ausmacht.

J. Ritter, Naturrecht bei Aristoteles. Zum Problem der Erneuerung des Naturrechts, in: Metaphysik und Politik, a.a.O., S. 133–179

Im Gegensatz zum modernen Naturrecht deutet A. das von Natur Rechte nicht als etwas, das dem positiven Gesetz gegenübersteht, sondern als das, was als Begriff und Norm in der ethisch verfaßten Lebenswirklichkeit der Polis verwirklicht wurde.

Epikur

geb. 341 v. Chr. auf Samos als Sohn eines athenischen Bürgers, gest. 270 v. Chr. in Athen. Für ihn war aus philosophischen und historischen Gründen eine Rettung der Polis nicht mehr möglich. Er lebte und philosophierte im Kreis seiner Freunde. Die Gespräche fanden im Garten seines Landhauses bei Athen statt; der ‚Garten' ist Symbol des Rückzugs aus der Politik. Epikurs Philosophie über das glückliche Leben wird, bis z. B. bei Kant und Marx, als eine Alternative zur platonisch-aristotelischen Philosophie und Politik verstanden. Außer drei Briefen sind von Epikur nur Fragmente der Werke erhalten.

O. Gigon, Einleitung zu: Epikur, Von der Überwindung der Furcht. Katechismus, Lehrbriefe, Spruchsammlung, Fragmente, ²Zürich–Stuttgart 1968, S. 7–56

Einführung in die Lehre Epikurs im Zusammenhang der griechisch-hellenistischen Philosophie. Einheit der Lehre, weil alle Lehrstücke dem Ziel dienen, den Menschen von Angst und Grenzenlosigkeit des Begehrens frei zu machen. Mit Literaturverzeichnis.

W. F. Otto, Epikur, edition alpha, Stuttgart 1975

Essayartige Darstellung, mit Hinweisen auf die Wirkungsgeschichte. Epikureismus gedeutet als eine der großartigsten Erscheinungen unter allen Religionen.

Marcus Tullius Cicero

geb. 106 v. Chr. in Arpinum bei Rom, gest. 43 v. Chr. in Formiae. Studium des Rechts, der Rhetorik und Philosophie in Rom und Griechenland. Obwohl ein Unbekannter (homo novus), setzte er sich in der Politik vor allem durch seine politische Rednertätigkeit schnell durch und erreichte im Mindestalter von 43 Jahren das Konsulat. In diesem Jahr schlug er die Verschwörung des Catilina nieder. Bald darauf wurde er verbannt. Während seiner politischen Isolierung schrieb er seine philosophischen Schriften. Nach Caesars Ermordung wurde er während der folgenden Machtkämpfe geächtet und auf der Flucht getötet. Seine politischen Schriften reflektieren die Situation des Untergangs der res publica Romana.

O. Seel, Cicero. Wort, Staat, Welt, ²Stuttgart 1961

Gesamtdarstellung. Betont den Zusammenhang von geschichtlichen Ereignissen, Lebensgeschichte, der Tätigkeit des Politikers und des philosophischen Schriftstellers. Personen- und Sachregister.

K. Büchner, Cicero. Bestand und Wandel seiner geistigen Welt, Heidelberg 1964

Leben und Werk werden in Betonung der Wechselwirkung zwischen dem Politiker und Philosophen Cicero als Einheit begriffen. Einzelinterpretationen aller Werke Ciceros. In den Anmerkungen ausführliche Literaturhinweise. Namens-, Sach- und Stellenregister.

K. Büchner, Einleitung zu ‚De re publica', ‚Vom Gemeinwesen', lateinisch und deutsch, ²Zürich 1960, S. 7–77

Interpretation mit Analyse des Aufbaus, des zeitgeschichtlichen Hintergrundes, der Gesprächssituation und der Teilnehmer. „In einer Wende der Zeiten ist römisches Staatsgefühl im Scheitern und Verlieren noch einmal Gestalt geworden." Kurze Vergleiche u. a. mit Platon, Aristoteles und der Stoa.

R. Klein (Hrsg.), Das Staatsdenken der Römer, Wege der Forschung XLVI, Darmstadt 1966

Darin: sechs Aufsätze zu ‚De re publica' und Ciceros Staatsdenken im allgmeinen.

Lucius Annaeus Seneca

geb. 4 v. Chr. in Corduba, römischer Ritter, gest. 65 n. Chr. bei Rom. Ausbildung in Rhetorik und Philosophie. Seine kurze politische Laufbahn endete mit der Verbannung nach Korsika. Später wurde er Erzieher Neros. In den ersten Jahren der Herrschaft Neros was Seneca der politisch einflußreichste Mann Roms. Später fiel er in Ungnade. Von Nero der Teilnahme an einer Verschwörung beschuldigt, wurde er aufgefordert, sich selbst zu töten. Seneca zählt man zu den Stoikern, die sich vor allem als Bürger des vernünftig geordneten Kosmos verstanden und für die Philosophie Mittel zur ‚stoischen' Lebensführung war

M. Pohlenz, Die Stoa. Geschichte einer geistigen Bewegung, [2] Göttingen 1959
Pohlenz gibt in diesem ‚klassischen' Werk die umfassendste Darstellung der Geschichte der Stoa im Zusammenhang der ihr vorhergehenden Philosophie von Platon bis Aristoteles, der zeitgenössischen Philosophie (vor allem in Abgrenzung von den Epikureern) und den nachfolgenden Strömungen: hellenistisches Judentum, Gnosis, Neuplatonismus, Christentum.

Aurelius Augustinus
geb. 354 in Thagaste (Nordafrika), gest. 430 in Hippo Regius (Nordafrika). Studium der Rhetorik und, durch die Lektüre Ciceros beeinflußt, der Philosophie. Nach seiner Bekehrung zum Christentum – seit 396 Bischof von Hippo Regius – schrieb er 413–427 ‚De Civitate Dei'. Hier versucht er, in Auseinandersetzung mit antiken Denkern mit Hilfe der Philosophie die in der Bibel bezeugten Wahrheiten in einem heilsgeschichtlichen Prozeß von Schöpfung, Geburt und Wiederkehr Christi zu denken. Für die christlichen Kirchen wurde er einer der bedeutendsten ‚Kirchenväter'. Seine Lehre von den beiden Reichen wurde schon im Mittelalter nicht nur verschieden interpretiert, sondern auch politisch-ideologisch verwendet.

E. Gilson, Die Metamorphosen des Gottesreichs, München–Paderborn–Wien 1959
Nach G. formuliert Augustinus das Ideal einer universalen Gesellschaft, die auf Glaube, Hoffnung und Liebe basiert. Alle Versuche, durch Metamorphosen des Gottesreiches, z. B. durch Universalimperien, Philosophie oder Wissenschaft, dieses Reich als zeitliches Reich zu verwirklichen, scheiterten. Die universale friedvolle Gesellschaft ist nach G. nur im Universalismus des Glaubens zu erreichen, der in der einen, katholischen Kirche sich realisiere.

W. Kamlah, Christentum und Geschichtlichkeit. Untersuchungen zur Entstehung des Christentums und zu Augustins ‚Bürgerschaft Gottes', zweite neubearbeitete und ergänzte Auflage, Stuttgart–Köln 1951
Augustinus trennt civitas terrena als den Bereich eigenmächtiger Vernunft von der civitas Dei als dem Bereich der Selbstbehauptung der Gottesbürger. Damit wird er für K. Gründer des abendländischen, auf Selbständigkeit angelegten Glaubens wie auch der abendländischen, auf Selbständigkeit angelegten Vernunft.

K. Löwith, Weltgeschichte und Heilsgeschehen. Die theologischen Voraussetzungen der Geschichtsphilosophie, Urban-Taschenbücher 2, [6] Stuttgart–Berlin–Köln–Mainz 1973
Augustinus wird gedeutet im Rahmen der allgemeinen These, daß Geschichtsphilosophie säkularisierte Deutung der Geschichte als eines eschatologisch ausgerichteten Heilgeschehens ist. (Einleitung S. 11–26). Den ‚Gottesstaat' deutet L. als Widerlegung der antiken Theorie der Zeit- und Weltbewegung als einer ziellosen, periodischen Kreisbewegung. (Augustin S. 148–159).

Thomas von Aquin
geb. um 1225 in Roccasecca (Süditalien), gest. 1274 im Kloster Fossa Nuova. Stammt aus bedeutendem Adelsgeschlecht. Nach Eintritt in den Dominikanerorden Studien in Neapel und Köln. Lehrtätigkeit in Paris und am päpstlichen Hof. Vor allem durch seine Rezeption der aristotelischen Philosophie in die Scholastik erreichte die mittelalterliche Theologie und Philosophie in seinen Schriften ihre für die Folgezeit einflußreichste Formulierung. Seine Lehre wurde 1879 durch eine päpstliche Enzyklika als alleinverbindlich für die katholische Theologie und Philosophie erklärt. In seiner Rechtfertigung der politischen Ordnung weiß er sich „geleitet vom Gebot der Heiligen Schrift, der Erkenntnis der Philosophen und dem Beispiel gepriesener Fürsten".

W. Kluxen, Philosophische Ethik bei Thomas von Aquin, Mainz 1964
Arbeit zum Problem einer philosophischen Ethik bei Thomas, die begründet ist in der Synthese von Philosophie und Theologie, in der ihre Eigenständigkeit als praktische Wissenschaft vorausgesetzt und gewahrt ist. Es wird der Anspruch erhoben, zur Grundlegung einer gegenwärtigen thomistischen Ethik beizutragen, die gegen einen Ideologievorwurf geschützt ist.

Thomas Hobbes
geb. 1588 zu Malmesbury, gest. 1679 in Hardwick. Studium der Philosophie in Oxford. Erzieher und Hauslehrer. Reisen nach Frankreich und Italien. Nach der Revolution Cromwells 1640–1651 als Emigrant in Paris. 1651 Veröffentlichung des ‚Leviathan'. Nach Ablehnung seiner Philosophie durch die Royalisten kehrt er nach England zurück, versöhnt sich mit der Republik Cromwells, dann mit dem restaurierten Königtum. In seiner politischen Philosophie geht Hobbes aus von dem Zustand religiös und sozial motivierter Bürgerkriege. Er ist der Überzeugung, daß nur ein starker Souverän den inneren und äußeren Frieden sichern kann. Damit wendet er sich gegen die Tradition des aristotelischen Naturrechts, nach dem der Staat das höchste Gut verwirklichen muß. Im 20. Jahrhundert berufen sich auf Hobbes Philosophen und Politiker, die in einer vermeintlichen oder tatsächlichen Krisensituation für eine starke Staatsmacht plädieren.

I. Fetscher, Einleitung zu: Thomas Hobbes, Leviathan, Neuwied–Berlin 1966, IX–LXIV (auch: Ullstein-Buch 3240)
Fetscher gibt eine umfassende Übersicht über Hobbes' Leben und Schriften und seine politische Philosophie und einen Abriß der Hobbes-Forschung. Knappste und beste Einführung in Hobbes' politische Philosophie. Gemeinsam mit Aufsätzen auch zu Rousseau, Kant, Hegel und Marx wiederabgedruckt in der Aufsatzsammlung: Herrschaft und Emanzipation, München 1976, S. 30–82.

R. Koselleck – R. Schnur (Hrsg.), Hobbes-Forschungen, Berlin 1969
Vorlagen eines internationalen Hobbes-Kolloquiums 1967. Besonders Aufsätze zu Fragen der politischen Theologie und politischen Theorie, insbesondere zum Verhältnis von Individuum und Staat. Hierzu auch die deutschsprachigen Beiträge. Umfassende Bibliographie zur Hobbes-Rezeption im deutschen Sprachraum.

C. B. Macpherson, Die politische Theorie des Besitzindividualismus. Von Hobbes bis Locke, stw 41, (Oxford 1962) Frankfurt a.M. 1973 (Hobbes S. 11–125)

Macphersons These ist: „Wenn man Hobbes' universellen Anspruch auf ein historisches Maß reduziert, ist es nicht nötig, seine Theorie der menschlichen Natur von seiner politischen Theorie zu trennen, um die letztere zu retten; beide Theorien zeigen dann, daß sie eine spezifische historische Gültigkeit haben und miteinander harmonisieren." (S. 25) Hobbes gehe aus von der Annahme von Konkurrenzstreben in jedem Individuum, sein Gesellschaftsmodell sei das der frühbürgerlichen Konkurrenz- und Marktgesellschaft. Die Nichtberücksichtigung der Klassengegensätze mache die Theorie für die heutige Gesellschaft unhaltbar.

C. Schmitt, Der Leviathan in der Staatslehre des Thomas Hobbes, Hamburg 1938

Schmitt schätzt Hobbes als Vorläufer zeitgenössischer autoritärer Regime, die allein Friedenssicherung leisten können. Er sieht ihn jedoch zugleich im Zusammenhang der liberalen Tradition, da er inkonsequenterweise das faktisch Unkontrollierbare, den inneren Glauben, gar nicht erst der staatlichen Aufsicht unterwirft.

L. Strauss, Hobbes' politische Wissenschaft (Oxford 1936) Neuwied 1965

Das für die moderne Hobbes-Diskussion grundlegende Werk deutet Hobbes' politische Philosophie als den verhängnisvollen Bruch mit der alteuropäischen politischen Philosophie, insofern Zweck des Staates nicht mehr das sittlich gute Leben, sondern die Erhaltung des Lebens ist.

Jean-Jacques Rousseau

geb. 1712 in Genf, gest. 1778 in Ermenonville bei Paris. Verläßt 1728 Genf. Er tritt zum katholischen Glauben über, dem er später wieder abschwört. Siedelt 1742 nach Paris über, ist dort Hauslehrer und Privatsekretär. Gewinnt 1750 den Preis der Akademie Dijon und wird dadurch bekannt. Er lebt aber weiterhin in ärmlichen Verhältnissen. 1762 erscheint sein politisches Hauptwerk, der ‚Contrat social'. Im selben Jahr wird er wegen des ‚Emile' vom Pariser Parlament geächtet und flieht durch verschiedene Länder Europas. Lebt ab 1770 wieder in Paris. Die Krise seiner Zeit gründet für Rousseau in dem Zerfall der antiken Ordnungen, der wesentlich durch das Christentum bewirkt wurde. Er hält den allgemeinen Verfall für so groß, daß er eine gute politische Ordnung nur noch in einigen kleinen Staaten am Rande Europas für möglich hält. Rousseaus Schriften zur Kulturkritik, Erziehung und Staatstheorie sind von weitreichender, wenn auch umstrittener Wirkung gewesen von der Französischen Revolution bis zu gegenwärtigen philosophischen und politischen Auseinandersetzungen.

R. Brandt, Rousseaus Philosophie der Gesellschaft, problemata 16, Stuttgart–Bad Cannstatt 1973

Interpretation des ‚Gesellschaftsvertrags': Gegenbild zur zeitgenössischen Gesellschaft und Entwurf, der den Menschen vor Absolutismus (Versklavung durch den Despoten) und Liberalismus (Versklavung durch ein System grenzenloser künstlicher Bedürfnisse) bewahren soll. Rousseaus Diagnose der Wirklichkeit gewendet gegen Hegels Versuch der Versöhnung von Idee und Wirklichkeit.

I. Fetscher, Rousseaus politische Philosophie. Zur Geschichte des demokratischen Freiheitsbegriffs, Neuwied–Berlin 1960, Dritte überarbeitete Auflage, stw 143, Frankfurt a. M. 1975

Rousseaus Lehre wird als Einheit und Ergebnis philosophischer Analyse und Kritik gedeutet. Rousseau sei nicht Theoretiker der Demokratie und modernen Industriegesellschaft, sondern in Bezug auf die sozio-ökonomischen Verhältnisse konservativ. Seine Kulturkritik wirkte in der Französischen Revolution revolutionär. In der 3. Aufl. erw. und revidiertes Kapitel ‚Rousseau und die Französische Revolution'. Mit Bibliographie, Namens- und Sachregister.

R. Spaemann, Natürliche Existenz und politische Existenz bei Rousseau, in: Collegium philosophicum. Studien. Joachim Ritter zum 60. Geburtstag, Basel–Stuttgart 1965, S. 373–388

Rousseaus widersprüchliche Ideale des Menschen (homme naturel) und des Bürgers (citoyen) werden gedeutet in ihrer Einheit als Reflexion auf die Entzweiung von Mensch und Bürger und ihrer geschichtlichen Bedingungen: Zerstörung der Einheit der antiken Polis und des in ihr lebenden Menschen durch das Christentum, das den Menschen als Menschen freisetzt. Ungelöstes Problem: Verhältnis von Emanzipation und Integration.

G. della Volpe, Rousseau und Marx. Beiträge zur Dialektik geschichtlicher Strukturen, Philosophische Texte 1, Darmstadt–Neuwied 1975

Marxistische Interpretation. Das von Rousseau gestellte Problem einer egalitären Freiheit (alle sind gleich und die Freiheit bleibt dennoch erhalten) wird durch den wissenschaftlichen Sozialismus gelöst. Mit Exkursen u. a. zu Locke, Montesquieu, Voltaire, Kant und Hegel.

Immanuel Kant

geb. 1724, gest. 1804 in Königsberg. Studium der Philosophie, Theologie und Mathematik; Hauslehrer, ab 1770 Professor in Königsberg. Neben seinen drei ‚Kritiken' (‚Kritik der reinen Vernunft', ‚Kritik der praktischen Vernunft', ‚Kritik der Urteilskraft') verfaßte Kant eine Reihe kleinerer Schriften u. a. zur Politik, Staats- und Geschichtsphilosophie. Seine politische Philosophie versucht, allein aus der Vernunft die Prinzipien der Freiheit, Gleichheit, Selbständigkeit als Rechtsprinzipien des modernen Staates zu begründen, und glaubt, aus den Wandlungen der Gesellschaft und der Anteilnahme an der Französischen Revolution die Hoffnung ziehen zu können, daß der Prozeß der Aufklärung fortschreiten wird.

Z. Batscha (Hrsg.), Materialien zu Kants Rechtsphilosophie, stw 171, Frankfurt a.M. 1976

Aufsätze der neueren Kantforschung zu den Problemen des politischen Standortes Kants, der Aufklärung, von Recht und Eigentum, Widerstandsrecht und zur Interpretationsgeschichte. Auszüge aus den ‚Vorarbeiten' und ‚Reflexionen' Kants zu seinen rechts- und staatsphilosophischen Arbeiten. Mit Literaturhinweisen.

L. Goldmann, Mensch, Gemeinschaft und Welt in der Philosophie Immanuel Kants, Zürich 1945

Indem Kant in seiner Erkenntnistheorie die Konstituierung der Welt als menschliche Tat verstand, eröffnete er die Möglichkeit einer Philosophie der

Gemeinschaft und der Person mit dem Ziel der Befreiung des Menschen und der Verwirklichung einer vollkommenen Gesellschaft. Kants Ansatz werde von Hegel, Marx und Georg Lukács weitergeführt und sei noch heute eine unabgeschlossene Aufgabe.

W. Oelmüller, Die unbefriedigte Aufklärung. Beiträge zu einer Theorie der Moderne von Lessing, Kant und Hegel, stw. 263, ^{2}Frankfurt a.M. 1979, vor allem III. Kap. Kant, S. 103–239
Kants praktische Philosophie wird, wie auch die Philosophie Lessings und Hegels, als Versuch verstanden, in kritischer Auseinandersetzung mit alteuropäischen und zeitgenössischen Theorien Lösungsmöglichkeiten für spezifische Probleme der Moderne zu entwickeln. Der hier beginnende Diskurs wird als Prozeß einer bis heute „unbefriedigten Aufklärung" gedeutet.

R. Saage, Eigentum, Staat und Gesellschaft bei I. Kant, Stuttgart–Berlin–Köln–Mainz 1973
Historisch-soziologisch, ideologiekritisch orientierte Arbeit. These: Kants Rechtsstaatsidee ist vom Interesse der bürgerlichen Eigentümer her konzipiert. Private Verfügung über Eigentum wird zur Bedingung konkreter Freiheit gemacht. Literaturverzeichnis.

H. Saner, Kants Weg vom Krieg zum Frieden, Bd. 1 Widerstreit und Einheit. Wege zu Kants politischem Denken, München 1967
Versuch, Kants politisches Denken als Zentrum seines Philosophierens zu erweisen. Schon die formalen Gedankenstrukturen des theoretischen Werks enthalten die materialen Gedankeninhalte der politischen Schriften. Bd. 2: noch nicht erschienen, wird Darlegung und Interpretation der politischen Schriften selbst enthalten.

Georg Wilhelm Friedrich Hegel
geb. 1770 in Stuttgart, gest. 1831 in Berlin. Studium der Philosophie und Theologie in Tübingen (1788–93). Freundschaft mit Hölderlin und Schelling. Hauslehrer in Bern und Frankfurt. Redakteur der ‚Bamberger Zeitung' (1807/08), Rektor des Nürnberger Gymnasiums (1808–16), 1816 Professor in Heidelberg, ab 1818 in Berlin. Neben seinen Schriften und Vorlesungen zur Logik, Ästhetik, Geschichts- und Religionsphilosophie und der ‚Rechtsphilosophie' als seinem Hauptwerk zur politischen Philosophie hat Hegel sich sein Leben lang in Schriften zu politischen Fragen und Verfassungsproblemen geäußert. Anders als Kant, der den Begriff der bürgerlichen Gesellschaft noch im alten Sinne verwendet, geht Hegel aus von der Analyse der modernen bürgerlichen Gesellschaft, auch in ihren ökonomischen Strukturen, und unterscheidet sie von der Familie und dem Staat. Die Deutung Hegels als restaurativ-konservativ, bürgerlich-liberal oder als fortschrittlich – mit Blick auf Marx – ist in seiner Philosophie selbst angelegt und bis heute kontrovers.

J. Habermas, Hegels Kritik der Französischen Revolution, in: Theorie und Praxis. Sozialphilosophische Studien. 4. Aufl. (erweitert und neu eingeleitet), st 9, Frankfurt a.M. 1971, S. 128–147
Gegenthese zu J. Ritter (s. u.): „Hegel erhebt die Revolution zum Prinzip der Philosophie um einer Philosophie willen, die als solche die Revolution über-

windet. Hegels Philosophie der Revolution ist seine Philosophie als deren Kritik". Vgl. J. Habermas, Zu Hegels Politischen Schriften, in: ebda. S. 148–171.

K.-H. Ilting, Edition von: G. W. F. Hegel, Vorlesungen über Rechtsphilosophie 1818–1831, Edition und Kommentar in 6 Bänden, Stuttgart–Bad Cannstatt 1973 ff.

Die Edition enthält neben der ‚Rechtsphilosophie' von 1820 Rezensionen, Vorlesungsnotizen Hegels und Vorlesungsnachschriften verschiedener Hörer aus der Zeit vor und nach der Veröffentlichung der ‚Rechtsphilosophie'. In seiner Einleitung (1, S. 23–126) will I. durch historische und philologische Erörterungen zeigen, daß wesentliche Auffassungen Hegels in der veröffentlichten ‚Rechtsphilosophie' nach den Karlsbader Beschlüssen durch Rücksicht auf Zensur und politische Verdächtigungen verfälscht sind. Wenn man seine Vorlesungen als maßgebliche Quelle berücksichtige, müsse das Bild Hegels als „Anwalt der Restauration" revidiert werden. Bd. 5 wird eine Gesamtdarstellung der politischen Philosophie Hegels enthalten, Bd. 6 Einzelanalysen.

O. Negt (Hrsg.), Aktualität und Folgen der Philosophie Hegels, es 441, Frankfurt a.M. 1970

Kritik der bürgerlichen Hegel-Renaissance und einer vom Sowjet-Marxismus geprägten Hegel-Interpretation aus der Sicht der ‚Neuen Linken'.

M. Riedel (Hrsg.), Materialien zu Hegels Rechtsphilosophie, 2 Bde., stw 88 u. 89, Frankfurt a.M. 1975

Bd. 1: Rezensionen, Kritiken, Abhandlungen, die zu Hegels Lebzeiten und bis 1860 erschienen. Bd. 2 dokumentiert gegenwärtigen Diskussionsstand durch wichtige Aufsätze. Chronologisch geordnete Bibliographie von Textausgaben und ausgewählte Literatur zur ‚Rechtsphilosophie'.

M. Riedel, Studien zu Hegels Rechtsphilosophie, es 355, Frankfurt a.M. 1969

Historisch-kritische Interpretationen der ‚Rechtsphilosophie' im Zusammenhang mit der politisch-naturrechtlichen Tradition und der industriellen und politischen Revolution.

J. Ritter, Hegel und die französische Revolution, in: Metaphysik und Politik. Studien zu Aristoteles und Hegel, stw 199, Frankfurt a.M. 1977, S. 183–255 (zuerst erschienen 1957)

Vertritt gegen die Deutung Hegels als restaurativen Staatsphilosophen die These: „Es gibt keine zweite Philosophie, die bis in ihre innersten Antriebe hinein Philosophie der Revolution ist wie die Hegels." Die mit der Französischen Revolution manifest gewordenen Entzweiungen der modernen Welt seien die Bedingungen neuzeitlicher Freiheiten.

Karl Marx

geb. 1818 in Trier, gest. 1883 in London. Stammt aus jüdischer Familie, die 1824 zum Protestantismus übertritt. Studium der Rechtswissenschaften, zugleich auch der Philosophie, Philologie und Geschichte in Bonn, dann Berlin. Redakteur an der liberal-demokratischen ‚Rheinischen Zeitung'. Wegen seiner radikal-demokratischen Schriften und Tätigkeiten muß er mehrmals fliehen, lebt in Paris, Brüssel, schließlich in London. Arbeitet dort vornehmlich an seinem theoretischen Hauptwerk ‚Das Kapital'. In kritischer Anknüpfung an die idealistische Philosophie besonders Hegels, die utopischen Sozialisten, die englische politische Ökonomie und die französischen Materialisten wird er (mit Friedrich Engels [1820–1895]) zum Begründer des Wissenschaftlichen Sozialismus' nach dem die kapitalistische Gesellschaft zwangsläufig zusammenbrechen muß. Der Historische Materialismus ist einerseits in den nachrevolutionären Gesellschaften Osteuropas zur Legitimationswissenschaft geworden. Andererseits wird er vor allem in den entwickelten Industriegesellschaften Westeuropas in Anknüpfung an den gegenwärtigen Stand der Gesellschafts- und Handlungswissenschaften als kritische Gesellschaftstheorie weiterentwickelt, während man vor allem in weniger entwickelten Gesellschaften besonders der ehemaligen Kolonialgebiete versucht, den Marxismus mit verschiedenen sozialen, politischen, ökonomischen und religiösen Traditionen in Einklang zu bringen und zur Grundlage einer neuen nationalen Identität zu machen.

J. Barion, Hegel und die marxistische Staatslehre, Bonn 1963
Philologisch fundierte Untersuchung des Verhältnisses des Marxismus zu Hegel in den Bereichen Gesellschaft und Staat. Mit Darstellungen zu Marx, Engels, Lenin und Stalin.

I. Fetscher, Der Marxismus. Seine Geschichte in Dokumenten, Bd. 1 Philosophische Ideologie, Bd. 2 Ökonomie, Soziologie, Bd. 3 Politik, München 1962, 1964, 1965
Textsammlung. Jeweils Vorläufer der Lehren, Texte von Marx, Engels, Lenin, Stalin, orthodox-marxistischen und revisionistischen Autoren. Nur wenige Texte nach 1924. Mit bibliographischen Hinweisen.

I. Fetscher, Karl Marx und der Marxismus. Von der Philosophie des Proletariats zur proletarischen Weltanschauung, München 1967
Aufsatzsammlung. Der Weg vom Humanismus des Frühwerks von Marx zum orthodox-bürokratischen Sowjetkommunismus.

I. Fetscher (Hrsg.), Grundbegriffe des Marxismus. Eine lexikalische Einführung, Hamburg 1976
Kurze Abhandlungen zu marxistischen Grundbegriffen, mit ausführlichen Textbelegen und Literaturangaben zu marxistischen Autoren bis in die Gegenwart. Sachregister.

E. Hennig – J. Hirsch – H. Reichelt – G. Schäfer (Hrsg.), K. Marx, Fr. Engels: Staatstheorie. Materialien zur Rekonstruktion der marxistischen Staatstheorie, Ullstein-Buch 3008, Frankfurt a.M.–Berlin–Wien 1974
Zusammenfassung verstreuter Texte von Marx und Engels. Ausführliche Einleitungen, in denen aus marxistischer Sicht Grundfragen einer materialistischen Staatstheorie formuliert werden, mit dem Anspruch, Erfahrungen der historischen Entwicklung der „sozialistischen Staaten" zu berücksichtigen.
S. auch die unter ‚Allgemeine Darstellung' angeführten Werke:

J. Habermas, Theorie und Praxis. Darin: Literaturbericht zur philosophischen Diskussion um Marx und den Marxismus, a.a.O. S. 387–463

W. Oelmüller (Hrsg.), Weiterentwicklungen des Marxismus

Alexis de Tocqueville

geb. 1805 in Verneuil, gest. 1859 in Cannes. Aus altem normannischen Adel. Studium der Rechtswissenschaften. Nach der Julirevolution 1830 Reise in die USA. 1841 Aufnahme in die Academie Française. Abgeordneter in der Deputiertenkammer (1839–1848), 1848 Mitglied der verfassungs- und gesetzgebenden Versammlung. 1849 für kurze Zeit Außenminister. Nach dem Staatsstreich durch Louis Napoleon 1851 Rückzug aus der aktiven Politik. Treibt bis zu seinem Tod geschichtlich-politische Studien. Nach dem Studium der amerikanischen Demokratie und der nachrevolutionären europäischen Gesellschaften des 19. Jahrhunderts erkennt Tocqueville die Spannung von Gleichheit und Freiheit in Staat und Gesellschaft als ungelöstes Problem der neuzeitlichen demokratischen Staatsverfassungen. Damit erörtert er die auch in der Gegenwart diskutierte Alternative zwischen einer liberal-individualistischen und einer kollektivistischen Form der Demokratie.

Th. Eschenburg, Tocquevilles Wirkung in Deutschland, in: A. de Tocqueville, Über die Demokratie in Amerika, hrsg. v. J. P. Mayer, dtv 6063, München 1976, S. 879–929

Stellt Wirkung Tocquevilles von seinen Lebzeiten bis etwa 1945 dar.

J. P. Mayer, Alexis de Tocqueville. Analytiker des Massenzeitalters, [3] München 1972

Darstellung von Leben und Werk. Im Anhang: Tocqueville und Marx. Tocqueville erscheint mit seiner Prognose wachsender Staatsmacht und sich verschärfender Spannung von Gleichheit und Freiheit in der modernen Massengesellschaft als der bedeutendere Analytiker.

O. Vossler, Alexis de Tocqueville. Freiheit und Gleichheit, Frankfurt a.M. 1973

Tocqueville ist nicht der Soziologe des Massenzeitalters, und Philosoph und Historiker ist er nur mit Schwächen. Das Verhältnis von Gleichheit und Freiheit glaubt V. bei Tocqueville dadurch gelöst, daß eine nicht institutionalisierbare Gleichheit der Gesinnung und eine metajuristische und metapolitische Freiheit als Tätigkeit und Sollen darin übereinkommen, daß sie ‚sittliches Handeln überhaupt' sind.

John Stuart Mill

geb. 1806 in London, gest. 1873 in Avignon. Sohn des schottischen Philosophen James Mill. Wird vom Vater im Sinne des Utilitarismus erzogen. Kein Universitätsstudium. 1823–58 Angestellter der Ostindischen Handelsgesellschaft. Gründer der ‚Utilitarian Society', 1865–1868 Mitglied des Unterhauses. Mill verfaßte ein umfangreiches philosophisches, ökonomisches und literarisches Werk, daß auch heute noch vor allem im angelsächsischen Sprachraum eine große Wirkung hat. Er gilt als bedeutender Vertreter des klassischen Liberalismus mit seinem Glauben an eine vernünftig geregelte freie Sozialordnung, seiner Forderung nach religiöser Toleranz und nach Verwirklichung einer liberal-kapitalistischen Wirtschaftsordnung. Er sieht im Anschluß an Tocqueville jedoch auch die Bedrohung dieser Prinzipien vor allem durch die Gesellschaft selbst und die Tyrannei der öffentlichen Meinung.

W. Hübner, John Stuart Mills Freiheitsbegriff, in: W. Berges – C. Hinrichs (Hrsg.), Zur Geschichte und Problematik der Demokratie. Festgabe für Hans Herzfeld, Berlin 1958, S. 97–111

Mills Schrift ‚Über die Freiheit' wird interpretiert im Zusammenhang des englischen Utilitarismus, Liberalismus und der Rezeption deutscher klassischer Philosophie in England.

H. Jacobs, Rechtsphilosophie und politische Philosophie bei John Stuart Mill, Bonn 1965

Bei Anerkennung des persönlichen Strebens nach Gerechtigkeit und Wahrheit wird Mill eine konsistente Begründung seiner Lehre vom wertphilosophischen Standpunkt aus abgesprochen, da die Gerechtigkeit der Nützlichkeit nachgeordnet ist und dies zu Relativismus und subjektiver Willkür führe.

Max Weber

geb. 1864 in Erfurt, gest. 1920 in München. Studium der Rechtswissenschaften, Geschichte, Nationalökonomie und Philosophie in Heidelberg, Göttingen, Berlin. Lehrtätigkeit in Freiburg, Heidelberg und München. Neben seiner wissenschaftlichen Tätigkeit war er vor und nach dem Ersten Weltkrieg politisch tätig und einflußreich. Gegen den Dogmatismus der Wissenschaften und Weltanschauungen auf der einen Seite und den irrationalistischen Lebensphilosophien auf der anderen Seite verteidigt er den ambivalenten okzidentalen Rationalisierungs- und Bürokratisierungsprozeß. Er begrenzt die Kompetenz moderner Wissenschaft im Streit um Werte. Dies führte zum berühmten ‚Werturteilsstreit'. In den entwickelten Industriegesellschaften Europas und der westlichen Welt denken und argumentieren bürgerliche und sozialistische Humanwissenschaftler heute ‚im Bannkreis von Max Weber'.

R. Bendix, Max Weber – Das Werk. Darstellung, Analyse, Ergebnisse, München 1964

B. behandelt bevorzugt das empirisch-soziologische Werk. Schwerpunkte: Religions-, Staats- und Herrschaftssoziologie. Personen- und Sachregister.

J. Habermas, Max Webers Legitimationsbegriff. Abschnitt in: Legitimationsprobleme im Spätkapitalismus, es 623, Frankfurt a.M. 1973, S. 133–140

Auseinandersetzung in größerem Zusammenhang. Bei Weber nur Begründung von Legalität als dem legalen Zustandekommen einer Entscheidung, nicht von Legitimation, die einen diskursiv begründbaren Wahrheitsbezug voraussetze.

W. J. Mommsen, Max Weber. Gesellschaft, Politik und Geschichte, stw 53, Frankfurt a.M. 1974

Aufsatzsammlung. Darlegung des inneren Zusammenhangs der politischen, gesellschaftspolitischen und universalhistorischen Auffassungen. Wichtige Aufsätze zum Demokratiebegriff Webers, zur Auseinandersetzung mit Marx und zum „Idealtypus". Im ersten Aufsatz Abriß von Leben und Werk.

W. J. Mommsen, Max Weber und die deutsche Politik 1890–1920, 2. überarbeitete und erweiterte Auflage, Tübingen 1974 ([1]1959)

Kritische Analyse der politischen Anschauungen Webers und ihres Niederschlags im theoretischen Werk. Webers Weg vom liberalen Verfassungsstaat zur plebiszitären Führerdemokratie. Im Nachwort Erörterung der zum Teil scharfen Angriffe auf sein Buch und Abriß der Max Weber-Diskussion bis Habermas und Luhmann.

W. Schluchter, Wertfreiheit und Verantwortungsethik. Zum Verhältnis von Wissenschaft und Politik bei Max Weber, Gesellschaft und Wissenschaft 3, Tübingen 1971

Durch eine differenzierte Analyse will Sch. zeigen, daß Weber Wissenschaft und Politik weder identifizieren noch total gegeneinander isolieren wollte. Beide können aneinander korrigiert werden. Webers Modell hat pragmatischen, nicht dezisionistischen Charakter.

O. Stammer (Hrsg.), Max Weber und die Soziologie heute. Verhandlungen des 15. Deutschen Soziologentages (Heidelberg 1964), Tübingen 1965

Dokumentation der Referate und Diskussionen. Von bes. Bedeutung für die Diskussion der folgenden Jahre: T. Parsons, Wertgebundenheit und Objektivität in den Sozialwissenschaften; R. Aron, Max Weber und die Machtpolitik H. Marcuse, Industrialisierung und Kapitalismus.

Niklas Luhmann

geb. 1927 in Lüneburg. Studium der Rechtswissenschaften und der Soziologie. Referent im niedersächsischen Kultusministerium, Referent an der Hochschule für Verwaltungswissenschaft in Speyer, Abteilungsleiter an der Sozialforschungsstelle in Dortmund. Seit 1968 Professor für Soziologie an der Universität Bielefeld. Sein Systemfunktionalismus, den er auch als Alternative zum handlungstheoretischen Konzept Max Webers entwickelt hat, wird zur Zeit in den Sozial- und Humanwissenschaften in Deutschland sehr diskutiert.

Svetozar Stojanović

geb. 1931, studierte in Belgrad und Oxford, lehrte Philosophie an der Universität in Belgrad und an mehreren Universitäten in den USA. Mitherausgeber der Zeitschrift ‚Praxis'. 1975 vom Lehramt suspendiert. Vor allem seine Theorie des Etatismus und seine Analysen der nachrevolutionären sozialistischen Gesellschaften werden in Ost- und Westeuropa diskutiert.

Theodor W. Adorno

geb. 1903 in Frankfurt a.M., gest. 1969 in Brig (Schweiz). Studium der Philosophie, Musikwissenschaft, Psychologie und Soziologie in Frankfurt a.M. Mitarbeiter am Institut für Sozialforschung. 1933 Entzug der Lehrbefugnis. Emigration nach England und in die USA. 1949 Rückkehr nach Deutschland. Professor für Philosophie und Soziologie an der Universität Frankfurt a.M. und Direktor des Instituts für Sozialforschung. Adorno gehört neben Horkheimer und Marcuse zu den Hauptvertretern der Kritischen Theorie der Frankfurter Schule. Nach den Erfahrungen des Faschismus und Stalinismus und des damaligen Positivismus in Amerika versuchte er, in gesellschaftskritischer Absicht Einsichten von Freud und Marx gegenwartsrelevant neu zu formulieren.

Jürgen Habermas

geb. 1929 in Düsseldorf. Studium der Philosophie, Geschichte, Psychologie, Deutschen Literatur in Göttingen, Zürich, Bonn. Lehrtätigkeit in Heidelberg und Frankfurt a.M. Seit 1971 Direktor am Max-Planck-Institut zur Erforschung der Lebensbedingungen der wissenschaftlich-technischen Welt in Starnberg. Habermas versucht anders als Adorno und Horkheimer, im engeren Anschluß an die verschiedenen Methoden der Human- und Sozialwissenschaften die gesellschaftskritischen Interessen der Kritischen Theorie neu zu begründen. Er spielt im Methodenstreit der letzten Jahre (Positivismusstreit, Streit zwischen Hermeneutikern und Ideologiekritikern, Streit zwischen kritischer Gesellschaftstheorie und Systemfunktionalismus) eine zentrale Rolle.

Hermann Lübbe
geb. 1926 in Aurich/Ostfriesland. Studium der Philosophie, Theologie und Soziologie an den Universitäten Münster, Freiburg, Frankfurt, Erlangen. Lehrtätigkeit in Erlangen, Hamburg, Münster, Köln, Bochum und Bielefeld. 1966–1970 Staatssekretär im Kultusministerium von Nordrhein-Westfalen. Seit 1971 Professor für Philosophie und politische Theorie an der Universität Zürich. Lübbe beschäftigt sich vor allem mit zentralen Positionen der politischen Philosophie des 19. und 20. Jahrhunderts in Deutschland. In den wissenschafts- und hochschulpolitischen Diskussionen der letzten Jahre geht es ihm um eine Rehabilitierung des politischen Dezisionismus gegen Theorie und Praxis der ‚Neuen Linken'.

Sachregister

Das Sachregister soll Hilfen dafür geben, Gemeinsamkeiten und Differenzen der verschiedenen Orientierungssysteme des Politischen leichter herauszufinden. Es gibt daher bei den verschiedenen Begriffen manchmal auch solche Stellen an, die – sei es wegen der Übersetzung, sei es der Sache wegen – zum gleichen Begriffsfeld gehören; z. B. unter dem Begriff ‚Gegenwart' auch unsere Zeit, unsere Generation, jetziger Zustand, heute, heutige Zeit, Knoten an dem die Geschichte steht; unter ‚Herrscher': Souverän, Machthaber, Regent, Fürst, König.

Quellenverzeichnis

Platon
Jubiläumsausgabe sämtlicher Werke, 8 Bde., eingeleitet von Olof Gigon, übertragen von Rudolf Rufener, Artemis-Verlags-AG, Zürich – München 1974

Aristoteles
Politik, übersetzt von Eugen Rolfes, Verlag Felix Meiner, [3] Hamburg 1958

Epikur
Von der Überwindung der Furcht, eingeleitet und übertragen von Olof Gigon, Artemis-Verlags-AG, Zürich 1949

Marcus Tullius Cicero
Vom Gemeinwesen, lateinisch und deutsch, eingeleitet und übertragen von Karl Büchner, Artemis-Verlags-AG, [2] Zürich 1960

Lucius Annaeus Seneca
Von der Muße, hrsg. von Alexander von Gleichen-Rußwurm, Deutsche Bibliothek, Berlin o. J.

Aurelius Augustinus
Der Gottesstaat, Werke in deutscher Sprache, hrsg. von Carl Johann Perl, Verlag Ferdinand Schöningh, Paderborn – München – Wien – Zürich 1979

Thomas von Aquin
Über die Herrschaft der Fürsten, übersetzt von Friedrich Schreyvogl, Verlag Philipp Reclam jun., Stuttgart 1975

Thomas Hobbes
Vom Menschen – Vom Bürger, hrsg. von Günter Gawlick, Verlag Felix Meiner, Hamburg 1959 (2. verbesserte Auflage 1966)
Leviathan, hrsg. von Iring Fetscher, Hermann Luchterhand Verlag GmbH, Neuwied – Berlin 1966 (= Ullstein TB 3240, Frankfurt – Berlin – Wien 1976)

Jean-Jacques Rousseau
Emile, hrsg. von Martin Rang, Verlag Philipp Reclam jun., Stuttgart 1968
Der Gesellschaftsvertrag, hrsg. von Heinrich Weinstock, Verlag Philipp Reclam jun., Stuttgart 1968

Immanuel Kant
Werke in sechs Bänden, hrsg. von Wilhelm Weischedel, Wissenschaftliche Buchgesellschaft, Darmstadt 1966 (seitengleich mit der 12bändigen Ausgabe im Insel-Verlag, Frankfurt a.M. 1964)

Georg Wilhelm Friedrich Hegel
Grundlinien der Philosophie des Rechts, hrsg. von Helmut Reichelt, Ullstein TB 2929, Frankfurt – Berlin – Wien 1972
Die Vernunft in der Geschichte, hrsg. von Johannes Hoffmeister, Felix Meiner Verlag, [5] Hamburg 1955

Karl Marx / Friedrich Engels
Werke in 40 Bänden (MEW), hrsg. vom Institut für Marxismus-Leninismus beim ZK der SED, Dietz-Verlag, Berlin 1957 ff.

Alexis de Tocqueville
Über die Demokratie in Amerika, hrsg. von Jacob P. Mayer, aus dem Französischen übertragen von Hans Zbinden, Deutscher Taschenbuchverlag, München 1976 (Rechte der Übersetzung: Deutsche Verlags Anstalt GmbH, Stuttgart)

John Stuart Mill
Über Freiheit, herausgegeben und übersetzt von Achim von Borries, Europäische Verlagsanstalt GmbH, Frankfurt 1969

Max Weber

Die drei reinen Typen der legitimen Herrschaft
in: Gesammelte Aufsätze zur Wissenschaftslehre, hrsg. von Johannes Winckelmann, J. C. B. Mohr Verlag, ³Tübingen 1968, S. 475–488

Niklas Luhmann

Zweck – Herrschaft – System
in: Politische Planung, Westdeutscher Verlag GmbH, Opladen 1971, S. 90–112

Svetozar Stojanović

Der etatistische Mythos des Sozialismus
in: Praxis 3, Heft 2 (1967) S. 176–187, übersetzt von Ruth Dölle für diesen Band

Theodor W. Adorno

Spätkapitalismus oder Industriegesellschaft?
in: Aufsätze zur Gesellschaftstheorie und Methodologie, Suhrkamp-Verlag, Frankfurt 1970, S. 149–166

Jürgen Habermas

Legitimationsprobleme im modernen Staat
in: Merkur 332 (Januar 1976) S. 37–56 (Copyright Suhrkamp, Frankfurt)

Hermann Lübbe

Dezisionismus – eine kompromittierte politische Theorie
in: Schweizer Monatshefte, 55. Jahr Heft 12 (März 1976) S. 949–960

Professor Dr. WILLI OELMÜLLER ist Ordinarius für Philosophie an der Ruhr-Universität Bochum

Wichtigste Veröffentlichungen:
Die unbefriedigte Aufklärung. Beiträge zu einer Theorie der Moderne von Lessing, Kant und Hegel, Frankfurt a.M. 1969 (zweite erweiterte Auflage, stw 263, Frankfurt a.M. 1979). Was ist heute Aufklärung? Düsseldorf 1972. Hrsg.: Fortschritt wohin? Düsseldorf 1972. Hrsg.: Wozu noch Geschichte? München 1977. Hrsg.: Weiterentwicklungen des Marxismus, Wege der Forschung CXXXIII, Darmstadt 1977. Hrsg.: Materialien zur Normendiskussion, 3 Bde., Paderborn 1978–1979, Hrsg.: Kolloquium Kunst und Philosophie, 3 Bde., Paderborn 1981–1983. Mithrsg.: Historisches Wörterbuch der Philosophie, Basel–Stuttgart 1971ff.

RUTH DÖLLE-OELMÜLLER ist Studiendirektorin und Fachleiterin für Philosophie in Münster.

Wichtigste Veröffentlichungen:
Zum Philosophieunterricht an der Oberstufe in Nordrhein-Westfalen, in: H.M. Baumgartner – O. Höffe – Ch. Wild (Hrsg.), Philosophie – Gesellschaft – Planung. Kolloquium Hermann Krings zum 60. Geburtstag, München 1974, S. 49–59. Neuere Ansätze zur Normendiskussion und ihre Behandlung im Philosophieunterricht der Sekundarstufe II, in: Philosophie. Anregungen für die Unterrichtspraxis 3 (1981). Mitarbeit an den ‚Materialien zur Normendiskussion', 3 Bde., Paderborn 1978–1979. Mitarbeit an ‚Kolloquium Kunst und Philosophie', 3 Bde., Paderborn 1981–1983.

Professor Dr. RAINER PIEPMEIER lehrt Philosophie an der Universität-Gesamthochschule-Paderborn.

Wichtigste Veröffentlichungen:
Aporien des Lebensbegriffs seit Oetinger, Symposion 58, Freiburg–München 1978. Aufsätze zu Themen der Praktischen Philosophie, Geschichtstheorie, Ästhetik und Religionsphilosophie. Mitarbeit an den ‚Materialien zur Normendiskussion', 3 Bde., Paderborn 1978–1979. Mitarbeit an ‚Kolloquium Kunst und Philosophie', 3 Bde., Paderborn 1981–1983. Lexikonartikel im Historischen Wörterbuch der Philosophie, in der Theologischen Realenzyklopädie und im Handbuch Religionswissenschaftliche Grundbegriffe.